Ukryte Terapie

„Czego ci lekarz nie powie"

Jerzy Zięba

Ukryte Terapie

„Czego ci lekarz nie powie"

Część 1

Rzeszów 2015

UWAGA

Książka ta nie jest podręcznikiem medycyny, ani nie służy do diagnostyki lekarskiej. Jest tylko zbiorem informacji dotyczących leczenia wielu chorób. Sugestie zawarte w tej książce są tylko i wyłącznie informacją, która może oczywiście być wykorzystana, ale każdy organizm może reagować inaczej. Mimo podobieństw, jako Homo Sapiens różnimy się. Każde użycie opisanych substancji musi być skonsultowane z lekarzem.

Wydawca:

EGIDA Halina Kostka

35-604 Rzeszów, ul. Azaliowa 12

tel. (+48) 880 977 481 (Polska)

tel. (+1) 810 656 47 44 (USA)

Wydanie trzecie

ISBN 978-83-940783-1-7

Skład i korekta:

Studio IMPRESO
Przemysław Biliczak

45-360 Opole, ul. Plebiscytowa 82
tel. (+48) 605 23 35 35
e-mail: wydawnictwo@impreso.pl

Książkę tę dedykuję Mamie

i moim dzieciom: Zosi i Omarowi

Spis treści

Recenzje

Dla lekarza, którego intencją jest pacjenta nie tylko leczyć, ale przede wszystkim wyleczyć, trudno o lepszą sytuację niż ta, w której zgłasza się do niego osoba zainteresowana własnym zdrowiem, funkcjonowaniem swojego organizmu i możliwością aktywnego wspomożenia go. Osoba taka staje się **aktywnym uczestnikiem procesu terapeutycznego**. W przeciwieństwie do **pacjenta pasywnego** wydającego się płynąć z prądem swoistego „spożywczo-farmaceutycznego" nurtu, licząc na to, że jeżeli ewentualnie pojawią się problemy ze zdrowiem, wówczas lekarz do spółki z białą pigułką lub/i jakimś magicznym płynem, a w razie potrzeby również operacją, przywrócą bieg fizjologii na właściwe tory i … „wszystko będzie jak dawniej". Nic bardziej mylnego, bez aktywnego udziału pacjenta **proces leczenia** nigdy nie będzie skuteczny i definitywny. Leczenie to nie jakaś abstrakcyjna procedura sprowadzająca się do żonglerki zestawem farmaceutyków, jakkolwiek dzisiaj, najczęściej, tak właśnie to wygląda. Leczenie to restytucja bardzo konkretnych sił witalnych organizmu i doprowadzenie go ponownie do stanu równowagi, w której doskonale radzi sobie sam. I tak jak choroba zazwyczaj nie jest „niespodzianką", trafiającą do człowieka z dnia na dzień (choć już sama diagnoza taką być może), tak samo powrót do zdrowia jest procesem. Procesem zależnym od usunięcia czynników, które do rozwoju zaburzenia doprowadziły oraz uzupełnienia tych, których brak nie pozwolił organizmowi na samoobronę.

O tym właśnie traktuje książka *Ukryte Terapie*. Dla niektórych czytelników tytuł zabrzmi może niczym „rozważania z zakresu teorii spiskowych". Tymczasem, dzięki wyjątkowemu talentowi „szperacza" Autora otrzymujemy dobrze udokumentowaną pozycję, bogatą w niezwykle istotne, a skrzętnie pomijane wyniki badań. Narracja nie jest oparta o przypuszczenia, niesprawdzone doniesienia czy myślenie życzeniowe. W pewnym sensie to owoc prac badawczych prowadzonych i zebranych w różnych zakątkach świata, podanych czytelnikowi w taki sposób, że lektura jest intrygująca od pierwszej do ostatniej strony. To zbiór kilkunastu, momentami nieco sarkastycznych, „opowieści" o tych „elementach", o które rozpaczliwie wołają nasze organizmy, a których brak nie pozwala na efektywne użycie genialnej broni, jaka znajduje się „na wyposażeniu" każdego człowieka – tj. **układu**

immunologicznego (o nim samym również jest mowa). To pasjonująca i odkrywcza lektura, w której Jerzy Zięba prowadzi czytelnika przez świat najistotniejszych mikro- i makroskładników pokarmowych, jakimi są m.in. witaminy (nawet nie przypuszczają Państwo, do czego zdolna jest np. taka „witaminka C", w odpowiedniej jednakże dawce, albo jak sprawnym i nieodzownym zarządcą gospodarek wielu jest witamina D, przy okazji – znają Państwo jej poziom w swoim organizmie?), minerały, tłuszcze... Treść książki unaocznia, jak z jednej strony ich braki dewastują ludzki organizm, a z drugiej – jak wiele w tym, co dotyczy naszego zdrowia, zależy od nas samych i jak potężną moc ma uzupełnianie niedoborów. Mowa o nagminnie zaniedbywanych podstawowych składnikach pokarmowych. Można powiedzieć, że „statystyczny pacjent" osłuchał się już i – paradoksalnie – „uodpornił" na informacje o ich istocie, tym bardziej, że ich rola jest po prostu banalizowana. Tymczasem możemy się przekonać o ich rewolucyjnym, zasadniczym znaczeniu. Zastosowanie zawartej w książce wiedzy **zapobiega i leczy**. Te dwa procesy dosyć płynnie przechodzą jeden w drugi, w zależności od natężenia zaburzenia homeostazy ludzkiego organizmu.

Z pojęciem „zapobieganie" związany jest jeden z przełomowych momentów mojej medycznej drogi, jakim było spotkanie z szefem oddziału kardiologii szpitala we Francji, w którym pracowałem. Zapewne sam zainteresowany nie zdawał sobie sprawy z wagi wypowiedzianych wówczas słów. Miało to miejsce podczas konsultacji jednego z pacjentów oddziałowych. Na jej zakończenie, pięćdziesięciokilkuletni kolega po fachu z dumą stwierdził: „wiesz, ja zabezpieczam się przed możliwymi powikłaniami, z którymi najczęściej mam do czynienia u pacjentów – od kilku miesięcy biorę »profilaktyczny zestaw«: kwas acetylosalicylowy + statyna + beta-bloker. W tym momencie mój obraz jedynie słusznej wersji medycyny, tzw. medycyny opartej na faktach, uległ bardzo poważnym pęknięciom. Przecież to „zestaw leczniczy", a nie „profilaktyczny", w dodatku obarczony poważnymi skutkami ubocznymi... Zastanawiałem się, jak to możliwe, że dla takiej postaci w środowisku medycznym profilaktyka polega właśnie na tym. Jakie zalecenia wobec tego otrzymują pacjenci...

Dwa lata później trafiłem na książkę prof. J. Aleksandrowicza, następnie na wykład prof. A. Ożarowskiego. Dopiero potem zdałem sobie sprawę, że był to dla mnie ciąg wydarzeń przygotowujących do spotkania z Panem Jerzym Ziębą w Katowicach, rok po spotkaniu, dziś już nieżyjącego, prof. Ożarowskiego.

Po wykładzie nie miałem wątpliwości – **to jest to**, to jest kierunek, który powinni obrać pacjenci oraz lekarze, jeśli nie chcą stracić zaufania tych pierwszych i nie zawieść pokładanych w nich nadziei. To wiedza wyjątkowa i wyjątkowo skuteczna.

Skoro trzymają Państwo w dłoniach to „**cenne źródło**", to znaczy, że zaliczacie się do grona pacjentów aktywnych, czego wypada z całego serca pogratulować. Książka J. Zięby to przewodnik, który poprowadzi Państwa słuszną drogą, z dala od chemizacji współczesnej medycyny, gdzie skutki uboczne serwowanych leków syntetycznych są często groźniejsze od chorób, przeciwko którym zostały zastosowane. Zawarte w książce wskazówki są proste, naturalne i rozsądne. Zastosowane zarówno profilaktycznie, jak i leczniczo, przynoszą wyśmienite rezultaty. Skuteczność wynika z odbudowywania systemu nowych komórek, poprzez to regeneracji organów, i „postawienia na nogi" układu odpornościowego, a zatem optymalizacji jego efektywności.

Pacjent pasywny jest potrzebny dzisiejszej tzw. służbie zdrowia. Niezastanawiający się głębiej nad sobą i stanem swojego zdrowia *Homo* **Patiens**, owczym pędem podążający w kierunku narzuconym przez farmaceutyczno-medyczną propagandę (według której profilaktyka to wczesne wykrywanie chorób, a nie działania zmierzające do zapobiegania chorobom poprzez utrwalanie prawidłowych wzorców zdrowego stylu życia). Niestety profilaktyki nie uczy się w żadnej szkole. Kto, będąc chorym, kieruje swoje kroki do apteki, odbywa drogę nie po zdrowie, ale po leki. Najpierw zazwyczaj spożywa mało wartościową, pozbawioną witalności żywność, kolejny etap to syntetyczne farmaceutyki na liście zakupów. To droga donikąd. Eksperci wydają takie opinie, jakich oczekują ci, którzy ich zatrudniają. Paradoksalnie, to zalecenia żywieniowe dietetyków i leczenie farmakologiczne są najczęstszą przyczyną chorób.

Dlatego książka Jerzego Zięby jest krokiem czy próbą wyzwolenia pacjentów z medycznej niewiedzy i nieświadomości, zaproszeniem do przejęcia odpowiedzialności za własne zdrowie. Na stronach, których lekturę Państwo rozpoczynają, znajdują się potrzebne narzędzia do usamodzielnienia się zwłaszcza w zakresie tego, co dotyczy tzw. chorób cywilizacyjnych czy przewlekłych, często określanych jako nieuleczalne. Jest to **lektura pasjonująca** nie tylko ze względu na zawartość, ale również formę, w jakiej została napisana. Gwarantem jej jakości jest sam Autor. Łatwo mi pewnie mówić, ponieważ go znam, jestem jednak pewien, że po przeczytaniu książki zrodzi się u Państwa pragnienie posłuchania „na żywo" jednego z jego wykładów. Myślę, że sukcesem Autora będzie przede wszystkim sytuacja, kiedy po lekturze zaczną Państwo wdrażać zawarte informacje, by po kilku miesiącach, widząc efekty, stwierdzić: „a jednak, a jednak to możliwe"!

Na zakończenie Autor pyta, czy zasadna jest kontynuacja podjętego w niej tematu (niniejsza pozycja to zaledwie część zgromadzonej wiedzy). Myślę, że to pytanie retoryczne, bowiem wielką szkodą byłoby zatrzymanie takich informacji tylko dla siebie. Byłby to wręcz „grzech zaniechania". Mam nadzieję, że po lekturze dojdą Państwo do podobnych wniosków i zdopingują Autora do dalszej pracy.

lek. med. Rafał Baron

* * *

Praca składa się z dwóch części. Pierwsza część omawia współczesną medycynę, która daleko odeszła od swych podstaw i zasad na rzecz standardów i jednakowego traktowania wszystkich chorych. Niegdyś dawka leku zależała od wieku, wagi, płci, a obecnie jest standardowo jednakowa dla wszystkich. Umożliwiło to masową produkcję leków, nie licząc się z tym, czy lek pomoże – ważne, czy zostanie sprzedany. Autor podaje szereg przykładów, opublikowanych prac naukowych, statystyk i innych opracowań.

Część pierwszą czyta się jak straszny kryminał. Różnica polega na tym, że w normalnym kryminale zabija się jedną lub kilka osób. Autor wskazuje, że zabija się setki tysięcy tylko dla zysku, ale ujmuje to i tak zbyt łagodnie.

Medico! Primum non nocere!

Kodeks etyki lekarskiej Art. 2. ust. 2. „Najwyższym nakazem etycznym lekarza jest dobro chorego – *salus aegroti suprema lex este*". Książka ta napisana nie przez lekarza jest adresowana do wszystkich.

W drugiej części odnosi się przede wszystkim do lekarzy. Co bowiem zrobi chory, jeżeli nie ma dostępu do preparatów i metod pozostających w ręku lekarzy? Może tylko szukać lekarza, który te metody zastosuje. Nie jest to jednak podręcznik dla lekarzy, ale wskazówka, co można zrobić, kto już to badał i z jakim skutkiem.

Wszystkie te metody są mi znane i stosuję je od wielu lat, uzyskując spektakularne często efekty. Satysfakcja jest ogromna, gdy pomaga się tam, gdzie autorytety medyczne odstąpiły od dalszego leczenia.

Dziękuję autorowi za interesującą, o niespotykanej wartości merytorycznej książkę, która jest cennym źródłem niezwykle interesujących informacji dla pacjentów, jak również dla lekarzy.

† *dr n. med. Antoni Krasicki*

Zasiadając do napisania tej książki, miałem całkiem poważny dylemat: jak napisać książkę, w której chciałbym przekazać bardzo poważne informacje dotyczące naszego zdrowia, a jednocześnie, żeby Czytelnika nie zanudzić?

Napisałem pierwszych 30 stron i rozesłałem je do znajomych z prośbą o ich zdanie. Jedni po przeczytaniu odpisywali mi, że: „może za mocno walisz po oczach". Jednak kiedy doczytali do końca, szybko odpisywali – „nic nie zmieniaj"!

Inni: „za mało pokory na wstępie, ale… inaczej chyba się nie da".

Jeszcze inni: „musisz to złagodzić, bo Cię »zjedzą«".

Jeszcze inni: „nareszcie coś napisane ludzkim językiem, bez zbędnego patosu i naukowego bełkotu".

Albo: „czyta się to, jak niezły kryminał".

Nie chcę, żeby książka ta wydała się pompatyczna i naukowo „napuszona". Traktować będzie ona o bardzo, bardzo poważnych problemach zdrowotnych, szczególnie o tzw. „nieuleczalnych", śmiertelnych – czy jest temat czy wartość poważniejsza w życiu każdego człowieka? Nie oznacza to, że odrobina humoru tej książce zaszkodzi. Mam nadzieję, że nie, bo jak sami często mówimy, humor, śmiech to… zdrowie.

Czasami bezlitośnie wykpię głupotę, brak logiki, konsekwencji czy zwykły brak wiedzy u tych, którzy tę wiedzę posiadać powinni. Nie zrobię tego jednak złośliwie. Wręcz przeciwnie. Krytyka nie jest niczym złym, pod warunkiem, że jest konstruktywna, innymi słowy, poddająca inne, alternatywne rozwiązania. W przeciwnym razie jest to zwykłe krytykanctwo.

W książce tej zawarte są informacje przydatne nie tylko każdemu człowiekowi, który chce dbać o swoje zdrowie, ale jest w niej bardzo dużo informacji dla lekarzy.

Informacje w niej zawarte, to efekt zbierania ich przez długie lata, wielu godzin i dni ich czytania, analizowania itd. Nie jest możliwe, żeby wszystko przekazać, nawet w formie książkowej. Jest tego zbyt wiele. Przynajmniej jednak w części, w „pigułce", informacje te postaram się przekazać w taki sposób, aby były one zrozumiałe dla każdego, przeciętnie wykształconego, myślącego człowieka z tzw. „ulicy". Ilość i zakres wiedzy czy informacji, jakie chciałbym przekazać, wystarcza na kilka książek. Dlatego w tekście będę kilkakrotnie zaznaczał, o czym jeszcze chciałbym napisać, ale zostawiam te zagadnienia na później, do omówienia w następnej książce. Książka ta ma być też wskaźnikiem tego, jak mało wiemy na temat leczenia innego, niż typowe leczenie aplikowane nam przez medycynę akademicką. Notatka, jaką umieściłem na końcu książki, wszystko wyjaśnia, ale nie czytajcie jej teraz, zróbcie to po przeczytaniu całości.

Wiele informacji czy wyjaśnień z konieczności musi być przekazanych w sposób prosty, czasami obrazowy, ale nie tracąc niczego z ich wartości merytorycznych. Dlatego terminologii naukowej będę używał tylko tam, gdzie jest to niezbędne. Nie zachodzi potrzeba, by wiedzieć, że dana substancja to enzym, a inna to hormon. Moją intencją jest, aby w zrozumiały dla każdego sposób pokazać proste, ale skuteczne i bezpieczne metody naturalne leczenia wielu schorzeń, bez konieczności stosowania toksycznych substancji występujących pod nazwą „leków".

Kiedy czytam książki z dużą liczbą odnośników w postaci cyferek na końcu zdania, irytuje mnie konieczność otwierania stron z końca rozdziału lub z końca książki i wyszukiwania pozycji, do której autor się odwołuje. W tej książce tak nie będzie. Nie będzie żadnych odnośników czy numerków do publikacji. Wszystko będzie widoczne natychmiast. Może tekst nie będzie taki wizualnie śliczny, ale nie o to przecież w tej książce chodzi.

Pokażę też, że świat medyczny chyba zbytnio uwierzył w przysłowiowe „mędrca szkiełko i oko". Zagalopowaliśmy się w zaułki specjalizacji. Nie widzimy człowieka jako całości. Uważa się, że tylko coś bardzo skomplikowanego może nam pomóc wyleczyć skomplikowane schorzenie, że liczy się tylko to, co jest widoczne pod mikroskopem, a najlepiej elektronowym.

Straciliśmy możliwość zauważenia, że coś, czego nie da się włożyć pod okular mikroskopu elektronowego – istnieje i może być przydatne (ok, technicznie przygotowani niech nie czepiają się o ten „okular" w tym przypadku). No bo nie da się tam włożyć na przykład całego młotka. Dlaczego akurat młotka? Dlatego, że czasami jest to narzędzie bardzo przydatne, kiedy jest we właściwy sposób użyte do kontaktu z czołem. Pozwala odejść od „mędrca szkiełka" i zobaczyć, że istnieje jeszcze świat, gdzie rozwiązanie problemu nie leży pod mikroskopem. Jest tuż przed samym nosem. Trzeba się tylko o tym dowiedzieć.

Czasami posłużę się żartem, a czasami złośliwością... licząc na poczucie humoru Czytelnika.

Przypominam sobie taką anegdotę:

> Na tablicy ogłoszeń wisi lista 200 studentów medycyny, którzy właśnie ukończyli swoje studia, dostali dyplomy itd. Przy tej tablicy stoi syn z ojcem. Syn jest bardzo zmartwiony.
> – Czym się synu tak martwisz? – pyta ojciec.
> – Bo jestem dwusetny na tej liście, ostatni – odpowiada syn.
> – A co na wizytówce będzie miał ten, kto jest na liście jako pierwszy?
> – No jak to, tato? „lek. med.".
> – A Ty co będziesz miał?
> – Też „lek. med.".
> Ojciec na to:
> – To po co się martwisz?

Moje najbardziej ulubione motta:

- Umysł człowieka jest jak spadochron – zamknięty nie działa.
- Nigdy nie odkryje nowych oceanów ten, kto się boi stracić z oczu ląd.
- Tylko zdechłe ryby płyną z prądem.
- *Aegroto dum anima est, spes esse dicitur* – dopóki chory oddycha, jest nadzieja.

Podziękowania, proszę przeczytajcie

Teraz chyba jedna z najprzyjemniejszych dla mnie chwil...

Książka ta powstawała w moim umyśle przez kilka lat, ale końcowy impuls do jej napisania nie wyszedł ode mnie. Zrobili to inni ludzie i za to chciałbym im teraz bardzo podziękować.

Po każdym z moich wykładów byłem zasypywany pytaniami: „gdzie to wszystko można przeczytać i czy napisałem jakąś książkę", a ja nic takiego nie napisałem. Przykro było mi odpowiadać, że nie... nie mam książki, bo ci pytający ludzie, często schorowani, umęczeni bezskutecznym leczeniem, musieli pozostać z niczym. To zawsze poruszało moje serce, czułem się nieraz jak zbity pies. Ja dużo wiedziałem, a ich pozostawiałem samych ze sobą, z cierpieniem, w sytuacjach, kiedy mówili: „lekarze już nic nie mogą zrobić", albo: „nie wiedzą co dalej", albo: „mam(y) się przygotować na najgorsze". A kiedy słyszałem to szczególnie od rodziców małych dzieci, serce mi się zatrzymywało na jakieś pół godziny. Musiałem coś z tym zrobić.

Napędu do napisania tej książki dostarczyli mi również inni, czasami bardzo chorzy ludzie, z którymi się spotykałem, którym pomagałem jak mogłem, którzy też pytali o coś „drukowanego" – i to właśnie tym ludziom chciałem podziękować szczególnie.

Pisanie takiej książki nie jest łatwe, bo nie tylko o wiedzę tu chodzi. Książka ta na pewno nie powstałaby bez wsparcia osoby szczególnie mi bliskiej i cennej, jaką jest Halina Kostka. To dzięki jej wsparciu, opiece i niebywałemu optymizmowi książka ta ujrzała światło dzienne.

Redaktor Nina Grella, niestrudzona propagatorka zdrowia i otwierania umysłów na znacznie szersze podejście do leczenia człowieka, autorka i publicystka, organizatorka 39. już (!) – trzy dni trwających – Targów Zdrowia w Katowicach, wulkan pozytywnej energii... dociskała i dociskała, aż.. uległem kobiecie, bom słabym mężczyzną jest :-) i w końcu zabrałem się do pisania.

Dr Antoni Krasicki z Gdyni, lekarz to był niezwykły. Zmarł niestety, tuż po napisaniu tej książki, o czym zawiadamiam z wielkim żalem. Leczył na wszelkie możliwe sposoby, wyleczał, szukał rozwiązań tam, gdzie medycyna nie odważy się sięgać. Widział medycynę nie tylko przez pryzmat sztywnych schematów i procedur. Przede wszystkim widział chorego człowieka, którego nie bał się leczyć, daleko wychodząc poza narzucone mu schematy formalne. „Kulom" systemu medycznego się nie kłaniał. Trzeba mieć twardy kręgosłup i grubą skórę. Dr Krasicki to miał. Nasze długie dyskusje były dla mnie bezcenne pod każdym względem. Za to mu właśnie teraz bardzo dziękuję.

Januszowi Nawolskiemu z Wrocławia, farmaceucie o wiedzy znacznie wykraczającej poza to, „co było na studiach", bardzo dziękuję za cenne uwagi merytoryczne i nie tylko merytoryczne.

Przekazanie wiedzy zawartej w tej książce (a szczególnie w następnych częściach) stało się możliwe dzięki mecenatowi człowieka, który z medycyną nie ma nic wspólnego. Wiktor Mokwa, właściciel „Mokwa Group", sprawił, że Czytelnicy moich książek wyposażeni będą w informacje, które by pewnie do moich książek nie trafiły. Dzięki niemu mogłem nabyć znacznie większą wiedzę, szczególnie w odniesieniu do leczenia choroby nowotworowej, co zdecydowanie będzie wielką sprawą dla wszystkich Czytelników. To właśnie Wiktor, w przenośni, nacisnął we mnie przycisk „START". Za to składam mu ogromne podziękowania.

Profesor Aleksander Ożarowski, niestrudzony propagator ziołolecznictwa i zdrowego żywienia, niekwestionowany w tej dziedzinie autorytet nie tylko w Polsce, wielki Patriota i naukowiec o nieskalanej uczciwości. Jest to człowiek w moim przekonaniu WIELKI. Mając 94 lata, powiedział mi: „musimy razem napisać książkę – za trzy lata będziemy już z nią gotowi". Niestety, rok później zmarł. Piszę o Nim w czasie teraźniejszym, bo dla mnie Profesor Ożarowski wciąż żyje, żyje też w tym, co pozostawił po sobie. Dziękuję Panu Profesorowi za cenne uwagi i wiedzę przekazywaną mi w długich dyskusjach, mając nadzieję, że łąki w Niebie są dla Pana równie piękne jak te na Ziemi, a szczególnie w Pana ukochanej Polsce.

Proszę, rzućcie przynajmniej okiem, bo warto:

http://www.czytelniamedyczna.pl/ 3848,wspomnienie-o-doc-dr-hab-n-farm-aleksandrze-ozarowskim.html

UWAGA: ze względu na bardzo dużą liczbę cytowanych materiałów źródłowych w postaci URL, podawanie do nich kodów mozaikowych byłoby uciążliwe, dlatego kody mozaikowe dołączam do kilku wybranych linków.

Napisanie książki w wersji elektronicznej jest proste pod warunkiem, że robi się to we właściwy sposób. Jako autor–nowicjusz, wersję elektroniczną stworzyłem od tej niewłaściwej strony. Pociągało to za sobą konieczność „grzebania" w kodzie HTML, co dla takiego nowicjusza jak ja, wcale nie jest łatwe. Przed płaczem rozpaczy chronił mnie Piotr Dynia, który kilkoma zręcznymi kliknięciami, w sposób dla mnie genialny, rozwiązywał wszystkie problemy IT. Pomógł mi również w zaprojektowaniu okładki i, co najważniejsze, jest twórcą strony internetowej książki, za co mu składam tutaj wielkie podziękowania.

Szlachetne zdrowie,
Nikt się nie dowie,
Jako smakujesz,
Aż się zepsujesz.

Niestety… w dzisiejszych czasach na wielu osobach nie zrobi to wrażenia, może więc inaczej, bardziej współcześnie:

Szlachetne zdrowie,
nikt się nie dowie
ile <u>kosztujesz</u>,
aż się zepsujesz.

„Majątek mojej rodziny to ok. 50 milionów złotych, oddałabym każdy, ostatni grosz, żeby żyć, a wiem, że umieram" – rzeczywiście, pani Joanna została pochowana 2 miesiące po naszej rozmowie. Pieniądze nic nie dały. Kiedy cieszymy się dobrym zdrowiem, wtedy liczy się dla nas praca, kariera, pieniądze, dom, rodzina, wakacje, samochód… **kiedy nie ma zdrowia – nic się nie liczy.**

To „obudzenie" na ogół przychodzi znienacka. Bez w względu na wiek czy płeć. Szok. Pytamy: „jak to się dzieje, że wysportowani ludzie w wieku 25–30 lat nagle umierają na… zawał?" Ze zdziwieniem stwierdzamy: „kto by pomyślał? Taki zdrowy facet, młody, wysportowany i… już go nie ma?". Skąd u 40-letniej kobiety zaawansowana osteoporoza? A taka bogata, znana, sławna i… prowadząca taki zdrowy styl życia?! Skąd u jakiejś, pozornie zdrowej osoby nagle… udar?! Skąd? A przecież często mówimy: „był(a) okazem zdrowia". Albo: „Dlaczego ja? Mam dopiero 27 lat, to skąd u mnie nowotwór?".

A co z chorobami przewlekłymi?

Czasami ich diagnoza również bywa szokiem. Nagle dowiadujemy się, że to cukrzyca, stwardnienie rozsiane, toczeń, stan przedzawałowy, osteoporoza, reumatoidalne zapalenie stawów, tarczyca, alergia, łuszczyca, egzema itd. A najgorzej, kiedy dowiadujemy się, że diagnoza dotyczy naszego dziecka. Co wtedy? Ci, co przez to przeszli lub przechodzą, wiedzą najlepiej.

Wtedy też pytamy nie tylko: „dlaczego?"... ale: „czy nie można było temu zapobiec?" Kiedy jednak dociekamy, a nie daje się nam rozsądnej odpowiedzi, na ogół słyszymy – genetyczne. Czy aby na pewno?

Czy fakty mogą szokować? Oczywiście... książka ta zaszokuje, ujawniając **fakty**, które nie są powszechnie znane pacjentom, ale... co gorsza, nie są znane również lekarzom.

- Czy nowotwór można zniszczyć bez chemio- czy radioterapii? Można – to jest fakt.
- Czy miażdżyca tętnic jest odwracalna? Oczywiście – to też fakt.
- Czy przyczyną miażdżycy jest cholesterol? Nie! – to też fakt.
- Czy chory na cukrzycę może zaprzestać używania insuliny? Może – jest to niezaprzeczalny fakt.
- Czy da się obniżyć o co najmniej 50% ryzyko wystąpienia nowotworów? – Da się.
- Czy da się obniżyć nawet o 80% ryzyko wystąpienia cukrzycy typu 1 u dzieci? – Da się.
- Czy są nieinwazyjne sposoby leczenia chorób pozornie nieuleczalnych jak np. Hashimoto (przewlekłe zapalenie tarczycy), choroba Gravesa-Basedowa (nadczynność tarczycy), reumatoidalne zapalenie stawów, choroba Buergera, stwardnienie rozsiane, schizofrenia... Tak! Są takie sposoby.

„Najwyżej 3 do 6 miesięcy" – to jest często określany przez onkologów czas, jaki ma jeszcze do przeżycia pacjent z nowotworem trzustki z przerzutami do innych organów. Czy jednak można takiemu pacjentowi przedłużyć życie nawet i o trzy lata, a może więcej, i to bez chemioterapii? Można – to jest fakt.

Można by wyliczać jeszcze wiele takich faktów...

- Czy da się usunąć zagrażające życiu zwapnienie zastawek bez konieczności przeprowadzania ryzykownej operacji na sercu? Da się.

- Czy można doprowadzić do stosunkowo szybkiego wyleczenia osteoporozy bez stosowania środków farmakologicznych dających poważne skutki uboczne? Z pewnością tak.
- Czy można wyleczyć reumatoidalne zapalenie stawów bez stosowania sterydów czy innych środków przeciwzapalnych? Oczywiście.
- Czy bez zastosowania bardzo szkodliwych środków farmakologicznych można usunąć z tętnic blaszkę miażdżycową? Tak, można.
- Czy pacjent ze śmiertelnym powikłaniem grypy ptasiej, świńskiej itd. jest skazany na nieuchronną śmierć, czy też można go wyleczyć? Można.
- Czy w ciągu kilku dni można wyleczyć OSTRE zapalenie wątroby różnych typów, nie dopuszczając do powstania groźnych stanów przewlekłych? Oczywiście, że można.
- Czy można wstrzymać rozwój takiej choroby jak stwardnienie rozsiane czy toczeń? Wiele wskazuje na to, że tak.

O tym właśnie będzie ta książka...

Wiadomo już, że witamina D jest podstawową substancją zapobiegającą nowotworom czy innym, bardzo groźnym chorobom układu odpornościowego, łącznie z astmą, stwardnieniem rozsianym, łuszczycą, reumatoidalnym zapaleniem stawów czy cukrzycą typu 1 i 2! To są fakty.

Ale... kto o tym wie? Kto suplementuje się witaminą D? Kto wie, że wbrew utartej opinii i niezwykle starej wiedzy przekazywanej studentom na uniwersytetach medycznych, wcale nie łatwo jest ją przedawkować? Kto wie, że najlepszej ochrony przed niezwykle agresywnym rakiem skóry czy chorobami układu odpornościowego dostarcza nam... słońce?! I to kiedy? W SAMO POŁUDNIE! A poranne i popołudniowe słońce jest dla nas bardziej groźne niż słońce w samo południe.

Informacje dotyczące prostych, tanich, bardzo skutecznych i zawsze osiągalnych substancji z pewnością zaszokują czytających tę książkę pacjentów, jak i lekarzy. Wykażę, jak łatwo, prosto i tanio można zapobiec wielu chorobom.

Kiedy Linus Pauling i Albert Szent-György (laureaci Nagrody Nobla) czy dr Klenner i inni pokazali światu niezwykłe wręcz możliwości terapeutyczne drzemiące w zwykłej witaminie C, nie przypuszczali, że odkrycie to będzie niemalże wstydliwie chowane przed lekarzami. Lekarze ci byli zagorzałymi propagatorami stosowania witaminy C, wiedząc z własnych badań, badań klinicznych czy też z praktyki wielu innych lekarzy, że w prosty i tani sposób będzie można pomóc milionom chorych ludzi. Wielu z nich można (było lub byłoby) uratować życie.

Kiedy dr Charles Farr z jego współpracownikami z uniwersytetu Baylor w Teksasie przez wiele lat wykonał ogromną liczbę testów polegających na stosowaniu wlewów dożylnych z wody utlenionej z rezultatami, które były na pograniczu cudu medycznego, też liczył na to, że to będzie wykorzystane, że wielu tysiącom ludzi będzie można pomóc.

Kiedy dr Ernst Krebs wyizolował *Laetrile*, substancję, którą nazwał „witamina B17", poddał ją intensywnym badaniom, a dr Binzel, przez całe lata podając tę witaminę, znacznie bardziej skutecznie, niż przy pomocy chemio- i radioterapii pomagał pacjentom, nawet w zaawansowanych stadiach choroby nowotworowej – również mieli nadzieję, że tak prosta substancja, tak tania, a jednocześnie tak efektywna, będzie mogła znacznie bardziej pomóc często beznadziejnie chorym ludziom.

Kiedy dr Kilmer McCully, absolwent Uniwersytetu w Harwardzie, genialny biochemik i lekarz, naukowiec z potężną wiedzą dotyczącą miażdżycy naczyń krwionośnych już w 1969 roku opublikował swoją pracę na temat wpływu homocysteiny na powstawanie choroby wieńcowej oraz związanymi z nią zawałami serca i udarami mózgu, to też był pewien, że tysiące, tysiące istnień ludzkich będzie mogło być leczonych i wyleczonych w sposób prosty i tani. Wykazał, że będzie można ochronić przed miażdżycą i zawałami serca miliony ludzi na całym świecie.

Wydawać by się mogło, że wiadomości o wspomnianych powyżej terapiach wstrząsną światem, obudzą niektóre umysły z letargu, że zmuszą rządy wielu krajów do przyjęcia stanowiska, które pozwoli na niewyobrażalne wręcz oszczędności w budżecie związanym z ochroną zdrowia każdego kraju. Tak jednak się nie stało... dlaczego?

Pacjent nie ma obowiązku posiadania najnowszej wiedzy z dziedziny medycyny. Lekarz taki obowiązek ma, ale czasami po prostu nie jest w stanie do niej dotrzeć. Stąd miedzy innymi chęć podzielenia się tymi informacjami również ze środowiskiem lekarskim, z „lek.med.-ami" ☺.

Chińczycy twierdzą, że:

„Doskonały lekarz to ten, który zapobiega chorobie, zwyczajny to taki, który potrafi chorobę wyleczyć, ten zaś, który chorobę tylko leczy, to żaden lekarz".

Czym jest, a czym powinna być medycyna

Medycyna jest pojęciem znacznie szerszym niż to, które niemalże „wyssaliśmy z mlekiem matki", szczególnie, jeśli jesteśmy przedstawicielami tzw. Świata Zachodu. Dla zdecydowanej większości z nas medycyna to jest wiedza, jakiej nabywają studenci uniwersytetów medycznych. Po ich ukończeniu – leczą ludzi.

Czy jednak powinniśmy zamknąć się w naszym rozumieniu „leczenia" tylko do tych, którzy mają tzw. „papier" z takiego czy innego uniwersytetu medycznego? Wiadomo przecież, że szamani z dżungli amazońskiej są w stanie efektywnie leczyć choroby, których absolwent najlepszego uniwersytetu medycznego nie jest w stanie nawet zdiagnozować. Oni „papieru" z uniwersytetu nie mają, a leczą. I to jeszcze jak skutecznie! Czy w takim razie są lekarzami? A co z medycyną chińską, stającą się już tak popularną w Polsce? Przecież lekarz Tradycyjnej Medycyny Chińskiej (TMC) nie jest, w rozumieniu przyjętych przez nas schematów, lekarzem. Paradygmat obu systemów nauczania: „jak leczyć" jest zupełnie inny. W jaki sposób np. polskie władze uniwersyteckie mogą ocenić umiejętności medyczne kogoś wykształconego w takim systemie wiedzy medycznej, w którym układ nerwowy nie istnieje, układ krwionośny również nie istnieje? Najciekawsze jest to, że lekarze praktykujący Tradycyjną Medycynę Chińską potrafią bardzo skutecznie leczyć właśnie choroby układu krążenia czy choroby neurologiczne. Leczą wiele innych schorzeń, których medycyna „zachodnia" wyleczyć nie potrafi. Oni potrafią. Więc czy nie można ich też nazwać lekarzami?

Australijscy Aborygeni również potrafią leczyć choroby, których lekarze australijscy (i nie tylko) leczyć nie potrafią. Czy w takim razie aborygeńscy szamani nie są lekarzami? Przecież leczą. Leczą lepiej niż lekarze praktykujący medycynę alopatyczną, czyli akademicką, tzw. „zachodnią".

Przyjrzyjmy się poniższym fotografiom pokazującym mężczyznę ze skórnymi zmianami łuszczycowymi obejmującymi twarz od czoła po dolną część policzka.

Zdaję sobie sprawę, że nie wszyscy czytający tę książkę są dermatologami, ale czy trzeba być dermatologiem, żeby zauważyć różnicę?

Mężczyzna ten chorował na łuszczycę od ponad 11 lat. Lecząca go pani Doktor Nauk Medycznych – Dermatolog, powiedziała, że łuszczyca jest chorobą nieuleczalną i mężczyzna ten musi się przygotować na to, że ten stan będzie się z czasem pogarszał. Po ok. dwóch miesiącach leczenia alternatywnego (fot. 2) nie widać już żadnych zmian łuszczycowych. Taki stan tego pacjenta, w momencie pisania tej książki utrzymuje się już ponad trzy lata. Co oczywiste i zrozumiałe, pacjent jest więcej niż zadowolony.

Inny przypadek: tak udało się pokierować wieloma chorymi na cukrzycę, że po latach stosowania insuliny przestali ją stosować. Nie używają insuliny już od wielu lat. Co to oznacza, wie każdy chory na cukrzycę, jak i każdy lekarz. Wielu chorym na cukrzycę uratowano stopy przed amputacją, na którą mieli już skierowania. Wielu chorym na reumatoidalne zapalenie stawów wyleczono bolące ich od wielu lat stawy. Tego wszystkiego dokonano BEZ stosowania jakichkolwiek lekarstw czy innych środków farmakologicznych.

Sklerodermia to choroba nieuleczalna. Z nieznanej przyczyny tkanki chorego twardnieją, włóknieją. Trudno jest zgiąć palce, skóra staje się „jak z blachy", włóknieje przełyk, płuca, nerki, dochodzi do niedokrwienia tkanek. Organizm jest niszczony bezlitośnie. Leczenie w cięższych przypadkach jest długie i obarczone wieloma skutkami ubocznymi stosowanych leków. Prowadzi to donikąd.

Chory na bardzo już zaawansowaną chorobę po zaledwie jednym miesiącu leczenia alternatywnego zaczął funkcjonować w miarę normalnie, powoli zaczął odzyskiwać zdrowie fizyczne i psychiczne. Jego stan się ciągle poprawia, **choroba nieuleczalna się cofa!**

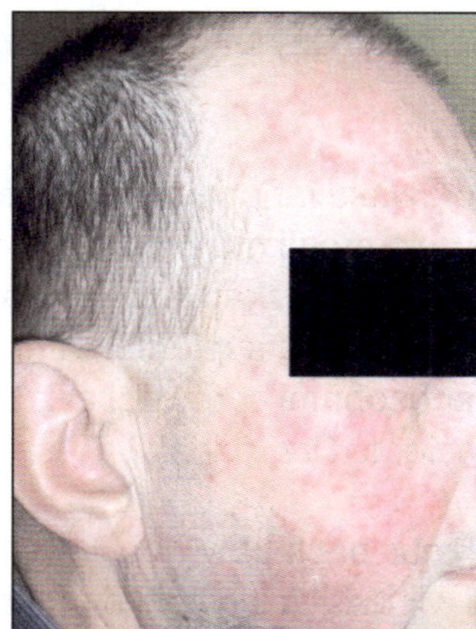

Fot. 1. Stan w po leczeniu trwającym ok. 11 lat.

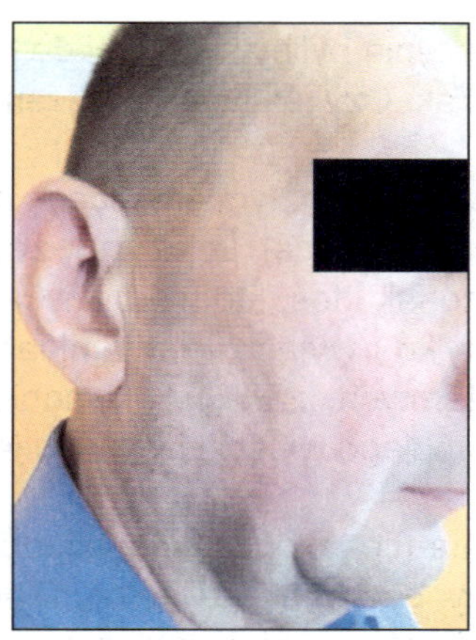

Fot. 2. Stan po zastosowaniu alternatywnego leczenia trwającego zaledwie dwa miesiące.

U trzyletniego chłopca z nowotworem kości, regularnie leczonego w jednym z instytutów onkologii w Polsce, stwierdzono dwie duże zmiany w płucach. Lekarze odmówili operacji, sugerując rodzicom, że dziecko jej nie przeżyje i żeby przygotowali się na jego śmierć. Po dwóch miesiącach terapii zupełnie innej niż akademicka, z niebywałym zdumieniem stwierdzono, że po tych potencjalnie śmiertelnych zmianach nie ma już śladu! Jak widać, można sobie poradzić ze schorzeniami, z którymi lekarze z formalnym wykształceniem akademickim poradzić sobie nie mogli, a dokonał tego człowiek nie mający jednak formalnego dyplomu „lek. med".

Innymi słowy: leczy. Logiczne więc jest ponownie postawienie takiego samego, jak w poprzednich przypadkach, pytania: czy w takim razie jest lekarzem?

W bardzo podeszłym już wieku kobieta od ponad 45 lat w swoim małym domku na wsi składa najbardziej skomplikowane złamania kości. Potrafi to robić tak, że lekarze ortopedzi nie mogą wyjść z podziwu. Mało tego, wielokrotnie sami, oczywiście w tajemnicy, „podsyłają" jej swoich pacjentów, szczególnie ze skomplikowanymi złamaniami. Kobieta nie ma żadnego wykształcenia medycznego, ale … pomogła tysiącom ludzi, którzy bez jej leczenia byliby kalekami do końca swoich dni. Czy ta kobieta leczy ludzi? Tak. Czy jest więc lekarzem?

Kiedy byłem małym chłopcem, ojciec mój od wielu lat poważnie chorował (serce i tarczyca). Lekarze w żaden sposób nie mogli mu pomóc. Pomógł mu jednak ktoś, kto nie był lekarzem. Ten ktoś mieszkał w małej wsi, leczył tylko i wyłącznie witaminami, minerałami, dietą, suplementami (które w tamtych czasach tylko sobie znanymi sposobami sprowadzał z USA). Ojca mojego wyleczył w ciągu jednego miesiąca. Przypadek?

Pewnie nie, skoro miał niekończący się sznur pacjentów, bo... był skuteczny. Leczył nieuleczalne. Dlaczego? Bo wiedział jak! Ciężko pracował, cały dzień, nie miał stałej ceny za wizytę. Brał „co łaska". O godzinie 12.00 i 18.00 robił godzinną przerwę.

Nie kładł się wtedy na łóżku, żeby sobie odpocząć, bo... wtedy odprawiał mszę. Był księdzem, ale czy tylko? Szkoda, że już niestety nie żyje.

W takim razie, jaki jest problem? No jest... i to ogromny!

Problem jest w tym, że jak widać, wielokrotnie leczą ludzi terapeuci bez formalnego wykształcenia medycznego. To jest problem i to wielki, bo leczyć powinniśmy się u lekarza. Co jednak zrobić, kiedy formalnie wykształcony lekarz nie potrafi danego schorzenia wyleczyć i przygotowuje pacjenta na to, że: „będzie tylko gorzej"? Jest to bez wątpienia problem, ale... jak nazwać sytuację, kiedy ktoś, kto nie ma formalnego wykształcenia medycznego, potrafi wyleczyć chorobę, której lekarz z dyplomem nie potrafi? Wielu Czytelników nie raz już się z takim zjawiskiem spotkało.

Takich przypadków oczywiście jest wiele. Co w takim razie łączy te osoby, które nie mając wykształcenia medycznego, efektywnie (i efektownie) leczą chorych ludzi? Jaki jest wspólny mianownik? Wydaje się, że są co najmniej dwa takie wspólne mianowniki:

1. Żadna z tych osób nie miała uprawnień do wypisania recepty. Z konieczności więc każda z nich stosowała środki naturalnie występujące w przyrodzie, dietę lub po prostu suplementy diety.

2. Wiedza. Jest to najważniejszy wspólny element, bez którego „leczenie nieuleczalnego" nie byłoby możliwe. Każda z tych osób dysponowała wiedzą, która pozwoliła im na skuteczne leczenie.

Jak widać, brak formalnych kwalifikacji nie stanowił przeszkody w niesieniu pomocy ludziom cierpiącym, szczególnie w takich przypadkach, gdzie formalna wiedza medyczna najwyraźniej zawiodła. Wiedza bowiem nie zna granic – żadnych. Niestety, nad czym należy ubolewać, to fakt, że zbyt często formalnie wykształceni lekarze są przekonani, że poza ich wiedzą akademicką już nic nie istnieje. Jest to podejście niezwykle aroganckie, ale przede wszystkim szkodliwe dla pacjenta.

Jakże często słyszy się, że pacjent zaledwie zadający pytania został poprzez swojego lekarza w niewybredny sposób zrugany. Jakże często wielu pacjentów w przypadku braku rezultatów terapeutycznych zastosowanych przez ich lekarza sugeruje jakąś inną, „alternatywną" terapię, z podaniem przykładów, czy wręcz literatury medycznej itd.?

Jakże często pacjent, który odważył się coś takiego zasugerować, był potraktowany w sposób: „kto tu jest lekarzem, ja czy Pan/Pani?" Jeśli tylko to usłyszał, to i tak miał wielkie szczęście, bo na ogół bywa znacznie gorzej. A przecież to, że lekarz nie potrafi danego schorzenia wyleczyć, nie jest żadną ujmą na honorze, jeśli tylko potrafi to sam przed sobą przyznać i zacznie szukać... szukać rozwiązania problemu. A tacy lekarze też są, szkoda, że nie wszyscy.

Natomiast absolutnie niewybaczalne jest podejście, kiedy lekarz nawet nie chce się zapoznać z istniejącą WIEDZĄ, która pozwoliłaby mu skutecznie leczyć schorzenie, którego on leczyć nie potrafi. Brak przynajmniej zainteresowania tematem jest według mnie poważnym wykroczeniem.

Kiedy chciałem takie zainteresowanie wywołać stosowaniem dużych dawek witaminy C, usłyszałem:

„Niemożliwe... to tylko wymiana jonów, to nic nie da, natychmiast dojdzie do kamicy", ja na to: „Metodę tę stosuje się z wielkim powodzeniem od ponad 50 lat, bez skutków ubocznych, uzyskuje się efekty terapeutyczne opisane w setkach prac naukowych i obserwacyjnych, efekty są takie, jakich żadnymi innymi metodami nie jesteśmy w stanie osiągnąć, ratuje się ludzi ze stanów agonalnych!".

Tutaj nastąpiło ojcowskie poklepanie mnie po ramieniu ze słowami: „Pan żyje w świecie marzeń", ja na to: „To naukowe FAKTY, a nie moje marzenia, dysponuję takimi faktami i w każdej chwili mogę je Panu przekazać", ale usłyszałem tylko: „tak.. tak… jestem zajęty, do widzenia Panu".

Gdybym rozmawiał z mechanikiem samochodowym czy hydraulikiem na temat samochodu czy rur w moim domu, to bym pewnie pomyślał: „fachowiec od siedmiu boleści, nawet nie jest zainteresowany, jak zreperować samochód, czy dobrze zainstalować krany w budowanym domu". Rozmowę tę jednak prowadziłem z jednym z najbardziej znanych w Polsce (i poza granicami Polski też) profesorów medycyny. Mało tego, kiedy wtrąciłem, że metoda ta polega na dożylnym podaniu soli pewnego kwasu, a nie samego kwasu, usłyszałem: „A co to za różnica?". Jak mam to skomentować? Niech „lek. med." czytający tę książkę wybiorą sobie odpowiedni epitet.

Przecież w naszej rozmowie nie chodziło o zepsutą lodówkę, czy cieknący kran. Chodziło o leczenie wielu chorób pozornie nieuleczalnych, jak np. wirusowego zapalenia płuc (najczęściej kończące się śmiercią powikłanie po np. świńskiej czy ptasiej grypie), nowotworów, wirusowego zapalenia wątroby, śmiertelnie groźnych zatruć (np. grzybami, jadem pająków, węży czy czadem) itd.

Tak, trzeba mieć wiele pokory, żeby skorzystać z wiedzy tzw. laika, ale… czy naprawdę laika? Kto w takich przypadkach jest naprawdę laikiem? Dla cierpiącego pacjenta, szczególnie takiego, który już wykorzystał wszelkie metody, jakie oferowała mu medycyna akademicka, a on jak cierpiał, tak cierpi, liczy się tylko i wyłącznie SKUTEK, a nie dyplom na ścianie. Proszę o to zapytać każdego, szczególnie umęczonego chorobą przewlekłą chorego. Brak wiedzy nie usprawiedliwia, ale można to jakoś wytłumaczyć. Jednakże brak CHĘCI poznania wymaganej do leczenia wiedzy jest niedopuszczalny i powinien być karalny. Jak mówi stare przysłowie: „uczyć należy się nawet od diabła".

Już słyszę zarzut, że usiłuję zrównać amazońskiego szamana z Panem/ Panią z „lek. med." przed nazwiskiem na wizytówce. Oczywiście, że nie o to mi chodzi. Chodzi mi o WIEDZĘ, której Pan/Pani „lek. med." w danym przypadku po prostu nie posiada. Dlaczego lekarzy australijskich jest stać, w sensie ambicjonalnym, na to, żeby jechać do buszu i uczyć się leczenia człowieka od aborygeńskich szamanów? Nie jest im wstyd uczyć się od tych, którzy mają wiedzę, a oni tej wiedzy nie mają. Czapki z głów, chylić przed nimi czoło. Ja to czynię, bo nie pomieszały im się priorytety. Coś jest ważne bardziej, a coś mniej. Ważniejsze jest dla nich leczenie człowieka, zdobycie wiedzy na ten temat, niż pozorna utrata twarzy tylko dlatego, że uczą się od kogoś, kto nie jest „lek. med." i… wcale im to nie przeszkadza.

Być może doczekamy czasów, kiedy „lek. med." będą chcieli współpracować z innymi lekarzami, którzy mają wiedzę, ale nie ma ona formy dyplomu wiszącego na ścianie. Zyskają na tym pacjenci i… tylko to się liczy. To już na szczęście się dzieje, szkoda tylko, że nie w Polsce.

Kiedyś… mieszkając jeszcze w Australii, na jednej z grup internetowych wszedłem w dyskusję z lekarzem z Łodzi. Rozmawialiśmy na temat choroby Buergera, która w podręcznikach medycznych jest określana jako jednostka chorobowa NIEULECZALNA. Nie przekonało go to, że pacjent ze stwierdzoną przez lekarzy australijskich chorobą Buergera, początkową martwicą dużego palca u stopy, itd. po 4 tygodniach leczenia ponownie miał formalne potwierdzenie uzyskane przy wielkim zdumieniu lekarzy, że choroba ustąpiła.

Naturalnie wysłuchałem, że cała grupa lekarzy australijskich musiała się pomylić, itd., bo: „ta choroba NIE ustępuje". „Leczenie" polega na amputacji najpierw palca, potem stopy, następnie całego podudzia, itd., aż… kończyć nie muszę. Pan „lek. med." w żadnym przypadku nie chciał w to uwierzyć.

Opowiedziałem mu o co najmniej czterech innych przypadkach, gdzie pacjentom uratowałem stopy przed amputacją, kiedy mieli już skierowanie na takie właśnie „leczenie". A kiedy mu powiedziałem, że osiągnąłem ten efekt tylko i wyłącznie przez odpowiednią zmianę diety, wtedy, krótko mówiąc, usłyszałem kim jestem, kim jest moja matka, itd.

Powiedziałem mu jeszcze coś więcej: „ja jestem teraz 18 000 km od Ciebie, ale znam lekarzy w Polsce, którzy robią dokładnie to samo, osiągają te same efekty, ratują ludziom nogi przed amputacją! To są też »lek. med.«, czyli Twoi koledzy »po fachu«, a masz do nich zaledwie 200 km, jedź, porozmawiaj. Może i Ty uratujesz swoich pacjentów przed amputacjami nóg". Oczywiście przekazałem mu numery telefonów, nazwiska tych lekarzy, adresy... Nie pojechał... wolał nie wiedzieć! Miałem tylko wielką nadzieję, że on lub ktoś z jego najbliższej rodziny, znajomych, przyjaciół, nie będzie miał skierowania na amputację stopy (powikłanie w cukrzycy), bo on na pewno im nie pomoże.

Szczególnym malkontentom chciałbym wyjaśnić, że:

Atakowanie profesji medycznej formalnie wykształconej w żadnym przypadku nie jest moim celem. Wręcz przeciwnie, chodzi mi o to, żeby informacje zawarte w tej książce były dla nich pomocą, a może też źródłem inspiracji. Co więcej, wiem, że jest cała armia świetnych lekarzy, których przesłaniem życiowym jest nieść pomoc człowiekowi choremu, cierpiącemu, ale... system, w jakim lekarze są zmuszeni pracować, często im na to nie pozwala.

Być może właśnie ta książka stanowić będzie pewnego rodzaju punkt wyjścia dla tych, którzy ustanawiają dla nas prawo, a szczególnie tych, którzy, jak się okazuje, stawiają lekarzy przed strasznym wyborem: „mógłbym wyleczyć, ale... spotka mnie za to kara". Cóż za absurd! Jak można lekarza postawić w takiej sytuacji!? Czy nie wywołuje to ogromnych frustracji, które często doprowadzają do tego, że lekarz porzuca swoją formalną praktykę jako „lek. med." i staje się lekarzem medycyny naturalnej? To jeszcze (na wielkie szczęście dla pacjentów) nie podlega takim absurdalnym ograniczeniom? Chociaż wiem, że „już się nad tym pracuje...", komu to wyjdzie na złe?

Jednakże żyjemy w świecie takim, w jakim żyjemy. Dlatego chociaż przez chwilę zastanówmy się nad sednem systemu medycznego, zaczynając od podstawowych praw, jakie ustanowił Hipokrates. To właśnie na jego przysięgę i przykazania powinniśmy zwrócić uwagę tym, którzy ten system modyfikują ze szkodą dla pacjenta.

Jeden z fragmentów przysięgi Hipokratesa mówi tak:

„Będę stosował zabiegi lecznicze wedle mych możności i zdolności ku pożytkowi chorych, broniąc ich od uszczerbku i krzywdy".

Innymi słowy, lekarz ma prawo zastosować terapię, którą uzna za stosowną dla danego pacjenta. Zwracam uwagę na słowa „**wedle mych możności**". To bardzo ważne, bo te „możności" to między innymi WIEDZA. Oznacza to też, że jeśli wiedzy nie ma, to... można ją nabyć, nauczyć się.

Tu jednak pojawia się następny problem:

Przeciętny polski lekarz to człowiek, który bardzo często łączy pracę w szpitalu z prywatną praktyką, którą prowadzi w ciągu długich godzin pracy, po zakończeniu swych zajęć w szpitalu. Nawet jeśli prowadzi tylko praktykę prywatną, to na ogół zajmuje ona znacznie więcej niż 8 godzin dziennie. Jeśli prywatnej praktyki nie prowadzi, wtedy często względy finansowe zmuszają go do brania dodatkowych dyżurów w szpitalu, przychodni, pogotowiu, itd. Czy w takim przypadku, kiedy do tego dochodzą zwykłe obowiązki rodzinne, można oczekiwać, że ma jeszcze czas na to, by z benedyktyńską cierpliwością czytać dziesiątki medycznych prac naukowych, obserwacji, raportów, itd. używających skomplikowanych terminologii, a w dodatku najczęściej opublikowanych w języku angielskim? Każdy człowiek ma granicę swojej wytrzymałości psychicznej. Lekarz też.

Dlatego w wielu moich rozmowach ze sfrustrowanymi pacjentami otwartym tekstem mówię:

„Nie wińcie lekarzy za to, że z braku czasu nie są w stanie się dokształcić, że mogą nie wiedzieć, JAK dane schorzenie wyleczyć metodą inną niż ta, którą znali do tej pory. Ale zmieńcie lekarza natychmiast, kiedy zobaczycie, że nie jest zainteresowany poznaniem innych, być może bardziej skutecznych i bezpiecznych metod leczenia waszej choroby. Bądźcie wyrozumiali, ale... nie tolerujcie arogancji, bo to o Wasze zdrowie lub życie chodzi".

Wiedza służy wszystkim, w szczególności wiedza nabyta przez lekarza służy chorym, cierpiącym. Staram się wykazać, że przydatna lekarzowi wiedza to nie koniecznie tylko ta, którą nabył w czasie studiów na uniwersytecie. Kiedy wiedza jest nabyta z jednego źródła i uważana jest za wiedzę jedyną, jaka istnieje, jest to arogancja i zarozumiałość, a przecież Hipokrates powiedział:

„Różne to dwie rzeczy – świadomość siebie i zarozumiałość; pierwszą rodzi wiedza, drugą – nieuctwo".

W czasie studiów medycznych przyszli lekarze otrzymują „tony" czasami bezsensownej wiedzy teoretycznej, mają też odpowiednie praktyki do zaliczenia, itd. Ten formalny proces akademickiego nauczania kiedyś się jednak kończy. Mówimy, że lekarz cały czas się musi kształcić. To jest oczywiste. Bez względu na to, czy ma 5, 15 czy 20 lat praktyki. Pytanie jednak jest takie: kiedy już formalna edukacja lekarza jest zakończona, to co właściwie oznacza „dalsze kształcenie"? Czy oznacza to, że przyjdzie ktoś, kto mu powie o najnowszych metodach leczenia np. nowotworów, stawów, tocznia, choroby wieńcowej, stwardnienia rozsianego, osteoporozy itd. w taki sposób, żeby nie stosować środków farmakologicznych? Wolne żarty! Lekarze biorą udział w ogromnej liczbie szkoleń, gdzie tak naprawdę kształci się ich na zasadzie: jaki lek i kiedy używać. Tylko KTO prowadzi te szkolenia, kto je finansuje lub kto tak naprawdę za nimi stoi?

Nie jest dla nikogo tajemnicą, że tym enigmatycznym nauczycielem są firmy farmaceutyczne. To właśnie one „kształcą" ustami najczęściej profesorów, którzy prowadzą te szkolenia.

Czy w związku z tym można liczyć na to, że tak „wyszkoleni" lekarze będą stosować cokolwiek innego niż to, co w formie gotowej „papki" poda im na talerzu przemysł farmaceutyczny?

Firmy farmaceutyczne muszą wypracowywać zyski. Potężne. W związku z tym zainteresowane są nie tylko sprzedażą jak największej ilości produkowanych przez swoje firmy leków, ale… zniszczeniem w zarodku jakichkolwiek metod, sposobów, substancji, które są efektywne i tanie, ale których nie da się opatentować. To dla nich poważna konkurencja. I to jest prawdziwa wojna. Wojna, o której przeciętny pacjent często nie ma najmniejszego nawet pojęcia. Pacjent przegrywa. Zawsze.

Kiedy okazało się, że pod wpływem wyizolowanej przez dra Krebsa z pestek moreli amigdaliny komórki nowotworowe padają jak przysłowiowe muchy, rozpętało się istne piekło! Dr Krebs nie był lekarzem. Poprosił więc swojego przyjaciela, aby spróbował zacząć stosować amigdalinę (ściśle biorąc *laetrile*, czyli wit. B17) u pacjentów z nowotworami. Tym przyjacielem był dr Binzel, który zastosował się do przysięgi Hipokratesa. Podając amigdalinę dożylnie, uratował życie wielu pacjentom, wykazując jej skuteczność w leczeniu choroby nowotworowej. W kręgach zarządów wielu firm farmaceutycznych nastąpiła totalna panika.

Pytano: „O co chodzi?", „Odkryto naturalnie występującą substancję niszczącą komórki nowotworowe, a zdrowe pozostawiającą bez żadnej szkody. Działa jak środek chemioterapeutyczny, ale bez żadnych skutków ubocznych. Gdzie ta substancja jest? Prawie w każdym owocu, w nasionach prosa, w pestkach jabłka, gruszki, w pestkach wiśni, śliwki – wszędzie! Substancja NATURALNA, a więc nie można jej opatentować, nie można na niej zarobić kroci! Mało tego… może ona zastąpić produkowane przez nas środki chemioterapeutyczne, na których zarabiamy miliardy!"

Natychmiast wytoczono najcięższe działa prawnicze, zaprzężono do walki z tą naturalnie występującą substancją wszystkie rządowe agencje w USA łącznie z FDA (*Food and Drug Administration*, czyli Agencja ds. Żywności i Leków). Prawnicy z FDA przyłapani w sądzie na kłamstwie omal nie stracili prawa do wykonywania zawodu. Wokół amigdaliny rozpętano taką psychozę, że niektóre państwa zabroniły jej importu! W USA zakazano produkcji czegokolwiek, co zawierało pestki z moreli. Mało tego, jeśli w sklepie spożywczym na tej samej półce znajdowały się np. paczuszki orzechów i paczuszki z pestkami moreli, właściciel sklepu dostawał wysoką karę! Świat zwariował. W takim stanie przetrwał do dziś, bo ta wojna nadal trwa. W imię czego? W imię tego, żeby nie pozwolić na leczenie ciężko chorych ludzi środkami naturalnymi. Ponieważ wokół witaminy B17, czyli amigdaliny, jest tyle kontrowersji oraz zwykłego nieporozumienia, a nawet kłamstw, chciałbym poświęcić temu tematowi cały rozdział w następnej książce. Może dzięki temu ktoś nie umrze niepotrzebnie? Chociażby jedna osoba – to już będzie tego warte.

Medycyna nie jest nauką ścisłą… jest sztuką. Piękną samą w sobie. Jestem w niej zakochany od ponad 20 lat i każdego dnia jestem nią zafascynowany coraz bardziej, bo niemal każdego dnia znowu dowiaduję się o czymś skutecznym w leczeniu człowieka, bezpiecznym i często bardzo tanim. I jak tu przejść koło tego obojętnie?

Wykażę też, że często środki naturalne w sposób niezwykle efektywny wspomagają leczenie farmakologiczne. Tak więc nie potępiam stosowania środków farmakologicznych tam, gdzie zachodzi potrzeba ich zastosowania, ale... tylko w takich przypadkach. W wielu przypadkach taka potrzeba nie zachodzi. Po co więc je stosować?

To samo jest z chemioterapią... Jak dalej czytelnikom pokażę, chemioterapia stosowana w chorobie nowotworowej jest niezwykle mało skuteczna. W onkologii skuteczność terapeutyczną ocenia się na podstawie odsetka pacjentów, którzy od momentu diagnozy i rozpoczętej terapii przeżyli ponad 5 lat. Na podstawie analizy tysięcy przypadków wykazano, że wpływ chemioterapii na przedłużenie życia pacjentów nowotworowych to **średnio** nie więcej niż 2,5% (dwa i pół procent!).

Czy w takim razie nie należy stosować chemioterapii? Nie! Zastosowanie chemioterapii ma swoje miejsce, ale.. czy zawsze? Nie. Zastosowanie chemioterapii łączy się ze skutkami ubocznymi tak strasznymi, że przeciętnemu człowiekowi jest trudno je sobie nawet wyobrazić. Czy można temu jakoś zaradzić?

Można, poprzez zastosowanie substancji naturalnych, tanich, bezpiecznych i łatwo dostępnych. Czy można zwiększyć efektywność chemioterapii? Można, podając wiele substancji naturalnych, jak też... zmieniając sposób podawania środka chemioterapeutycznego. Dlaczego więc lekarze tych substancji czy metod nie stosują? Z pewnością nie dlatego, że nie chcą. To prowadzi nas do innego zagadnienia...

Proces kształcenia lekarzy wymaga tutaj przynajmniej pewnej refleksji. Kiedy w luźnych rozmowach z lekarzami poruszamy problemy biochemii czy nawet fizjologii, o anatomii już nie wspominając, często padają komentarze np. „nic, albo niewiele z tego pamiętam", „do czego miało mi służyć zapamiętanie wzoru strukturalnego witaminy B12?" itd. Wyłania się wtedy następujący obraz: szczególnie lekarze, którzy nie pracują naukowo, są praktykami np. medycyny rodzinnej, tej najbardziej podstawowej, pierwszego kontaktu, w zdecydowany sposób chcieliby mieć znacznie więcej wiedzy wychodzącej poza „żonglowanie" kilkudziesięcioma lekami, bo, jak twierdzą, w ogromnej większości ich praca do tego się sprowadza. Bardzo często są sfrustrowani tym, że być może chcieliby i mogli zastosować coś innego, ale się boją. Boją się nawet swoich kolegów po fachu, boją się wyśmiania, wyizolowania ze środowiska itd., bo, jak powiedziałem, jest to środowisko szczególne. Wolą iść po najprostszej, ale bezpiecznej dla nich linii działania, sztampowo... Jeśli podwyższony cholesterol, to statyny; jeśli bolą stawy, to środki przeciwzapalne; jeśli astma to... to samo; jeśli przeziębienie, to znowu... oklepane standardy, o stosowaniu antybiotyków nawet nie wspomnę.

Naturopaci stosujący naturalne substancje występujące w przyrodzie doskonale wiedzą, jaki wpływ na leczenie człowieka ma dieta. Dla nich jest to PODSTAWA. To jest naprawdę duża wiedza, ale studenci medycyny akademickiej niewiele na ten temat wiedzą. Jak mogą wiedzieć, skoro na temat żywienia mają zaledwie dwa czy trzy wykłady w ciągu kilku lat studiów? A nawet jeśli coś się na tych wykładach dowiedzą, to z rozmów z nimi widać wyraźnie, że poziom przekazywanej im wiedzy jest kompromitująco niski.

Z tego, co mi wiadomo, to o lekach roślinnych i ziołach nie mają ani jednej godziny wykładów. W ten „elegancki" sposób omija się potężny kawał niezwykle cennej wiedzy medycznej. Wiedzy przydatnej nie tylko lekarzowi, ale... przede wszystkim pacjentowi. Dlaczego tak się dzieje? Dlaczego tak podstawowa wiedza, jaką jest wpływ żywienia człowieka na jego zdrowie, jest na tak niskim poziomie?

Wystarczy posłuchać w radiu czy telewizji „dyplomowanych dietetyków", żeby się o tym przekonać. Jak inaczej można to ocenić, kiedy słyszę wypowiedź pani dietetyk i wtórującą jej panią profesor medycyny, że żeby zapobiegać osteoporozie, trzeba brać suplementy wapnia i spożywać dużo produktów zawierających wapń i oczywiście pić dużo mleka. Czas tym paniom zatrzymał się jakieś 30 albo 40 lat temu.

Można te wypowiedzi zignorować, gdyby dotyczyły one np. Marsjan, ale w przypadku ludzi żyjących na Ziemi, w Polsce, to już jest nie tylko śmiesznie, ale i straszne zarazem. Naturopaci i inni światli i doinformowani lekarze wiedzą, że powyżej cytowane zalecenia to recepta na katastrofę zdrowotną. No i jak tym tematem nie zająć się w następnych rozdziałach?

Jestem przekonany, że wcześniej czy później lekarze praktykujący medycynę akademicką zwrócą się w stronę medycyny naturalnej, że równymi partnerami będą dla nich naturopaci, że jedni od drugich będą się uczyć, a przynajmniej będą ze sobą rozmawiać. Naprawdę warto. Warto to robić dla pacjentów. Satysfakcja gwarantowana po obu stronach.

Pamiętam, że jeszcze klika lat temu jeden z profesorów medycyny w Niemczech został całkowicie zniszczony przez swoich „kolegów" po fachu, bo odważył się wprowadzić do swojej praktyki zabiegi **hipertermii**, lecząc z powodzeniem wielu pacjentów onkologicznych **(zabieg hipertermii polega na podniesieniu temperatury, najczęściej całego organizmu pacjenta, do powyżej 41°C i wytrzymaniu w tej temperaturze od 20 do 90 minut. Wtedy komórki nowotworowe stają się bardziej wrażliwe np. na środek chemioterapeutyczny, a w wielu przypadkach giną nawet bez takiej interwencji).**

Metoda ta jest stosowana w klinikach w Meksyku od wielu, wielu lat. Byłem tam... widziałem. Doskonale pamiętam, kiedy ok. 10 lat temu o tej metodzie opowiadałem onkologom w Polsce, natychmiast usłyszałem komentarze: „szarlataństwo", „naciąganie ludzi na kasę", „znachorstwo"... itd. itp..

A dzisiaj? Dzisiaj instytuty onkologii w Polsce dmą ile sił w medialne trąby, jaką to wspaniałą technikę używają do leczenia nowotworów, a jest nią... hipertermia! Najpierw skrytykowali i ośmieszyli, a teraz nie mogą się nachwalić.

Dlatego powtarzam: przyjdzie czas, że te same instytuty i ich utytułowani pracownicy, którzy dzisiaj nawet nie chcą się dowiedzieć o alternatywnych metodach leczenia nowotworów czy innych chorób przewlekłych, również za jakiś czas okrzykną mediom swe „rewelacje", które innym, bardziej światłym umysłom medycznym, są znane od wielu lat.

Niemiecki filozof, Artur Schopenhauer powiedział kiedyś tak:

„Prawda zawsze przechodzi przez TRZY etapy:
1. Wyśmianie
2. Zaciekłe zwalczanie
3. Zaakceptowanie w sposób: »to przecież było od dawna oczywiste«".

Z tego też powodu, nie tracę ani minuty czasu na jakiekolwiek dyskusje z „lek. med.-ami" prezentującymi stanowisko: „ja wiem najlepiej" itd. Natomiast bez chwili wahania rozmawiam z tymi, którzy mają umysł otwarty, chłonny na wiedzę, dla których dobro pacjenta jest bezwzględnym priorytetem. Czy tacy lekarze są? OCZYWIŚCIE! Mam wielkie szczęście, zaszczyt i honor z nimi współpracować.

Zdaję sobie sprawę, że środowisko medyczne charakteryzuje się szczególną wrażliwością na krytykę, przyjmując często pozycję: „tylko ja wiem wszystko". Zdaję sobie też sprawę z tego, że książka ta wywoła u niektórych lekarzy wręcz furię. Wiem to z moich dyskusji, które na te tematy prowadzę ze środowiskiem medycznym od ponad 15 lat.

W żadnym przypadku nie uogólniam, ponieważ wiem, że są lekarze z prawdziwego zdarzenia, ale są też zwykli partacze, lenie i wygodniccy, no i... biznesmeni, dla których zysk jest priorytetem. Jak w każdym zawodzie. Najwyżej uszczelka w kranie jak ciekła, tak nadal cieknie, a samochód, który nam reperował „fachowiec", nadal nie jeździ tak jak trzeba, ściana w domu może odchodzi trochę od pionu, kafelki w łazience trochę krzywo są położone, itd., ale żyć się da. W przypadku „fuszerki" lekarskiej sprawy już nie są takie proste. Okazuje się, że bardzo często rozwiązanie problemu medycznego jest dziecinnie proste. Wystarczy tylko się dowiedzieć. Można, trzeba tylko chcieć.

Chciałbym, żeby ta książka służyła nie tylko lekarzom, ale i pacjentom. Tam gdzie tylko będę mógł, wspierał się będę konkretnymi badaniami naukowymi czy obserwacyjnymi. Nie tylko chodzi o to, jak leczyć, ale przede wszystkim – **jak zapobiegać chorobom**. Temat „rzeka", ale czy jest on naprawdę zrozumiały? Czy rzeczywiście wiemy, co to znaczy zapobiegać chorobom? Jak np. zapobiegać nowotworom? Konia z rzędem temu, kto w gąszczu utworzonych „programów prewencyjnych", komitetów, organizacji, audycji radiowych i telewizyjnych, czasopism, itd. znajdzie cokolwiek, co naprawdę mówi coś KONKRETNEGO na temat zapobiegania chorobie nowotworowej. Głównie słyszymy czy czytamy ogólniki typu: nie pal, jedz więcej warzyw i owoców, spędzaj więcej czasu na wolnym powietrzu, regularnie uprawiaj sport, itd. To wszystko jest prawda, ale... czy tylko to uchroni nas przed nowotworem? Jeśli by tak było, to osoby, które nie palą, jedzą dużo warzyw i owoców, uprawiają sporty, itd. nie zapadałyby na chorobę nowotworową. Wiemy jednak, że tak nie jest. Czy jest coś więcej, co można zrobić, żeby się przed tą chorobą ustrzec? Oczywiście, że tak, ale... kto o tym wie? Kto o tym mówi?

W tej książce będziemy o tym mówić. Znajdziecie wiele informacji na temat pozornie „ukrytych terapii" i metod zapobiegania chorobom, również chorobom przewlekłym.

W przypadku nowotworów, pomieszanie pojęć jest nagminne. Jeśli w audycji radiowej przez prawie godzinę rozmawia się na temat zapobiegania chorobie nowotworowej poprzez stosowanie mammografii czy kolonoskopii, to mamy do czynienia nie tylko z pomieszaniem pojęć przez ludzi, którzy tego powinni być świadomi, ale ze zwykłym wprowadzaniem słuchaczy radia, a więc dużej części społeczeństwa, w błąd.

Mammografia bowiem, czy kolonoskopia nie mają NIC wspólnego z zapobieganiem powstawaniu nowotworów. Skąd więc w wielu „programach prewencyjnych" ich twórcy wskazują na te badania jako formę zapobiegania powstawaniu nowotworów? Przecież mammografia to żadna profilaktyka – to tylko DIAGNOSTYKA medyczna.

Nie ma ani jednego przypadku spośród milionów kobiet, w którym mammografia ZAPOBIEGŁA powstaniu nowotworu piersi. Wręcz przeciwnie, jak wiadomo, mammografia sprzyja powstaniu nowotworów.

Kolonoskopia <u>wykrywa istniejący już nowotwór</u> (ale jeśli naciek komórek nowotworowych jest na zewnętrznej stronie jelita, to dla kamery kolonoskopu naciek ten może już nie być widoczny!). Mammografia również <u>wykrywa istniejący już nowotwór!</u> (a czasami go nie wykrywa!) i jak się okazuje po latach jej stosowania, nie przynosi oczekiwanego pożytku, co chciałbym omówić szczegółowo w następnej książce. Jeśli tymi metodami rzeczywiście wykryto nowotwór, to o jakiej prewencji czy zapobieganiu jest mowa, kiedy nowotwór już jest! Zapobieganie polega na tym, żeby w pierwszym rzędzie nie dopuścić do powstania nowotworu. Jeśli nowotwór już jest, to nasza prewencja zawiodła.

Dlatego wrzucenie badania mammograficznego czy kolonoskopii, a nawet badania markerów nowotworowych do worka pod tytułem „zapobieganie chorobie nowotworowej" jest wprowadzaniem w błąd.

Nie ma nawet mowy o wczesnym wykryciu nowotworu piersi, stosując mammografię. Mammografia wykryje nowotwór, ale dopiero wtedy, kiedy w kobiecej piersi jest on obecny od 6, a nawet 12 lat! O jakim więc wczesnym wykrywaniu jest mowa? Czy jednak można nowotwór piersi wykryć właśnie 6 czy 12 lat wcześniej, niż wykryje go mammografia? Można. Temat ten będzie omówiony w następnej książce.

Leczenie symptomów, a co z przyczyną?

W organizmie każdego z nas codziennie dochodzi do powstania komórek z uszkodzonym DNA. Tak – potencjalnie są to komórki nowotworowe. Dlaczego więc wszyscy ludzie nie mają nowotworów? Dzieje się tak głównie dlatego (chociaż są jeszcze inne powody), że nasz układ odpornościowy potrafi takie komórki zidentyfikować i unicestwić. Kiedy jednak układ odpornościowy danego człowieka nie pracuje prawidłowo, wtedy nie jest w stanie wykonać pracy, do jakiej został stworzony. Czyli nie potrafi zidentyfikować komórek nowotworowych i ich zniszczyć. Efektem tej dysfunkcji układu odpornościowego jest niczym nie pohamowany wzrost komórek nowotworowych, co najczęściej jest widoczne (ale często bardzo długo nie jest widoczne) jako „guz nowotworowy". Czym w takim razie jest guz nowotworowy, który przecież nie powstał bez przyczyny? Guz nowotworowy jest **SYMPTOMEM** wskazującym na to, że u takiej osoby system odpornościowy nie funkcjonuje tak jak potrzeba. Czy w takim razie jest właściwe określanie tego stanu jako „choroba nowotworowa"? Raczej nie, ponieważ ewidentnie przyczyną powstania guza nowotworowego jest dysfunkcja układu odpornościowego. Dlatego nie istnieje według mnie „choroba nowotworowa", istnieje natomiast choroba układu odpornościowego. Z tym trudno jest się nie zgodzić, to tylko logika. Jeśli tak, to dlaczego medycyna akademicka z taką nieokiełznaną upartością walczy z symptomem, a nie z przyczyną? Gdzie tu jest logika?

Medycyna akademicka za wszelką cenę chce zniszczyć symptom, czyli guz nowotworowy. Ma na to tylko trzy sposoby: zatruć chemioterapią, przy okazji potwornie zatruwając całego pacjenta, „spalić" poprzez naświetlanie promieniami, które – tak jak chemioterapia – sprzyjają powstaniu nowotworów, i wyciąć guz, nigdy nie mając pewności, że wycięto wszystko co złe itd… Pogratulować finezji. A co z przyczyną? Co z leczeniem układu odpornościowego? Tego się nie leczy! Logika iście godna człowieka z epoki kamienia łupanego. Po co JEDEN RAZ naprawić dziurę w drodze, kiedy bez końca można naprawiać pogruchotane podwozia setek samochodów, które w nią wpadły i nadal wpadają. Problem jest taki, że każdy samochód da się zreperować, nawet wymieniając mu całe podwozie na nowe, ale zniszczonego chemioterapią, radioterapią czy operacją chirurgiczną zdrowia człowieka wymienić na nowe się nie da. Do tematu, jak tego uniknąć, jeszcze w tej książce wrócimy.

W niektórych przypadkach nowotwór jest wykrywalny nawet w bardzo wczesnych stadiach, stosując odpowiedniej czułości prosty test ciążowy za ok. 20 zł. Czy wszyscy lekarze o tym wiedzą?

Niejednokrotnie słyszę: „mam podwyższone markery nowotworowe, ale w badaniach obrazowych nie widać zmian nowotworowych i mój onkolog powiedział, że »markerów się nie leczy«". Ma rację. Nie leczy się markerów, bo byłoby to pozbawione sensu i nie trzeba być lekarzem, żeby to zrozumieć.

Kiedy jednak jest mowa o podwyższonym poziomie cholesterolu, to w tym przypadku już się o tym zapomina, a przecież nic nie dzieje się bez przyczyny. Jeśli poziom cholesterolu jest podwyższony, to musi być tego jakaś przyczyna, która powoduje, że organizm (głównie wątroba) zaczyna przyspieszać jego produkcję. Tak się dzieje, kiedy z jakiegoś powodu organizm domaga się większej ilości cholesterolu. Jaki to może być powód? Najczęściej są to stany zapalne, ale nie tylko. Innymi słowy, najczęściej wysoki poziom cholesterolu we krwi jest wskaźnikiem (markerem), że coś złego się dzieje. Czyli wysoki poziom cholesterolu jest SYMPTOMEM stanu chorobowego (najczęściej zapalnego).

Dlaczego więc, z maniakalną upartością, zupełnie nie zwracając uwagi na możliwą PRZYCZYNĘ, obniżamy poziom tego markera?

Cholesterol jest transporterem białek niezbędnych do budowy i regeneracji tkanek. Obniżając jego ilość, zmniejszamy dowóz niezbędnych elementów budulcowych tkanek. Jaki to ma sens? Żaden. A jednak statyny, czyli leki (według mnie jest to po prostu toksyna) obniżające poziom cholesterolu są przepisywane w ilościach przerażających. Bezmyślnie obniża się poziom markera, nie zwracając zupełnie uwagi na PRZYCZYNĘ, jaka powoduje jego podwyższony poziom. To szaleństwo obniżania poziomu cholesterolu, jak wiemy, nie ma granic. Tak więc obniżanie poziomu cholesterolu, który zaledwie jest markerem, jest równoznaczne z rozbiciem termometru, licząc na to, że pacjentowi „spadnie gorączka".

Celowo nazywam cholesterol „markerem", ponieważ **cholesterol nigdy nie był, nie jest i nigdy nie będzie PRZYCZYNĄ miażdżycy, zawałów, itd. czy też całego zespołu chorobowego nazywanego „chorobą niedokrwienną serca"**. Będzie to, mam nadzieję, tematem następnej książki.

Inny przykład: jeśli ktoś ma stwierdzoną ołowicę, czy zatrucie innym metalem ciężkim, to natychmiast poda mu się w szpitalu dożylnie EDTA (to taka substancja usuwająca z organizmu metale ciężkie). Medycyna wie od niepamiętnych czasów, że nowotwór może być wywołany obecnymi w organizmie metalami ciężkimi. Wydawać by się więc mogło, że jeśli tak jest, to przyjmując pacjenta z nowotworem, natychmiast należałoby mu podawać EDTA, czyli usuwać możliwą PRZYCZYNĘ, ale… niestety tak się nie dzieje. Są oczywiście kliniki (byłem, widziałem), gdzie KAŻDEMU bez wyjątku pacjentowi onkologicznemu podaje się EDTA przez cały jego okres pobytu, natychmiast, od dnia numer jeden, ale… to nie jest w Polsce, ani w wielu innych krajach też.

Znajomy onkolog pracujący w jednym z bardzo znanych instytutów onkologii w Polsce, któremu zaproponowałem podawanie EDTA, powiedział mi wprost: „jeśli bym to zrobił, to na drugi dzień nie mam już pracy". Koszt samej substancji do jednego wlewu EDTA, to ok. 5 zł, może nawet mniej. Wlewy takie stosowane są od ponad 60 lat. Stanowią niskie ryzyko i są bardzo skuteczne.

W zamian litrami wlewa się w pacjenta środki chemioterapeutyczne, usuwając OBJAWY choroby, a nie przyczynę. Czy poprawiają komfort życiowy pacjenta? Skutki uboczne chemioterapii prawie każdemu czytelnikowi są znane, jeśli miał nieszczęście kontaktu z osobą z nowotworem „leczoną" w ten sposób. A przecież da się to robić, czyli leczyć chorobę nowotworową bez stresu, bez takich skutków ubocznych i znacznie, znacznie taniej.

Zatrucie metalami ciężkimi nie musi objawiać się stanem ostrym, jak np. po przypadkowym połknięciu rtęci. Metale ciężkie w naszym organizmie działają powoli i podstępnie, ale bardzo bezwzględnie. Dochodzi do wielu chorób, a wtedy medycyna akademicka z oczywistych względów skupia się na leczeniu objawów, czyli czegoś, czego nie da się wyleczyć bez usunięcia przyczyny.

Jeszcze nigdy nie spotkałem się z przypadkiem, kiedy lekarz, świadomie, poleca choremu pacjentowi usunąć metale ciężkie. Dlaczego? Bo nie ma jak tego zrobić. Dlatego, że jeśli chciałby użyć wcześniej wspomnianego EDTA, to w szpitalu mu nie pozwolą, bo nie ma tego w procedurach! Można to zrobić prywatnie, ale... po pierwsze jest to drogie (ok. 160– 200 zł za wlew), a po drugie, to aktywna nagonka na lekarzy stosujących EDTA zniechęca innych, chętnych lekarzy do jej stosowania. „Władze" medycyny akademickiej z oczywistych względów będą robić wszystko, żeby nie stosować EDTA powszechnie. Od czasu do czasu czyta się ich stanowisko oparte na „dowodach naukowych", itd.

Naturalnie, „dowody" takie pochodzą od innych „władz", którym bardzo zależy, żeby EDTA nie stosować. Prawda jest taka, że są takie dowody, które wskazują na skuteczność stosowania EDTA potwierdzoną angiograficznie. Tego jednak już zauważyć się im nie chce. Są jednak inne „dowody". Są nimi ludzie, którzy mieli skierowanie na niezwykle poważne operacje wszczepienia pomostów (bajpasów), wstawiania stentów, a którzy funkcjonują normalnie, bez problemów zdrowotnych, bez komplikacji po operacyjnych, bez zaburzeń pamięci, bez miażdżycy, bez ŻADNYCH skutków ubocznych, itd. Trzeba się ich zapytać, czy warto było się chelatować.

Czytam czasami jak tzw. autorytety medyczne twierdzą, że: negatywnym skutkiem podania EDTA może być śmiertelna hypokalcemia (obniżony poziom wapnia we krwi). Jeśli wlew z EDTA miałby mi podać wypowiadający się w tej sprawie „autorytet", to bym się bał i to bardzo. Prawda jest taka, że po podaniu ok. 50 000 000 wlewów z EDTA **nie stwierdzono ani jednego zgonu**, który można byłoby w sposób **jednoznaczny** przypisać zastosowaniu EDTA.

Mogę w takim razie spokojnie „pójść na licytację" z każdym z takich „autorytetów", którzy najczęściej są kardiochirurgami. Jeśli nie podawać bardzo bezpiecznego EDTA, a zamiast tego stosować bajpasy, to trzeba również otwarcie ludziom powiedzieć trochę prawdy o takich procedurach, np. że: ogólna przeżywalność takich pacjentów po 10 latach od operacji to tylko 60%, po 20 latach – 20%, a po 30 latach – 6%. Innymi słowy, w pierwszych 10 latach po bajpasach umiera ok. 40% pacjentów. U 36% pacjentów potrzebna jest powtórna interwencja chirurgiczna. Ogólnie rzecz biorąc, po 30 latach 94% pacjentów wymagało powtórnych interwencji chirurgicznych, dlatego klasyczna operacja wszczepiania bajpasów jest użyteczna, ale ma ona naturę paliatywną, czyli nieuleczalną.

Ron T. van Domburg, Arie Pieter Kappetein, and Ad J.J.C. Bogers. **The clinical outcome after coronary bypass surgery: a 30-year follow-up study Thoraxcenter,** *Erasmus Medical Centre, Room Ba559, Dr Molewaterplein 40, Rotterdam, GD 3015, The Netherlands*

Powyższe wyniki badań opisują „tylko" śmiertelność wśród chorych po bajpasach po ponad 10 latach. A co z innymi powikłaniami, jakie często zdarzają się po takich operacjach, jak np. zawał serca, udar mózgu, krwawienie z bajpasów, zakażenie rany operacyjnej i wnętrza klatki piersiowej, zapalenie płuc, ostra niewydolność nerek, zatorowość płucna. Są też inne skutki uboczne, jak np. problemy z pamięcią. To tylko bajpasy, a stenty i ich powtórne blokowanie się po stosunkowo krótkim czasie?

No więc? Co lepsze? EDTA czy bajpasy? A może...? Może lepiej zapobiegać, żeby nie było miażdżycy? Jeśli zapobiegać, to Czytelnicy wiedzą już jak.

Jest to jednak dla mnie ponownie pewnym problemem, bo to powinna być wiedza POWSZECHNA, przekazywana nam przez lekarzy, a nie opisywana w książce, którą napisał ktoś bez dyplomu „lek. med.".

Słuchałem niedawno programu w radiu, w którym mówiono na temat łuszczycy. Goszcząca w tym programie pani dermatolog słusznie powiedziała, że jest to choroba układu immunologicznego.

Omawiała sposoby leczenia, ale.. mowa była o sterydach, które usuwają stany zapalne i o środkach typu maści, balsamy, itd. stosowanych na skórę bezpośrednio na występujące zmiany chorobowe. A przecież te zmiany na skórze to jest SYMPTOM, nie przyczyna. A przyczyna? Już powiedziała – nieprawidłowe działanie układu odpornościowego. Co powiedziała na temat leczenia tego układu? Nic. Gdzie tu logika? Gdzie wiedza? Nie ma... Nie ma? Wykażę, że ta wiedza jest! Nie jest tylko wykorzystywana. Pozwolę sobie tylko przywołać przykład z dwóch zdjęć pacjenta z łuszczycą, jakie zamieściłem kilka stron wcześniej, a zaznaczam, że to nie jest odosobniony przypadek. Co w takim razie z innymi chorobami przewlekłymi? To samo.

Wiele z tych chorób, jak wspomniana powyżej łuszczyca, należy do tzw. chorób z grupy autoagresji. Oznacza to, że układ odpornościowy atakuje swój własny organizm. Na czym polega leczenie takiej choroby? Właściwie na niczym. Dlatego że, tak jak już wspomniałem, „leczymy" objawy, łagodzimy symptomy, sprawiamy, żeby pacjent mniej cierpiał. Wiemy jednak, że organizm nie zaatakuje sam siebie bez przyczyny.

Wiemy też, że przyczyną tych chorób jest wadliwie działający układ odpornościowy. Jeśli wiemy, że przyczyną tych chorób jest dysfunkcja układu odpornościowego, to dlaczego ograniczamy się do łagodzenia przebiegu choroby czy też do usuwania jej objawów, a nie leczymy właśnie układu odpornościowego? Takich sprzeczności i zupełnego braku zachowania podstawowych praw logiki jest więcej.

Należy tutaj powiedzieć, że w ciągu ostatnich stu lat medycyna akademicka dokonała wielkich postępów. Szczególnie widoczne to jest choćby w przypadku medycyny ratunkowej, gdzie lekarze potrafią przywrócić do życia osobę przywiezioną do szpitala w przysłowiowych kawałkach. To, co medycyna potrafi dzisiaj robić z noworodkami, w moim skromnym pojęciu graniczy z cudem, bo czym innym jest przeprowadzenie operacji serca u maleńkiej, żywej istoty, ciągle jeszcze będącej w łonie matki? Chirurgia, diagnostyka, rehabilitacja, itd. to są dziedziny medycyny, w których dokonano ogromnego postępu.

Jednakże w przypadku chorób przewlekłych jesteśmy tam, gdzie byliśmy dziesiątki lat temu. W tych schorzeniach „leczy się" tylko symptomy lub raczej łagodzi się ich skutki. Nie mamy odpowiedzi na to, jak wyleczyć np. stwardnienie rozsiane, cukrzycę, toczeń, mukowiscydozę, sklerodermię, przewlekłe zapalenie tarczycy (choroba Hashimoto), wrzodziejące zapalenie jelita grubego, astmę, chorobę Leśniowskiego-Crohna, chorobę Buergera, czy chociażby reumatoidalne zapalenie stawów, osteoporozę czy nowotwory, itd.

Jak jest leczony chory na astmę? Najczęściej podaje mu się sterydy w postaci wziewnej. Dlaczego? Bo jest to sposób najłatwiejszy i przynosi natychmiastowe skutki. Steryd szybko poradzi sobie ze stanem zapalnym. Pozostaje tylko nadal nie rozwiązany problem: CO spowodowało powstanie stanu zapalnego? Co jest jego przyczyną? Jeśli nie usuniemy tej przyczyny, choroba powróci. Który z lekarzy wie, że w wielu przypadkach leczenie astmy to nie podawanie środków rozkurczających oskrzela, ani sterydów, a tylko zakwaszenie żołądka prostymi, naturalnymi substancjami i... po astmie?

Przy tej okazji wspomnę, że jeden ze światłych farmaceutów zwrócił mi uwagę, że: „Kilka lat temu wycofano z leczenia astmy leki z tzw. grupy kromonów. Tanie, skuteczne i niemające skutków ubocznych. Wystarczyło podawać je pacjentom na 3 miesiące przed pyleniem określonych roślin i... astmy już nie było".

Dokładnie to samo dzieje się w przypadku refluksu (zgagi). Co najczęściej lekarz stosuje? Jakiś lek (lek?) neutralizujący kwasy żołądkowe i po problemie. Naprawdę? Czy w ten sposób lekarz wpływa na usuwanie przyczyny tego schorzenia? Po podaniu środków neutralizujących kwasy żołądkowe lub zmniejszających ich produkcję pacjent rzeczywiście czuje się lepiej, bo zmniejszyliśmy zakwaszenie żołądka. W podręcznikach medycznych czytamy, że wysoka kwasowość soku żołądkowego NIE JEST PRZYCZYNĄ choroby refluksowej, to w takim razie podając środki neutralizujące kwasowość żołądka, usuwamy przyczynę czy „leczymy" symptom, marker, którego przecież się nie leczy? Leczenie choroby refluksowej często jest skuteczne, dodatkowo ZAKWASZAJĄC żołądek!

W wielu przypadkach należy zrobić to samo (zakwasić żołądek) i na przykład nagle, dręcząca przez lata depresja ustępuje sama! Trzeba tylko o tym wiedzieć. Wtedy nie potrzeba w „ciemno" stosować leków antydepresyjnych, bo one również wielokrotnie nie leczą, a tylko maskują symptomy, narażając pacjenta na całe spektrum skutków ubocznych. To co jest usuwane? Przyczyna depresji czy tylko jej objawy?

To samo się dzieje w przypadku chociażby reumatoidalnego zapalenia stawów – steryd i... po bólu. Pacjent jest zachwycony, chociaż jego wątroba, nerki, układ pokarmowy, układ krążenia, itd. zachwycone są znacznie mniej.

Leczenie czy powodowanie jeszcze większych problemów?

Tak… tak… już słyszę, jak podnoszą się głosy oburzenia, że nie zawsze stosujemy sterydy, bo przecież mamy tzw. niesterydowe leki przeciwzapalne (NSAID), jak np. aspiryna, ibuprom, ibuprofen, ketonal, acard, tylenol, celebrex, itd. – jest ich cała masa. **„Leki" te obniżają skuteczność działania układu odpornościowego (!)** (w przeciwieństwie do wielu ziół, które kiedy jesteśmy chorzy, stymulują układ odpornościowy do bardziej wytężonej pracy). Wiele z nich można kupić bez recepty, np. na stacji benzynowej. Uśpiono naszą czujność tym, że „przecież to nie steryd". Czujność tę uśpiono też u ok. 16 500 ludzi w USA, którzy zmarli w ciągu jednego roku po zastosowaniu właśnie niesterydowych leków przeciwzapalnych. Czy to koniec? Nie… ponieważ te 16 500 zgonów to średnia **liczba zgonów przypadających z roku na rok, a nie tylko coś, co się zdarzyło w jednym roku.** Najgorsze jest to, że we wszystkich tych przypadkach „leki" te były zastosowane ZGODNIE z zaleceniami podanymi przez producenta.

Warto zauważyć, że liczba przypadków śmiertelnych z powodu użycia niesterydowych leków przeciwzapalnych (16 500 przypadków) jest prawie taka sama, jak przypadków śmiertelnych z powodu wirusa HIV (16 685 przypadków) i ponad trzy razy wyższa, niż zgonów z powodu nowotworów szyjki macicy (4 441 przypadków). A mimo to, jakoś nie słychać bicia na alarm.

*Singh G, Triadafilopoulos G, **Epidemiology of NSAID induced gastrointestinal complications**. J.Rheumatology. 1999;26:18*

A co z innymi lekami? Ocenia się, że tylko w USA **ciężkie skutki uboczne** zastosowanych leków występują u ponad 2,2 miliona ludzi rocznie, a ponad **100 000 osób rocznie z tego powodu umiera**.

*Lazarou J, Pomeranz BH, Corey PN. **Incidence of adverse drug reactions in hospitalized patients: a meta-analysis of prospective studies**. JAMA. 1998 Apr 15;279(15):1200-5.*

Czy dane te są przerażające? Pewnie dla każdego czytającego tę książkę – tak. Pytanie zachodzi czy dane te są prawdziwe? Raczej nie, bo z pewnością jest jeszcze gorzej. Posłużę się danymi dotyczącymi błędów lekarskich:

Podane poniżej badania naukowe:

Leape LL. *Error in medicine*. JAMA. 1994 Dec 21;272(23):1851-7.

Bates DW, Cullen DJ, Laird N, et al. *Incidence of adverse drug events and potential adverse drug events. Implications for prevention*. ADE Prevention Study Group. JAMA. 1995 Jul 5;274(1):29-34.

Vincent C, Stanhope N, Crowley-Murphy M. *Reasons for not reporting adverse incidents: an empirical study*. J Eval Clin Pract 1999 Feb;5(1):13-21.

Bates DW. *Drugs and adverse drug reactions: how worried should we be?* JAMA. 1998 Apr 15;279(15):1216-7.

Dickinson, JG. *FDA seeks to double effort on confusing drug names*. Dickinson's FDA Review. 2000 Mar;7(3):13-4.

wskazują, że nie wszystkie przypadki błędów popełnianych przez lekarzy są zgłaszane. To oczywiste, bo w bardzo małym procencie przypadków błąd zgłasza sam lekarz lub jego przełożony, ponieważ oznacza to wystąpienie całego wachlarza bardzo poważnych problemów, jakie może mieć lekarz czy zatrudniająca go placówka. Kto więc te błędy zgłasza? Najczęściej robi to rodzina lub sam pacjent, jeśli przeżył. Dane, jakie przytaczają powyższe źródła, wskazują na to, że tylko ok. 5–20% przypadków zejść śmiertelnych jest w ogóle zgłaszanych. A reszta? Autorzy powyższych prac oceniają, że gdyby uwzględnić wszystkie niezgłoszone przypadki, wtedy śmiertelność z powodu błędów lekarskich (tylko w USA) wynosiłaby znacznie więcej niż 800 000 przypadków rocznie.

Jeśli tak, to czy można na spokojnie przyjąć, że jak napisałem powyżej: „w USA **ciężkie skutki uboczne** zastosowanych leków występują u ponad 2,2 miliona ludzi rocznie, a ponad **100 000 osób z tego powodu umiera rocznie...**"? Innymi słowy, czy WSZYSTKIE przypadki wystąpienia ciężkich skutków ubocznych z powodu zastosowanych leków są zgłaszane? Czy wszystkie przypadki skutków śmiertelnych zastosowania tych leków są zgłaszane? Z dużym prawdopodobieństwem można powiedzieć, że nie. Tak dzieje się pomimo tego, że amerykański system zgłaszania tego typu przypadków i różnego rodzaju mechanizmów kontroli itd. jest bardzo rozbudowany. Jak jest w Polsce? Nie mam wiarygodnych danych.

Złośliwi Amerykanie powołują się na następujące liczby:

- Liczba lekarzy w USA = 700 000
- Liczba wypadków śmiertelnych przypadkowo spowodowanych przez lekarza (ale tylko tych zgłoszonych) = 120 000
- Liczba takich przypadków śmiertelnych przypadających na jednego lekarza = 0,171
- Liczba osób posiadających (legalnie) broń w US = 80 000 000
- Liczba wypadków śmiertelnych wynikających z użycia broni = 1 500
- Liczba wypadków śmiertelnych przypadających na jednego właściciela broni = 0,0000188

Stąd lekarze są 9 000 razy bardziej groźni niż właściciele broni.

Traktuję to oczywiście jako żart... niemniej jednak przynajmniej z amerykańską służbą zdrowia nie jest chyba najlepiej, a co z naszą, polską służbą zdrowia, która nie wiem czy jest lepsza od amerykańskiej? Pomijam oczywiście szpital w Leśnej Górze z serialu „Na dobre i na złe" ☺.

Wielu pacjentów coraz częściej poszukuje rozwiązań z dziedziny medycyny alternatywnej. Co oznacza termin: medycyna alternatywna lub niekonwencjonalna? W zdecydowanej większości oznacza to leczenie, używając substancji naturalnie występujących w przyrodzie w odróżnieniu od środków farmakologicznych, które muszą być sztucznie wyprodukowane.

Medycyna naturopatyczna stosująca substancje naturalnie występujące w przyrodzie istnieje od tysięcy lat. Dopiero stosunkowo od niedawna stworzono medycynę, która stosuje środki sztucznie stworzone jako alternatywę do tych, które stosowano od wielu setek i więcej lat. Skąd więc to, co tradycyjnie używane jest od czasów „Adama i Ewy", nazywa się nagle niekonwencjonalne lub alternatywne, a to, co od niedawna wytwarza się sztucznie, nazywa się leczeniem tradycyjnym? To przecież sztucznie wytwarzane leki są ALTERNATYWĄ dla leków opartych na składnikach naturalnych. Od kiedy sztucznie wyprodukowane jest lepsze? Dlaczego sztucznie?

Od prawie 50 lat wielu lekarzy, stosując tylko odpowiednio dobrane witaminy i inne substancje odżywcze, potrafi wyleczyć „nieuleczalne" stwardnienie rozsiane, toczeń, łuszczycę, chorobę Alzheimera, reumatoidalne zapalenie stawów czy schizofrenię – to wszystko bez drogich lekarstw, bez skutków ubocznych. Stosują zasady tzw. medycyny ortomolekularnej (*Orthomolecular medicine*). Określenie to wprowadził dr Linus Pauling, o którym jeszcze będziemy mówić w rozdziale o witaminie C. Przedrostek „ortho-" oznacza: właściwy. Medycyna ortomolekularna zajmuje się leczeniem, stosując wysokie dawki witamin i innych środków odżywczych łącznie z odpowiednio dobraną dietą, które są dawkami właściwymi dla danego organizmu będącego w określonym stanie chorobowym. Efekty są bardziej niż spektakularne. Niestety, wkrótce po wprowadzeniu tego konceptu dr Linus Pauling został przez środowisko medyczne niemalże wyklęty, odżegnano go od czci i wiary, co już nikogo nie dziwi.

Nigdy nie zapominajmy o prostej rzeczy:

<u>Organizm człowieka nie cierpi na żadną chorobę z powodu braku leku</u>, ale z powodu braku substancji naturalnych, których to brak doprowadził do choroby.

My jednak, lecząc człowieka, nie dostarczamy mu substancji, których potrzebuje, natomiast wpychamy w niego sztucznie wyprodukowane substancje chemiczne. Są to substancje sztuczne, nienaturalne i, obrazowo mówiąc: „nasza wątroba nie wie co z nimi zrobić i musi się ich pozbyć". Stąd między innymi każdy z takich leków niesie ze sobą długą listę skutków ubocznych. Skutków, które – jak wiemy – uderzają nie tylko w wątrobę.

Do prawidłowego funkcjonowania organizmowi nie potrzeba aspiryny, heparyny, ibuprofenu, statyn i tysięcy innych substancji produkowanych sztucznie. Natomiast koniecznie potrzeba nam: witamin, minerałów i pierwiastków śladowych, tłuszczów i białek, czystego powietrza, czystej wody i przede wszystkim naturalnej żywności, nieprzetwarzanej, niemodyfikowanej, niefortyfikowanej. Dlaczego jednak „sztuczne" wygrywa? Sprawa jest bardziej skomplikowana.

Czy przemysł farmaceutyczny jest sprawcą złego?

Każda firma farmaceutyczna musi wykazywać zysk, i to duży. Jeśli go nie wykaże, wtedy ceny akcji na giełdzie spadną, inwestorzy odejdą, a firmie będzie grozić upadłość. Wypracowanie największego możliwego zysku przez każdą firmę farmaceutyczną jest możliwe wtedy, kiedy uda jej się coś opatentować. Nie można jednak opatentować substancji naturalnie występujących w przyrodzie, jak np. witaminy czy minerały. W związku z tym, żeby zmaksymalizować zysk dla swoich inwestorów, firmy farmaceutyczne prześcigają się w produkcji substancji, które nie występują naturalnie w przyrodzie.

Z konieczności więc współcześnie produkowane leki to substancje sztucznie stworzone. Po opracowaniu takiej substancji firma zgłasza ją do opatentowania i tylko wtedy ma możliwość wygenerowania największego możliwego do osiągnięcia zysku. Ma na to ok. 10 lat. Ze względu na posiadane prawa do patentu, na ogół tylko ta firma, żadna inna, może produkować i sprzedawać daną substancję jako lek. W tym czasie pracuje już nad inną substancją lub ich większą ilością, które natychmiast patentuje. Po wygaśnięciu patentu każda firma farmaceutyczna może taki lek produkować, ale... wtedy jego cena i zyski gwałtownie spadają.

Żeby jednak jakikolwiek sztucznie wytworzony lek dopuścić do sprzedaży, firma farmaceutyczna musi przeprowadzić ogromną liczbę bardzo skomplikowanych badań klinicznych spełniających bardzo rygorystyczne warunki przeprowadzanych testów.

Po ich zakończeniu wyniki badań przekazywane są do specjalnej instytucji, która dokonuje oceny leku pod względem jego bezpieczeństwa i skuteczności.

Po zaakceptowaniu i potwierdzeniu tych warunków firma farmaceutyczna otrzymuje zezwolenie na produkcję i sprzedaż.

Celem tych procedur jest zabezpieczenie pacjentów przed wprowadzeniem do obrotu leków, które mogą być niebezpieczne dla zdrowia. I tutaj dochodzimy do sporej hipokryzji, bo... jak to jest, że do leczenia choroby nowotworowej wprowadzane są leki (?) toksycznie działające na serce czy wręcz sprzyjające rozwojowi nowotworu? Jednocześnie zastrasza się środowisko medyczne i zwykłych ludzi „zgubnymi skutkami stosowania w wysokich dawkach witamin (np. wit. D3) czy minerałów (np. jod)", które, jak później wykażę, praktycznie nie mają skutków ubocznych.

Ze względu na „narodowość" firm farmaceutycznych najczęściej taką instytucją wydającą ww. zezwolenia jest amerykańska Agencja do spraw Żywności i Leków, czyli FDA (*Food and Drug Administration*). Wymagania, jakie są stawiane firmom farmaceutycznym, prowadzą do generowania ogromnych kosztów. Średni koszt przeprowadzenia wszystkich badań klinicznych pojedynczego leku przed wydaniem zezwolenia na jego produkcję i sprzedaż waha się pomiędzy 500 a 1 500 milionów dolarów. Sporo, jak prawie na każdego kieszeń ☺.

http://www.lef.org/magazine/mag2002/oct2002_awsi_01.html

Z tego powodu tylko firmy o potężnym kapitale mogą sobie pozwolić na badania kliniczne wymagane przez FDA. Koszty te muszą być w jakiś sposób pokryte. Pokrywa je pacjent, czy też jego państwo, w którym dany lek jest sprzedawany (poprzez podatki, które pacjent płaci).

Efektem tego są niewyobrażalne narzuty, jakie są stosowane w przypadku leków, sięgające nawet kilkuset tysięcy procent!

Prawdziwe koszty leków (w USA)			
Nazwa	CENA dla klienta (za 100 tabl./kaps.)	Koszt substancji czynnej (100 tabl./kaps.)	Narzut
Celebrex 100 mg	130,27 $	0,60 $	21 712%
Claritin 10 mg	215,17 $	0,71 $	30 306%
Keflex 250 mg	157,39 $	1,88 $	8 372%
Lipitor 20 mg	272,37 $	5,80 $	4 696%
Norvasc 10 mg	188,29 $	0,14 $	134 493%
Paxil 20 mg	220,27 $	7,60 $	2 898%

Prawdziwe koszty leków (w USA)			
Nazwa	CENA dla klienta (za 100 tabl./kaps.)	Koszt substancji czynnej (100 tabl./kaps.)	Narzut
Prevacid 30 mg	344,77 $	1,01 $	34 136%
Prilosec 20 mg	360,97 $	0,52 $	69 417%
Prozac 20 mg	247,47 $	0,11 $	224 973%
Tenormin 50 mg	104,47 $	0,13 $	80 362%
Vasotec 10 mg	102,37 $	0,20 $	51 185%
Xanax 1 mg	136,79 $	0,024 $	569 958%
Zestril 20 mg	89,89 $	3,20 $	2 809%
Zithromax 600 mg	1 482,19 $	18,78 $	7 892%
Zocor 40 mg	350,27 $	8,63 $	4 059%
Zoloft 50 mg	206,87 $	1,75 $	11 821%

Czy w takim razie powinniśmy mieć pretensje do firm farmaceutycznych? Moim zdaniem nie, bo niby dlaczego?

Każda z nich jest firmą prywatną mającą swoich inwestorów, którzy oczekują jak największego zysku z zainwestowanego kapitału. Nie ma w tym niczego złego. Nie są to firmy charytatywne. Tak samo jak każda inna prywatna firma produkcyjna czy usługowa.

Fryzjer, mechanik samochodowy, sklep z butami czy ich producent, właściciel firmy sprzątającej biura, piekarz, rzeźnik czy szewc podlegają dokładnie takim samym prawom rynkowym. Albo zrobisz zysk, albo zbankrutujesz, a w przypadku zarządów małych czy nawet największych firm: albo zrobisz jak największy profit, albo będziesz zwolniony czy zwolniona. Kiedy w dużych korporacjach wynagrodzenia członków zarządów liczone są w dziesiątkach milionów dolarów na osobę na rok – nie ma litości. Poza tym system, gdzie są określone procedury bezpiecznej produkcji i dystrybucji leków, itd. wymaga przeogromnych nakładów. Firmy farmaceutyczne muszą te nakłady jakoś pokryć. Przychody są wielkie, ale koszty też. To są sprawy oczywiste dla każdej firmy. Nie bronię firm farmaceutycznych jako organizacji, które jak każda inna muszą generować zyski. Natomiast przypadki zwykłego oszustwa, kłamstw w tzw. badaniach klinicznych, korupcja itd. żeby osiągnąć zysk bez w względu na zdrowie pacjenta – to już

jest absolutnie niewybaczalne. Tutaj proponuję obejrzenie filmu „Doctored"
(Produkcja Jeff Hayes).

Teoretycznie fakt, że dany lek przeszedł przez lata rygorystycznych testów,
powinien lekarzom i pacjentom dawać pewność, że jego zastosowanie jest
skuteczne i przede wszystkim bezpieczne. Jak wiadomo, tak nie jest. Jestem daleki od tworzenia teorii spiskowej odnoszącej się do przemysłu farmaceutycznego i FDA, niemniej jednak korupcja w tej instytucji na masową
skalę jest już nie do ukrycia. Skandaliczne zaniedbania czy postępowania
korupcyjne doprowadziły do utraty zaufania, jakim przez wiele lat darza-
no tę instytucję, a szkoda. Trudno się dziwić, skoro setki leków rocznie jest
wycofywanych z rynku, ponieważ okazuje się, że przynoszą więcej szkody
niż pożytku, a w wielu przypadkach powodują śmierć pacjentów, zamiast
ich leczyć. Jaką więc wartość merytoryczną mają te wszystkie badania kliniczne i ich oceny przez funkcjonariuszy FDA? Szczególnie, że 95% badań
klinicznych danego leku sponsorują lub nawet prowadzą firmy farmaceutyczne, które go produkują. Ponad 75% czołowych naukowców w dziedzinie medycyny jest opłacanych przez przemysł farmaceutyczny. *Journal of
American Medical Association* (JAMA), analizując w 2002 roku dane leków dopuszczonych do farmaceutycznego obiegu, stwierdził, że informacje o nich są subiektywne i to aż w 90% przypadków!

Co więcej, często firmy farmaceutyczne prowadzą badania i weryfikują je
we WŁASNYCH LABORATORIACH, bez żadnej kontroli zewnętrznej, bez
udziału innych, niezależnych laboratoriów. Jaka jest więc wiarygodność
takich badań?

Wielu Amerykanów, w tym prominentnych lekarzy, żartobliwie nazywa
FDA jako *Fiction and Death Administration* czyli Agencja do spraw Fikcji
i Śmierci.

Wiadomo też, że leki, jakie serwuje nam przemysł farmaceutyczny, są coraz
bardziej toksyczne. Przy czym nie są wcale bardziej efektywne w działaniu.
Nic dziwnego, że coraz więcej pacjentów zwraca się o pomoc do lekarzy
czy terapeutów, którzy nie stosują sztucznie wytworzonych środków farmaceutycznych, a polegają na substancjach naturalnych. Pacjenci zaczynają się bać leczenia w szpitalu i brania leków produkowanych przez koncerny farmaceutyczne. Osobiście uważam, że:

„Wielką tragedią ludzkości jest to, że farmacja nie służy już medycynie, tylko że medycyna służy farmacji".

Jedno z najbardziej prestiżowych pism medycznych, *New England Journal of Medicine*, w roku 1993 podało do wiadomości, że **już w roku 1990 liczba wizyt pacjentów u terapeutów praktykujących medycynę alternatywną przekroczyła liczbę wizyt u lekarzy praktykujących medycynę akademicką.**

Chyba każdy z nas zna przypadki, gdzie medycyna akademicka już nic więcej nie mogła zrobić, nic więcej nie miała do zaoferowania, pacjent był pozostawiony samemu sobie ze swoim cierpieniem. Ile to razy słyszymy w przypadku nowotworów: „trzeba zapewnić warunki na godne zejście, nic więcej nie możemy zrobić". Mówi się to całkiem otwarcie, że nie ma nadziei, że pacjent umiera. Ale kiedy rodzina „nie odpuszcza" i błaga o zastosowanie innych tzw. „alternatywnych metod", jest tylko jedna odpowiedź: NIE. Lekarz „odpuścił". To jest w moim mniemaniu pewnego rodzaju eutanazja. Zabroniona prawem! To lekarz skazuje pacjenta na śmierć. Nie są to puste słowa, bo znam bardzo dużą liczbę przypadków osobiście, a literatura medyczna roi się od nich też, kiedy „lekarz" (?) w zupełnie nieludzki sposób „skazał" pacjenta na śmierć, a ktoś inny tego samego pacjenta wyleczył. Co wtedy? Wtedy często karze się lekarza, który wyleczył. Ten, który od pacjenta się odwrócił, pozostawił go, odmówił zastosowania innych metod – jest wolny. Dlaczego jednemu z lekarzy w Kanadzie odebrano licencję na wykonywanie zawodu? Dlatego, że podając 50 000 IU witaminy D, leczył dzieci z astmy. Od razu zaznaczam, skutecznie i bez skutków ubocznych. W takim świecie przyszło nam żyć. Czy ma to jakieś uzasadnienie? Ano jednak ma!

Czy celem producenta żarówek jest wytworzenie żarówki, która nigdy się nie spali? To właśnie producenci żarówek byli pierwsi, którzy zaczęli je już na etapie projektowania tak robić, żeby właśnie po pewnym okresie się spaliły! Bardzo dokładnie wiedzą, po jakim okresie się spalą. Jak z praktyki wiemy, żarówki w domach spalają się coraz częściej. Żeby obniżyć koszty produkcji żarówek, zaczęto je produkować w Chinach. Produkowały je dziesiątki, setki fabryk. Wtedy dwa potężne koncerny zwróciły się o nałożenia cła antydumpingowego na import żarówek z Chin. Cło nałożono na KAŻDĄ firmę importującą żarówki z Chin, ale... WYŁĄ-

CZAJĄC spod tego prawa tych dwóch producentów. Oni nadal produkują i importują żarówki z Chin, ale... tylko ci dwaj producenci, te dwa potężne koncerny. Nikt inny.

Czy czegoś to nam nie przypomina? Czy firmom farmaceutycznym zależy na tym, żeby wyprodukować lek, który miliony ludzi w krótkim czasie wyleczy? To przecież oznaczałoby dla nich katastrofę. To się nie opłaci. Tak jak żarówkę jesteśmy zmuszeni co chwila kupować, tak firmom farmaceutycznym nie zależy, żeby wyleczyć, tylko żeby leczyć bez końca. I tak się dzieje. Kupujemy leki bez końca. Leki, które przyniosą ulgę, ale nie wyleczą. Takie to proste...

Tłumacząc to inaczej: wyobraźmy sobie, że zastosowanie prostych środków takich jak właściwe witaminy, minerały czy tanie, naturalne sposoby leczenia nowotworów, spowodowałyby gwałtowny spadek zachorowania np. na choroby przewlekłe z nowotworami łącznie. Czy konieczne jest stosowanie chemioterapii? W zdecydowanej większości przypadków nie. Czy chemioterapia w znaczącym stopniu przyczynia się do przedłużenia życia czy wyleczenia z nowotworu – NIE! Czy są inne środki, równie skuteczne, ale... tanie? Tak. To dlaczego się ich nie stosuje? Mało tego, nie wolno ich stosować! Dlatego, bo są tanie. Alternatywne metody leczenia nowotworów opiszę w szczegółach w innej książce, bo jest to temat bardzo szeroki, ale zasada jest ta sama.

Środek skuteczny, ale którego nie można opatentować, stosowany być nie może, bo nikt na tym fortuny nie zarobi.

Jeden z amerykańskich lekarzy obliczył, że gdyby zabiegi chelatacyjne (temat na inną książkę) były powszechnie stosowane w USA, to ponad 25% prywatnych klinik, w których dokonuje się bajpasów i przeszczepów serca, musiałoby być zamkniętych ze względu na brak klientów.

Jak wcześniej wspomniałem, **tragedią ludzkości jest to, że dawno temu farmacja służyła lekarzowi, a w dzisiejszych czasach lekarz jest sługą farmacji**. Przykłady tego widzimy na co dzień.

Lekarze i farmaceuci mają ustawowy obowiązek kształcenia się. Nazywa się to „kształcenie ustawiczne". Polega ono na zbieraniu punktów za wykłady w okresie rozliczeniowym wynoszącym 5 lat. Izby zawodowe mogą wyciągnąć konsekwencje w stosunku do osób nie kształcących się ustawicznie.

Jeszcze nie tak dawno temu po polskich drogach jeździły hordy przedstawicieli firm farmaceutycznych. Zarabiali pieniądze za prezentowanie lekarzom nowych leków wyprodukowanych przez ich pracodawców. Od dawna ich już nie ma. Co się stało? Firmy farmaceutyczne wpadły na genialny pomysł. Po co ponosić koszty utrzymania setek reprezentantów jak np. samochód, laptop, paliwo, wynagrodzenia, hotele, wyżywienie, itd.? Każdy lekarz zobowiązany jest do zbierania tzw. punktów edukacyjnych poprzez np. udział w szkoleniach czy kursach medycznych. Wystarczy tylko odpowiednio dużo zapłacić prowadzącemu taki kurs (z odpowiednimi literkami przed nazwiskiem), a lekarze sami przyjadą po te punkty i w dodatku sami sobie zapłacą za przyjazd, hotel, wyżywienie, itd. Natychmiast koszty marketingu leku stają się dużo mniejsze, a zysk ulega gigantycznemu wzrostowi. Tak to w tej chwili działa.

Wielokrotnie spotkałem się ze zdaniem szczególnie młodych wiekiem lekarzy, że jeśli dana terapia czy lek nie przeszedł badań klinicznych, podwójnie ślepych, randomizowanych, itd. to nie są tym zainteresowani. Dopytywanie się o badania kliniczne witaminy C czy witaminy B17, jak i całej masy innych równie skutecznych substancji świadczy o naiwności małego dziecka, które jeszcze wierzy w istnienie Świętego Mikołaja i że dzieci przynosi bocian. Takich badań nie ma i nie będzie. Takich badań nie ma i nie będzie, bo nikogo innego oprócz przemysłu farmaceutycznego na takie badania nie stać. Jeśli na badania kliniczne trzeba wydać chociażby marne 500 milionów dolarów, a potem prawie nic na tym nie zarobić, to na takie badania możemy czekać do śmierci... Poza tym, jak życiowa praktyka wskazuje, w dzisiejszych czasach wiarygodność badań, szczególnie takich, które w bezpośredni sposób godzą w finansowe interesy farmacji, jest warta tyle co nic.

To samo dotyczy komentarza, że jeśli badania nie znalazły swojego miejsca w publikacjach należących tzw. listy filadelfijskiej, to ich wartość jest znikoma **(czasopisma znajdujące się na liście filadelfijskiej uważane są za najlepsze z danej dziedziny, a publikacja, która się w nich ukazała, ma większą wagę i znaczenie merytoryczne, niż w innych, ale mniej znanych czasopismach).**

Może i byłaby to prawda, ale biorąc pod uwagę korupcję, jaka się szerzy wśród recenzentów i wydawców poważnych publikacji medycznych, należy takie podejście potraktować z przymrużeniem oka. Pokażę też, że nawet jeśli artykuł ukaże się w najbardziej prestiżowej publikacji medycznej na świecie, jaką jest *The Lancet*, a mówi o zjawisku, które nie jest „politycznie poprawne", to skutek takiego artykułu może być żaden, mimo że powinien wzbudzić potężną dyskusję i przemyślenia w środowisku medycznym na całym świecie.

Czy PubMed (Medline) prawdę Ci powie?

Wiemy, że wielu lekarzy powszechnie korzysta z bazy publikacji medycznych, takich jak np. PubMed (Medline). Nie wszyscy jednak wiedzą, że zaledwie 5–10% publikowanych prac trafia do tej bazy. Trzeba o tym pamiętać, bo często słyszy się, że ktoś czegoś nie znalazł „nawet w PubMed", co jak widać nie oznacza, że dany temat nie został nigdzie opisany. Będąc w USA czy kontaktując się z wieloma prominentnymi lekarzami zajmującymi się naturopatycznym leczeniem nowotworów i chorób przewlekłych, bezustannie słyszę o publikacjach, które cenzorzy PubMed odrzucili. Każda z tych publikacji opisywała doświadczenia ze stosowania terapii czy użycia substancji, które już istniały w przyrodzie, były skuteczne i tanie. Ciekawe dlaczego publikacje te nie zostały umieszczone w bazie PubMed? Czy ktoś ma jeszcze jakieś wątpliwości? Ja nie.

Kiedy brałem udział w konferencji organizowanej przez Cancer Control Society w Los Angeles, obecni tam lekarze, szczególnie onkolodzy, całkiem otwarcie mówili, że najlepsze prace, jakie czytali, to takie, które cenzorzy PubMed odrzucili. Warto się nad tym zastanowić.

W podobny sposób, jak ja to opisałem powyżej, odnosili się do badań klinicznych, zwracając uwagę na coraz mniejszą ich wiarygodność. Zwracali też uwagę na dużo większą wagę publikacji opisujących poczynione przez wielu praktyków obserwacje działania różnych substancji naturalnych. Wiele z takich publikacji opiszę w tej książce.

W języku angielskim, szczególnie kiedy poruszane są tematy medyczne, używa się niefortunnego określenia „anecdotal evidence", co nie ma niczego wspólnego z anegdotami. Chodzi po prostu o „niepotwierdzone dane". Często jednak, słysząc ten zwrot, wielu lekarzy zupełnie ignoruje treść takiego doniesienia, które opisuje obserwacje poczynione przez jakiegoś lekarza na swoich pacjentach. Wielokrotnie obserwacje te mają ogromne znaczenie. Wskazują na coś bardzo ważnego, chociaż nie wynikającego z formalnych badań klinicznych. Jeśli np. lekarz u kilku pacjentów potrafił zatrzymać na okres kilku lat rozwój choroby nowotworowej lub doprowadził do jej ustąpienia bez zastosowania chemioterapii, bez towarzyszących jej skutków ubocznych… to czy nie należałoby się natychmiast tym zainteresować? Jeśli choroba jest zaklasyfikowana jako „nieuleczalna", to dla mnie nie ma znaczenia, że jej wyleczenie nastąpiło tylko w JEDNYM przypadku. Trzeba to dokładnie zbadać. Dlaczego to nastąpiło? Co ten lekarz czy terapeuta zrobił, że osiągnął taki wynik? Co z tego, że tylko w jednym przypadku? Może na razie tylko w jednym? Przysłowie mówi, że: „jeśli tylko JEDEN kruk jest biały, to zarazem oznacza, że nie wszystkie kruki są czarne".

Bazy badań medycznych są pełne informacji wykazujących, że u osób chorych na choroby przewlekłe poziom witaminy D był zbyt niski. Wiele źródeł to potwierdza, a skoro tak jest, to logika nakazywałaby ten poziom podwyższać.

Kiedy tak zrobiono, wtedy na bazie badań naukowych wykazano niezwykle pozytywne skutki zwiększenia poziomu witaminy D na zdrowie człowieka. Co więcej… opisane są przypadki, kiedy zastosowanie wysokich dawek (które okazują się nie przynosić szkody, jak opisałem powyżej) spowodowało ustąpienie czasami nawet pozornie nieuleczalnych chorób. To ponownie prowadzi do słuszności stawianej przez wielu lekarzy i nie tylko lekarzy tezy, że: „nie ma chorób nieuleczalnych, my tylko nie wiemy, JAK je wyleczyć". Z tego właśnie powodu KAŻDY przypadek wyleczenia choroby określonej przez medycynę akademicką jako „nieuleczalnej" powinien być bardzo poważnie potraktowany i badany.

Niestety… takie przypadki w zdecydowanej większości są wyśmiewane i ignorowane – szczególnie przez… właśnie lekarzy z wykształceniem akademickim. Na szczęście są również prawdziwi lekarze, którzy takim przypadkom uważnie się przyglądają, dowiadują się, JAK TO OSIĄGNIĘTO i czasami, w ukryciu (!), nie przyznając się przed innymi swoimi kolegami, robią to samo. Zauważają, że „to działa". Ale czy muszą się z tym ukrywać? Póki co muszą, bo inaczej mogą stracić pracę lub będą wyizolowani ze swojego środowiska, a to oznacza, że nie będą mogli wykonywać swojego zawodu, ponieważ ich „władze" mogą odebrać im prawo wykonywania zawodu, prawa do leczenia chorych ludzi. Z tego też powodu wielu lekarzy zawiedzionych medycyną akademicką porzuca ją, stając się homeopatami, naturopatami, itd. Inni wybierają mimo wszystko drogę „pod prąd", bo chęć leczenia, niesienia pomocy choremu, cierpiącemu człowiekowi bierze górę nad kontrolującą ich biurokracją i… leczą. Leczą metodami czy substancjami, które, jak wielokrotnie wykażę, są skuteczne, nieszkodliwe, ale... mają podstawową wadę – są tanie i nie da się ich opatentować.

Praktyka jednak wskazuje na to, że tego typu odważni lekarze są ośmieszani i izolowani ze swojego środowiska. Smutne, ale... prawdziwe. Jest to też tragiczne, ponieważ cierpią na tym pacjenci. I to bardzo.

Co w takim razie dalej z leczeniem chorób? Jeśli wiemy, że poza chorobami genetycznymi główną przyczyną szczególnie chorób przewlekłych jest niewłaściwe funkcjonowanie układu odpornościowego, to jeśli udałoby się układ ten przywrócić do stanu właściwego, to czy dałoby się w takim razie „wyleczyć nieuleczalne"?

Jak to zrobić? O tym właśnie jest ta książka i... mam nadzieję – jej następne części.

Przez napisanie tej książki chcę też zwrócić uwagę na konieczność powstania dialogu pomiędzy, ogólnie mówiąc, medycyną akademicką i pozaakademicką. Wymieniajmy doświadczenia, informacje, spostrzeżenia. Konsultujmy się wspólnie. Spowodujmy, żeby wiedza medyczna była rozumiana w sensie dużo szerszym niż tylko ta, której uczą uniwersytety medyczne. Korzystajmy z zasobów, jakie mają terapeuci z dziedzin, które być może nie mają przeprowadzonych badań naukowych, ale... są skuteczne. Nie wyśmiewajmy czegoś, co jest skuteczne, chociaż nie wiemy dlaczego. Zainteresujmy się, dlaczego nieuleczalne zostało wyleczone?

Jeśli uda się zbudować być może taką bazę doświadczeń, jeśli formalnie wykształceni lekarze będą swobodnie mogli stosować nowatorskie, ale skuteczne terapie, będą o ich zastosowaniu mogli decydować i mówić swoim środowisku bez strachu, za zgodą pacjenta i bez wtrącania się w ten proces biurokratów – zyska na tym pacjent, a przecież tylko to się liczy. Czy tylko pacjent zyska? Oczywiście, że nie. Ogromne pieniądze zyska na tym Państwo, a więc my wszyscy.

Układ odpornościowy

We wstępie wspomniałem, że to właśnie układ odpornościowy (immunologiczny) odpowiada za to, czy choroba wystąpi i się rozwinie czy nie. Oczywiście wyjątkiem od tej reguły są choroby genetyczne, gdzie ich podłożem są wady, niemające niczego wspólnego z układem odpornościowym.

Układ odpornościowy jest niezwykle złożonym i skomplikowanym w swym działaniu tworem biologicznym. Na jego działanie składają się dziesiątki tysięcy różnych substancji, jak np. hormony, kwasy, enzymy, itd. Wiele z tych substancji zostało już dobrze poznanych, ale wiele z nich ciągle jest nam nieznanych. Nie jest moim celem szczegółowe opisywanie działania systemu odpornościowego czy opisywania jego elementów składowych. Ważne jest to, że jest to podstawa funkcjonowania naszego organizmu w sensie utrzymania go w dobrym zdrowiu. Zjawisko utrzymania tej całej skomplikowanej maszynerii biologicznej w perfekcyjnej równowadze nazywa się naukowo: HOMEOSTAZĄ. Organizm nasz jest tak stworzony, że zawsze dąży do homeostazy. Innymi słowy, nawet jeśli nastąpi zaburzenie jego równowagi, wtedy on sam stara się do równowagi powrócić. Czasami jednak to się nie uda i wtedy... chorujemy.

Co w takim razie potrzeba, żeby została zachowana ta równowaga, żeby po prostu nie chorować? Częściowo znamy na to odpowiedź, ale ... tylko częściowo. Dlaczego nie wiemy wszystkiego? Dlatego, bo jak na dzisiejsze nasze zrozumienie procesów, jakie mają miejsce w organizmie człowieka, ciągle za mało wiemy. Niemniej jednak wiemy już COŚ...

Na przykład, żeby układ odpornościowy pracował właściwie, musi mieć wiele substancji, które mu są do tego potrzebne. Jak również nie może mieć substancji, które mu na właściwe działanie nie pozwalają. Jak wspomniałem we wstępie, nie będę wymieniał wszystkich nazw tych substancji, natomiast wystarczy powiedzieć, że do prawidłowego działania układu odpornościowego potrzebne są odpowiednie białka, witaminy, minerały czy też właściwe dla organizmu ludzkiego bakterie. Natomiast wielką przeszkodą są metale ciężkie, pasożyty oraz cała gama różnego rodzaju toksyn, które wywołują tzw. stres oksydacyjny (lub stres tlenowy) np. pestycydy, herbicydy, leki, itd.

Zakładam, że nazwy wymienionych substancji nie stanowią problemu, natomiast pojęcie stresu oksydacyjnego może nie być dla każdego jasne, dlatego w krótki sposób zjawisko to wyjaśnię.

Wiele reakcji w organizmie przebiega przy udziale tlenu. Reakcje te polegają na wymianie elektronów. Elektrony krążą wokół jądra atomu w parach. Oderwanie jednego elektronu od danego atomu tlenu oznacza, że powstaje cząsteczka tlenu z elektronem, który nie ma drugiego elektronu, z którym tworzyłby stabilną parę. Taka cząsteczka to tzw. „wolny rodnik". Wolny rodnik może istnieć zupełnie niezależnie. Nie zagłębiając się dalej, wolne rodniki powstają nie tylko w przypadku oderwania elektronu w przypadku tlenu, ale także azotu. Wolne rodniki to cząsteczki, które mają niezwykle silne własności utleniające. To dobrze i źle zarazem. Wolne rodniki używane są przez nasz układ odpornościowy np. do walki z patogenami – to dobrze.

Kiedy jednak wolnych rodników jest znacznie więcej i nasz wewnętrzny system przeciwutleniający nie jest w stanie poradzić sobie z tak dużą ich liczbą, dochodzi do zbyt dużej ilość reakcji utleniających – to źle, bardzo źle. Wolny rodnik „kradnie" innym atomom brakujący mu elektron, te z kolei „kradną" znowu innym i mamy do czynienia z reakcją łańcuchową.

Na szczęście w naszym organizmie znajdują się substancje, które, oddając jeden elektron, powodują, że wraca na swoje miejsce i wtedy wolny rodnik przestaje istnieć, a sama ta substancja z definicji staje się wolnym rodnikiem, ale… substancje te mają taką właściwość, że po oddaniu elektronu one same nie są szkodliwe. Takimi substancjami są antyoksydanty lub inaczej – przeciwutleniacze.

Wolnych rodników jest wiele różnych rodzajów, tak samo jest wiele przeciwutleniaczy, które nasz organizm produkuje.

Kiedy liczba wolnych rodników jest zbyt duża i do ich dezaktywacji mamy za mało naszych własnych substancji przeciwutleniających, wtedy zaburzona zostaje równowaga pomiędzy tworzeniem się wolnych rodników i ich usuwaniem. Innymi słowy, w organizmie dochodzi do zbyt dużej liczby reakcji utleniających.

To właśnie nazywa się STRESEM OKSYDACYJNYM, a to już jest droga do wielu chorób i towarzyszących im tragedii, ponieważ te reakcje utleniają czyli niszczą szczególnie ważne elementy naszego organizmu, jakim są tłuszcze, białka, DNA znajdującego się w jądrze komórki, jak i DNA znajdującego się w mitochondriach (to takie elementy komórki, w których tworzona jest energia, dzięki której żyjemy).

Stres oksydacyjny wywołują również czynniki środowiskowe, jak np. toksyny zawarte w dymie papierosowym, patogeny znajdujące się wewnątrz komórki czy też promieniowanie jonizujące. Niewłaściwe ćwiczenia fizyczne również generują wolne rodniki:

Dekkers, J. C., L. J. P. van Doornen, and Han C. G. Kemper. **The Role of Antioxidant Vitamins and Enzymes in the Prevention of Exercise-Induced Muscle Damage**. *Sports Med 21: 213-238, 1996*

Wolne rodniki utleniają cholesterol LDL, który właśnie dopiero po utlenieniu staje się niebezpieczny. Tłuszcze nienasycone stanowią dużą część prawie każdej błony komórkowej naszego ciała. Uszkodzenie tych tłuszczów ma poważne konsekwencje dla naszego zdrowia.

W **Biochemii Harpera, wyd. IV** (jest to podstawowy, ale nie jedyny, podręcznik biochemii dla studentów medycyny) w podrozdziale **„Peroksydacja lipidów jest źródłem wolnych rodników"** (peroksydacja oznacza UTLENIANIE, lipidy to po prostu tłuszcze) czytamy:

„Peroksydacja (autooksydacja) lipidów narażonych na działanie tlenu jest przyczyną nie tylko psucia się żywności (jełczenie), lecz także uszkodzenia tkanek *in vivo*, które z kolei może być przyczyną odczynów zapalnych, nowotworów, miażdżycy, starzenia się, itp. Szkodliwe działania są inicjowane przez wolne rodniki (…) powstające podczas tworzenia nadtlenków kwasów tłuszczowych, zawierających wiązania podwójne oddzielone grupą metylenową, a więc takie jak te, które znajdują się w naturalnych wielonienasyconych kwasach tłuszczowych. Peroksydacja lipidów jest procesem lawinowym, zapewniającym ciągłą dostawę wolnych rodników, które inicjują następne reakcje peroksydacji".

Tłumacząc na język bardziej zrozumiały: uszkodzenie poprzez tlen tłuszczów wielonienasyconych, czyli pochodzenia głównie roślinnego, powoduje poważne szkody w organizmie. To jak to w końcu jest? Tłuszcze roślinne są zdrowe czy szkodliwe? Tym tematem zajmę się szerzej w rozdziale „Tłuszcze".

I teraz uwaga: **każda toksyna wywołuje stres oksydacyjny**. Zjawisko to wykorzystuje się do „leczenia"… nowotworów! Celowo wziąłem słowo „leczenie" w cudzysłów, żeby zaznaczyć pewien paradoks. Otóż środki chemioterapeutyczne, jakie stosuje się w przypadku leczenia choroby nowotworowej, w większości wywołują… stres oksydacyjny! To jest ich zadanie! Celem tego stresu jest doprowadzenie do zniszczenia komórek nowotworowych poprzez zadziałanie na nie potężną liczbą wolnych rodników! Tak więc „leczymy" czymś, co już z założenia jest silnie toksyczne dla CAŁEGO organizmu człowieka. Promieniowanie, jakie jest używane w czasie radioterapii, jest też promieniowaniem jonizującym wywołującym ogromną liczbę wolnych rodników – szczególnie w miejscu naświetlenia. Teoria jest taka, że komórki nowotworowe poddane działaniu tak wielkiej liczbie wolnych rodników nie są w stanie przetrwać… Rzeczywiście tak jest, problem jest w tym, że nie tylko komórki chore nie mogą przetrwać takiego ataku wolnych rodników… komórki zdrowe też.

Efektem stresu oksydacyjnego jest: przedwczesne starzenie się komórek, czyli starzenie się całego organizmu, powstawanie szkodliwych substancji w organizmie, które prowadzą do bardzo poważnych chorób z nowotworami włącznie. Dochodzi do ogólnoustrojowych, przewlekłych stanów zapalnych, upośledzenia wewnątrzkomórkowych procesów oddychania, mutacji komórek, itd.

Wolne rodniki mają wpływ na powstanie następujących chorób: nowotwory, cukrzyca, łuszczyca, reumatoidalne zapalenie stawów, choroba Alzheimera, nadciśnienie, choroba niedokrwienna serca, arterioskleroza, stwardnienie rozsiane, chroniczne stany zapalne trzustki i tarczycy, toksyczne i zapalne schorzenia wątroby, nieżyt żołądka, wrzody żołądka i dwunastnicy, choroba Crohna, wrzodziejące zapalenie jelita grubego (*colitis ulcerosa*), chroniczne zapalenie oskrzeli, schorzenia tkanki płucnej, astma, itd. itd.

Wielu naukowców uważa, że każda choroba jest wynikiem działania wolnych rodników.

Nie ma potrzeby opisywania tego zjawiska szerzej. Będziemy wiele razy w dalszej części książki posługiwać się pojęciem stresu oksydacyjnego, dlatego tych kilka zdań wyjaśnień będzie przydatne.

Witamina C – nieznane medycynie oblicze

Postanowiłem rozpocząć właśnie od witaminy C, ponieważ brak zrozumienia jej działania w organizmie oraz brak znajomości jej możliwości terapeutycznych stanowią zagrożenie dla życia człowieka. Tak… brak wiedzy jest niebezpieczny. Jak za chwilę się Czytelnicy przekonają, bez żadnego wątpienia wiele istnień ludzkich byłoby ocalonych, uratowanych, gdyby lekarze posiadali odpowiednią wiedzę na temat tej witaminy. Witamina C jest najbardziej popularną witaminą, którą zna każdy człowiek. Niestety, popularność nie idzie w parze ze znajomością możliwości wykorzystania jej w celach ratowania zdrowia czy wręcz życia człowieka.

Rozdział ten jest zbiorem informacji przydatnych lekarzom i ich pacjentom. Starałem się, aby napisać go w sposób na tyle przystępny, żeby był zrozumiały dla przeciętnego czytelnika, a jednocześnie żeby stanowił źródło bardzo konkretnej wiedzy dla lekarzy.

W rozdziale tym prezentuję fakty, opierając się na literaturze medycznej, badaniach czy też ogromnej wiedzy praktycznej lekarzy stosujących witaminę C. Wielokrotnie sięgam do pewnych uproszczeń, które były konieczne do tego, aby tekst był zrozumiały dla każdego czytelnika. Ktoś, kto chociaż raz miał możliwość wgłębienia się w naukowy tekst z dziedziny medycyny, z pewnością wie, o co mi chodzi.

Wbrew zasadom nie zacznę od tzw. rysu historycznego. Zainteresowanych odsyłam do źródeł internetowych itd. Zanim jednak przejdę do strony praktycznej, kilka dosłownie słów dotyczących pierwszych propagatorów terapii wykorzystującej witaminę C.

Linus Pauling (1901–1994) – naukowiec amerykański, z wykształcenia chemik. Jest jedyną osobą, która sama (a nie jako członek zespołu) zdobyła nagrodę Nobla… dwa razy! Dokonał wielu znaczących odkryć w dziedzinie chemii organicznej i nieorganicznej. Biegle posługiwał się fizyką i mechaniką kwantową w badaniach wiązań chemicznych. W dziedzinie medycyny dokonał ważnych odkryć w zakresie chorób genetycznych, hematologii, immunologii, psychiatrii, technik diagnostycznych, epidemiologii statystycznej, biomedycyny i terapii naturalnych.

Albert Szent-Györgyi (1893–1986) urodził się na Węgrzech, uznawany za odkrywcę witaminy C. Specjalizował się w biochemii, którą studiował w Niemczech i Holandii. Kiedy pracował na uniwersytecie Cambridge w USA i Fundacji Mayo, odkrył i wyizolował kwas askorbinowy znany jako witamina C, która w swojej naturalnej postaci była odkryta w 1907 roku (Axel Holst i Alfred Fröhlich). Zdefiniował poprawnie większość z etapów procesu znanego później jako Cykl Krebsa. W 1937 otrzymał nagrodę Nobla za prace dotyczące witaminy C.

Czy jest możliwe, żeby po zastosowaniu witaminy C osiągnąć znaczny skutek terapeutyczny w przypadku chorób zakaźnych, bakteryjnych, nowotworów, schizofrenii, chorób serca, miażdżycy, itd.?

Okazuje się, że tak. Powszechnie wiadomo, że w przypadku przeziębienia lekarz na ogół ordynuje nam jakąś dawkę witaminy C plus... antybiotyk. Pytanie zachodzi, czy antybiotyk jest konieczny? Wiadomo, że obecnie stosowanie środków farmakologicznych, takich jak antybiotyki, nie pozostaje bez „echa" w naszym organizmie. Wystarczy przeczytać pierwszą lepszą ulotkę dołączoną do antybiotyku. Opis skutków ubocznych najczęściej jest dłuższy niż opis skutków pozytywnych, jakie ma wywołać. Długotrwałe zaś stosowanie antybiotyków niesie już za sobą naprawdę poważne skutki negatywne.

Wiemy, że stosowanie witaminy C traktowane jest jako „wspomaganie" leczenia antybiotykiem. Często lekarz przepisuje spore dawki witaminy C nawet dochodzące do 4 000 mg dziennie!

W aptekach i supermarketach jest witamina C w rozpuszczalnych w wodzie tabletkach o zawartości 1 000 mg witaminy C w jednej. Niektórzy z lekarzy znacznie odważniej podchodzą do sprawy i zalecają np. 1 000 mg co godzinę, przez 6 godzin! To jest 6 gramów witaminy C! Czy taka dawka nie zaszkodzi? Czy taka dawka coś więcej daje? „A co z nerkami?" – zapyta każdy niemalże pacjent i każdy lekarz. Czy taka potężna dawka nie spowoduje u pacjenta większych problemów niż jego własna choroba plus skutki uboczne antybiotyku, który bierze? Czy można byłoby, zamiast antybiotyku, zastosować tylko witaminę C? To wszystko są istotne dla lekarza, jak i jego pacjenta, pytania. Ważne jest jednak: „co na takie pytania odpowie przeciętny lekarz?". Przeciętny lekarz natychmiast odpowie, że tak duże dawki witaminy C mogą być szkodliwe, nieliczni odpowiedzą, że nie mogą. W wielu dyskusjach lekarze odrzucają z definicji stosowanie wysokich dawek witaminy C, jednakże w żadnym z przypadków takich dyskusji, w których brałem udział, nie byli w stanie niczym tego uzasadnić. Najczęściej powoływali się na tzw. dzienne zapotrzebowanie organizmu ustalone na 80 mg dla kobiet i 90 mg dla mężczyzn na dzień!

Wskazywano, że to są „naukowo opracowane" wartości, „oficjalnie zalecane", itd. Jak jest naprawdę? Kto to ustalił? Na jakiej podstawie?

Ile witaminy C nam właściwie potrzeba?

Pierwsze zalecenia odnośnie do dziennego zapotrzebowania (RDA – *Recommended Daily Allowance*) były ustalone już w 1943 roku przez *The Food and Nutrition Board* w USA. W 1996 grupa naukowców, którą kierował dr Mark Levine, utworzona przy w Amerykańskim Instytucie Zdrowia (NIH – *National Health Institute*) podjęła się określenia wartości dziennego zapotrzebowania witaminy C. Wyniki ich pracy uznano za wiążące. W dalszej części tej książki będę grupę tych naukowców określał jako „Komitet RDA".

Zacząć musimy jednak od kilku podstawowych informacji o witaminie C, które na ogół są zupełnie nieznane... lekarzom też!

Dwufazowa natura usuwania witaminy C z organizmu

Pierwsza Faza – występuje wtedy, kiedy koncentracja witaminy C we krwi jest niska, tj. poniżej 70 µM. Wtedy w nerkach zachodzi reabsorbcja witaminy C z moczu, czyli witamina C wraca z powrotem do organizmu.

Druga Faza – ma miejsce wtedy, kiedy koncentracja witaminy C we krwi jest wysoka np. 10 000 µM. Wtedy nerki pozwalają na „przelew" jej nadmiaru do moczu i usunięcie z organizmu.

Levine M. Conry-Cantilena C. Wang Y. Welch R. W. Phillip W. Washko P.W. Dhariwal K.R. Park J.B. Lazarrev A. Graumlich J.F. King J. Cantilena L.R. (1996) **Vitamin C pharmacokinetics in healthy volunteers: Evidence for a recommended dietary allowance,** *Proc. Natl. Acad. Sci. USA, 93, 3704–3709.*

Levine M. Wang Y. Padayatty S.J. Morrow J. (2001) **A new recommended dietary allowance of vitamin C for healthy young women** *Proc. Natl. Acad. Sci. USA, 14, 98 (17), 9842-9846.*

Lewin S. (1976) **Vitamin C: Its Molecular Biology and Medical Potential**, *Academic Press.*

Jak długo witamina C „żyje" w naszym organizmie?

Czasami używać będziemy pojęcia „półokres rozpadu"... kluczowym słowem jest półokres, a właściwie to „pół". Po zastosowaniu określonej dawki substancji, jej poziom osiągnie swoje maksimum. Nie wiemy jednak, kiedy, w naturalny sposób, substancja ta ulegnie rozkładowi do poziomu, który będzie wynosił „zero". W związku z tym przyjęto zasadę, że w takich przypadkach określać się będzie czas, po jakim ilość danej substancji obniży się do połowy wartości początkowej – stąd „półokres rozpadu".

Półokres rozpadu witaminy C zmienia się w zakresie od 8 do 40 dni. Tak dzieje się w przypadku niskich poziomów witaminy C we krwi. Powodem tego jest to, że organizm stara się zatrzymać jak najwięcej witaminy w okresie, kiedy „dostawa z zewnątrz" jest na niskim poziomie. W ten sposób organizm broni się przed powstaniem szkorbutu. Szkorbut jest chorobą, która może mieć ciężki przebieg i doprowadzić do zgonu, kiedy poziom witaminy C nie jest szybko uzupełniony.

Kiedy mamy organizm w drugiej fazie, to znaczy, kiedy dostawa witaminy C do naszego organizmu jest duża, wtedy półokres rozpadu wynosi zaledwie 30 minut. Niestety, Komitet RDA nie brał tego pod uwagę.

Dr Robert F. Cathcart leczył dużymi dawkami witaminy C ponad 11 000 pacjentów.

Cathcart, R.F. **Clinical trial of vitamin C.** *Medical Tribune, June 25, 1975.*

Cathcart, R.F. **Clinical use of large doses of ascorbic acid.** *Presented at the annual meeting of the California Orthomolecular Medical Society, San Francisco, February 19, 1976.*

Cathcart, R.F. **Vitamin C as a detoxifying agent.** *Presented at the annual meeting of the Orthomolecular Medical Society, San Francisco, January 21, 1978.*

Cathcart, R.F. **Vitamin C – The missing stress hormone.** *Presented at the annual meeting of the Orthomolecular Medical Society, San Francisco, March 3, 1979.*

Cathcart, R.F. **The method of determining proper doses of vitamin C for the treatment of disease by titrating to bowel tolerance.** *J. Orthomolecular Psychiatry, 10:125-132, 1981.*

Zauważył, że organizm w stresie emocjonalnym czy fizycznym (np. stan zapalny, stan po zabiegach czy operacjach, zakażenia bakteryjne, zatrucie toksynami, itd.) w znaczny sposób zwiększa zużycie witaminy C. W takich warunkach poziom witaminy C we krwi gwałtownie spada niemalże do zera (!), jeśli poziom witaminy C nie jest odbudowany przez podanie jej w bardzo dużych ilościach. Jakich? Do tego dojdziemy w dalszej części tego rozdziału.

Dr Hugh Riordan, jeden największych praktyków w stosowaniu dużych dawek witaminy C, w trakcie jednych z badań, które przeprowadzał, mierzył poziom witaminy C we krwi... swojej krwi. Poziom witaminy C w jego własnej krwi był normalny tzn. ok. 1,3 do 1,7 mg/dl.

W czasie wykonywania w swoim laboratorium jednego z eksperymentów został ukąszony w udo przez pająka. Chwilę później, kiedy zdecydował pobrać sobie krew i zbadać poziom witaminy C, okazało się, że poziom ten spadł do wartości tak niskiej, że nie dało się jej nawet zmierzyć.

Myśląc, że stosunkowo łatwo będzie uzupełnić witaminę C w jego organizmie, poprosił pracującą z nim pielęgniarkę o wlew dożylny z 15 g witaminy C – duża dawka. Następnego dnia okazało się, że poziom witaminy C w jego krwi był nadal tak niski, że nie dało się go zmierzyć. Dr Riordan ponownie zaaplikował sobie 15 g witaminy C dożylnie. Efekt był taki sam, jak poprzednio. Dopiero po pięciu dniach takiej terapii poziom witaminy C zaczął osiągać wartości, które już dały się zmierzyć, ale były one ciągle w zakresie typowym dla stanu niedoboru. Czyli stanu „pod-szkorbutowego". Dopiero po następnych kilku dniach podawania witaminy C w tak dużych ilościach jej poziom powrócił do normy. Widzimy więc, że nawet przy stosunkowo drobnym incydencie w znaczeniu medycznym potrzeba było ponad 75 g witaminy C podawanej dożylnie, żeby odtworzyć normalny jej poziom w organizmie.

W powyższym kontekście, wracając do zalecanej dawki witaminy C dziennie, widzimy, że ustalenie tej wartości nie jest takie proste.

Wystarczy infekcja zęba, użądlenie pszczoły czy jakikolwiek inny stan zapalny i sytuacja zmienia się gwałtownie i… diametralnie! Tego Komitet RDA też nie uwzględnił.

Poza tym błędne jest przekonanie, że zastosowanie minimalnej dawki, która zabezpiecza przed powstaniem szkorbutu, naszemu organizmowi wystarcza! Nie wystarcza, na co już wskazywał Albert Szent-Györgyi, mówiąc:

„Jeśli w spożywanej żywności nie mamy odpowiedniej ilości witaminy C, zachorujemy na szkorbut, tak więc medycyna przyzwyczaiła się traktować stan, kiedy nie dostajemy szkorbutu, za zadowalający. Myślę, że jest to ogromny błąd".

Można również zapytać: na jakiej podstawie Komitet RDA określił wymaganie dzienne na witaminę C?

Otóż posłużono się w tym celu poziomem witamin C w neutrofilach. Neutrofile to rodzaj krwinek białych, które stanowią część układu odpornościowego człowieka. Innymi słowy, żeby móc wyciągać wnioski odnośnie do całego organizmu, należałoby wybrać element, który byłby reprezentatywny właśnie dla całego organizmu. W naszym organizmie witamina C nie znajduje się w takim samym stężeniu wszędzie. W niektórych tkankach jest jej mniej, a w niektórych jest jej bardzo dużo. W neutrofilach jest jej bardzo dużo. Jest ona niezbędna w nich dlatego, żeby mogły w efektywny sposób zwalczać różnego rodzaju patogeny. Tak więc całkowita ilość witaminy C w naszym organizmie jest bardzo różnie rozłożona.

Mniej więcej połowa ilości witaminy C obecnej w organizmie jest zawarta w specjalnych tkankach (nerki, mózg, neutrofile...):

Lewin S. **Vitamin C: Its Molecular Biology and Medical Potential**, Academic Press (1976)

W przypadku jej braku, organizm za wszelką cenę stara się utrzymać jej wysoki poziom tam, gdzie najbardziej tego potrzebuje. Oznacza to, że w celu utrzymania odpowiedniego i ciągłego poziomu w neutrofilach nastąpi zmniejszanie jej ilości w innych tkankach, gdzie może dochodzić do poważnego niedoboru.

Czy w takim razie przyjęcie neutrofili za „model" reprezentujący potrzeby całego organizmu jest właściwe? Czym uzasadniono, że zalecenia dla milionów ludzi na świecie będą oparte właśnie na takim „modelu" naszego organizmu? Dlaczego wybrano właśnie neutrofile? Na takie pytanie dr Levine odpowiedział: „bo są łatwe do próbkowania"! Powód, który każdy naukowiec uznałby po prostu za śmieszny. W tym przypadku pójście na przysłowiową łatwiznę miało poważne konsekwencje dla milionów ludzi.

Komitet RDA twierdził, że wykazał w swoich eksperymentach, że plazma krwi dochodzi do stanu saturacji witaminą C po zażyciu jej w ilości 200 mg lub nawet mniej. Żeby to wykazać, naukowcy podali witaminę C, a następnie... czekali 12 godzin, zanim zmierzyli jej poziom we krwi. W ten sposób uzasadniali, że zwiększając dawkę witaminy C, nie można doprowadzić do zwiększenia jej stężenia we krwi, a tylko doprowadzić do pewnego stanu „stałego poziomu", który rzeczywiście był stosunkowo niski.

Ciekawe jest jednak, dlaczego zupełnie nie zwrócili uwagi na fakt, że przecież w takim przypadku mieli do czynienia z Drugą Fazą usuwania witaminy C z organizmu i że w takim przypadku półokres rozpadu wynosił zaledwie 30 minut? Między innymi ich własne dane wskazywały na taki charakter działania witaminy C!

Opisywałem wcześniej, że żeby wprowadzić na rynek nowy lek, firmy farmaceutyczne muszą przez lata prowadzić niezwykle kosztowne badania kliniczne. Muszą to być badania przeprowadzane w bardzo szczególny i kontrolowany sposób. Muszą to być tzw. badania podwójnie ślepe, no i przede wszystkim muszą być grupy kontrolne, które danego zalecenia nie stosują lub które nie biorą leku poddawanego badaniom, tylko biorą placebo – środek terapeutycznie neutralny. Bardzo często są to badania trwające wiele lat, przeprowadzane na wielu tysiącach ludzi. To samo dotyczy jakichkolwiek zaleceń dietetycznych, które mają później być zastosowane u milionów ludzi na całym świecie. Czy to jest podejście właściwe? Jak najbardziej, bo niejednokrotnie od JAKOŚCI tego typu badań zależy zdrowie pokoleń.

<u>Gdybym napisał, że te tak niezwykle istotne badania, o tak daleko idących konsekwencjach dla ogromnych populacji ludzkich na świecie wykonano **na np. siedmiu osobach**, to każdy bez wyjątku lekarz by mnie wyśmiał</u>, a kartek z tej książki użyłby niezgodnie z ich przeznaczeniem. A gdybym dodał, że w badaniach tych nie było tzw. grupy kontrolnej, to... reakcja mogłaby być jeszcze gorsza.

Wydawać by się mogło, że dr Levine (i jego zespół) musiał swoje badania oprzeć na solidnych, dobrze zaprojektowanych i wykonanych procedurach wymaganych przez powyżej opisane standardy stosowane w badaniach medycznych. Inaczej badania takie nie miałyby żadnej wartości merytorycznej.

Niestety... badania te wykonano tylko na młodych i zdrowych osobach. Mało tego, początkowo wykonano je tylko na młodych i zdrowych mężczyznach. Przecież naiwnością wielką byłoby zakładać, że zalecenia stosować się będą tylko do tak bardzo wąskiej grupy ludzi. A co z tymi młodymi osobami, które są chore? Przecież nie wszyscy młodzi ludzie są zdrowi tylko dlatego, że są młodzi.

No i jeszcze mały szczegół – w tych badaniach nie było grupy kontrolnej (!), a grupa eksperymentalna składała się z... TAK! z zaledwie **siedmiu osób**!

Levine M. Conry-Cantilena C. Wang Y. Welch R. W. Phillip W. Washko P.W. Dhariwal K.R. Park J.B. Lazarrev A. Graumlich J.F. King J. Cantilena L.R. (1996) **Vitamin C pharmacokinetics in healthy volunteers: Evidence for a recommended dietary allowance**, *Proc. Natl. Acad. Sci. USA, 93, 3704–3709.*

Levine M. Wang Y. Padayatty S.J. Morrow J. (2001) **A new recommended dietary allowance of vitamin C for healthy young women**, *Proc. Natl. Acad. Sci. USA, 14, 98 (17), 9842-9846.*

Czy w związku z tym zalecenia te można uznać za mające jakieś znaczenie dla ogółu populacji? Czy zalecenia dla milionów ludzi oparte na wynikach, jakie osiągnięto tylko u siedmiu zdrowych, młodych mężczyzn można potraktować poważnie, czy może jako niewybredny żart? Zalecenia te świat medyczny miał uznać za obowiązujące i… uznał.

Tolerancja witaminy C przez układ pokarmowy

Zgodnie z tym, co twierdzi dr Robert F. Cathcart, jeden z największych autorytetów, jeśli chodzi o zastosowanie witaminy C, znacznie wygodniejszym sposobem określenia zapotrzebowania organizmu na witaminę C w danym momencie (!) jest wykorzystanie zjawiska tolerancji układu pokarmowego. Zauważył bowiem, że ilość witaminy C podanej doustnie, jaka może być tolerowana przez układ pokarmowy bez występowania biegunki, jest ponad 10 razy większa w przypadku organizmu chorującego, niż kiedy ta sama osoba jest zdrowa. Innymi słowy, jeśli w stanie zdrowym biegunkę wywoła już podanie doustnie np. 2 g witaminy C, to jeśli ta sama osoba jest poważnie chora, wtedy podanie nawet 30 g biegunki nie wywoła. Jest to niezwykle ciekawe zjawisko, ale równie niezwykle mało znane.

Robert F Cathcart, **Vitamin C, titrating to bowel tolerance, anascorbemia, and acute induced scurvy**. *Medical Hypotheses, 7:1359-1376, 1981.*

Próg tolerancji można łatwo ustalić. Stopniowo, np. regularnie co godzinę lub co dwie, zwiększa się ilość spożywanej witaminy C. Robi się tak dotąd, aż zaczyna się pojawiać **lekka biegunka**. Wtedy należy zmniejszyć ilość spożytej witaminy C o np. 1 gram i… nadal kontynuować. Wielu praktyków wskazuje na to, że taka ilość „podprogowa" jest najbardziej efektywna. Ilość znacznie mniejsza od wartości podprogowej jest równie znacznie mniej skuteczna. Chorzy na AIDS tolerują nawet 100 000 mg (100 g) witaminy C dziennie. Dr Thomas E. Levy, wieloletni praktyk stosowania dużych ilości witaminy C, twierdzi wręcz, że okazjonalne (np. raz na kilka miesięcy) wywołanie krótkotrwałej lekkiej biegunki, używając witaminy C, jest bardzo pożądane z fizjologicznego punktu widzenia. Wtedy następuje oczyszczenie jelita cienkiego i jelita grubego z usunięciem zalegających w nich toksyn. Skutków ubocznych nie ma.

Niektóre źródła podają, że im większa dawka, tym mniejsze wchłanianie witaminy C z przewodu pokarmowego

http://www.ncbi.nlm.nih.gov/pubmed/3414575

Tak, ale… badania te przeprowadzono na sześciu zdrowych mężczyznach.

Jak dr Cathcart wykazał powyżej, w stanach chorobowych tolerancja układu pokarmowego jest znacznie wyższa! Takie badania należało powtórzyć na kilkuset co najmniej bardzo chorych osobach. Z praktyki lekarskiej wynika, że rezultaty byłyby znacząco inne.

Ja z pewnością, jeśli zajdzie taka potrzeba, zastosuję się do metody dra Cathcarta, bo w ciągu ostatnich 10 lat taką potrzebę miałem i w obu przypadkach „leczenie" trwało mniej niż 24 godz.

Pierwszy raz zastosowałem tę metodę, kiedy dostałem silnej infekcji górnych dróg oddechowych, z wysoką temperaturą, silnym bólem mięśni i uporczywym kaszlem. Od godz. 17.00 do 00.30 spożyłem ok. 35 g witaminy C, bez sensacji ze strony układu pokarmowego. Następnego dnia, biorąc prysznic, przypomniałem sobie, że przecież byłem chory! Już nie byłem, czułem się tak dobrze, że o tym zapomniałem.

Na dzień przed wyjazdem za granicę (długi majowy weekend) dostałem silnego bólu zęba włącznie z opuchnięciem dziąsła. Zrobiłem tak samo, jak powyżej. Na drugi dzień obudziłem się już bez bólu czy obrzęku.

Witamina C usuwa metale ciężkie

Mało znaną, a właściwie wcale nieznaną w środowisku medycznym właściwością witaminy C jest jej zdolność do usuwania metali ciężkich. I tak, jeśli witamina C jest w organizmie w ilości wystarczającej do usatysfakcjonowania jego wszystkich potrzeb, to jej każdy dodatkowy 1 gram jest w stanie usunąć:

- 20,7 µg   ołowiu lub
- 20,0 µg   rtęci lub
- 7,5 µg   arszeniku lub
- 11,2 µg   cadmu lub
- 5,6 µg   niklu

To znaczy, że jeśli w naszym organizmie mamy wszystkie 5 powyższych toksyn, to potrzebujemy ok. 5 gramów witaminy C do ich usunięcia w podanych powyżej ilościach. Zaleca się przy tym, szczególnie u osób odwodnionych, spożywanie prebiotyków i probiotyków, w celu zapobiegania reabsorbcji (ponownemu wchłanianiu) toksyn w jelicie grubym.

Witamina C, w takim zastosowaniu, współpracuje w całym procesie usuwania metali ciężkich z substancjami takimi, jak magnez, cynk i selen (szczególnie w postaci selenometioniny). Trzeba tutaj zaznaczyć, że brak lub niedobory magnezu wzmagają toksyczność metali ciężkich ponadstukrotnie. Inną substancją wspomagającą proces usuwania metali ciężkich przez witaminę C jest siarka, której naturalnym źródłem jest np. czosnek, cebula, jajka, imbir czy brokuły.

Dlaczego zazwyczaj lekarz nie poleca profilaktycznie witaminy C? Bo najczęściej nie wie o jej działaniu, które opisałem powyżej.

Toksyczność witaminy C – mit obalony

Temat to niezwykle ważny, szczególnie gdy mowa jest o dużych i bardzo dużych dawkach. Linus Pauling i Albert Szent-Györgyi uważali, że witamina C nie jest witaminą, tylko po prostu środkiem odżywczym. W dalszej części tej książki będzie mowa o niezwykle pozytywnych efektach terapeutycznych stosowania witaminy C w dawkach nawet 300 g (300 000 mg) na dobę.

Wysokie dawki witaminy C zadziwiająco jednak nie są toksyczne. Nawet Komitet RDA w swoim raporcie **stwierdza**, że wysokie dawki witaminy C:

- NIE POWODUJĄ powstawanie kamieni nerkowych,
- NIE POWODUJĄ nadmiernego kumulowania jonów żelaza,
- NIE POWODUJĄ obniżania poziomu witaminy B12 i jonów miedzi,
- NIE POWODUJĄ zwiększenia zapotrzebowania na tlen,
- NIE POWODUJĄ wtórnego szkorbutu,
- NIE POWODUJĄ efektu utleniającego,
- NIE POWODUJĄ erozji szkliwa na zębach,
- NIE POWODUJĄ reakcji alergicznych.

Badania, których dokonał dr Levine, również to potwierdzają:

Levine M. Rumsey S.C. Daruwala R. Park J.B. Wang Y. (1999) **Criteria and recommendations for vitamin C intake**, *JAMA, 281, 1415–1423.*

Miliony ludzi stosują suplementację witaminą C w dawkach „gramowych" przez wiele, wiele lat, bez żadnego z powyższych problemów.

Jak jednak zmierzyć zagrożenie, jakie może powodować dany lek, kiedy podany jest człowiekowi? Jak można porównać kilka leków czy substancji ze sobą? W tym celu stosuje się tzw. Indeks Terapeutyczny (IT).

Indeks ten jest wynikiem podzielenia dawki toksycznej przez dawkę uznaną za dawkę terapeutyczną (DT).

Dawka toksyczna jest zdefiniowana tak: jest to taka dawka, której podanie spowoduje śmierć 50% zwierząt (np. szczurów), które by ją przyjęły. Oznacza się ją LD50 (dawka śmiertelna, w jęz. angielskim – *Lethal Dose*). Czyli już na tym etapie stosuje się pewien „zapas", nie uwzględniając 100% tylko 50%.

Czyli:

IT = LD50/DT

Jeśli lek ma dawkę terapeutyczna (DT) równą 1 g / dzień, a jego LD50 jest 2 g/dzień to:

IT = 2g / 1 g = 2

Oznacza to, że jeśli komuś zostanie podana dawka zaledwie dwukrotnie wyższa, to istnieje 50% szansy, że pacjent ten umrze. Jeśli ten sam lek miałby IT = 10, to żeby spowodować poważne zagrożenie (50% prawdopodobieństwa wystąpienia zgonu), trzeba byłoby podać dawkę 10-krotnie wyższą. Czyli **im wyższy IT, tym lek jest bezpieczniejszy, im niższy IT, tym lek jest bardziej niebezpieczny.**

Dla przykładu: bardzo znany, kupowany bez recepty i powszechnie stosowany środek przeciwbólowy, jakim jest **paracetamol,** ma IT ok. 25. Poważne uszkodzenie wątroby może nastąpić już przy dawce tak niskiej, jak 4 g, a przy 15 g najczęściej następuje zgon. W USA paracetamol jest najczęstszą przyczyną ostrej niewydolności wątroby:

Ostapowicz G. Fontana R.J. Schiødt F.V. Larson A. Davern T.J. Han S.H.B. McCashland T.M. Shakil A.O. Hay J.E. Hynan L. Crippin J.S. Blei A.T. Samuel G. Reisch J. Lee W.M. (2002) **Results of a Prospective Study of Acute Liver Failure at 17 Tertiary Care Centers in the United States**, *Annals of Internal Medicine, 137, 947-954.*

Paracetamol (IT = 25) jak wiadomo jest lekiem tak powszechnie stosowanym, jak aspiryna i tym podobne. Do nabycia np. na stacjach benzynowych czy w supermarketach.

Dla porównania 1 g witaminy C podany mężczyźnie o wadze ok. 70 kg ma IT ok. 350. Innymi słowy, jeśli ten sam człowiek chciałby popełnić samobójstwo (z 50% pewnością) musiałby spożyć 350 g witaminy C. To oczywiście nie jest możliwe, ponieważ jak już mówiliśmy, znacznie wcześniej osiągnąłby granice tolerancji układ pokarmowego i dostałby biegunki.

Zobaczmy, co mówi dr Cathcart:

„Na podstawie mojego ponadczternastoletniego doświadczenia z ponad 11 000 pacjentów mogę powiedzieć, że moje obserwacje wskazują na to, że (…) osoba, która toleruje podanie doustne 10 do 15 g witaminy C w ciągu 24 godzin, kiedy jest zdrowa, może tolerować 30 do 60 g, jeśli cierpi na zwykłe przeziębienie, 100 g przy ciężkim przeziębieniu, 150 g przy grypie i 200 g w przypadku mononukleozy lub np. wirusowego zapalenia płuc.

Symptomy kliniczne w tych i innych przypadkach są znacznie złagodzone tylko wtedy, kiedy zastosowane są »podprogowe« dawki witaminy C (tzn. ilość, która prawie, ale nie całkiem, spowoduje biegunkę)".

Dr Cathcart podaje, jakie i z jaką częstotliwością stosował dawki w zależności od jednostki chorobowej:

Schorzenia	Gram/24h	Liczba dawek/24h
Brak	4–15	4–6
przeziębienie	30–60	6–10
ciężkie przeziębienie	60–100+	8–15
grypa	100–150	8–20
wirusy typu ECHO	100–150	8–20
mononukleoza	150–200+	12–25
wirusowe zapalenie płuc	100–200+	12–25
astma, katar sienny	15–50	4–8
zapalenie naczyniówki oka	30–100	4–15
alergie	0,5–50	4–8
oparzenia, rany, operacje	25–150+	6–20
choroba nowotworowa	15–100	4–15
zesztywniające zapalenie stawów kręgosłupa	15–100	4–15
choroba Reitera	15–60	4–10
reumatoidalne zapalenie stawów	15–100	4–15
infekcje bakteryjne	30–200+	10–25
zapalenie wątroby	30–100	6–15
kandydoza	15–200+	6–25

Robert F. Cathcart, **Vitamin C: the nontoxic, nonrate-limited, antioxidant free radical scavenger.** *(C) Medical Hypotheses, 18:61-77, 1985.*

Dr Cathcart wyraźnie wskazuje, że nie zaobserwował żadnych innych skutków ubocznych, żadnych negatywnych efektów przy stosowaniu ww. ilości witaminy C przy tak dużej liczbie pacjentów i przez tak długi okres czasu. Zresztą dr Cathcart nie jest jedynym lekarzem, który dokonał tego typu obserwacji z takimi samymi wynikami.

Komitet RDA ustanowił górną granicę 2 g/dzień, opierając się na niewielkim dyskomforcie ze strony układu pokarmowego. Kiedy jednak przy 2 g taki dyskomfort nie występuje, a wystąpi dopiero np. przy 150 g/dzień, to wtedy, kierując się wskazaniami Komitetu RDA, można również taką dawkę przyjąć jako górną granicę dla danego człowieka i w określonym stanie jego zdrowia (lub raczej jego braku). Inaczej mówiąc, w pewnym sensie, wskazania Komitetu RDA są zgodne z metodologią określenia tolerancji układu pokarmowego, jaką zaleca dr Cathcart.

Dr Cathcart często mówił: „ma pan/pani »200-gramową grypę»", lub „ma pan/pani »50-gramowe przeziębienie«".

Witamina C i powstawanie kamieni nerkowych

Kiedy jest mowa o stosowaniu witaminy C w dużych dawkach, natychmiast jest zadawane pytanie dotyczące powstawania kamieni w nerkach. Obawa taka jest zupełnie uzasadniona – szczególnie wtedy, kiedy zdanie na ten temat jest oparte na informacjach zawartych w różnego rodzaju czasopismach, które z medycyną nie mają niczego wspólnego. W wielu przypadkach lekarze, bez głębszego rozeznania, po prostu stwierdzają: „przecież to jest kwas, a kamienie nerkowe powstają w środowisku kwaśnym". Być może i tak jest, chociaż tak naprawdę to nawet nefrolodzy przyznają, że proces towarzyszący powstawaniu kamieni nerkowych nie jest jeszcze do końca poznany. Istnieją mniej lub bardziej sprawdzające się hipotezy, ale prostych odpowiedzi nadal nie ma.

Czy pod wpływem witaminy C kamienie nerkowe powstają, czy też nie, to w miarę dobrą odpowiedź można byłoby uzyskać tylko wtedy, kiedy dałoby się przeprowadzić badania na więcej niż siedmiu osobach i przez długi okres czasu, trwający najlepiej kilka lat. Okazuje się jednak, że kiedy przez 14 lat obserwowano 85 557 kobiet biorących regularnie witaminę C w dużych dawkach, nie zauważono żadnych negatywnych efektów odnośnie do powstawania u nich kamieni nerkowych:

Curhan, G. C., Willett, W. C., Speizer, F. E., Stampfer, M. J. (1999)
***Megadose Vitamin C consumption does not cause kidney stones.
Intake of vitamins B6 and C and the risk of kidney stones in
women,*** *J Am Soc Nephrol., Apr, 10, 4, 840-845.*

No, ale... to były kobiety, a co z mężczyznami? Otóż jeszcze wcześniej przeprowadzono podobne badania na 45 251 mężczyznach. Wyniki wskazywały na to, że dawka witaminy C w ilości ponad 1,5 g na dobę powodowała **obniżenie ryzyka wystąpienia kamieni nerkowych**.

Curhan G.C. Willett W.C. Rimm E.B. Stampfer M.J. (1996) ***A prospective study of the intake of vitamins C and B6, and the risk of kidney stones in men**, J Urol, 155(6), 1847-1851.*

Hipoteza, że witamina C powoduje powstawanie kamieni nerkowych, była całkiem istotna do sprawdzenia, ale kamieni nerkowych u osób biorących duże dawki witaminy C nie stwierdzono. Mało tego, zaproponowano nawet, żeby właśnie witamina C była używana jako lek w przypadku istniejących już kamieni nerkowych i dokładnie do tego celu jej użyto!:

*McCormick W.J. (1946) **Lithogenesis and hypovitaminosis**, Medical Record, 159, 410-413.*

Jak piszą w swojej książce „Ascorbate – The Science of Vitamin C" dr Steve Hickey i dr Hilary Roberts: „(...) tworzenie się kamieni nerkowych wydaje się mieć miejsce wokół ogniska zapalnego. Wysokie stężenia witaminy C są silnie bakteriobójcze i mogą zapobiec formowaniu się kamieni nerkowych poprzez usunięcie bakterii wywołujących stan zapalny (...)".

Poniższe badania ponownie dowodzą braku zwiększonego ryzyka powstawania kamieni nerkowych przy stosowaniu bardzo wysokich dawek witaminy C:

*Heinz-Schmidt K, Hagmaier V, Hornig DH, Vuilleumier JP, Rutishauser G. **Urinary oxalate excretion after large intakes of ascorbic acid in man**. Am J Clin Nutr. 1981;34:305-311.*

*Sutton JL, Basu TK, Dickerson JWT. **Effect of large doses of ascorbic acid in man on some nitrogenous components of urine**. Human Nutr. 1983;37A:136-140.*

*Erden F, Hacisalihoglu A, Kocer Z, Simsek B, Nebioglu S. **Effects of vitamin C intake on whole blood plasma, leukocyte and urine ascorbic acid and urine oxalic acid levels.** Acta Vitaminol Enzymol. 1985;7:123-130.*

*Tsao CS, Leung PY. **Urinary ascorbic acid levels following the withdrawal of large doses of ascorbic acid in guinea pigs.** J Nutr. 1988;118:895-900.*

*Gerster H. **No contribution of ascorbic acid to renal calcium oxalate stones.** Ann Nutr Metab. 1997;41:269-282.*

*Wandzilak TR, D'Andre SD, Davis PA, Williams HE. **Effect of high dose vitamin C on urinary oxalate levels.** J Urol. 1994;151:834-837.*

Istnienie takich badań – jak widać długoterminowych i na dużych grupach osób, przeprowadzonych przez wysokiej klasy profesjonalistów – zupełnie nie przeszkadza lekarzom, dietetykom czy publicystom uparcie twierdzić, że witamina C powoduje powstawanie kamieni nerkowych.

Inne skutki uboczne

Literatura na ogół podaje najbardziej powszechne skutki uboczne, takie jak: biegunka, wzdęcia, ból brzucha, ból głowy, wysypka. Trzeba tutaj jednak wyraźnie powiedzieć, że tego typu skutki uboczne występują przy naprawdę dużych dawkach. Dr Cathart i inni lekarze, którzy mają wieloletnie doświadczenie w stosowaniu wysokich dawek witaminy C, utrzymują, że ok. 80% ludzi dobrze toleruje duże dawki witaminy C.

Rozpatrując skutki uboczne przy zastosowaniu dużych dawek witaminy C, nie można oprzeć się wrażeniu, że biegunka, wzdęcia czy nawet ból brzucha (przejściowy) są niską ceną, jaką być może trzeba zapłacić. Jeśli porównamy tego typu skutki uboczne ze skutkami ubocznymi antybiotyków i innych środków farmakologicznych stosowanych tam, gdzie witamina C mogłaby być jedynym użytym środkiem, to pozostaje nam tylko do rozważenia, które skutki uboczne wolimy zaakceptować.

Ten aspekt jest również brany pod uwagę przez klinicystów, którzy muszą ocenić stosunek kosztów do korzyści przy stosowaniu każdego leku. Lub też określić stosunek ryzyka stosowania danego środka do oczekiwanych korzyści. W tych przypadkach **witamina C nie ma sobie równych.**

Wspomniany wcześniej, powszechnie używany paracetamol jest przyczyną wielu zatruć, a nawet śmierci. Liczba przypadków zatrucia paracetamolem wzrasta, przynajmniej w USA. W Polsce nie wiadomo, bo tych danych się nie publikuje, a przynajmniej mnie nie udało się do nich dotrzeć. Jeśli ktoś z czytelników dysponuje takimi danymi, to z chęcią się z nimi zapoznam.

Zwykła aspiryna, tak powszechnie dostępna, do kupienia nawet na stacji benzynowej, w swoich skutkach ubocznych jest o wiele bardziej groźna niż witamina C nawet w bardzo dużych dawkach.

Inne, niezwykle popularne i równie łatwo dostępne leki należące do nieste-roidowych leków przeciwzapalnych (np. Ibuprofen, Ketoprofen, preparaty kwasu 5-aminosalicylowego (5-ASA) np. sulfasalazyna czy mesalazyna, w tym **paracetamol**, itd..) są równie groźne, niebezpieczne.

Przypomnę tylko, że w USA każdego roku jest hospitalizowanych około 100 000 ludzi z powodu skutków ubocznych stosowania ogólnodostępnych niesteroidowych leków przeciwzapalnych. Przy czym ok. 16 500 z tych osób umiera. Każdego roku! I jakoś nikt na alarm nie bije, nikt nie zabrania stosowania wyżej wspomnianej grupy „leków", które „płyną" szeroką rzeką. Równie szeroką rzeką płyną zyski do firm farmaceutycznych:

Gurkirpal S. (1998) **Recent Considerations in Nonsteroidal Anti-Inflammatory Drug Gastropathy***, The American Journal of Medicine, July 27, 31S.*

Wolfe M. Lichtenstein D. Gurkirpal S. (1999) **Gastrointestinal Toxicity of Nonsteroidal Antiinflammatory Drugs***, N Engl J Med, 340(24) 1888-1889.*

Nawet cytowany wcześniej dr Mark Levine twierdzi, że „(…) szkodliwe efekty błędnie przypisano witaminie C, łącznie z takimi, jak hipoglikemia (zbyt niski poziom glukozy we krwi), szkorbut wtórny, niepłodność, mutageneza (proces powstawania zmian genetycznych) czy niszczenie witaminy B12. Członkowie środowiska medycznego powinni być świadomi tego, że witamina C nie powoduje takich skutków ubocznych".

Levine M, Rumsey SC, Daruwala R, Park JB, Wang Y (1999) **Criteria and recommendations for vitamin C intake**, *JAMA, 281, 1415–1423.*

W swojej publikacji dr Mark Levine odnosił się do sporadycznie pojawiających się nieudokumentowanych historii, które są często akceptowane jako prawdziwe, mimo że z prawdą nie mają nic wspólnego.

Stone I. Hoffer A. (1976) **The Genesis of Medical Myths**, *Orthomolecular Psychiatry, 5, 3,163-168.*

Pojawiają się czasami artykuły mówiące o mutagenności witaminy C, ale wszystkie stanowią tylko i wyłącznie hipotezy. Żaden z ich autorów nie udowodnił takiego zjawiska, żaden z autorów nie przeprowadził długoterminowych badań czy obserwacji. Czy w związku z tym należy takie badania zignorować? Nie, ale należy je oceniać ze spokojem, dogłębnie, a nie tylko pobieżnie, np. na podstawie tytułu danej pracy.

W przypadkach niektórych schorzeń mogą teoretycznie wystąpić problemy. Do takich schorzeń należą:
a) choroby nerek,
b) hemochromatoza – rzadkie schorzenie dziedziczne, gdzie organizm magazynuje żelazo w ilościach, które są szkodliwe,
c) choroba Von Gierke – niedobór enzymu dehydrogenazy glukozo-6-fosforanowej, bardzo rzadkie schorzenie.

Osoby obarczone tymi schorzeniami powinny bezwzględnie skorzystać z pomocy lekarzy specjalistów, jeśli ci rozważyliby chęć zastosowania witaminy C w wyższych dawkach.

Dr Robert Cathcart wielokrotnie powtarzał przy różnych okazjach, że kwestionuje takie uogólnione, wyżej wspomniane zastrzeżenia.

Twierdzi, że pomimo dużych wysiłków nie udało mu się nigdy skontaktować z autorem zastrzeżeń odnośnie do stosowania witaminy C u chorych z niedoborem glukozo-6-fosfatazy. Nadal nie wie, na jakiej podstawie ktoś, kiedyś, coś takiego napisał. Być może jakaś publikacja umknęła jego uwadze i zawsze prosi o kontakt, jeśli ktoś znajdzie źródło tej informacji.

Dr Cathcart wskazuje na dwa przypadki hemochromatozy, które leczył, używając bardzo dużych dawek witaminy C bez żadnego problemu. Pośród tysięcy pacjentów, jakich leczył, nie zdarzyło mu się chociaż raz odnotować negatywnej reakcji, którą można byłoby przypisać nadmiernej ilości żelaza we krwi.

Dr Klenner wskazuje na skutki uboczne, jakie zauważył w swojej wieloletniej praktyce:

> *Clinical Guide to the Use of Vitamin C: The Clinical Experiences of Frederick R. Klenner, M.D., abbreviated, summarized and annotated by Lendon H. Smith, M.D. 2233 SW Market Street, Portland, Oregon 97201*

to:

„(…) Biegunka jest najczęściej spotykanym skutkiem ubocznym. W niektórych przypadkach występowało podrażnienie żyły i spazm, ale tylko wtedy, kiedy wlew był podawany zbyt szybko lub stężenie witaminy C w podawanym roztworze było zbyt duże. Rzadko może wystąpić tromboza (skrzep), jeśli stężenie witaminy C jest większe niż 500 mg/ml. Niektórzy z pacjentów mogą zemdleć, ale też tylko wtedy, kiedy prędkość podawanego wlewu jest zbyt duża (…)".

Nie ma nigdzie opisanego chociażby jednego przypadku śmierci spowodowanej przedawkowaniem witaminy C.

Czego oczywiście nie można powiedzieć o innych, zupełnie pozornie „niewinnych" lekach, które masowo kupujemy bez recepty.

Witaminę C można kupić na stacjach benzynowych, w supermarketach i innych sklepach. Niestety, zawartość witaminy w jednej takiej kapsule (najczęściej do rozpuszczenia w wodzie) jest bardzo mała. W aptekach można kupić witaminę C o stężeniu zaledwie 1 g do rozpuszczenia w wodzie.

W obu tych przypadkach mamy do czynienia z jednym, ale tym samym podstawowym problemem, jeśli zamierzamy stosować witaminę C w dawkach „gramowych", np. 30 czy 100 i więcej gram.

W tym przypadku należy poważnie zastanowić się nad skutkami ubocznymi. Tego typu preparaty (bo nie jest to nigdy czysta witamina C!) są zawsze przygotowywane z wieloma domieszkami. Domieszkami tymi są różne substancje, jak np. stabilizatory, wypełniacze, lepiszcza, barwniki, substancje słodzące, itd. Każda z tych substancji może wywołać nieprzyjemną reakcje alergiczną, czasami bardzo silną, co już jest znacznie mniej przyjemne, bo może zakończyć się wizytą w szpitalu.

Na ogół w tych preparatach, jako substancja słodząca stosowany jest aspartam – samo to wystarczyć powinno, żeby z zakupu zrezygnować.

W związku z tym skutki uboczne mogą dość łatwo i szybko wystąpić, ale nie będą one spowodowane witaminą C. Jeśli zamierzamy wziąć np. 30 czy 50 g witaminy C, to jest to równe spożyciu 30 lub 50 takich tabletek. Jak już wiemy, przy zastosowaniu takiej ilości witaminy C nic poważnego nam nie grozi (oprócz może biegunki czy wzdęć), natomiast spożycie takiej ilości różnych domieszek dla wielu ludzi może stanowić bardzo poważny problem zdrowotny!

Podkreślam jeszcze raz za lekarzami z wieloletnią praktyką stosowania witaminy C u wielu tysięcy ludzi, pracami naukowymi, publikacjami medycznymi, itd.:

Stosowanie dużych dawek witaminy C jest znacznie mniej niebezpieczne niż stosowanie jakichkolwiek innych leków.

Na ogół witamina C jest dobrze tolerowana przez ok. 80% ludzi. W rzadkich przypadkach, kiedy dana osoba tolerować jej w żaden sposób nie może, nie należy rezygnować z jej użycia. Najczęstszym powodem braku tolerancji jest podrażnienie żołądka, które nie występuje, jeśli witaminę C poda się w formie zbuforowanej wapniem lub sodem. W takim przypadku witamina C nie występuje w postaci kwasu askorbinowego, ale w postaci askorbinianu sodu lub wapnia. Tak przygotowana witamina C jest szeroko dostępna, ale... nie w Polsce! Można ją sprowadzić z innych krajów.

Nie podaję konkretnych linków, ponieważ nie chcę być oskarżony o reklamę, ale dla każdego niemalże w dzisiejszych czasach znalezienie sprzedawcy będzie kwestią dosłownie kilku minut „googlowania".

Brak witaminy C powoduje m.in. upośledzenie procesu tworzenia kolagenu. Kolagen jest niezbędny do normalnego funkcjonowania organizmu.

Znajduje się on nie tylko w chrząstkach czy w stawach, ale stanowi niezwykle ważną część płynu międzykomórkowego. Organizm nasz jest niemalże zanurzony w tym płynie. To ma bardzo ważne, często zupełnie niedoceniane znaczenie.

Na temat witaminy C jest ponad 1 200 publikacji medycznych mówiących o jej niesamowitych możliwościach terapeutycznych.

Farmakokinetyka witaminy C
(tylko dla zainteresowanych)

UWAGA:

Określenie „wlew dożylny z witaminy C" ZAWSZE, w każdym z przypadków użytych w tej książce, odnosi się do:

ASKORBINIANU SODU,

a nie do kwasu askorbinowego.

1 g askorbinianu sodu odpowiada 0,889 g kwasu askorbinowego.

Askorbinian sodu jest lepiej tolerowany niż kwas askorbinowy w dużych dawkach oraz w tym przypadku można zastosować roztwór o pH zbliżonym do osocza krwi.

Żeby przejść do dalszej historii używania dużych dawek witaminy C, konieczne jest zrozumienie, w jaki sposób witamina C jest metabolizowana w czasie oraz w jaki sposób zmienia się jej poziom we krwi w czasie. Takimi zagadnieniami zajmuje się „farmakokinetyka". Oczywiście złożoność tych procesów jest bardzo duża i w żadnym przypadku nie będzie tutaj omawiana w szczegółach. Ci, którzy szczegółami są zainteresowani, mogą je bardzo łatwo zgłębić, sięgając do literatury.

Ujmując całość w prostych słowach, wygląda to tak:

Po przyjęciu pojedynczej dawki poziom witaminy C we krwi gwałtownie się zwiększa, żeby po ok. 1–2 godzinach osiągnąć swoją wartość maksymalną. Następnie jednak degradacja już wchłoniętej witaminy C następuje bardzo szybko, ponieważ przy takich dawkach i stężeniu witaminy C we krwi półokres rozpadu wynosi 30 minut. Czyli co każde następujące po sobie 30 minut ilość witaminy C we krwi spada o połowę wartości poprzedniej.

Neil H. Riordan, PA-C;1 Hugh D. Riordan, M.D.;1 Joseph P. Casciari, Ph.D. **Clinical and Experimental Experiences with Intravenous Vitamin C.**

Autorzy tych badań (pomijam tutaj sporo szczegółów odnoszących się do modelowania komputerowego oraz określania wielu innych parametrów) w swojej publikacji piszą, że prędkość usuwania witaminy C przez nerki miała niemalże stały charakter, co jest niezwykle ważne.

Cytuję: „Zaobserwowaliśmy, że wlew dożylny z 30 g witaminy C nie wystarczał do podniesienia jej poziomu we krwi do wartości, która byłaby toksyczna dla komórek nowotworowych, tj. > 200 mg/dl" (zagadnienie wpływu witaminy C na komórki nowotworowe będzie omówione w dalszej części).

Żeby uzyskać pożądany efekt terapeutyczny, odpowiednio wysokie stężenie witaminy C we krwi MUSI być utrzymane przez dłuższy czas.

Biorąc jednak pod uwagę bardzo krótki okres połowicznego rozpadu witaminy C, konieczne jest odpowiednie dopasowanie dawki, która MUSI być podawana w krótkich odstępach czasu. Podanie jednorazowe nawet bardzo dużej dawki nie zapewnia uzyskania odpowiedniego poziomu witaminy C trwającego przez długi okres czasu, który byłby wymagany do osiągnięcia skutku terapeutycznego, np. w leczeniu nowotworów czy silnych zakażeń bakteryjnych lub infekcji wirusowych. Natomiast jest to konieczne i korzystne w przypadku ostrych stanów lub zatruć.

Jeśli do usunięcia zakażenia bakteryjnego czy innego schorzenia (o wielu z nich będzie mowa później) i całkowitego wyleczenia potrzebne jest, aby poziom witaminy C we krwi wynosił np. 300 mg/dl przez okres 48 godzin (a czasami i dłużej), to, jak widać, niemożliwe jest wyleczenie poprzez podanie jednej, nawet niezwykle wysokiej dawki. Już po krótkim okresie czasu poziom witaminy C we krwi spadnie poniżej 300 mg/dl i... wtedy już organizm pozostaje bezbronny. Mało tego, co jest już oczywiste, zastosowanie nawet kilku wlewów, ale w czasie zbyt od siebie oddalonym, np. dwa razy dziennie, również będzie mało skuteczne, a w przypadkach ciężkich może nie być w ogóle skuteczne. Czy to jednak oznacza, że witamina C w dużych dawkach nie wykazuje efektu terapeutycznego? Oczywiście, że nie. Efekt terapeutyczny witaminy C jest funkcją trzech zmiennych: dawki, częstotliwości i sposobu jej podania (tj. doustnie czy dożylnie). Odpowiednie określenie tych parametrów i zastosowanie zgodnego z nimi leczenia jest NIEZBĘDNE do tego, żeby nie leczyć, tylko żeby wyleczyć.

Trzeba też zwrócić uwagę na następujące ważne zjawisko:

Po podaniu jakiejkolwiek dawki po krótkim czasie nastąpi maksimum jej poziomu we krwi. Jak pamiętamy, półokres rozpadu witaminy C wynosi 30 minut. Jeśli w tym czasie (tj. po 30 minutach od osiągnięcia maksimum) podamy ponownie TAKĄ SAMĄ dawkę, jak na początku, to we krwi będzie jeszcze ciągle połowa dawki poprzedniej, a więc w sumie będzie jej tyle, co z podanej dawki plus 50% dawki poprzedniej. W ciągu następnych 30 minut będzie tylko 25% dawki pierwszej i 50% dawki drugiej. Jeśli teraz podamy po raz trzeci taką samą dawkę, jak w dwóch poprzednich przypadkach, to po dalszych 30 minutach będziemy mieli ciągle 12,5% dawki pierwszej, 25% dawki drugiej i 50% dawki trzeciej... ostatniej. Rozumowanie to jest oczywiście uproszczone, bo witamina C nie czeka 30 minut, aż zacznie znikać z krwi. To jest proces ciągły, zmieniający się w zależności od stężenia w osoczu i tkankach, a nie skokowy, niemniej jednak przykład jest dość dobrą ilustracją procesu, jaki zachodzi w czasie.

Widzimy więc, że żeby teoretycznie utrzymać ten sam poziom, następne dawki nie koniecznie muszą być tak samo wysokie ze względu na efekt „nakładania" się spowodowany tym, że witamina C nie rozkłada się natychmiast, ale proces ten trwa w czasie z prędkością 50% / 30 minut. Oznacza to również, że podanie mniejszych dawek, ale często, przyniesie znacznie lepszy efekt, niż podanie bardzo dużej dawki, ale w czasie zbyt od siebie oddalonym.

To wszystko, co napisałem powyżej, odnosi się do wlewów dożylnych. A co z witaminą C podawaną doustnie? Jest zupełnie podobnie.

*Sebastian J. Padayatty, MRCP, PhD; He Sun, PhD, CBS; Yaohui Wang, MD; Hugh D. Riordan, MD; Stephen M. Hewitt, MD, PhD; Arie Katz, MD; Robert A. Wesley, PhD; and Mark Levine, MD **Vitamin C Pharmacokinetics: Implications for Oral and Intravenous***

Jak widać, istnieje bardzo duża różnica w możliwym do osiągnięcia poziomie witaminy C we krwi w zależności od sposobu jej podania. Zastosowanie wlewu dożylnego nawet w małej stosunkowo dawce powoduje uzyskanie poziomu kilkaset razy wyższego w porównaniu z podaniem witaminy C doustnie.

Chociaż i przy podaniu doustnym są różnice w zależności od tego, jaki rodzaj witaminy C zastosowano.

Dożylnie? Ale jak?

Jest kilka dobrych opisów dla lekarzy, w jaki sposób przygotować wlew dożylny i jak dokładnie go zastosować. Poniżej posłużę się wersją, jaką w ramach tzw. projektu RECNAC opracowali Neil H. Riordan, Hugh D. Riordan, Ronald E. Hunninghake, lekarze o ogromnej praktyce w stosowaniu witaminy C:

*Neil H. Riordan, P.A.-C Hugh D. Riordan, M.D. Ronald E. Hunninghake, M.D. **The Center for the Improvement of Human Functioning**, International, Inc.3100 N. Hillside Ave. Wichita, Kansas 67219 Intravenous Ascorbate as a Chemotherapeutic and Biologic Response Modifying Agent*

RECNAC is a project of the Bio-Communications Research Institute, a division of The Center for the Improvement of Human Functioning International 3100 North Hillside Avenue • Wichita • Kansas 67219 U.S.A. Tel: 001 316 682 3100 • Fax: 001 316 682 5054

Ich zalecenia są opisane w sposób najbardziej pełny. Procedura, którą opracowali, jest stosowana u pacjentów z chorobą nowotworową, co wymaga szczególnej uwagi, ponieważ, jak wykazano, działanie cytotoksyczne witaminy C może być tak silne, że organizm może mieć problemy z odpowiednio szybkim usuwaniem produktów rozpadu komórek nowotworowych i może dojść do tzw. efektu Herxheimera (czyli zatrucia organizmu toksynami pochodzącymi z rozkładu np. komórek nowotworowych). Dlatego praktycy zalecają powolne dochodzenie do odpowiedniej dawki.

Dr Klenner, który był głównym propagatorem i pionierem zastosowania dużych dawek witaminy C, w przypadkach np. infekcji zaleca podawanie bardzo szybkie. Pierwsze podanie może być zrobione natychmiast, ze strzykawki, tak długo, jak roztwór wodny ma obojętne pH, i każde 1 000 mg jest rozpuszczone w przynajmniej 5 cm^3 roztworu. Jako ogólna zasada: nie podawać w roztworze niczego więcej, żadnych innych substancji, tylko askorbinian sodu. Końcowa objętość 500 ml z 50 g askorbinianu sodu dawała zawsze dobre rezultaty.

Na podstawie swojej ogromnej praktyki w podawaniu witaminy C w dużych dawkach zalecał:

- W przypadku zatruć i silnych infekcji podanie musi być zrobione poprzez wlew dożylny z dawką w zakresie od 350 do 1 200 mg/ 1 kg wagi pacjenta. W przypadku wirusowego zapalenia mózgu czy u pacjentów w komie podawać tak szybko jak tylko się da, zaczynając od natychmiastowego podania 5 do 15 g wprost ze strzykawki.
- W przypadkach krytycznych, jak np. zatrucie grzybami, ukąszenie przez węża, itd. wlew wykonać w czasie 50 do 60 minut...
- W przypadkach mniej krytycznych wlew taki podawać przez dwie do czterech godzin.
- Zawsze zapewnić dobre nawodnienie pacjenta, szczególnie u pacjentów z chorobami nerek (nie dializowanych).

Klenner, F. (1971) **Observations on the dose and administration of ascorbic acid when employed beyond the range of a vitamin in human pathology.** *Journal of Applied Nutrition 23(3&4):61-88.*

Ponieważ jednak ostrożności nigdy nie jest za wiele, poniższe wskazówki są oparte na ww. wymienionej publikacji (RECNAC):

1. W przypadku nowotworów złośliwych zaleca się stosowanie witaminy C stopniowo, przez kilka dni zwiększając dawkę do wartości wymaganej, żeby uniknąć potencjalnie groźnego wystąpienia nekrozy i towarzyszącemu krwawieniu i śmierci. Co prawda taki przypadek zanotowano tylko raz, podając stosunkowo niską dawkę 10 g, ale nie każdy lekarz miał możliwość zapoznać się z tym przypadkiem:

*Campbell A, Jack T. **Acute reactions to mega ascorbic acid therapy in malignant disease**. Scott Med J. 1979 Apr;24(2):151-3.*

Dodać należy, że przypadek taki wystąpił we wczesnych latach 50. XX w., kiedy witaminę C zaczęto dopiero stosować u pacjentów z chorobą nowotworową.

2. Należy zwrócić uwagę, czy zachowane są funkcje nerek, czy pacjent jest odpowiednio nawodniony i czy ma prawidłowo funkcjonujący układ moczowy. Monitorować należy parametry krwi i moczu.

3. Należy upewnić się, że pacjent nie cierpi na niedobór dehydrogenazy glukozo-6-fosforanowej. Łączy się to z ryzykiem wystąpienia hemolizy. Co prawda jest to schorzenie niezwykle rzadkie, w Polsce występuje u zaledwie 0,1% populacji, ale należy o tym wiedzieć.

4. Może powstać lekki ból w miejscu wlewu, kiedy jest on podawany zbyt szybko. Ból przechodzi po zmniejszeniu prędkości podawania.

5. Askorbat ma własności chelatujące i u niektórych pacjentów może pojawić się drżenie mięśni ze względu na spadek poziomu wapnia. Poziom ten należy wyrównać, podając np. glukonian wapnia

6. Przeciwwskazaniami są: niewydolność nerek, przewlekła hemodializa, nienormalnie wysokie poziomy żelaza. Pacjenci ze skłonnością do tworzenia kamieni nerkowych powinni być szczególnie dobrze monitorowani, chociaż dwie grupy naukowców wykazały, że poda-

nie doustne tlenku magnezu (300 mg/dzień) i witaminy B6 (10 mg/dzień) powstrzymuje ten proces:

Rattan V, Sidhu H, Vaidyanathan S, Thind SK, Nath R. **Effect of combined supplementation of magnesium oxide and pyridoxine in calcium-oxalate stone formers.** *Urol.Res. 1994; 22:161-5.*

Prien EL, Gershoff SF. **Magnesium oxidepyridoxine therapy for recurrent calcium oxalate calculi.** *J.Urol. 1974; 112:509-512*

7. Biorąc pod uwagę fakt, że używa się stosunkowo dużo płynu, należy uwzględnić przypadki, gdzie podawanie dużych ilości płynów, szczególnie zawierających sód, nie jest zalecane, np. edema, niewydolność zastoinowa serca, wodobrzusze itp.

8. Jak w przypadku każdego wlewu dożylnego, zachować wszystkie wymogi techniczne dotyczące zakładania np. wenflonu itp.

9. Wlew powinien zawsze być robiony powoli, aby uniknąć powstawania lokalnego stanu zapalnego żyły. Zawsze wybierać żyły duże.

10. Osmolalność poniżej 1200 mOsm jest na ogół dobrze tolerowana. Zagadnienie dostosowania preparatu do wlewu jest bardzo ważne, ponieważ ma to wpływ na bezpieczeństwo podawania wlewu i zabezpiecza przed uszkodzeniami i stanami zapalnymi naczyń. Roztwór powinien być jak najbardziej zbliżony do izotonii z osoczem krwi (dla askorbinianu sodu wynosi to 3,1%).

11. Ze względu na to, że witamina C ma własności moczopędne, zachęca się pacjenta do dobrego nawodnienia się przed podaniem witaminy C.

12. Przy wysokich dawkach może wystąpić niewielka hipoglikemia, dlatego zachęca się pacjentów do spożycia niewielkiego posiłku, przekąski przed lub nawet w czasie wlewu.

13. Stwierdzono również, że istnieje tzw. efekt odbicia, który polega na tym, że przy nagłym zatrzymaniu podawania witaminy C, jej poziom

spada poniżej poziomu pierwotnego. Wynika to z ciągłego wydzielania przez wątrobę enzymów metabolizujących witaminę C, pomimo zaprzestania jej podawania. Z tego powodu zaleca się, nawet przed zakończeniem wlewu, podawanie doustne witaminy C i stopniowe zmniejszanie jej ilości, jeśli tak zadecyduje lekarz.

UWAGA:

Istnieje możliwość, że popularnie stosowane przez diabetyków paseczki testowe do pomiaru poziomu glukozy we krwi mogą wskazywać nienormalnie wysokie jej poziomy. Zachodzi podejrzenie, że ze względu na to, że budowa strukturalna glukozy jest niezwykle podobna do witaminy C, stosowany reagent może reagować na wysoki poziom witaminy C, a nie glukozy. Nowej generacji paseczki testowe nie mają tej wady. Laboratoryjny pomiar z krwi żylnej dostarcza wartości prawdziwych.

Najczęściej stosowane badania wyjściowe przed zastosowaniem terapii witaminą C, to:
1. pełna morfologia,
2. elektrolity,
3. test na niedobór dehydrogenazy G6P (*Glucose-6-phosphate dehydrogenase deficiency*),
4. analiza moczu,
5. waga pacjenta,
6. rodzaj i stan zaawansowania zmian nowotworowych (jeśli takie są),
7. odpowiednie markery,
8. odpowiednia diagnostyka obrazowa.

W dużych dawkach witaminy C wiele stosowanych roztworów jest hipertonicznych, nie stanowi to większego problemu pod warunkiem, że wlew jest robiony powoli. Na ogół przy dawkach do 15 g korzysta się z roztworu Ringera (*Solutio Ringeri Lactate*), powyżej 15 g (niektórzy twierdzą, że powyżej 30 g) używa się wody do wstrzyknięć. Roztwór powinien być zbuforowany do wartości pH 5,5 do 7,0. Na początku stosuje się 15 g witaminy C w 250 ml roztworu Ringera podawanego przez ok. 1 godzinę. Czasami stosowano dwa jednocześnie trwające wlewy. Tutaj jednak, pomimo ogromnej wiedzy praktycznej dr Klennera i innych, chciałbym zwrócić uwagę na ostrożność, jaką trzeba wykazać, zanim nabierze się odpowiedniej praktyki.

Jako że książka ta i jej treść w żadnym stopniu nie stanowią podręcznika medycznego, dla tych, którzy chcą zgłębić ten temat, polecam opisy procedur:

Clinical Guide to the Use of Vitamin C. The Clinical Experiences of Frederick R. Klenner, M.D.,abbreviated, sumarized and annotated byLendon H. Smith, M.D.

*Ewan Cameron, MD, FRCS, Medical Director, Linus Pauling Institute of Science and Medicine. Formerly Chief of Surgery, Vale of Leven Hospital, Lochlomondside, G83 OUA, Scotland, **protocol for the use of intravenous vitamin c in the treatment of cancer** (1986)*

Szczególnie jednak polecam artykuł:

__Intravenous Vitamin C for Treating Cancer__, Moderator: Jack Challem Participants: Michael J. Gonzalez, D.Sc., Ph.D., F.A.C.N., Thomas Edward Levy, M.D., J.D., Ron Hunninghake, M.D., and Vivienne Matalon, M.D.DOI: 10.1089/act.2009.15206 • MARY ANN LIEBERT, INC. • VOL. 15 NO. 2 APRIL 2009

W tej publikacji najlepsi specjaliści, praktycy z długoletnim doświadczeniem, wymieniają swoje uwagi odnośnie do zastosowania witaminy C w dużych dawkach.

Pomimo stosowania dawek witaminy C w ilościach znacznie przekraczających 100 g nie wspomina się nigdzie o zaburzeniach równowagi kwasowo-zasadowej. Spowodowane to może być tym, że do wlewów dożylnych stosuje się odpowiednio zbuforowaną witaminę C w postaci askorbinianu sodu czyli soli kwasu askorbinowego, a nie czystej witaminy C w postaci kwasu askorbinowego, który naturalnie ma odczyn kwaśny.

Żeby zapobiec uszczuplaniu rezerw buforów zasadowych, już w 1948 roku dr Klenner stosował po prostu łyżeczkę od herbaty zwykłej sody oczyszczanej rozpuszczonej w szklance wody 4 razy dziennie (dzieciom odpowiednio mniej).

Fred R. Klenner, Virus Pneumonia and Its Treatment With Vitamin C. Southern Medicine & Surgery, Volume 110, February, 1948, Number 2, pp. 36-38, 46

W dzisiejszych czasach monitorowanie równowagi kwasowo-zasadowej jest banalnie proste i bardzo precyzyjne. Każdy szpital jest wyposażony w gazometr. Badanie trwa ok. 30 sekund, koszt ok. 5 zł.

Jak wspomniałem powyżej, witamina C wiąże wapń, dlatego dr Klenner dodawał 1 g calcium gluconate. Stosując jednak odpowiednie badania laboratoryjne, można bardzo dokładnie monitorować poziom minerałów, elektrolitów, buforów kwasowo-zasadowych, itd.

Dr Klenner stosował co najmniej 10 cm^3 roztworu do rozpuszczenia 1 g witaminy C (askorbinianu sodu). U małych dzieci stosował 2 lub 3 g domięśniowo, co dwie godziny. Zainteresowanym polecam naprawdę interesującą poniższą publikację.

__Clinical Guide to the Use of Vitamin C__, The Clinical Experiences of Frederick R. Klenner, M.D., abbreviated, summarized and annotated by Lendon H. Smith, M.D. 2233 SW Market Street, Portland, Oregon 97201 Adapted from Vitamin C as a Fundamental Medicine: Abstracts of Dr. Frederick R. Klenner, M.D.'s Published and Unpublished Work, ISBN 0-943685-13-3, first printing 1988.

Dr Cathcart z kolei zalecał przygotowanie roztworu wstępnego z 250 g askorbinianu sodu o stężeniu 50% w temperaturze pokojowej i o pH=7,4 z niewielką ilością EDTA USP 150 mg/ml (sól dwusodowa kwasu etylenodiamnotetraocowego lub bardziej zrozumiale: kwasu wersenowego), a następnie **używanie tego roztworu do przygotowania wlewów**.

Jego pielęgniarka zauważyła, że jeśli nie wstrząsa się roztworu wstępnego przed schłodzeniem w lodówce, tylko po wyjęciu z lodówki, tuż przed przygotowaniem roztworu do wlewu, roztwór ten ma bardziej jasny kolor, co jest wynikiem mniejszej ilości dehydroaskorbatu.

Stosując ten sposób, biorąc 60 cm^3 roztworu wstępnego, miał 30 g, a biorąc 120 cm^3, miał 60 g askorbinianu sodu. Dopełniając odpowiednią ilością wody do wstrzyknięć otrzymywał 500 cm^3 roztworu gotowego do wlewu dożylnego **(uwaga: wysoka hipertonia)**. Żeby zmniejszyć różnicę ciśnień osmotycznych, można zastosować wodę sterylną do wstrzyknięć.

Zastosowanie niewielkiej ilości EDTA pozwala na wychwycenie „błądzących" wolnych jonów żelaza i miedzi.

Dr Cathcart zauważa:

„(…) obserwuję pacjenta, czy nie zachodzi hipokalcemia (chociaż ani razu jeszcze tego nie zaobserwowałem), hipoglikemia (zachęcam pacjentów do spożywania czegoś w czasie trwania wlewu) i odwodnienia (zachęcam pacjentów do picia wody i, jeśli potrzeba, zmniejszam prędkość podawanego wlewu). W niektórych przypadkach może wystąpić ból głowy po zaprzestaniu wlewu, ale odkąd zacząłem po dokonaniu wlewu podawać duże dawki witaminy C, te objawy zniknęły (…)".

For MD's only: Preparation of Sodium Ascorbate for IV and IM Use
Robert F. Cathcart III, M.D. Allergy, Environmental & Orthomolecular Medicine, 1996 127 Second Street, Suite 4 Los Altos, California 94022 (650) 949-2822 Fax (650) 949-5083

Dla tych, którzy chcą sami posłuchać wykładu dra Cathcarta, polecam:

http://www.vitamincfoundation.org/videos

Poniższy link zaprowadzi czytelników do następnej bazy danych dotyczącej medycyny ortomolekularnej:

http://www.orthomed.com

Dość jednak teorii i podstaw. Za wszelką cenę starałem się, żeby powyższy opis był zrozumiały dla przeciętnego pacjenta, a jednocześnie wskazywał czytelnikom, którzy są lekarzami, że ich amerykańscy koledzy wiele lat temu opracowali bardzo konkretne procedury.

Poniżej przedstawię kilka zaledwie przykładów, jak w prosty, a jednocześnie bezpieczny i tani sposób można pomóc niejednokrotnie śmiertelnie choremu człowiekowi, stosując w odpowiedni sposób wlewy dożylne z witaminy C (oczywiście w postaci askorbinianu sodu!).

W poniższej części oprę się na wieloletniej praktyce dra Klennera opisanej w:

Clinical Guide to the Use of Vitamin C*: The Clinical Experiences of Frederick R. Klenner, M.D., abbreviated, summarized and annotated by Lendon H. Smith, M.D. 2233 SW Market Street, Portland, Oregon 97201*

1. Kwas askorbinowy łączy się z białkową otoczką wirusa, tworząc nową makrocząsteczkę, która działa jako czynnik hamujący rozwój infekcji wirusowej.

2. Jeśli w organizmie jest wystarczająca ilość witaminy C, system enzymatyczny będzie w stanie wykonać właściwie swoje zadanie. Cytuję „Dopóki białe krwinki nie są nasycone kwasem askorbinowym, są jak żołnierze, którzy nie mają kul do swoich karabinów".

3. Stopień neutralizacji patogenów w infekcji wirusowej jest proporcjonalny do stężenia witaminy C i długości czasu, w jakim jest podawana.

4. Dr Klenner bezustannie zwraca uwagę na fakt, że brak efektu terapeutycznego witaminy C zazwyczaj jest spowodowany nieodpowiednio dużą jej ilością stosowaną w zbyt krótkim okresie czasu.

5. Symptomy ospy wietrznej czy świnki znacznie są zmniejszone w ciągu jednej godziny

6. 350 mg do 700 mg witaminy C/kg (co najmniej) może być podane razem z antybiotykiem w przypadku uporczywych infekcji wirusowych.

7. W przypadku małych dzieci 2 lub 3 gramy podawał domięśniowo co dwie godziny. W ten sposób nawet 12 gramów może być podane w dwa lub trzy różne mięśnie.

8. Objawy tężca, jak też hemolizującego paciorkowca beta, ustępowały w ciągu kilku godzin po dokonaniu szybkiego wlewu dożylnego witaminy C w dawkach od 500 do 700 mg/kg wagi.

9. Zdradliwe infekcje wirusowe (A/H1N1?) mogą być całkowicie wyleczone w okresie do 5 dni. Infekcje takie, leczone inaczej, często kończyły się nagłą, niewyjaśnioną śmiercią.
Dr Klenner był świadkiem śmierci czterech z sześciu dzieci (poniżej 4 lat), co nastąpiło w czasie 30 minut do czterech godzin po dokonaniu badania przez lekarza. W tym czasie nie leczono tych dzieci niczym, ponieważ nie zdołano postawić diagnozy. W raporcie z autopsji stworzono „obecność zdradliwego wirusa w tkance mózgowej".

10. Wirusowe zapalenie płuc, częste powikłanie po infekcji A/H1N1 (i nie tylko), najczęściej kończy się śmiercią. Trzy do siedmiu iniekcji na ogół wystarczały do potwierdzonego prześwietleniem kompletnego klinicznego wyleczenia. Większość pacjentów czuła się lepiej już po godzinie. Zdecydowana poprawa następowała w ciągu dwóch godzin od zakończenia podawania witaminy.

11. U niektórych pacjentów cyjanoza (sinoniebieskie zabarwienie skóry spowodowane niedotlenieniem organizmu) natychmiast ustępowała po podaniu 500 mg witaminy C.

12. Choroba Heinego-Medina (poliomyelitis, polio) – 60 przypadków, 100% wyleczonych w ciągu 3 do 5 dni (!), co było wynikiem zupełnie nie spotykanym w dziejach medycyny. Powszechnie uważano, że kiedy następował paraliż kończyn, jest to już stan nieodwracalny. W przypadku pacjentów dra Klennera okazało się to nieprawdą – paraliż ustąpił.

Klenner FR. The treatment of poliomyelitis and other virus diseases with vitamin C. South Med J, 1949, July. 3(7), p 209-21

13. Wirusowe zapalenie wątroby – wyleczenie następuje w ciągu dwóch do czterech dni. Niestety cytowany artykuł nie określa typu wirusa. Jednakże z przytoczonych w nim przypadków można wywnioskować, że dotyczy to również wirusa typu C. W tym jednak przypadku leczenie trwało znacznie dłużej. Dr. Klenner powtarzał: „askorbinian sodu w ilościach do 900 mg/kg wagi ciała, podany co 8 do 12 godzin spowoduje efekt terapeutyczny i wyleczenie w ciągu dwóch do czterech dni".
Dr Klenner twierdził, że jego japońscy koledzy dodawali zawsze ok. 5 g witaminy C do każdej jednostki przetaczanej krwi. Rezultat: ani jednego przypadku zapalenia wątroby po dokonaniu tysięcy transfuzji.

14. Ospa wietrzna – 400 mg/kg wagi w trzech lub czterech iniekcjach doprowadza do całkowitego zasuszenia w ciągu 24 godzin.

15. Zapalenie trzustki – dr Klenner stosował 60 g askorbinianu sodu w 1000 ml 5% roztworu dekstrozy, podany w szybkim stosunkowo wlewie dożylnym. Po 12 godzinach pacjent mógł już, bez objawów, być wypisany.

16. Ciężkie oparzenia – dr Klenner uważał, że najwłaściwszym podejściem jest zastosowanie 30 do 100 g witaminy C. 500 mg/kg wagi, rozpuszczonej w 5% roztworze dekstrozy czy płynu Ringera w stężeniu co najmniej 18 ml/g witaminy C. W czwartym lub piątym dniu (w zależności od rozległości oparzenia) zazwyczaj następuje znaczna poprawa z początkiem bliznowacenia rany.

17. Ponieważ witamina C stymuluje produkcję endorfin, ma ona wpływ na eliminację bólu. Ma to istotne znaczenie u pacjentów z chorobą nowotworową.

18. Udar słoneczny – 500 mg wit. C/kg wagi usuwa symptomy. Oparzenia słoneczne (nawet drugiego stopnia) są łatwo leczone poprzez zastosowanie wlewu dożylnego.

19. Zastosowanie wlewów dożylnych przed podaniem chemioterapii usuwa lub poważnie zmniejsza niezwykle nieprzyjemne skutki uboczne. Temat ten poruszymy bardziej dokładnie w dalszej części tego rozdziału.

Dr Klenner podawał przed operacją 10 g dożylnie, oraz 10 g pooperacyjnie w każdym stosowanym wlewie. Stosował pooperacyjnie 30 g dożylnie dziennie, dopóki pacjent już sam mógł tolerować podawanie jedzenia i leków w tabletkach. Zauważył, że złamania i wszystkie rany pooperacyjne leczyły się znacznie szybciej. Niektórzy chirurdzy (anestezjolodzy) pod koniec operacji podawali 10 g witaminy C i w ciągu ok. 60 sekund pacjenci odzyskiwali przytomność bez nudności, wymiotów, itd.

20. Zatrucie ołowiem – 350 mg/kg domięśniowo, co dwie do czterech godzin, wyleczenie następowało w ciągu 72 godzin.

21. Zatrucie tlenkiem węgla (czad) – efekty zatrucia były całkowicie usunięte w ciągu ok. 10 minut po podaniu 12 g witaminy C dożylnie.

22. Użądlenia, ukąszenia przez pająki i węże, rekcje alergiczne – dr Klenner stosował 350 mg witaminy C z dodatkiem calcium gluconate. O tych przypadkach mówił, że reakcje były zawsze „jak cudowne ozdrowienie".

Chciałbym teraz zwrócić uwagę na to, że w przypadkach chorób spowodowanych przez wirusy medycyna ma niezbyt wiele do zaoferowania, ponieważ leki przeciwbakteryjne nie niszczą wirusów. Szczepionki są dość kontrowersyjne i tak naprawdę, kiedy już organizm zostanie zaatakowany wirusem, leczenie konwencjonalne jest często mało skuteczne, lub w ogóle nie jest skuteczne.

Jednakże dr Klenner i inni lekarze wykazali ponad wszelką wątpliwość wysoką skuteczność dożylnie podanej witaminy C właśnie w chorobach pochodzenia wirusowego czy w innych ciężkich schorzeniach, jak np. ostre wirusowe zapalenie wątroby, tężec, czy nawet wirusowe zapalenie mózgu. Innym, niezwykle groźnym schorzeniem dotykającym szczególnie dzieci jest gorączka reumatyczna. W tych wszystkich schorzeniach witamina C naprawdę dokonuje prawdziwych cudów.

Dr Klenner poświecił bardzo dużo czasu na niekonwencjonalne podejście do leczenia miastenii i stwardnienia rozsianego.

Response of Peripheral and Central Nerve Pathology to Megadoses of the Vitamin B complex and other Metabolites, Journal of Applied Nutrition, Vol. 25, #304, 1973.

W liście do wydawcy *Tri-State Medical Journal*, Oct. 1954, zupełnie otwarcie stwierdził, że doprowadzał do stosunkowo łatwego wyleczenia miastenii.

W niewydanej publikacji, **„Multiple Sclerosis Diagnosis and Treatment Suggestions"**, 1980, ponownie stwierdził, że: „w bardzo dużej liczbie przypadków zachorowanie następowało w wyniku przebytej w dzieciństwie infekcji wirusowej (z grupy *coxsackie*), która naśladowała symptomy odry. Początkowo objawem choroby mogła być np. ciężka infekcja płuc lub zapalenie mózgu, które cofało się, żeby po dwudziestu czy trzydziestu latach później ponownie się uwidocznić w postaci stwardnienia rozsianego. Wiadomo, że 70% przypadków zdarza się w wieku 20 do 40 lat".

Jak wspomniałem już powyżej, polio, choroba Heinego-Mediny, poliomyelitis to są nazwy tej samej wirusowej choroby zakaźnej, która w latach 50. XX w. w rozmiarach epidemii dziesiątkowała setki tysięcy dzieci na całym świecie. Choroba miała przebieg bardzo gwałtowny, często kończący się zgonem, zapaleniem mózgu lub poważnym niedowładem i zniekształceniem kończyn.

Chorobę tę powoduje jeden z najbardziej groźnych wirusów. Zdrowy rozsądek nakazywałby natychmiastowe zajęcie się tą metodą leczenia. Czy nie można byłoby pomyśleć, że skoro w tym przypadku witamina C sprawdzała się z tak niebywałą skutecznością, to co z pozostałymi wirusami, jak np. słynny wirus H1N1 (czyli wirus tzw. grypy świńskiej) powodujący tyle nieuchronnych zgonów?

Przypadek farmera z Nowej Zelandii wskazuje na to, że witamina C potrafi sobie poradzić nawet z tak groźnym wirusem. Kiedy lekarze zdecydowali o odłączeniu urządzeń podtrzymujących funkcje życiowe tego człowieka, jeden z członków jego rodziny zaproponował zastosowanie witaminy C, o czym dowiedział się z… Internetu. Lekarz prowadzący oczywiście odmówił, wolał pozwolić pacjentowi umrzeć, ale niesamowita presja rodziny spowodowała podanie tego środka odżywczego w ilości 25 g. Po podaniu witaminy C dożylnie, po zaledwie dwóch dniach, stan pacjenta się poprawił. Pacjent zaczął oddychać sam i był na najlepszej drodze do wyzdrowienia, gdyby nie to, że zmienił się lekarz prowadzący, który zabronił dalszego podawania witaminy C. Stan pacjenta ponownie się znacznie pogorszył. Kiedy wznowiono podawanie witaminy C, jak można było już tego oczekiwać, stan pacjenta szybko się polepszał. Polepszył się do takiego stopnia, że lekarze zadecydowali o przeniesieniu pacjenta do szpitala bliższego jego miejscu zamieszkania. Niestety... tam lekarz również odmówił podania pacjentowi witaminy C. Stan pacjenta zaczął się gwałtownie pogarszać. W tym przypadku lekarz został przez prawnika zmuszony do podania witaminy C i... pacjent po kilku tygodniach całkowicie wyzdrowiał. A tak przy okazji... **pacjent cierpiał też na nowotwór krwi – białaczkę. Po tej chorobie również nie było już śladu.**

Leczenie tego pacjenta w szpitalu, do momentu podania witaminy C, kosztowało ok. 300 000 $, natomiast koszt zastosowanej witaminy C wyniósł 30 $. Inteligentnemu człowiekowi nic więcej nie trzeba byłoby mówić...

Ktoś by pomyślał, że przynajmniej w jednym małym kraju ktoś sięgnął po rozum do głowy, ale... pomyliłby się. Szpitale w Nowej Zelandii nadal odmawiają podawania witaminy C pacjentom z zakażeniem bakteryjnym czy wirusowym, pomimo tego, że znajduje się ona na liście środków terapeutycznych. Prawdopodobnie wiele ludzi niepotrzebnie umrze...

Zainteresowanym polecam również reportaż dotyczący tego powyżej opisanego przypadku farmera z Nowej Zelandii:

http://www.youtube.com/watch?v=VrhkoFcOMII

To nie jest przypadek odosobniony, a to, że witamina C podana dożylnie w dużej ilości działa, można powiedzieć „cuda" – też nie jest przypadkiem.

Literatura z okresu ostatnich 80 lat jest pełna opisów podobnych przypadków. No i co z tego? Nadal tę metodę leczenia wręcz ukrywa się przed środowiskiem medycznym.

W wielu szpitalach w Chinach są całe sale, w których podaje się pacjentom witaminę C dożylnie. Stosuje się ją w zdecydowanej większości przypadków. Dlaczego? Bo jest bardzo tania i... bardzo efektywna.

Praktyka lekarska wskazuje, że w ciągu 48 godzin po większym zabiegu chirurgicznym poziom witaminy C spada tak bardzo, że jest w zasadzie niemierzalny. Wielu naukowców twierdzi, że np. stan organizmu podczas zawału serca jest stanem „szkorbuto-podobnym"!

Wiemy, że pacjent po takiej operacji musi być szczególnie dobrze chroniony właśnie w ciągu tych pierwszych 48 godzin, kiedy jego własne zasoby ochronnej witaminy C spadają do zera. Wiemy też, że w tym krytycznym czasie jakiekolwiek infekcje często kończą się śmiercią, wiemy, jak bardzo często tak się dzieje, wiemy, że zapalenie płuc w tym czasie jest dużym zagrożeniem. Co jeszcze wiemy? Wiemy, że w organizmie takiego pacjenta nie ma ochronnej witaminy C! Ale... czy naprawdę to wiemy? Czy poziom witaminy C we krwi takiego pacjenta ktokolwiek bada? A może pośród dziesiątek testów i badań, jakie się w tym krytycznym czasie wykonuje, badanie poziomu witaminy C jest standardem? Jeśli nie jest, to czy powinno być? Wnioski nasuwają się same.

W tym krytycznym czasie, tuż po operacji, organizm człowieka jest niemalże bezbronny, a więc logicznie myśląc, można dojść do łatwego wniosku, że natychmiast należałoby uzupełnić poziom witaminy C we krwi, niezwłocznie! Ale czy tak się robi? Pacjent, który ma właśnie przejść operację, jest już w stanie stresu emocjonalnego, za chwilę dojdzie do tego potężny szok, stres medyczny... Wiemy, że już przed operacją poziom witaminy C gwałtownie spada, czy nie byłoby rzeczą rozsądną, jako część PROCEDURY PRZYGOTOWAWCZEJ podawać pacjentowi witaminę C? Czy tak jednak się robi?

UWAGA
Z przerażeniem dowiedziałem się ostatnio, że osobom z nowotworem podawana jest dożylnie witamina C w postaci kwasu askorbinowego w ilościach powyżej 2 g. Ostrzegam, że może to grozić śmiercią!

Osoby te starały ratować się same, bo lekarze odmówili im pomocy. W desperacji ludzie są w stanie robić desperackie rzeczy, ale jeśli się nie wie, co się robi, to może zakończyć się to tragedią.

Witamina C i choroba nowotworowa

Czy witamina C może leczyć raka? – to fundamentalne pytanie jest często zadawane przez pacjentów szukających alternatywnych metod leczenia choroby nowotworowej. Pytanie to stawiają również lekarze i naukowcy medyczni. Wiadome jest jedno – witamina C przynosi korzyści w leczeniu choroby nowotworowej. Co jednak oznacza: „przynosi korzyści"?

Gdyby stosowanie witaminy C skutkowało polepszeniem stanu pacjenta po chemio- czy radioterapii, byłoby to już bardzo dużo. Gdyby stosując witaminę C, można było zmniejszyć niesamowity ból, jaki w chorobie nowotworowej prawie zawsze występuje, to byłoby jeszcze lepiej, a gdyby stosując witaminę C, można było doprowadzić do rzeczywistego niszczenia komórek nowotworowych? Czy nie byłoby to naprawdę wielkim osiągnięciem?

Ewan Cameron i Linus Pauling stwierdzili, że kiedy pacjentom z chorobą nowotworową podawano **zaledwie** 10 g/dzień witaminy C, chorzy ci przeżyli średnio o 300 dni dłużej niż chorzy z grupy kontrolnej. Wszyscy pacjenci byli zakwalifikowani jako NIEULECZALNI. Co więcej, 22% pacjentów przeżyło ponad jeden rok od momentu stwierdzenia, że stan ich jest terminalny, podczas gdy w grupie kontrolnej przeżyło tylko 0,4%. Przy czym średni czas przeżycia 22 pacjentów od momentu stwierdzenia stanu terminalnego wyniósł 2,4 roku, a 8 pacjentów osiągnęło przeżywalność większą niż 3,5 roku. Piszę „większą niż 3,5 roku", ponieważ w momencie zakończenia publikacji, w której to zostało opisane, pacjenci ci nadal cieszyli się życiem.

Kilku naukowców zakwestionowało jednak wyniki powyższych badań, twierdząc, że grupa kontrolna i grupa leczona były niewłaściwie dobrane. W związku z tym Cameron i Pauling, kierując się tymi uwagami krytycznymi, przeprowadzili dalsze badania uwzględniające wcześniej wskazane uwagi krytyczne. Otrzymane wyniki okazały się być jeszcze lepsze:

Cameron E, Pauling L: **Supplemental Ascorbate in the Supportive Treatment of Cancer: Reevaluation of Prolongation of Survival Times in Terminal Human Cancer.** *Proceedings of the National Academy of Sciences,USA, Sept 1978; 75/9: 4538-4542*

Z kolei S.K. Lee z zespołem swoich współpracowników przeprowadził badania, które wykazały, że witamina C hamuje rozwój komórek raka skóry:

Lee SK, Kang JS, Jung da J, Hur DY, Kim JE, Hahm E, Bae S, Kim HW, Kim D, Cho BJ, Cho D, Shin DH, Hwang YI, Lee WJ. **Vitamin C suppresses proliferation of the human melanoma cell SK-MEL-2 through the inhibition of cyclooxygenase-2 (COX-2) expression and the modulation of insulin-like growth factor II (IGF-II) production.** *J Cell Physiol. 2008 Jul;216(1):180-8. Department of Anatomy and Tumor Immunity Medical Research Center, Seoul National University College of Medicine, Seoul, Korea.*

S.W. Hong ze swoim zespołem opublikował wyniki swoich badań, wskazując na to, że witamina C niszczy komórki nowotworu piersi poprzez czynnik wywołujący przyspieszoną apoptozę (naturalną śmierć komórki):

Hong SW, Jin DH, Hahm ES, Yim SH, Lim JS, Kim KI, Yang Y, Lee SS, Kang JS, Lee WJ, Lee WK, Lee MS. **Ascorbate (vitamin C) induces cell death through the apoptosis-inducing factor in human breast cancer cells.** *Research Center for Women's Diseases, Division of Biological Sciences, Sookmyung Women's University, Seoul 140-742, Korea. Oncol Rep. 2007 Oct;18(4):811-5.*

Doktorzy Neil H. Riordan i Hugh D. Riordan obserwowali przez 15 lat pacjentów z chorobą nowotworową, którym podawano witaminę C jako terapię dodatkową. W raporcie z badań napisali: „Początkowo podawano dożylnie witaminę C w ilości 15 g raz lub dwa razy w tygodniu. Zauważono, że poprawiło się samopoczucie pacjentów, zredukowano poziom bólu i wielu przypadkach życie pacjentów zostało przedłużone powyżej prognoz stawianych przez onkologów...".

Przez 12 lat podawano dożylnie 30 gramów witaminy C dwa razy w tygodniu. Okazało się, że zmiany związane z przerzutami do płuc i wątro-

114

by u pacjenta z pierwotnym nowotworem nerki zupełnie się cofnęły w ciągu kilku tygodni.

Neil H. Riordan, P.A.-C, Hugh D. Riordan, M.D., Ronald E. Hunninghake, M.D. **Intravenous Ascorbate as a Chemotherapeutic and Biologic Response Modifying Agent the Center for the Improvement of Human Functioning**, *International, Inc. 3100 N. Hillside Ave. Wichita, Kansas 67219*

Hoffer, Pauling i Hardin przeprowadzili badania na 134 pacjentach z chorobą nowotworową. Pacjentów podzielono na trzy grupy. Dwie grupy otrzymywały witaminę C średnio po 12 g/dziennie, a trzecia grupa stanowiła grupę kontrolną, gdzie witaminy C nie podawano. Średni wiek pacjentów wynosił 53,1 lat. Okazało się, **że u 80% pacjentów, którzy brali witaminę C, oczekiwana długość życia była 21 razy (!) większa niż w grupie kontrolnej.**

Hoffer A, Pauling L: **Hardin Jones Biostatistical Analysis of Mortality Data for Cohorts of Cancer Patients with a Large Fraction Surviving at the Termination of the Study and a Comparison of Survival Times of Cancer Patients Receiving Large Regular Oral Doses of Vitamin C and Other Nutrients with Similar Patients not Receiving Those Doses.** *Journal of Orthomolecular Medicine, 1990; 5/ 3: 143-154.*

Ci sami autorzy przeprowadzili następne badania, gdzie leczenie zmodyfikowano, dodatkowo podając pacjentom inne jeszcze witaminy i środki odżywcze. Wyniki były jeszcze bardziej obiecujące. Średni czas przeżycia 50% pacjentów był większy niż 5 lat, dla pozostałych wartość ta wyniosła 630 dni. Oczywiście nie wszyscy pacjenci reagowali tak samo dobrze. Nie mniej jednak wykazano, że grupa, która zareagowała szczególnie dobrze, była 4 razy większa niż w badaniach przeprowadzanych poprzednio przez ten sam zespół. Autorzy sądzili, że dalsze 30% z zaawansowaną chorobą nowotworową być może mogłoby osiągnąć przeżywalność ponad 5 lat, gdyby szerzej zastosowano wspomaganie ortomolekularne, jakie w tych badaniach stosował Hoffer. Poniżej cytowana praca niezwykle precyzyjnie opisuje zastosowane metody statystyczne, jak też zawiera bogatą literaturę.

Hoffer A, Pauling L: **Hardin Jones Biostatistical Analysis of Mortality Data for a Second Set of Cohorts of Cancer Patients with a Large Fraction Surviving at the Termination of the Study and a Comparison of Survival Times of Cancer Patients Receiving Large Regular Oral Doses of Vitamin C and Other Nutrients with Similar Patients not Receiving These Doses.** *Journal of Orthomolecular Medicine, 1993, Vol. 8, No. 3, pp. 157-167.*

Badania kliniczne, jakie na 99 nieuleczalnie chorych pacjentach przeprowadził ze swoim zespołem A. Murata, wskazują, że pacjenci otrzymujący wysokie dawki witaminy C żyli znacznie dłużej (o 246 dni), niż pacjenci otrzymujący niskie dawki witaminy C (43 dni).

Murata A, Murata A, Morishige F, Yamaguchi H. **Prolongation of survival times of terminal cancer patients by administration of large doses of ascorbate.** *Int J Vitam Nutr Suppl. 1982;23:103-113.*

Pamiętajmy, że mowa jest o pacjentach w krańcowym stadium choroby nowotworowej.

Stąd fakt sześciokrotnego przedłużenia życia nie może pozostać niezauważony przez żadnego lekarza. Wyniki te wskazują ponownie na niesamowity wręcz potencjał leczenia pacjentów z mniej zaawansowaną chorobą nowotworową, stosując wysokie dawki witaminy C bez praktycznie żadnych skutków ubocznych! Jak to się porównuje z potwornymi skutkami ubocznymi chemio- czy radioterapii, wie każdy onkolog, każdy pacjent i jego rodzina.

Lekarze praktycy stosujący od wielu lat wysokie dawki witaminy C bezustannie wskazują na działanie przeciwbólowe, co w chorobach nowotworowych nabiera szczególnego znaczenia:

Ringsdorf WM. **Vitamin C supplementation and relief from pain.** *J Ala Dent Assoc. 1969;68:47-50.*

Jensen NH. **Reduced pain from osteoarthritis in hip joint or knee joint during treatment with calcium ascorbate.** *Ugeskr Laeger. 2003;165:2563-2566.*

Należy również wspomnieć coś z naszego polskiego podwórka. Niezwykle interesujące badania wskazujące na to, że witamina C może być uważana za czynnik ochronny (przeciw uszkodzeniom DNA) w normalnych komórkach u pacjentów poddanych chemioterapii, opublikowano w:

Blasiak J, Gloc E, Wozniak K, Młynarski W, Stolarska M, Skorski T, Majsterek I: **Genotoxicity of Idarubicin and its Modulation by Vitamins C and E and Amifostine**. *Chemico-Biological Interactions, 2002; 140: 1-18.*

Judith Stoute dokonała przeglądu 44 prac naukowych i artykułów odnośnie do zastosowania witaminy C w leczeniu choroby nowotworowej. Publikacja ta zawiera również obszerną literaturę omawianego przedmiotu.

Judith O. Stoute, **The Use of Vitamin C with Chemotherapy in Cancer Treatment: An Annotated Bibliography**, *Journal of Orthomolecular Medicine Vol. 19, No. 4, 2004*

W niezwykle ciekawym opracowaniu (lekarzy zachęcam do lektury tej publikacji zawierającej również bogatą bibliografię) N.H. Riordan i jego współpracownicy piszą, że **witamina C w sposób wybiórczy niszczy tylko komórki nowotworowe**. Ponadto zauważają jedną bardzo ważną rzecz, która przyda nam się, kiedy przejdziemy do następnego rozdziału, a mianowicie to, że ponieważ działanie witaminy C w wielu przypadkach można sprowadzić do tego, że stymuluje ona wzmożone powstawianie wody utlenionej w organizmie, istotnym jest fakt, że, jak piszą autorzy:

„...W normalnych komórkach znajduje się 10 do 100 razy więcej katalazy niż w komórkach nowotworowych. Potencjalnie tworzy to różnicę pomiędzy dawką toksyczną dla komórek normalnych i komórek nowotworowych w przypadku stosowania środków wpływających na wytwarzanie w organizmie wody utlenionej. Kwas askorbinowy i jego sole są wybiórczo toksyczne w stosunku do komórek nowotworowych *in vitro* i *in vivo*. Wykazano, że ta wybiórcza toksyczność jest związana z mechanizmami wewnątrzkomórkowego wytwarzania wody utlenionej.

W związku z tym witamina C należy do takiej klasy substancji, które, kiedy podane w odpowiedniej dawce, wybiórczo niszczą komórki nowotworowe z nieistotnym wpływem na komórki zdrowe".

N. H. Riordan, H. D. Riordan, X. Meng, Y. Li and J. A. Jackson **Intravenous Ascorbate as a Tumor Cytotoxic Chemotherapeutic Agent, Medical Hypotheses** (1995), 44, 207-213 @ Pearson Professional Ltd 1995 Date received 11 May 1994. Date accepted 24 August 1994*

***Project RECNAC**, Bio-Communications Research Institute, 3100 N. Hillside, Wichita, Kansas 67219, *Graduate School, Wichita State University, 1845 N. Fairmount, Wichita, Kansas 67260-0004, USA (Correspondence to NHR)*

Powyższe potwierdza prof. Randolf M. Howes, w swojej monografii (publikacja ta jest niespotykanym kompendium wiedzy dla lekarzy i studentów medycyny):

Hydrogen peroxide – Scientific, Medical and Biochemical Overview

Profesor Howes podaje następujący przykład (str. 177):

„Załóżmy że wysoki poziom H_2O_2 w komórce nowotworowej wynosi 100 mM, a w normalnej 10 mM [pamiętamy, że w normalnej komórce może być nawet 100 więcej katalazy, enzymu, który rozkłada wodę utlenioną].

Załóżmy, że żeby komórka nowotworowa została zniszczona, wymagany do tego poziom H_2O_2 wynosi 150 mM. Jeśli więc poziom ten zwiększy się o 50 mM, to w komórce nowotworowej osiągnie on 150 mM, a w komórce zdrowej 60 mM i ta komórka jest w stanie poradzić sobie z taka ilością H_2O_2. To ilustruje zjawisko selektywności, jaką wykazuje H_2O_2".

Ogólnie rzecz biorąc, cytotoksyczność witaminy C, czyli jej zdolność do niszczenia komórek nowotworowych, wydaje się być sterowana przez wodę utlenioną, jak w swych badaniach zauważyli:

118

Mikino Y, Sakagami H, Takeda M. **Induction of cell death by ascorbic acid derivatives in human renal carcinoma and glioblastoma cell lines.** *Anticancer Res. 1999;19:3125-3132.*

Nakamura Y, Yamafuji K. **Antitumor activities of oxidized products of ascorbic acid.** *Sci Bull Fac Kyushu Univ. 1968;23:119-125.*

Yamafuji K, Nakamura Y, Omura H, Soeda T, Gyotoku K. **Antitumor potency of ascorbic, dehydroascorbic or 2, 3- diketogulonic acid and their action on deoxyribonucleic acid.** *Z Krebsforsh Klin Onkol Cancer Res Clin Oncol. 1971;76:1-7.*

Omura H, Tomita Y, Yasuhiko N. **Antitumor potentiality of some ascorbate derivaties.** *J Fac Agr Kyushu Univ. 1974;18:181-189.*

Niezwykle interesującym zjawiskiem jest też to, że jak już wcześniej opisałem, duże stężenia wody utlenionej przyczyniają się do niszczenia komórek nowotworowych, to bardzo niskie stężenia wody utlenionej stymulują wręcz podziały komórkowe!

Davies KJA. **The broad spectrum of responses to oxidants in proliferating cells: a new paradigm for oxidative stress.** *Life Sci. 1999;48:41-47.*

Wykazano również, że ilość wody utlenionej wytwarzana w komórkach w sposób bezpośredni zależy od stężenia witaminy C we krwi.

Avakawa N, Nemoto S, Suzuki E, Otsuka M. **Role of hydrogen peroxide in the inhibitory effect of ascorbate on cell growth.** *JNutr Sci Vitaminol. 1994;40:219-227.*

Dasgupta A, Zdunek T. **In vitro lipid peroxidation of human serum catalyzed by cupric ion: antioxidant rather than pro-oxidant role of ascorbate.** *Life Sci. 1992;50:875-882.*

Sakagami H, Satoh K, Sugaya K, et al. **Effect of the type of serum in the medium on sodium ascorbate-induced toxicity.** *Anticancer Res. 1996;16:1937-1942.*

*Sakagami H, Satoh K, Taguchi S, Takeda M. **Inhibition of cytotoxic activity of ascorbate by human cancer patient sera**. Anticancer Res. 1997;17:425-428.*

Jest jeszcze inny w literaturze opisany mechanizm niszczenia komórki nowotworowej przez witaminę C.

W końcowych etapach swego metabolizmu witamina C zamieniana jest w wodę utlenioną, której działanie na komórki nowotworowe opisane zostało powyżej. Często się mówi, że witamina C jest bezpiecznym „nośnikiem" wody utlenionej. Woda utleniona w kontakcie z wolnymi jonami żelaza wchodzi w tzw. reakcję Fentona, czego wynikiem jest powstanie dużej ilości wolnych rodników (chociaż dla technicznie zorientowanych: istnieją dowody, że reakcja Fentona ma miejsce tylko *in vitro*). Wiemy, że wolne rodniki niszczą komórki, a szczególnie błony komórkowe. Wiemy też, że w komórkach nowotworowych znajduje się duża ilość zgromadzonych tam jonów żelaza. I tutaj, wewnątrz komórki, w reakcji wody utlenionej z jonami żelaza, dochodzi do tak dużego stresu oksydacyjnego, że komórka taka ginie zniszczona „od środka".

To prowadzi nas do następnego interesującego tematu. Bywa, że jony żelaza lub miedzi występują w organizmie w formie niezwiązanej. Wtedy podanie **małej ilości** witaminy C może zaszkodzić. Pacjent może czuć się po prostu źle. Jakie jest rozwiązanie? Trzeba podać jej więcej. Na szczęście jest to zjawisko bardzo rzadkie. Chodzi o to, że w pewnych warunkach przy zbyt małej ilości witaminy C może dojść do stresu oksydacyjnego wywołanego żelazem czy miedzią wchodzącą w reakcję Fentona opisaną powyżej.

Stwierdzono, że zjawisko to występuje wtedy, kiedy rzeczywiście w organizmie istnieją wolne jony żelaza czy miedzi, a ilość podanej witaminy C wynosi ok. 500 do 2 000 mg. Podanie większej ilości witaminy C natychmiast prowadzi do neutralizacji wolnych rodników i cały proces jest automatycznie zatrzymany.

Tak więc, zalecając niskie dawki witaminy C, tak „z ostrożności" zaledwie 100 czy 500 mg, można spowodować problem. Może też tak być, że przy wyższych dawkach, jak np. 500 czy 2 000 mg pacjent po prostu odczuł różnicę w samopoczuciu, to przy dawkach rzędu 100 czy 200 mg może tego nie poczuć. To jednak nie oznacza, że w jego organizmie nie dzieje się coś złego. Inaczej mówiąc: na ogół uważamy, że jeśli niska dawka jest szkodliwa, to wyższa będzie szkodliwa jeszcze bardziej. W tym przypadku jest na odwrót. Podać więcej – będzie lepiej.

Tak więc, zalecając dawkę mniejszą niż 500 mg witaminy C, należy się liczyć z większym prawdopodobieństwem wystąpienia negatywnej reakcji niż przy dawkach dużo wyższych.

Po prostu przy mniejszej dawce witamina C spowodowała stan stresu oksydacyjnego i zadziałała jak oksydant, utleniacz, natomiast po zwiększeniu dawki jej własność przeciwutleniająca przeważyła.

I rzeczywiście... takiej reakcji, tj. stresu oksydacyjnego, nigdy nie zauważono u osób, którym podano duże lub nawet bardzo duże ilości witaminy C.

Jak piszą dr Steve Hickey i dr Hilary Roberts w swej książce: „Ascorbate – The Science of Vitamin C": „(...) ryzyko spożycia dużej ilości witaminy C jest znacznie niższe niż ryzyko spożycia jej w ilościach niewystarczająco wysokich (...)".

Witamina C i chemioterapia

Jest to temat wzbudzający ogromne kontrowersje, co wynika tylko i wyłącznie z braku wiedzy. Bardzo często pacjenci, którzy otrzymują chemioterapię, są odsyłani „do kąta", kiedy odważą się zasugerować lekarzowi, że chcieliby również brać witaminę C. Dlaczego? Na jakiej podstawie? Tego nikt nie wie.

Kiedy zachodzi potrzeba zastosowania jakiejś metody terapeutycznej, lekarze zawsze żądają podania badań naukowych lub przynajmniej rzetelnie przedstawionego opisu z praktyki lekarskiej. Ponieważ badania kliniczne nie zawsze są odzwierciedleniem rzeczywistości, wielu lekarzy zwraca się w stronę medycyny opartej na faktach wynikających z praktyki tzw. *Evidence Based Medicine*, chociaż i to podejście nie jest idealne.

Niestety, żaden lekarz, z którym do tej pory rozmawiałem, nie był w stanie wskazać ani badań, ani nawet opisów praktycznego zastosowania witaminy C i chemioterapii, które wskazywałyby na to, że stosowanie witaminy C jest szkodliwe. Na czym więc opierają swoją „wiedzę"? „Wiedza" ta nie jest oparta na żadnych faktach, a tylko i wyłącznie na daleko idącej interpolacji = domysłach. Lekarz nie posiadający wiedzy często jest zmuszony do działania na zasadzie: „na wszelki wypadek NIE". Kto na tym braku wiedzy traci?

W zdecydowanej większości jest to spowodowane tym, że chemioterapia polega na wprowadzeniu do organizmu potężnej dawki substancji utleniających = silnie toksycznych, trujących. Innymi słowy, organizm chorego zalewa się wręcz ogromną ilością wolnych rodników. Liczy się na to, że dawka niezwykle silnej trucizny szybciej wyniszczy komórki nowotworowe niż komórki zdrowe.

Co ma to do witaminy C? A no właśnie to, że witamina C jest jednym z najbardziej silnych PRZECIWutleniaczy, czyli jest substancją niezwykle aktywnie niszczącą wolne rodniki. No i tutaj następuje konflikt: żeby chemioterapia była odpowiednio toksyczna, musi generować dużą ilość UTLENIACZY, wolnych rodników. Nielogicznym więc **wydaje się** zastosowanie witaminy C, która zwalcza wolne rodniki, bo jest PRZECIWutleniaczem.

Kluczowym zwrotem tutaj jest „wydaje się".

Lekarze nigdy nie zastosują terapii, która „wydaje się" być dobra. Jednakże w tym przypadku niezastosowanie terapii witaminą C jest oparte tylko i wyłącznie na tym, co lekarzom, którzy odmawiają zastosowania witaminy C, WYDAJE SIĘ!

Nie ma opublikowanych nigdzie badań czy obserwacji, które by **jednoznacznie** wskazały na szkodliwość stosowania witaminy C równolegle z chemioterapią. A jakie badania czy obserwacje są?

Kedar N. Prasad z zespołem przeanalizowali 71 publikacji medycznych, gdzie zastosowano witaminę C przy jednocześnie zastosowanej chemioterapii. Nie znaleziono żadnego dowodu na to, że przeciwutleniacze (witamina C) zaburzają efekt terapeutyczny chemioterapii. Wręcz przeciwnie.

Sugerują, że zastosowanie witaminy C zwiększa efektywność działania chemioterapii!

Prasad KN, Kumar A, Kochupillai V & Cole WC. **High Doses of Multiple Antioxidant Vitamins: Essential Ingredients in Improving the Efficacy of Standard Cancer Therapy.** *Journal American College of Nutrition 18:13-25, 1999.*

W następnej swojej publikacji K.N. Prasad konkluduje, że:
- Przeciwutleniacze hamują wzrost komórek nowotworowych, a ponadto indywidualnie lub w ich kombinacji wzmacniają efekt terapeutyczny chemio- i radioterapii.
- Przeciwutleniacze chronią zdrowe komórki przed toksycznym działaniem chemioterapii.
- Obawy onkologów i radiologów, że przeciwutleniacze utrudniają leczenie chemio- lub radioterapią, są nieuzasadnione.

Prasad KN, Cole WC & Prasad JE. **Multiple Antioxidant Vitamins as an Adjunct to Standard and Experimental Cancer Therapies.** *Z.Onkol/J. of Oncol 31:1201-1078, 1999.*

To nie są domysły lub coś, co „im się wydawało" – to są fakty. Do takich samych konkluzji doszedł Charles B. Simone ze swoim zespołem:

Simone CB, Simone NL & Simone CB. **Nutrients and Cancer Treatment.** *International Journal of Integrative Medicine 1:20-24, 1999.*

Zainteresowanym polecam również raport kliniczny:

Hugh D. Riordan, Neil H. Riordan, James A. Jackson, Joseph J. Casciari, Michael J. González, Edna M. Mora, Jorge R. Miranda-Massari, Norbert Rosario,and Alfredo Rivera IV, **C as a Chemotherapy Agent: A report on Clinical Cases**

gdzie opisane są efekty terapeutyczne wspomagania leczenia choroby nowotworowej przy użyciu witaminy C. Omówiono 7 przypadków pacjentów otrzymujących wlewy dożylne z witaminy C lub witaminy C razem z chemioterapią.

Omówione przypadki nowotworów to:

a) Nowotwór nerki

- Przypadek 1 – przerzuty do wątroby i płuc.
  Po 15 miesiącach terapii oficjalny raport onkologa twierdził: „pacjent czuje się dobrze, bez najmniejszego śladu istniejącego nowotworu". Pacjent pozostał wolny od choroby nowotworowej przez następne 14 lat. Zmarł w wieku lat 84 na chorobę serca.

- Przypadek 2 – osiem ognisk przerzutowych w płucach (1 do 3 cm). Pacjentka odmówiła leczenia przy użyciu chemio- i radioterapii. Po 3 latach leczenia (witamina C plus inne środki odżywcze) nastąpił całkowity zanik komórek nowotworowych.

b) Nowotwór jelita grubego (stadium IV)

Nowotwór rozlał się do otaczającej tkanki tłuszczowej. Dwie duże, histopatologicznie potwierdzone zmiany przerzutowe w wątrobie. Częściowa resekcja wątroby, chemioterapia. Zalecenie opieki paliatywnej z bardzo złym rokowaniem. Onkolog odradził stosowania witaminy C, argumentując: „Nie znam żadnych badań, które by wskazywały na to, że witamina C może usunąć lub zahamować postęp choroby nowotworowej". Onkolog „nie znał takich badań", co oczywiście nie znaczyło, że ich nie ma. Tylko dlatego, że „nie znał takich badań", odmówił leczenia!! Szkoda, że aż tak był niedouczony.

Po 20 miesiącach stosowania terapii witaminowej nie stwierdzono jakichkolwiek istniejących zmian nowotworowych. Warto było się douczyć?

c) Nowotwór trzustki

Zmiany przerzutowe na wszystkich organach. Pomimo stosowania intensywnej chemioterapii CA-19-9 ciągle wzrastało do wartości 74 000 U/mL (norma <33).

Po 6 miesiącach terapii witaminą C potwierdzono zatrzymanie rozwoju choroby. Pacjent zmarł, znacznie jednak przekraczając prognozowany czas jego przeżycia.

d) Non-Hodgkin's lymphoma

- <u>Przypadek 1</u> – duże zmiany nowotworowe w okolicach kręgosłupa (L4-L5).
Pacjentka odmówiła zastosowania chemioterapii. Po 12 miesiącach po zastosowaniu terapii jak wyżej nie stwierdzono żadnych istniejących zmian nowotworowych.

- <u>Przypadek 2</u> – szerokie zmiany nowotworowe po obu stronach ciała. Zastosowano chemioterapię z początkową remisją. Nawrót choroby i dalsza chemioterapia zostały wstrzymane ze względu na rozwój leukopenii i *Herpes Zoster* (wirus opryszczki).
Po trzech miesiącach stosowania terapii witaminą C, skan przy użyciu tomografii komputerowej wykazał brak zmian nowotworowych. Następne badanie tomografowe (7 miesięcy później) potwierdziło ten sam stan. Pacjent uzależniony od środków nasennych. Po 3 miesiącach terapii uzależnienie ustąpiło.

e) Nowotwór piersi (końcowe stadium)

Przerzuty do prawie każdej kości. Ból niemożliwy do opanowania środkami opiatopochodnymi. Po tygodniu terapii witaminą C pacjentka zaczęła swobodnie chodzić po korytarzach szpitala. Trzy miesiące po rozpoczęciu terapii badanie tomograficzne wykazało zanik kilku zmian nowotworowych na kościach czaszki. Po 6 miesiącach od momentu rozpoczęcia terapii pacjentka potknęła się i upadła, robiąc zakupy w centrum handlowym. Zmarła z powodu odniesionych obrażeń.

Jak zwykle autorzy raportu wskazują na konieczność prowadzenia dalszych badań. Wszystkie cytowane przypadki były w bardzo zaawansowanych stadiach. Zastosowanie witaminy C pomogło opanować ból, jak i zwiększyć znacznie samopoczucie pacjentów. Tutaj trzeba zwrócić uwagę, że podawana ilość witaminy C sięgała nawet 100 g w ciągu dwóch godzin. Terapia niejednokrotnie trwała kilka tygodni, podawano np. 65 g witaminy C raz czy dwa razy w tygodniu. Autorzy zwracają uwagę na to, że stosowanie witaminy C nie tylko nie zakłóciło działania chemioterapii, ale pozytywnie wpłynęło na jej przebieg.

Co prawda D. Labriola i R. Livingston wskazali na możliwość, że przeciwutleniacze mogą kolidować z chemioterapią, ale **była to tylko nieudowodniona hipoteza** oparta na jednym tylko przypadku:

Labriola D & Livingston R. **Possible Interactions Between Dietary Antioxidants and Chemotherapy.** *Oncology 13:1003-1008, 1999, and Editorial to Townsend Letter for Doctors and Patients, November 1999.*

Zresztą, P. Reilly i M.A. Gignac skutecznie odparli powyższe argumenty w publikacjach:

Reilly P. Dr. **Labriola's Editorial on Antioxidants and Chemotherapy,** *Townsend Letter for Doctors and Patients Feb/Mar 2000, 90-91.*

Gignac MA. **Antioxidants and Chemotherapy. What You Need to Know Before Following Dr. Labriola's Advice.** *Townsend Letter for Doctors and Patients Feb/March 2000, 88-89.*

Co więcej, naukowcy potwierdzili w swoich badaniach, że dodanie witaminy K3 (menadion) powoduje powstanie efektu synergistycznego, który jeszcze bardziej wzmacnia efekt niszczenia komórek nowotworowych przez witaminę C podawaną w dużych dawkach:

Venugopal M, Jamison JM, Gilloteaux J, et al. **Synergistic antitumor activity of vitamins C and K 3 on human urologic tumor cell lines.** *Life Sci. 1996;59:1389-1400.*

Noto V, Taper HS, Jiang YH, Janssens J, Bonte J, De Loeker W. **Effects of sodium ascorbate (vitamin C) and 2-methyl-1,4 naphthoquinone (vitamin K 3) treatment of human tumor cell growth in vitro.** *Cancer. 1989;63:901-906.*

Gilloteaux J, Jamison JM, Arnold D, et al. **Cancer cell necrosis by autoschizis: synergism of antitumor activity of vitamin C – vitamin K 3 on human bladder carcinoma T-24 cells.** *Scanning. 1998;20:564-575.*

Gilloteaux J, Jamison JM, Ervin E, Arnold D, Summers JL. **Scanning electron microscopy and transmission electron microscopy aspects of the synergistic antitumor activity of vitamin C/vitamin K 3 combinations against human T-24 bladder carcinoma: another kind of cell death.** *Scanning. 1998;20:208-209.*

Gilloteaux J, Jamison JM, Arnold D, Taper HS, **Summers JL.Ultrastructural aspects of autoschizis: a new cancer cell death induced by the synergistic action of ascorbate/menadione on human bladder carcinoma cells.** *Ultrastructural Pathol. 2001;25:183-192.*

W czasie tych badań odkryto zupełnie inny rodzaj mechanizmu śmierci komórki zwanego „autoschizą" (*autoschizis*), która różni się od apoptozy, nekrozy czy onkozy.

Ponieważ nie jest moim celem napisanie podręcznika, dlatego zainteresowanych tą tematyką odsyłam do publikacji:

Michael J. González, Jorge R. Miranda-Massari, Edna M. Mora, Angelik Guzmán, Neil H. Riordan, Hugh D. Riordan, Joseph J. Casciari, James A. Jackson, and Angel Román-Franco, **Orthomolecular Oncology Review: Ascorbic Acid and Cancer 25 Years Later**

gdzie można znaleźć listę 173 publikacji odnoszących się do poruszanych w tym rozdziale tematów.

Nie mniej jednak ze względu na wagę tego zagadnienia warto przytoczyć znajdujące się w powyższej publikacji następujące informacje:

Zaobserwowano, że wydająca się być dużą dawką ilość 30 g witaminy C podana dożylnie pacjentowi z chorobą nowotworową nie była mimo wszystko wystarczająca do tego, aby podnieść jej poziom do takiego poziomu, który niszczy komórki nowotworowe tzn. 200 do 400 mg/dl. Podanie 60 g w ciągu 60 minut i natychmiastowe podanie dalszych 20 g w ciągu następnych 60 minut spowodowało, że przez 240 minut poziom witaminy C utrzymywał się powyżej 400 mg/dl, co jak udowodniono jest stężeniem niszczącym komórki nowotworowe:

*Riordan NH, Riordan HD, Casciari JJ. **Clinical and experimental experiences with intravenous vitamin C**. J Orthomolec Med. 2000;15:201-213.*

Czy to wszystko? Oczywiście nie. J.J. Casciari z zespołem wskazał na następujący niezwykle ważny fakt, że powszechnie stosowany (w leczeniu chorób wątroby) kwas liponowy w zdecydowany sposób zwiększa skuteczność witaminy C w niszczeniu komórek nowotworowych. Okazuje się bowiem, że jeśli do zniszczenia 50% komórek nowotworowych potrzebne było stężenie 700 mg/dl, to po dodaniu kwasu liponowego ten sam efekt osiągnięto przy stężeniu zaledwie 120 mg/dl. **Bardzo istotna różnica!**

*Casciari JJ, Riordan NH, Schmidt TL, Meng XL, Jackson JA, Riordan HD. **Cytotoxicity of ascorbate, lipoic acid and other antioxidants in hollow fiber in vitro tumours**. Br J Cancer. 2001;84:1544-1550.*

A co w przypadku radioterapii? Efekt zastosowania witaminy C jest taki sam, jak w przypadku chemioterapii, a w wielu przypadkach wręcz zbawienny. Wykazano ponad wszelką wątpliwość, że skutki uboczne radioterapii mogą być w znacznym stopniu zmniejszone lub zupełnie wyeliminowane przy zastosowaniu wlewów przed radioterapią i natychmiast po niej. Znaczenie tego doceni każdy poddany radioterapii pacjent i jego lekarz. Literatura na ten temat jest niezwykle bogata, wskazuje na to, że jeśli nie stosuje się witaminy C, w takich przypadkach narażamy pacjenta na zupełnie niepotrzebne cierpienia i inne komplikacje wynikające z zastosowania promieniowania jonizacyjnego.

Kiedy tsunami zniszczyło elektrownię atomową w Fukushimie, jednej grupie pracowników, którzy pracowali na terenie tej elektrowni przy usuwaniu skutków katastrofy, podano dożylnie 25 g witaminy C przed rozpoczęciem pracy przy zgliszczach. Innym nie podano nic. Po bardzo wnikliwej analizie ich stanu zdrowia okazało się, że u tych, którym witaminy C nie podano, stwierdzono uszkodzenia DNA oraz znaczny wzrost parametrów wskazujących na rozwój choroby nowotworowej, czemu oczywiście dziwić się nie można. **U tych pracowników, którym witaminę C podano, nie stwierdzono ŻADNYCH ZMIAN w DNA. Wskaźniki biochemiczne dotyczące rozwoju choroby nowotworowej pozostały BEZ ZMIAN!**

Grupie, której nie podawano witaminy C, podano ją po zakończeniu ich prac i... ich zdrowie (DNA) wróciło do normy.

Można by krzyknąć „Eureka"! Lekarze przeprowadzający te badania japońskiemu rządowi tak krzyknęli, ale... jak można było oczekiwać, ich wołania pozostały bez echa. Nie było to żadne szczególne odkrycie, bo jakich cudów medycznych może dokonać zwykła witamina C, Czytelnicy tej książki już wiedzą. Nie mniej jednak lekarze wykazali, że działanie witaminy C w przypadku choroby popromiennej jest ZBAWCZE!

Zainteresowanym tymi badaniami polecam:

http://tinyurl.com/witaminac

oraz film (z polskim tłumaczeniem):

http://tinyurl.com/fukushimawitaminac

Jasne wiec jest, że w KAŻDYM przypadku poddania chorego radioterapii powinno mu się podawać witaminę C przed, jak i po naświetlaniu. Być może uniknięto by niewypowiedzianych cierpień pacjentów, których poddano radioterapii, ale... witaminy C się w takich przypadkach nie stosuje. Uważam, że jest to po prostu nieludzkie.

Podaję więc, co i jak podawano robotnikom japońskim:

- **Wlewy dożylne**:
  1) Woda sterylna: 250 ml
  2) 12,5% $MgSO_4$:   5 ml
  3) 50% wit. C: 50 ml (25 g)
  4) Wit. B1:   120 mg
  5) Wit. B2:   2 mg
  6) Wit. B3:   40 mg
  7) Wit. B5:   254 mg

8) Wit. B6:   120 mg
9) Wit. B12:   1 mg

- **Doustnie** (dwa razy dziennie):
  1) Wit. C liposomalna: 1g
  2) Kwas alfa liponowy: 300 mg
  3) Selen: 200 mcg
  4) Witamina E: 200 mg
  5) Multi witamina

Proszę zauważyć…: to **tylko zwykłe środki odżywcze**, nic więcej.

Czy nie warto byłoby „przepis" ten oprawić w ramki i powiesić na ścianie w każdym instytucie czy oddziale radiologii? Przecież to nie lek wymagający lat testów. To tylko to, czego organizm napromieniowanego człowieka pilnie potrzebuje. To trzeba zastosować – JUŻ. Każdy pacjent „radiologiczny" powinien żądać podania tego wlewu. Lekarz odmówi? Z pewnością tak, ale… na jakiej podstawie? To przecież są substancje nieszkodliwe, osiągalne w każdym szpitalu, niezwykle tanie i co najważniejsze – niedające żadnych skutków ubocznych. Jakie tym razem będzie tłumaczenie?

Być może doczekam się relacji radiologów po zastosowaniu tej receptury? Raczej chyba nie… bo jedna z Czytelniczek napisała do mnie e-mail, którego mały fragment brzmiał w następujący sposób: „O Pana książce dowiedziałam się, o dziwo, od lekarza radiologa, który mi ją pokazał i polecił z zastrzeżeniem, że absolutnie nie mam się przyznawać do tego faktu".

Samo życie…

Przeciwnicy

Czy w takim razie wszyscy się zgadzają, że stosowanie witaminy C w wyżej wymienionych dawkach jest efektywne? Czy istnieją badania wskazujące, że takich efektów nie ma? Oczywiście, wiele zależy od tego, kto takie badania wykonał. Wielu przeciwników stosowania witaminy C wskazuje na niewątpliwy autorytet w dziedzinie medycyny, jakim jest klinika Mayo w USA.

Klinika ta przeprowadziła badania, w podsumowaniu których pisze, że nie stwierdzono, aby podawanie witaminy C dawało pozytywne rezultaty. Kiedy dr Pauling poprosił o raport z badań, klinika odmówiła. Dopiero później okazało się, że badania były wykonane w niewłaściwy sposób. Czy była to zwykła pomyłka, czy raczej „wyniki na zamówienie"?

Świat uwielbia autorytety. Szkoda tylko, że nie wszyscy podchodzą krytycznie do tego, co te autorytety mówią czy robią. Jak widać, nawet takie autorytety, jak klinika Mayo, popełniają błędy. Co gorsza, trudno jest powiedzieć, żeby niektóre błędy były popełniane nieświadomie.

Badania, jakie opublikował Angus z zespołem, wprowadziły chyba najwięcej zmieszania. Opisał w nich on, w jaki sposób witamina C dostaje się do komórek nowotworowych i jak jest w nich przetwarzana i koncentrowana. W swojej publikacji autorzy zaledwie **SUGEROWALI**, że zwiększona koncentracja witaminy C w komórkach **może** stwarzać komórkom raka warunki sprzyjające do ich rozwoju.

Agus DB, Vera JC, Golde DW. **Stromal cell oxidation: a mechanism by which tumors obtain vitamin C**. *Cancer Res. 1999; 59: 4555-4558.*

Sugestia ta została natychmiast bezkrytycznie zaakceptowana przez wielu lekarzy. Nie stawiano żadnych pytań, nie prowadzono dalszej ewaluacji, a przecież: komórki nowotworowe używają glukozy jako głównego źródła energii. Ponieważ witamina C jest strukturalnie bardzo podobna do glukozy, której komórka nowotworowa potrzebuje bardzo dużo (5 do 7 razy więcej niż komórka zdrowa, a niektórzy naukowcy twierdzą, że nawet 15 razy), a do transportu glukozy i witaminy C używane są te same transportery (GLUT), to oczywistym jest, że komórka nowotworowa jest w stanie wchłonąć znacznie większą ilość witaminy C niż komórka zdrowa.

Witamina C działa jako przeciwutleniacz, ale przy wysokich stężeniach ma też własności cytotoksyczne, ponieważ wykazuje też własności utleniające, pro oksydacyjne, powoduje powstanie wody utlenionej wewnątrz komórki nowotworowej, co opisałem powyżej.

Na ten temat przeprowadzono wiele badań i wszystkie są zgodne co do tego, że toksyczność witaminy C w stosunku do komórek nowotworowych ma związek z tą jej własnością:

*González MJ, Mora E, Riordan NH, Riordan HD, Mojica P.**Rethinking vitamin C and cancer: an update on nutritional oncology**. Cancer Prev Int. 1998;3:215-224.*

*Tsao CS, Dunhan WB, Leung PY. **In vivo antineoplastic activity of ascorbic acid for human mammary tumor**. In Vivo. 1988;2:147-150.*

*Tsao CS, Dunhan WB, Leung PY. **Effect of ascorbic acid and its derivatives on the growth of human mammary tumor xenografts in mice**. Cancer J. 1989;5:53-59.*

*Poydock ME. **Effect of combined ascorbic acid and B12 on survival of mice implanted with Ehrlich carcinoma and L1210 leukemia**. Am J Clin Nutr. 1982;54:1261s-1265s.*

*Edgar JA. **Dehydroascorbic acid and cell division**. Nature. 1970;227:24-26.*

*Bram S, Froussard P, Guichard M, et al. **Vitamin C preferential toxicity for malignant melanoma cells**. Nature. 1980;284:629-631.*

*Riordan NH, Riordan HD, Meng XL, Li Y, Jackson JA. **Intravenous ascorbate as a tumor cytotoxic chemotherapeutic agent**. Med Hypotheses. 1995;44:207-213.*

*Sakagami H, Satoh K. **Pro-oxidant action of two antioxidants: ascorbic acid and gallic acid**. Anticancer Res. 1997;17:221-224.*

W innych z kolei badaniach komórek szpiczaka szczurów *in vitro* okazało się, że niskie stężenia witaminy C były konieczne do wzrostu tych komórek.

*Park CH. **Vitamin C and leukemia and preleukemia cell growth**. Prog Clin Biol Res. 1988;259:321-330.*

Dalsze jednak badania wykazały, że w wysokich stężeniach witaminy C następowało **wyhamowanie wzrostu** komórek nowotworowych.

*Koh WS, Lee SJ, Lee H, et al. **Differential effects and transport kinetics of ascorbate derivatives in leukemic cell lines.** Anticancer Res. 1998;18:2487-2493.*

Innym argumentem „przeciw" były badania, które ponownie wskazywały na to, że witamina C w niskich dawkach (25 µM) bez dodania jakichkolwiek innych przeciwutleniaczy stymulowała wzrost komórek nowotworu złośliwego, jednakże przy wysokich stężeniach (ok. +/- 200 µM) następowało ponownie zjawisko hamowania ich wzrostu.

*Prasad KN, Kumar R. **Effect of individual and multiple antioxidant vitamins on growth and morphology of human nontumorigenic and tumorigenic parotid acinar cell in cultures.** Nutr Cancer. 1996; 26:11-19.*

Wiec jednak zamiast występowania „przeciw" okazało się, że badania te jeszcze bardziej popierają i potwierdzają badania wskazujące na celowość zastosowania witaminy C w wysokich dawkach w przypadku choroby nowotworowej.

Dr Abram Hoffer zauważył w ciągu 15 lat obserwacji, że kombinacja dożylnie podawanej witaminy C i doustnie podawanej witaminy B3 (od 500 do 1 500 mg dziennie) w sposób bardzo znaczny zwiększała przeżywalność jego pacjentów z nowotworem, wielokrotnie prowadząc do całkowitego wyleczenia. Bez skutków ubocznych.

Sama witamina B3 pokazuje również zupełnie nieznane lekarzom oblicze. Wystarczy tylko powiedzieć, że właściwie zastosowana jest jedynym naturalnym środkiem pozwalającym w sposób całkowicie bezpieczny obniżyć poziom cholesterolu całkowitego, podwyższyć HDL (to ten „dobry") i obniżyć poziom trójglicerydów. Nie zachodzi potrzeba stosowania bardzo drogich i niebezpiecznych „leków" z grupy statyn.

Stosując witaminę B3 w wysokich dawkach, trwale wyleczano nieuleczalną niby schizofrenię, demencję, chorobę Alzheimera czy inne jeszcze schorzenia tego typu. To jest temat niezwykle ciekawy i pozostawię go do szczegółowego omówienia w następnej książce.

Na temat witaminy C w leczeniu choroby nowotworowej można napisać naprawdę całe tomy.

Myślę jednak, że dla uważnego czytelnika informacje zawarte w tym rozdziale wystarczą do wyrobienia sobie zdania na temat sensu jej stosowania.

Wszystkich czytających, a szczególnie lekarzy, gorąco namawiam do zapoznania się z DOSKONAŁYM przeglądem informacji o działaniu witaminy C w przypadku choroby nowotworowej, skompilowanym przez **POL-SKICH NAUKOWCÓW:**

Jolanta Szymańska-Pasternak, Anna Janicka, Joanna Bober, **Witamina C jako oręż w walce z rakiem**, *Zakład Chemii Medycznej Pomorskiego Uniwersytetu Medycznego w Szczecinie*

http://czasopisma.viamedica.pl/owpk/article/view/9154/7781

PODSUMOWANIE

- Witamina C jest ŚRODKIEM ODŻYWCZYM.
- LEWOSKRĘTNA – to jest właściwa forma witaminy C.
- W przypadku choroby (nawet ból zęba) należy stopniowo zwiększać ilość spożywanej witaminy C, aż do wystąpienia lekkiego rozwolnienia, wtedy należy jej ilość zmniejszyć tak, aby do rozwolnienia nie dochodziło, ale… nie przestawać brać! Można np. zacząć od połowy łyżeczki spożywanej co 1 godzinę.
- Organizm w stanie chorobowym toleruje nawet bardzo duże dawki witaminy C. To znaczy, kiedy jesteśmy chorzy, wtedy bez problemu spożyjemy nawet 30 czy 50 gram witaminy C w czasie 24 godzin. Kiedy organizm już poradził sobie z chorobą, wtedy zaledwie 4 gramy, a nawet mniej, mogą już wywołać biegunkę.

- Po ustaniu stanu chorobowego NIE PRZESTAWAĆ brać witaminy C jeszcze przez dwa do trzech dni, ale już w mniejszych ilościach.
- Witamina C usuwa metale ciężkie.
- Witamina C nie powoduje powstania kamieni nerkowych, ponieważ jednak jest usuwana z organizmu przez nerki, przy ich schorzeniu wskazana jest konsultacja z lekarzem
- Mniejsze ilości, ale częściej stosowane, lepiej się wchłaniają.
- Przy szczególnej wrażliwości na kwas askorbinowy można zastosować jego sól sodową, czyli askorbinian sodu. W postaci askorbinianu sodu witamina C jest lepiej tolerowana przez układ pokarmowy.
- Witamina C podana dożylnie (jako askorbinian sodu) w dużych ilościach ma działanie cytotoksyczne (niszczące komórki nowotworowe), jak również wykazuje działanie antyangiogenetyczne (zmniejsza powstawanie nowych naczyń krwionośnych, jakie do swojego przeżycia usiłuje sobie zawsze zbudować guz nowotworowy).
- Stosowanie witaminy C z chemioterapią wykazuje jej pozytywne działanie, nie umniejszając skuteczności działania środków chemioterapeutycznych, jednocześnie zmniejszając ich skutki uboczne
- Witamina C ma kluczowe znaczenie w wytwarzaniu przez organizm kolagenu, co jest bardzo ważne np. w leczeniu osteoporozy i innych chorób, gdzie tkanka łączna jest osłabiona.
- Najlepsza forma witaminy C jest w postaci takiej, w jakiej znajduje się w owocach. Wiadomo, że KAŻDA substancja stworzona sztucznie i podana człowiekowi nie jest naturalna. Witamina C znana jako „kwas askorbinowy" to znaczne uproszczenie.

Witamina D – fakty i mity

Mógłbym teraz powiedzieć: „proszę zapiąć pasy bezpieczeństwa". To, że witamina D odgrywa dużą rolę w zapobieganiu krzywicy, wie chyba każdy. Z tego powodu nie ma sensu opisywanie, od kiedy to wiadomo, czy przywoływanie faktów ogólnie znanych. Zajmiemy się w tej książce informacjami i faktami dotyczącymi witaminy D z pewnością nieznanymi większości pacjentów i, jak wynika z wielu moich rozmów, nieznanymi też lekarzom.

Jak już wcześniej wspominałem, wiele informacji, jakie znajdziecie w tej książce, nauka poznała dopiero niedawno. W niektórych przypadkach jest to zaledwie 2 czy 5 lat temu (książka ta jest pisana wiosną 2013). W świecie medycyny jest to „mgnienie oka". Z tego powodu szersza znajomość tych faktów będzie znana lekarzom może za następne 5, a może więcej lat. A kiedy nastąpi FORMALNE stosowanie witaminy D w zapobieganiu ogromnej liczbie chorób? Pewnie trzeba będzie zaczekać następne 5, a może 10 lat. Pytanie jest: czy chcemy na to czekać? Czy możemy sobie na to pozwolić?

Dlaczego zajmować się witaminą D u dorosłego człowieka albo nawet u kobiety w ciąży? Przecież uważa się, że problemy z układem kostnym są łatwo skorygowane po narodzeniu się dziecka i u dorosłych chorych na osteoporozę przez suplementację witaminą D? W czym problem? Czy jeśli rozmawiamy na przykład z lekarzami czy dietetykami, nie słyszymy tego samego? Tak myślano do tej pory. Tak uczono lekarzy na studiach medycznych. Czyż nie jest to stan obecnej wiedzy? Przyjrzyjmy się temu bliżej.

Witamina D ma wpływ wykraczający znacznie poza układ kostny, co wykazało wielu naukowców w setkach opublikowanych prac naukowych. Poniżej zaledwie kilka z nich:

*Hollis BW. **Circulating 25-hydroxyvitamin D levels indicative of vitamin D sufficiency: implications for establishing a new effective dietary intake recommendation for vitamin D**. J Nutr 2005; 135: 317–22.*

Giovannucci EG, Liu Y, Rimm EB, et al. **Perspective study of predictors of vitamin D status and cancer incidence and mortality in men.** *J Natl Cancer Inst 2006; 98: 451-9.*

McGrath J. **Does "imprinting" with low prenatal vitamin D contribute to the risk of various adult disorders?** *Med Hypotheses 2001; 56: 367–71.*

Eyles D, Brown J, MacKay-Sim A, McGrath J, Feron F. **Vitamin D3 and brain development.** *Neuroscience 2003; 118: 641–53.*

Liu PT, Stenger S, Li H, et al. **Toll-like receptor triggering of a vitamin D-mediated human antimicrobial response.** *Science 2006; 311: 1770–3.*

Jeśli tak, to niewyobrażalnym błędem w sztuce lekarskiej jest traktowanie witaminy D tylko jako substancji mającej wpływ na kości w czasie tuż po urodzeniu i w czasie, kiedy zaczyna nas nękać osteoporoza.

Mało tego:

Jak wykazuje cała masa badań przeprowadzonych w ciągu ostatnich kilku lat, **receptory witaminy D znajdują się na każdej komórce człowieka.**

Ta informacja ma znaczenie PODSTAWOWE, ponieważ KAŻDA nasza komórka musi reagować na witaminę D i... reaguje, pod warunkiem, że ma jej wystarczającą ilość. Jeśli jednak do tej pory uważano, że jej działanie ogranicza się głównie do układu kostnego, to czy zalecenia dotyczące rekomendowanego jej dziennego spożycia są wystarczające? I rzeczywiście, zalecenia, jakie obowiązują lekarzy, to jest ok. 400 IU / dzień (IU = Jednostek Międzynarodowych) nie są w stanie sprostać takiemu zapotrzebowaniu:

Hollis BW. **Circulating 25-hydroxyvitamin D levels indicative of vitamin D sufficiency: implications for establishing a new effective dietary intake recommendation for vitamin D.** *J Nutr 2005;135:317–22.*

Heaney RP, Davies RM, Chen TC, et al. **Human serum 25-hydroxycholecaliciferol response to extended oral dosing with cholecalciferol.** *Am J Clin Nutr 2003;77:204 –10.*

Czy można zignorować fakt, że badania wskazują na to, że <u>ryzyko zapadnięcia na tak straszną chorobę, jak stwardnienie rozsiane, może być zredukowane, jeśli tylko poziom witaminy D byłby wystarczający</u>? Dlaczego o tym nie wiemy? Dlaczego o tym nie mówimy? Dlaczego czegoś w tym zakresie nie robimy?:

Munger KL, Levin LI, Hollis BW, Howard NS, Ascherio A, **Serum 25-hydroxyvitamin D levels and risk of multiple sclerosis.**. *JAMA. 2006 Dec 20;296(23):2832-8. Source Department of Nutrition, Harvard School of Public Health, and Channing Laboratory, Brigham and Women's Hospital and Harvard Medical School, Boston, Mass 02115, USA.*

D. Ramagopalan SV, Maugeri NJ, Handunnetthi L, Lincoln MR, Chao MJ, Sadovnick AD, Ebers GC, Knight JC. **Expression of the multiple sclerosis-associated MHC class II Allele HLA-DRB1*1501 is regulated by vitamin** *PLoS Genet. 2009 Feb; 5(2):e1000369*

MS Society of Canada. **Genetic study supports vitamin D deficiency as an environmental factor in MS susceptibility.** *http://mssociety. ca/en/research/medmmo_20090205.htm*

To są absolutnie fascynujące doniesienia, wspaniałe publikacje. Czy można koło nich przejść obojętnie? Chciałbym tutaj dodać, że jest jeszcze kilka innych czynników wpływających na powstanie stwardnienia rozsianego, jak i jego leczenia. Moim zdaniem tysiące chorych na tę chorobę niepotrzebnie cierpi. Być może nie każdy z chorych byłby wyleczony całkowicie, ale z pewnością wielu chorym można byłoby to cierpienie zmniejszyć. Tak, jest to podejście trochę inne, ale… czy mniej skuteczne? Zobaczymy za chwilę.

Kiedy np. wspomnę o podaniu dożylnym wody utlenionej, to w każdym przypadku ludzie słuchają tego z wielkim zainteresowaniem, bo w końcu mówię o rzeczywistych doświadczeniach, o efektach tej terapii na ludziach, a nie na eksperymentalnych zwierzętach w laboratorium.

Zainteresowanie jest zawsze ogromne, chyba że słuchają tego lekarze. Tutaj zaczynają się przysłowiowe „schody". Nie… nie dlatego, że ktoś powie: „nooo… bo lekarz, to profesjonalista i czeka na dowody, badania kliniczne, publikacje, itd.". Nie. Nie o to chodzi. Nie chodzi mi o reakcje w postaci kręcenia kółek na czole, bo to są już przypadki beznadziejne, ale o… brak zainteresowania. Zupełny brak chęci zgłębienia tematu. Dlaczego tak jest? Częściowo dlatego, że po prostu po ludzku się boją. Dlatego, że system, w jakim są zmuszeni pracować, nie daje im swobody wyboru terapii. System prawny tak naprawdę nie pozwala na współpracę pacjenta z lekarzem. Kiedy coś nie jest tak, jak trzeba, pomimo żądania przez pacjenta zastosowania danej terapii i jego pełnej zgody, to zawsze stawia lekarza po stronie „winny". A przecież to chory podejmować powinien końcową decyzję, bo to o jego zdrowie się walczy, a nie o ambicje lekarza. Oddzielną książkę mógłbym napisać, cytując konkretne przypadki.

W świetle najnowszych badań zalecenia dotyczące dziennego zapotrzebowania na witaminę D w ilości 400 IU są niewłaściwe, **taka dawka dzienna witaminy D wręcz nie ma żadnego znaczenia dla zdrowia człowieka.**

Witamina D – zapobieganie chorobom przewlekłym i nowotworom

Nie jest wykluczone, że chroniczne niedobory witaminy D narażają społeczeństwo na ryzyko rozwoju wyniszczających, długotrwałych, przewlekłych chorób, takich jak nowotwory czy choroby autoagresji układu immunologicznego:

> *Bruce W. Hollis, Ph.D **Determining the Nutritional Vitamin D Requirement thru Evidence-Based Medicine.**Medical University of South Carolina Charleston, SC*

Jeden z najbardziej znanych epidemiologów amerykańskich zajmujący się witaminą D, nieżyjący już dr Cedric Garland, na podstawie wieloletnich badań, jakie przeprowadził, twierdził, że optymalny poziom witaminy D we krwi powinien wynosić min. 60 ng/ml. Do zalecanych wartości i pomiaru poziomu witaminy D jeszcze powrócę nieco dalej.

W tej chwili chciałbym zwrócić uwagę na ZAPOBIEGANIE wielu różnym chorobom. Dr Garland podsumował swoje badania następująco:

„Gdyby poziom witaminy D był właściwy, to znaczy odpowiednio wysoki, wtedy zachorowalność na wiele chorób byłaby zmniejszona w sposób bardzo znaczny. I tak: liczba przypadków nowotworów nerki, piersi, jelita grubego, jajników czy stwardnienia rozsianego zmniejszyłaby się aż o 50 do 80%".

Powyższe powinno stanowić PODSTAWĘ zapobiegania chorobie nowotworowej.

Wydaje mi się, że dla pacjentów i lekarzy ważne jest to, że w wysokim stężeniu we krwi witamina D naprawdę zaczyna czynić cuda. Między innymi zaczyna się proces produkcji zespołów białkowych wykazujących silne własności bakteriobójcze i wirusobójcze. Inaczej mówiąc: oznacza to po prostu, że **nasz organizm jest w stanie wyprodukować swój własny antybiotyk!**

Co więcej, witamina D w odpowiedniej ilości prowadzi do tak silnej aktywacji naszego kładu odpornościowego, że ten jest w stanie sprostać tak strasznemu patogenowi, jakim jest *Mycobacterium tuberculosis*, a mówiąc po ludzku, patogen powodujący gruźlicę. Gruźlica najczęściej kojarzy się z chorobą płuc, ale w rzeczywistości może równie dobrze zaatakować inne organy, łącznie z kośćmi i kręgosłupem. Wystarczy zapytać lekarza na oddziale zakaźnym, jak „łatwo" jest się tej choroby pozbyć, a może lepiej… nie pytać, bo odpowiedź jest dla ludzi o silnych nerwach. Upraszczam, ale… to nie jest łatwa do wyleczenia choroba.

Okazuje się, że witamina D potrafi nam i w tym zadaniu pomóc, ale… pod jednym warunkiem: poziom witaminy D we krwi musi wynosić nie mniej niż 32 ng/ml, a to wcale nie jest aż tak wysoko!

Cytowany wcześniej dr Bruce Hollis, mający ponad 35 lat doświadczenia dotyczącego witaminy D i napisanych ponad 200 publikacji naukowych, stwierdza:

„W oparciu o przeprowadzone badania, poziom witaminy D we krwi poniżej 32 ng/ml należy uznać jako jej niedobór".

140

A dr Garland, jak wspomniałem wcześniej, zalecał poziom min. 60 ng/ml.

Autorzy jednej z publikacji kończą ją następującym zdaniem: „Kto by pomyślał, że taka »prosta substancja odżywcza« mogłaby posiadać taki globalny wpływ na zdrowie człowieka".

Bruce W Hollis and Carol L Wagner, Vitamin D deficiency during pregnancy: an ongoing epidemic

Czy można w takim razie zapobiec epidemii sezonowo pojawiających się przeziębień czy gryp? Odpowiedź nasuwa się sama. Dlaczego grypa pojawia się sezonowo? Czy zmiana sezonu uaktywnia wirusa grypy, który nie ma niczego wspólnego z kalendarzem? Dawno temu dowiedziono, że właśnie w tym czasie, tj. w tzw. okresie jesienno-zimowym, spada odporność naszego organizmu. Spada, bo co? Bo tak mu się chce? A może mu czegoś brakuje?

Pomimo wielu sprzecznych zdań wykazano, że spadek odporności jest związany z brakiem światła słonecznego bezpośrednio działającego na naszą skórę, co doprowadza do spadku poziomu witaminy D w naszym organizmie. Czy jest dziełem przypadku to, że naukowcy wykazali, że spadek poziomu witaminy D i nasilenie zachorowań na grypę i inne schorzenia górnych dróg oddechowych dziwnym trafem zdarzają się w tym samym czasie?! Przypadek...?

To w takim razie czy można obniżyć ryzyko zachorowania na grypę, podając witaminę D?

Można:

Urashima M, Segawa T, Okazaki M, Kurihara M, Wada Y, Ida H. **Randomized trial of vitamin D supplementation to prevent seasonal influenza A in schoolchildren.***Am J Clin Nutr. 2010 May;91(5):1255-60. doi: 10.3945/ajcn.2009.29094. Epub 2010 Mar 10. Source Division of Molecular Epidemiology, Jikei University School of Medicine, Nishi-shimbashi 3-25-8, Minato-ku, Tokyo 105-8461, Japan. urashima@jikei.ac.jp*

Jeśli mielibyśmy odpowiednio wysoki poziom witaminy D w okresie jesienno-zimowym, to być może nie bylibyśmy narażeni w większym stopniu na zachorowanie na grypę.

Wszystko wskazuje, że tak by było. Jeśli by tak było, to wtedy może nie potrzebne byłyby szczepionki przeciw grypie? Zgadza się, ale … tutaj już wchodzimy w konflikt interesów pomiędzy interesem pacjenta, a interesem tych, którzy te szczepionki produkują i rozprowadzają.

Czy w znaczny sposób można obniżyć ryzyko zachorowania dzieci na cukrzycę typu 1 (najgorszą) poprzez podawanie witaminy D „od dziecka"? Można, i to o nawet 88%!

Elina Hyppönen, Esa Läärä, Antti Reunanen, Marjo-Riitta Järvelin, Suvi M Virtanen, **Intake of vitamin D and risk of type 1 diabetes: a birth-cohort study**

Ile witaminy D podawano noworodkom w tych badaniach? Noworodkom! 2 000 IU dziennie! Już widzę, jak wielu pediatrów kręci z niedowierzaniem głową, bo… zalecenia dla dorosłych są o ponad połowę mniejsze! Czy coś złego tym noworodkom się stało? Oczywiście, że nie, oprócz tego, że były zdrowsze niż inne noworodki, którym tej witaminy nie podawano.

Mało tego, kiedy zgodnie z zaleceniami rządowymi (!) zaczęto zmniejszać ilość witaminy D u niemowlaków, liczba przypadków wystąpienia cukrzycy typu 1 u dzieci w wieku ok. 10 lat poszybowała pod niebiosa.

Czy w tym momencie nie powinniśmy zacząć czegoś kwestionować? Ile witaminy D podaje się noworodkom w Polsce? Znacznie mniej, ale… podaje się. Tylko jak długo? Po ok. roku mówi się matkom, że już nie potrzeba, bo… zagrożenie krzywicą minęło! Jak to minęło? Minęło, bo w tym czasie dziecko zaczyna już samo jeść. Jak to? Przecież do tej pory dziecko było karmione piersią, a więc miało wszystko, czego potrzebowało w mleku matki. Miało. Nie miało tylko w mleku matki odpowiedniej ilości witaminy D. Zdziwienie? Pewnie tak… Wrócimy do tego tematu jeszcze trochę później.

Niedobory witaminy D są związane z niedorozwojem miednicy już u małych dziewczynek. Jako dorosłe kobiety, nie są one w stanie urodzić dziecka drogą naturalną ze względu na zbyt małą kość miednicy.

Czy chcemy, czy nie chcemy, kiedy doczekają do końca ciąży, muszą być poddane operacji tzw. cięcia cesarskiego. Coraz częściej lekarze kwestionują konieczność tego zabiegu, kiedy jest on dokonywany z „wyboru", ale czasami nie ma wyjścia.

Witamina D ma też znaczący wpływ na funkcjonowanie mięśni. Wykazano, że jej niedobór może tak osłabić m.in. mięśnie miednicy, że kobieta nie jest w stanie urodzić dziecka w sposób naturalny. Dr Holick wykonał badania na 400 kobietach w ciąży. Okazało się, że jeśli kobiety miały właściwy poziom witaminy D, wtedy ryzyko wystąpienia konieczności zastosowania zabiegu operacyjnego było czterokrotnie obniżone!

Merewood A, Mehta SD, Chen TC, Bauchner H, Holick MF.J Clin Endocrinol Metab. 2009 Mar;94(3):940-5. doi: 10.1210/jc.2008-1217. Epub 2008 Dec 23. **Association between vitamin D deficiency and primary cesarean section.** *Source Department of Pediatrics, Division of Endocrinology, Diabetes, and Nutrition, Boston University School of Medicine, and Division of General Pediatrics, Boston Medical Center, Boston, Massachusetts 02118, USA.*

Wszyscy dbamy, a przynajmniej powinniśmy dbać szczególnie o zdrowie naszych dzieci. W rzeczywistości zaś, przez brak wiedzy, doprowadzamy je do katastrofy zdrowotnej, podając im zbyt dużo cukru, soczków owocowych, herbatek, itd. O tym będziemy jeszcze mówić później, ale... czy nie powinniśmy zadbać o dziecko, ZANIM się jeszcze urodzi? A może zanim kobieta zajdzie w ciążę? O tym też będziemy mówić w następnych rozdziałach, bo to, co w większości przypadków robimy z naszymi dziećmi, albo czego nie robimy, a powinniśmy robić, woła o pomstę do niebios. Tutaj jednak chciałem słów kilka powiedzieć o takim niezwykle interesującym zjawisku, a właściwie kilku zjawiskach odnośnie do witaminy D w czasie, kiedy kobieta jest w ciąży i kiedy karmi dziecko piersią.

Dr Hollis przeprowadził serię niezwykle interesujących badań. Wykazał, że podając kobietom w ciąży 4 000 IU witaminy D, czyli 10 razy więcej, niż jest zalecane, nie stwierdził u nich żadnych negatywnych zmian. Żadnych skutków ubocznych. Kiedy jedna z kobiet brała 100 000 IU witaminy D dziennie (!) przez kilka miesięcy ciąży, urodziła jedno dziecko, a potem z następnej ciąży drugie, również bez żadnych skutków ubocznych u dziecka, ani u matki. W jej mleku znajdowało się, uwaga … 8 000 IU witaminy D w jednym litrze. Wykazał, że zgodnie z wynikami jego badań w zasadzie nie jest możliwe, żeby doprowadzić do jakiejkolwiek toksyczności witaminy D nawet w wysokim zakresie podawanych dawek.

Wracając do tego „perfekcyjnego" napoju, jakim jest mleko matki. Ma ono wszystko, brakuje mu tylko… tak! witaminy D! Szczególnie interesujące było to, że zalecane dawki witaminy D nawet w ilości 4 000 IU dziennie nie powodowały istotnego wpływu na zawartość witaminy D w mleku matki. Dopiero przy podaniu 6 400 IU witaminy D coś „drgnęło" w sposób bardziej znaczny. Dr Hollis zaznacza: „jeśli kobieta będzie brać ok. 6 000, a nawet 10 000 IU witaminy D dziennie, wtedy nie zachodzi potrzeba podawania noworodkowi witaminy D w sposób sztuczny. Będzie ją miało z mleka matki, ale tylko wtedy, kiedy matka będzie zażywać witaminę D w odpowiedniej ilości". Podaje on, jako ogólną zasadę, że ok. 10% z pobieranej przez matkę witaminy D przedostanie się w sposób naturalny poprzez jej organizm do mleka. Czyli biorąc ok. 6 000 IU/dziennie, dziecko w mleku matki otrzyma ok. 600 IU/litr mleka – PERFEKT! Wiedział o tym z własnej praktyki od ponad 25 lat, ale… w tamtym czasie nie mógł uzyskać zgody na podanie kobietom, jak proponował, 4 000 IU witaminy D, bo… „to je natychmiast zabije".

Toksyczność witaminy D – obalone mity

Tak było do czasu, kiedy inny lekarz, naukowiec, dr Reinhold Vieth, opublikował badania dotyczące toksyczności witaminy D:

*Reinhold Vieth, **Vitamin D Toxicity, Policy, and Science**, Journal Of Bone And Mineral Research, Volume 22, Supplement 2, 2007 doi: 10.1359/JBMR.07S221 © 2007 American Society for Bone and Mineral Research*

*Reinhold Vieth, **The mechanisms of vitamin D toxicity**, Bone and Mineral, 11 (1990) 267-272 Department of Clinical Biochemistry and The Bone and Mineral Group, University of Toronto, and the Research Institute, The Queen Elizabeth Hospital, Toronto, Ontario, Canada (Received 18 April 1990)*

Wynikało z nich, że z tą toksycznością witaminy D wcale nie jest tak, jak do tej pory uważano. Wtedy dopiero pozwolono mu (drowi Hollisowi) na przeprowadzenie tych niezwykle ciekawych badań opisanych powyżej.

Zainteresowanym pacjentom i lekarzom gorąco polecam wykład dra Hollisa:

www.youtube.com/watch?v=O0elnh4D08g

Czy można osiągnąć toksyczny poziom witaminy D? Tak... ale nie dzieje się to przy dawkach, o jakich jest tutaj mowa. Przez trzy tygodnie dr Hollis brał 50 000 IU dziennie bez żadnych objawów toksyczności. Wspomniany wcześniej dr Vieth opublikował przypadek ojca i syna, którzy myśląc, że słodzą herbatę cukrem, sypali do niej witaminę D, łyżeczkami! Rzeczywiście, przywieziono ich do dra Vietha z objawami zatrucia. Po bardzo precyzyjnym, laboratoryjnym sprawdzeniu spożywanego przez nich „cukru" okazało się, że spożywali po ok. 1 700 000 IU witaminy D dziennie! (tak, tak... milionów IU, nie ma tutaj pomyłki w liczbie zer) przez... 7 miesięcy.

Amerykański Instytut Medycyny otwarcie już mówi o tym, że górna granica bezpieczeństwa to 10 000 IU witaminy D dziennie!

Instytut ten jest organizacją o niezwykle konserwatywnym, super ostrożnym podejściu do wydawanych przez siebie rekomendacji. Spowodowane jest to paniczną obawą przed pozwami sądowymi, które, jak wiemy, w USA mogą przybrać absurdalnie irracjonalne rozmiary. A więc jeśli ten Instytut mówi o 10 000 IU witaminy D, to bez najmniejszego wątpienia robi to z niezwykle dużym zapasem bezpieczeństwa. Świadczy to o tym, że toksyczność witaminy D jest wielokrotnie niższa, niż kiedykolwiek o tym myślano.

Niestety, brak tego typu informacji szczególnie wśród lekarzy powoduje ich paranoiczny strach przed jej przepisywaniem. To z kolei doprowadza do poważnych niedoborów, których równie poważne konsekwencje zdrowotne tutaj opisuję.

Wszystkim bez wyjątku polecam, a szczególnie lekarzom zadaję „pracę domową", jeśli chcą swoje obowiązki zawodowe wykonywać właściwie, wysłuchanie wykładu, jaki wygłosił w Londynie w 2011 roku dr Michael Holick:

http://drholick.com/2011/06/presentation-in-london-at-the-vitamin-d-society-7-april-2011/

Dla tych, którzy z powodów zawodowych są zainteresowani tematem toksyczności witaminy D, polecam niezwykle interesujący wykład, jaki wygłosił dr Vieth:

http://www.youtube.com/watch?v=MIDWA9-cGdY

(Dla wtajemniczonych... pewnie wyprzedzam rodzące się pytanie, nie... nie zanotowano wzrostu poziomu PTH do wartości niebezpiecznych, ani też nic złego nie działo się z poziomem wapnia. W powyższym wykładzie dr Vieth to wszystko omawia i tłumaczy).

To może tyle na temat tej niby toksyczności witaminy D. Temat ten musiałem poruszyć, ponieważ często słyszę, że lekarze boją się tej witaminy jak ognia, bo: „można ją przedawkować". To prawda, ale z tego, co widać, to łatwiej przedawkować wodę, bo jak wiadomo od nadmiaru wody można też umrzeć, i to szybciej niż w ciągu 7 miesięcy jej przedawkowywania. Tak więc schorowany pacjent być może szybciej by wyzdrowiał, a może nawet nie zachorował, gdyby mu tylko w tym nie przeszkodzić brakiem wiedzy.

W kręgach naukowców zajmujących się wpływem witaminy D na zdrowie człowieka powszechnie uważa się, że poziom witaminy D nie powinien być niższy od ok. 35 ng/ml, a za zalecany uznaje się zakres 50–80 ng/ml. Przy czym poziom, którego raczej nie należy przekraczać, to ok. 150 ng/ml.

Bardzo ważne jest stosowanie nawet niewielkich dawek witaminy D, jak np. 2000 IU, ale codziennie niż raczej dwa czy trzy razy w roku po np. 150 000 IU, a nawet 350 000 IU jednorazowo, co też niektórzy robią.

Należy też od czasu do czasu badać poziom witaminy D, tzn. metabolitu określanego jako 25(OH). Uważam, że bezwzględnie KAŻDY powinien sobie ten poziom zbadać.

Problem polega na tym, że jeśli chcemy to zrobić, mając koszty badania (ok. 50 zł) zrefundowane przez NFZ, graniczy to niemal z cudem J, bo jeszcze nie spotkałem lekarza, który kiedykolwiek przepisał to badanie PROFILAKTYCZNIE! Szkoda, bo widzimy, jak potężne fundusze można byłoby zaoszczędzić, zapobiegając tak wielu chorobom.

Koszt takich badań zwróciłby się w bardzo krótkim czasie poprzez zmniejszoną zachorowalność na wiele różnych, niezwykle drogich w leczeniu chorób. Ograniczenia, jakie system refundacji nakłada na lekarzy, powodują, że badania poziomu witaminy D się nie zleca, a **powinno się to robić rutynowo**.

Skarb Państwa zaoszczędziłby na tym setki milionów złotych. Do znudzenia słyszymy, że zapobieganie chorobom jest znacznie tańsze niż ich leczenie, ale jak widać, jeśli chodzi o witaminę D, robimy akurat na odwrót. W USA badanie poziomu witaminy D jest jednym z najczęściej przepisywanych badań. Kiedykolwiek zaproponowałem komuś, żeby poprosił lekarza o skierowanie na to badanie, niezmiennie usłyszałem, że najczęściej lekarz zapytał: „ale po co to Pani/Panu?".

No więc jak to się ma do wypowiedzi Dziekan Wydziału Opieki Zdrowotnej Śląskiej Akademii Medycznej w Katowicach, a zarazem Kierownika Katedry Zdrowia Kobiety w Zakładzie Profilaktyki Chorób Kobiecych i Seksuologii Śląskiego Uniwersytetu Medycznego – Pani Profesor dr hab. n. med. Violetty Skrzypulec, która bardzo słusznie uważa, że: „(...) **nie ma w me-**

dycynie nic prostszego, jak profilaktyka i nic trudniejszego, jak zrozumienie jej znaczenia".

http://www.wellnessday.eu/zdrowie/631-profilaktyczne-badania-ginekologiczne-dlaczego-warto

Święta prawda... ciekawy tylko jestem, ile i co mówi się studentom medycyny na temat witaminy D i jej wpływu na zdrowie człowieka jako PROFILAKTYKI? Czy wspomina się chociaż o niewielkiej części wiedzy przedstawionej w tym rozdziale? Jeśli nie... to skąd ci przyszli lekarze mają wiedzieć o tym, o czym traktuje ten rozdział – a z konieczności przedstawiłem tutaj tylko namiastkę, naprawdę tylko wierzchołek góry lodowej. Inaczej musiałoby powstać wielkie tomisko poświęcone tylko i wyłącznie witaminie D, a nie taki cel miało napisanie tej książki.

Nie tak dawno temu (w momencie pisania tego tekstu jest marzec 2013) w radiu, tylko przez jeden dzień, w wiadomościach mówiono: „lekarze biją na alarm z powodu niedoborów witaminy D". Powiedziano i... szybko zapomniano. Ale czy można się dziwić? Nie szły za tym żadne konkrety, żadne działania, było to przy okazji jakiegoś zjazdu... ginekologów. Bardzo dobrze! Wielkie im za to dzięki. Trzymać tak dalej... tylko niech ktoś coś w tej materii PRAKTYCZNEGO ZROBI! Bardzo interesuje mnie to, ilu z tych ginekologów rutynowo zleca swoim pacjentkom badanie 25(OH) i co robią, jeśli okażą się niedobory? Jaki poziom uważają za niedobór? Czy taki, jak to określono 30 czy 40 lat temu?

Należy zwrócić uwagę, że ponieważ witamina D jest rozpuszczalna w tłuszczach, żeby z niej skorzystać, musi być brana z posiłkiem zawierającym tłuszcz. Nie ma znaczenia czy jest to sałatka warzywna z olejem czy bułka z masłem. Ma być tłuszcz. Inaczej niewiele jej się wchłonie. Chyba, że używamy witaminy D w wersji „pod język".

Szkoda, że chociażby tak podstawowa wiedza na temat witaminy D jest tak mało znana. Dzięki poznaniu przytoczonych tu faktów i zastosowania odpowiednich, prostych czynności można byłoby zredukować ryzyko wystąpienia chorób od nadwagi po reumatoidalne zapalenie stawów, od nadciśnienia do bólów kręgosłupa, od cukrzycy po skurcze mięśni, od infekcji górnych dróg oddechowych po innego rodzaju infekcje, od fibromialgii po nowotwory piersi, jelita grubego, trzustki, prostaty i jajników.

Witamina D zapobiega, jak też pozwala bardziej efektywnie LECZYĆ choroby serca, demencje, depresje, bezsenność, łuszczycę, stwardnienie rozsiane, itd. Czy jest ktoś, kto nie chciałby z tego skorzystać? Nie są to (niestety) słowa moje. Szczególnie w tym rozdziale przekazuję wiedzę wspomnianego już powyżej, chyba jednego z najlepszych na świecie specjalistów w zakresie działania witaminy D, lekarza, naukowca, jakim jest dr Michael Holick.

Witamina D jest nieocenionym strażnikiem prawidłowo przebiegającej ciąży, wpływa na zachowanie idealnej wagi, redukuje nienormalny wzrost komórek, chroni komórki przed infekcjami i oraz powstaniem chorób przewlekłych.

To, że witamina D zapobiega krzywicy czy osteoporozie, wiemy od dawna. Niewiele jednak mówi się o tym, że witamina D jest substancją mającą ogromny wpływ na funkcjonowanie całego organizmu.

Zacznijmy więc od paru informacji podstawowych. Skąd w ogóle bierze się witamina D? Niestety... niewiele jej możemy zdobyć z jedzenia. Mówiliśmy wcześniej, że nawet mleko matki zawiera bardzo mało witaminy D, ponieważ w jednym litrze takiego mleka jest zaledwie ok. 25 IU. Czyli... tyle, co nic. Innymi słowy, tak jak dr Bruce Hollis wykazał wcześniej – jeśli nowo narodzone dziecko będzie piło tylko mleko swojej matki, to jak widać... wcześniej czy później u takiego dziecka dojdzie do niedoborów witaminy D. Stąd właśnie ta suplementacja do pierwszego roku życia, bo potem dziecko zaczyna już samo jeść, jak też częściej jest wystawiane na działanie światła słonecznego padającego na większą powierzchnię ciała.

Tutaj ciekawa dygresja... kiedy dr Holick wyraził wątpliwość co do prawidłowego poziomu witaminy D we krwi nowo narodzonych dzieci, usłyszał od lekarzy prowadzących, że noworodki ich pacjentek z pewnością nie mogą mieć niedoborów witaminy D, ponieważ: „nasze podopieczne biorą witaminę D w postaci suplementu, piją co najmniej dwie szklanki mleka, więc nie mogą mieć niedoborów tej witaminy". Co więcej... każda z tych kobiet brała witaminę D w REKOMENDOWANEJ przez Amerykański Instytut Medycyny ilości, tj. 600 IU/dzień. Dr Holick zebrał grupę 40 takich właśnie kobiet w ciąży, zmierzył poziom witaminy i... co się okazało? 76% matek

i 81% noworodków w czasie narodzin miało poziom witaminy D PONIŻEJ
20 ng/ml!

> *Clin Pediatr (Phila). 2007 Jan;46(1):42-4.* **Vitamin D deficiency in**
> **a healthy group of mothers and newborn infants**. *Lee JM, Smith*
> *JR, Philipp BL, Chen TC, Mathieu J, Holick MF. Source Division*
> *of Pediatric Endocrinology, Child Health Evaluation and Research*
> *Unit, University of Michigan, Ann Arbor, Michigan 48109-0456, USA.*
> *joyclee@med.umich.edu*

Ten sam Instytut określa tak niską wartość witamin D jako jej niedobór. Nic
dodać, nic ująć. Wnioski nasuwają się same.

Jeśli skutkiem przyjmowania rekomendowanej dawki witaminy D jest jej
niedobór, to czy nie oznacza to wprost, że ta rekomendowana dawka jest
zbyt niska? Jeśli, jak już często się mówi, poziom witaminy D jest PONIŻEJ
25 ng/ml, to ryzyko powstania nowotworów znacznie się zwiększa – powinniśmy chyba się trochę zmartwić. Tylko co nam da zamartwianie się? To
proces mało konstruktywny. Z tym trzeba coś zrobić. O tym każdy zadecyduje sam. Jeśli badania naukowe wskazują na to, że przy odpowiednio
wysokim poziomie witaminy D zachorowalność na chorobę nowotworową
może być zredukowana o ponad 50%, to na co mamy czekać?

> **Dose-Response of Vitamin D and a Mechanism for Prevention of**
> **Cancer** *by Cedric F. Garland, Dr.P.H., Edward D. Gorham, M.P.H.,*
> *Ph.D., Sharif B. Mohr, M.P.H., and Frank C. Garland, Ph.D.*
>
> *Cedric F. Garland, DrPH, Frank C. Garland, PhD, Edward D. Gorham,*
> *PhD, MPH, Martin Lipkin, MD, Harold Newmark, ScD, Sharif B.*
> *Mohr, MPH, and Michael F. Holick, MD, PhD The Role of Vitamin*
> *D in Cancer Prevention*

Jest jeszcze kilka niezwykle interesujących tematów dotyczących witaminy D, ale podejrzewam, że dogłębne ich wyjaśnianie spowodowałoby konieczność napisania oddzielnej książki. W związku z tym wspomnę tylko
o nich bardzo krótko, a zainteresowanych odsyłam do źródeł, które są łatwo osiągalne.

Rodzaje witaminy D

Po wytworzeniu witaminy D w skórze, jest ona transportowana do wątroby i nerek, gdzie przechodzi dalsze przemiany metaboliczne. Podstawowym takim metabolitem jest witamina D oznaczana jako 25(OH)D. Po dokonaniu następnej przemiany, głównie w nerkach, zamieniana jest ona na metabolit opisywany jako 1,25(OH)$_2$D3 lub po prostu dla uproszczenia 1,25(OH), w odróżnieniu od 25(OH).

To właśnie metabolit 1,25(OH) jest formą aktywną. Co zatem powinniśmy badać, jako „poziom witaminy D we krwi"? Badać należy TYLKO i wyłącznie metabolit 25(OH). Dlaczego? Ponieważ organizm produkuje prawie zawsze stałą ilość 1,25(OH), a stan nasycenia krwi witaminą D określa metabolit 25(OH).

Zbyt duża ilość 1,25(OH) byłaby toksyczna. Jednak naukowcy zauważyli, że w organizmie przebiegają reakcje, do których potrzebna jest duża ilość 1,25(OH), a więc tej aktywnej formy, która z kolei w takich ilościach byłaby toksyczna. Co w takim razie się dzieje? Badania wykazały, że zamiana 25(OH) na 1,25(OH) następuje nie tylko w nerkach! Ta przemiana dzieje się lokalnie, w poszczególnych komórkach, gdzie wytwarzane są ogólnie, razem, bardzo duże ilości 1,25(OH), to dlaczego nie ulegamy zatruciu? Dlatego, że tak nasz organizm pięknie jest zbudowany, że natychmiast po wykorzystaniu aktywnego metabolitu jest on zużywany już na poziomie komórkowym. Innymi słowy, nie wychodzi poza komórkę do obiegu krwi.

B.D. Boyan and Z. Schwartz, **1,25-Dihydroxy Vitamin D3 Is an Autocrine Regulator of Extracellular Matrix Turnover and Growth Factor Release via ERp60-Activated Matrix Vesicle Matrix Metalloproteinases**

Sif Hansdottir, Martha M. Monick, Sara L. Hinde, Nina Lovan, Dwight C. Look, and Gary W. Hunninghake **Respiratory Epithelial Cells Convert Inactive Vitamin D to its Active Form**

Tylko tyle, bo całość jest dużo bardziej skomplikowana. Pisze o tym dlatego, bo okazało się, że organizm jednak potrzebuje dużo, dużo więcej witaminy D, niż się obecnie zaleca.

Wcześniej opisałem, że można znacznie zmniejszyć ryzyko wystąpienia wielu chorób pod warunkiem utrzymania odpowiedniego poziomu witaminy D. Skoro np. wiadomo już, że komórki trzustki produkujące insulinę mają receptory witaminy D, to po coś te receptory tam są.

Niestety uzupełnienie witaminy D w sposób polegający tylko na diecie nie przyniesie odpowiednich wyników. Dlatego nadzieja na jej uzupełnienie z diety jest nierealna.

Innym źródłem witaminy D są suplementy. Ale… tutaj mamy problem. Podczas gdy np. w USA witaminę D można kupić bez najmniejszych problemów, i to w dużych ilościach, w Polsce mamy poważne problemy z powodów, jak opisane powyżej.

Słońce najlepszym źródłem witaminy D, ale… jak bezpiecznie ze słońca korzystać

Najlepszym źródłem witaminy D jest SŁOŃCE. Jak to? Przecież mówi się nam, żeby unikać słońca, bo sprzyja ono powstawaniu nowotworów skóry. Mało tego, pisze się i mówi, że promieniowanie słoneczne jest źródłem wolnych rodników. Co to oznacza, już wcześniej sobie wyjaśniliśmy. A jednak… światło słoneczne jest bardzo zdrowe, to dlaczego każe się nam go unikać? Dlaczego tyle się mówi, żeby stosować kremy blokujące światło słoneczne? A co z solariami? Tyle się pisze, że chodzenie do solarium może być niebezpieczne. A okazuje się – niekoniecznie. No i właśnie… Mamy następne pomieszanie faktów.

Żeby to wszystko uporządkować i nie ulegać panice wzbudzanej przez „ekspertów", należy zacząć od wyjaśnienia – co to jest światło słoneczne. Jak wiemy, światło słoneczne składa się z wielu różnych kolorów. Nie zagłębiając się zbytnio w fizykę, powiemy sobie tylko lub przypomnimy, że światło to fala elektromagnetyczna. Każda fala ma swoje parametry. Dla naszych rozważań najważniejszym parametrem jest długość fali. Fale długie dają światło czerwone, krótsze – żółte, a fale jeszcze krótsze dają światło niebieskie, jak w tęczy. Dla nas najważniejsze jest światło o krótszej długości fali, które nazywamy światłem ULTRAFIOLETOWYM. Długość fali jest ściśle związana z energią, jaka w postaci fotonów jest transmitowana przez światło. Z tego względu tą ultrafioletową część światła słonecznego podzielono na trzy części: UVA, UVB i UVC. Skróty te powstały od słów w języku angielskim: Ultraviolet, a literki A, B i C oznaczają właśnie pewien określony zakres długości fali. Każdy z tych zakresów, czyli rodzajów światła ultrafioletowego, ma inne właściwości i to jest klucz, który nam będzie bardzo potrzebny w dalszej części tego tematu. Przy czym im krótsza długość fali, tym większą energię takie światło przenosi. I tak:

- UVA – długość fali: 320–400 nm, <u>dociera do powierzchni Ziemi.</u>
- UVB – długość fali: 281–289 nm, jest całkowicie pochłonięte przez atmosferę, a światło o długości fali 290–319 nm w <u>większości przedostaje się przez atmosferę do powierzchni Ziemi</u>
- UVC – długość fali: 200–280 nm, jest, a właściwie powinno być całkowicie pochłonięte przez warstwę ozonu i <u>nie dociera do Ziemi</u>.

Czyli na naszą skórę pada światło z zakresu UVA i UVB. Przy czym około 100 razy więcej dociera do nas światła UVA niż UVB. Pomimo że UVA niesie mniej energii (bo ma większą długość fali), to ma ono zdolność znacznie głębszego penetrowania warstw skóry. Ta część światła słonecznego powoduje powstanie wolnych rodników, a więc wpływa na system odpornościowy, uszkadza kolagen, który stanowi „szkielet" naszej skóry, a co za tym idzie, powoduje zmarszczki oraz uruchamia specjalne komórki w skórze tzw. melanocyty, które pod wpływem tego światła (tj. UVA) uruchamiają procesy powstawania barwnika skóry dającego ciemne jej zabarwienie. Ten właśnie rodzaj światła słonecznego uważa się za główną przyczynę zwiększonego ryzyka powstawania złośliwego nowotworu skóry (tzw. melanoma).

Światło z zakresu UVB w mniejszym stopniu przenika przez warstwy skóry, może powodować powstanie niezłośliwych nowotworów przy długim czasie naświetlenia skóry, powoduje zaczerwienienie skóry, ale **przy oparzeniu skóry** może przyczyniać się też do powstania nowotworu złośliwego skóry.

Jednocześnie **to właśnie UVB jest jedyną frakcją światła słonecznego, powodującą powstanie witaminy D chroniącej nasz cały organizm przed nowotworami.**

Jeszcze do niedawna większość kremów przeciwsłonecznych blokowała właśnie światło UVB. Dzięki temu można było bez widocznej gołym okiem szkody przebywać niemalże dowolnie długo na słońcu, nie ulegając oparzeniom. Jak widać z powyżej podanej charakterystyki światła, dla naszego zdrowia nie było to dobre, ponieważ NIC wtedy nie blokowało docierania do skóry szkodliwych promieni UVA.

W obecnych czasach prawie każdy krem przeciwsłoneczny blokuje też dostęp do naszej skóry światła UVA. To, ile i w jakiej formie energii słonecznej dotrze do Ziemi, zależy od kilku czynników. Z powodu tzw. „dziury ozonowej" niestety przenika do Ziemi (szczególnie w pewnych jej miejscach, jak np. Australia) sporo szkodliwego, wysokoenergetycznego światła UVC. Oczywiście największa ilość wszystkich trzech frakcji światła dociera do nas w samo południe lub w godzinach od ok. 10.00 do 15.00. Jest to spowodowane tym, że w tym czasie światło słoneczne dociera do nas przez najcieńszą warstwę atmosfery.

W tym czasie dociera do nas dużo „złego" UVA, ale też i dużo „dobrego" UVB. Rano i po południu, kiedy promienie słoneczne muszą przedostać się przez grubszą warstwę atmosfery, wtedy dociera do nas ciągle dużo UVA i niestety... bardzo niewiele UVB. Z tego właśnie powodu nasz organizm rano i po południu nie jest w stanie wytwarzać ochronnej, dobroczynnej witaminy D.

Dlatego „najzdrowsze" dla nas promieniowanie słoneczne występuje W SAMO POŁUDNIE.

Oczywiste jest, że inne czynniki, takie jak pora roku, szerokość geograficzna, wysokość nad poziomem morza, zanieczyszczenie atmosfery czy występujące zachmurzenie, itd. mają wpływ na to, ile UVB czy UVA dotrze do powierzchni Ziemi, a tym samym do naszej skóry. Nawet wtedy, kiedy niebo jest zachmurzone, szczególnie będąc np. na australijskiej plaży, można dostać poważnego poparzenia skóry. Ktoś powie: „mieszkam w Australii, gdzie np. w Sydney jest ok. 300 słonecznych dni w roku, w związku z tym mam wystarczającą ilość witaminy D". Tak tam jest, bo 21 lat mojego życia spędziłem w tym pięknym mieście, ale... dlaczego w takim razie ok. 40% (niektóre źródła podają nawet 68%) Australijczyków ma niedobory witaminy D?

Dr Michael Holick z zespołem badał wpływ położenia geograficznego na wytwarzanie witamin D poprzez światło słoneczne. Okazało się, że na szerokości geograficznej odpowiadającej położeniu Gdańska, w miesiącach od października do marca organizm nie jest w stanie wytworzyć jakiejkolwiek ilości witaminy D.

Webb AR[1], Kline L, Holick MF. **Influence of season and latitude on the cutaneous synthesis of vitamin D3: exposure to winter sunlight in Boston and Edmonton will not promote vitamin D3 synthesis in human skin.** *J Clin Endocrinol Metab. 1988 Aug;67(2):373-8.*

No dobrze, zapyta ktoś: „to co trzeba robić, żeby skorzystać z dobroci światła słonecznego, a jednocześnie nie zrobić sobie krzywdy?". To proste... jak widać z opisu charakterystyki UVA i UVB, należy się NAŚWIETLAĆ, ale... nie opalać. Opalenie się na brąz jest reakcją skóry, gdzie u człowieka rasy białej skóra krzyczy: „już więcej słońca nie chcę!".

Brązowy barwnik, dzięki któremu jesteśmy opaleni, powoduje, że produkcja witaminy D w takiej opalonej skórze gwałtownie spada! Osoby z ciemniejszą karnacją skóry łatwiej się opalają na brąz. To prawda, ale na ogół... te osoby również mają niższy niż powinny poziom witaminy D. Żeby to „nadrobić", muszą więcej przebywać na słońcu. Nie bez powodu rdzenni mieszkańcy Afryki czy australijscy Aborygeni mają skórę niemalże czarną jak węgiel.

Ten ciemny barwnik zabezpiecza ich przed oparzeniem, ale... jednocześnie, żeby nie mieli niedoboru witaminy D, z konieczności MUSZĄ przebywać na słońcu znacznie dłużej niż osoby o karnacji jaśniejszej.

Jak wykazały badania, w USA populacja o ciemnej czy wręcz czarnej skórze najbardziej choruje na choroby będące wynikiem niedoboru witaminy D. Z drugiej strony, rasy nordyckie dlatego mają taką jasną karnację, żeby już niewielka ilość światła słonecznego spowodowała powstanie wystarczającej ilości witaminy D. Jak widać, wszystko ma swoje naturalne miejsce w przyrodzie. Mądra Matka Natura.

Wróćmy zatem do pytania: „co i jak robić, żeby mieć same korzyści, a nie narazić się na niebezpieczeństwo?".

Dr Michael Holick zaleca następujący sposób postępowania: należy dobrać indywidualnie taką długość czasu naświetlenia skóry, żeby na drugi dzień nie było jej zaczerwienienia.

Zaczerwienienie skóry utrzymujące się 24 godz. po jej naświetleniu słońcem jest już sygnałem, że naświetlaliśmy daną część ciała za długo. Jeśli na światło słoneczne wystawimy np. tylko przedramiona, to jeśli jesteśmy w intensywnie nasłonecznionym miejscu na Ziemi, może już wystarczyć. Jeśli jesteśmy w północnych częściach Europy, USA, Kanady czy Rosji, może to być za mało.

Jednakże jeśli naświetlimy się, będąc w stroju kąpielowym, to prawdopodobnie i w tych regionach, przy pełnym słońcu, w samo południe 10–15 minut z przodu i 10–15 minut z tyłu wystarczy. Jeśli uda nam się tak robić codziennie, to z pewnością, nawet nie będąc na równiku, organizm wytworzy wystarczającą ilość witaminy D. Jeśli wybieramy się na plażę, to najczęściej idziemy tam, kiedy słońce jest już stosunkowo wysoko. Wtedy najpierw naświetlamy całe ciało, pozwalamy naszej skórze i światłu UVB na wytworzenie witaminy D, a następnie możemy się wysmarować kremami do woli. Jeśli możemy tak robić codziennie, nie ma potrzeby suplementacji. Witamina D jest magazynowana w tkance tłuszczowej, z której jest stopniowo uwalniana przez wiele dni. Dlatego jeśli będziemy mieli kilka dni bez słońca, nic się nie stanie. Przy naświetlaniu większych powierzchni ciała organizm potrafi wytworzyć nawet 20 000 IU witaminy D, to dużo. Czy mamy się obawiać przedawkowania? NIE! Matka Natura wyposażyła nas w mechanizmy samokontroli wewnętrznej, które nie pozwalają na przedawkowanie witaminy D, jeśli wytwarzana jest ona przez światło słoneczne. Sprytne.

Mało tego… półokres rozpadu witaminy D wytworzonej przez słońce jest znacznie dłuższy niż wtedy, kiedy korzystamy z witaminy D jako suplementu diety.

Wytworzona przez słońce witamina D pozostaje we krwi dwa do trzech razy dłużej niż z doustnie podawanych suplementów. Zwiększa to okres czasu, w którym nasz system odpornościowy może z niej korzystać dla naszego dobra, chroniąc nas przed różnego rodzaju chorobami, o których była mowa powyżej. Widzimy zatem, że słońce mądrze „stosowane" dostarcza nam samego zdrowia. Nie ma lepszej formy witaminy D jak właśnie ta wytworzona przez słońce, a ściśle mówiąc, przez jego część nazwaną UVB.

Nie wiedząc tego, popełniliśmy wiele błędów. Piszę to już w czasie przeszłym, bo tak było do dzisiaj – mam nadzieję. Od dzisiaj już wiemy, że światło słoneczne UVB nie jest szkodliwe, wręcz przeciwnie. Pamiętamy przecież, że opalenizna jest REAKCJĄ OBRONNĄ organizmu na „za dużo słońca". Kiedy troskliwa mama doprowadziła do tego, że jej dziecko już na początku lata opaliła na „piękny brąz", to widzimy, że jednocześnie spowodowała, że zmniejszyła dziecku możliwość wytwarzania witaminy D przez wiele następnych dni, a szkoda. Szkoda dziecka.

A co ta mama robi w zimie? Jest piękny słoneczny dzień… może nawet trochę mroźny… niedziela w samo południe, czas gotowania obiadu (nie we wszystkich może regionach, może nie w miastach, ale w niedzielę często tak bywa). Wtedy ojcowie zazwyczaj słyszą: „wyszedłbyś w końcu z dzieckiem na spacer. Niech zobaczy trochę słońca, bo dawno go nie było" ☺. Organizm dziecka błaga o chociaż trochę tego słońca! Chociaż trochę witaminy D! Żeby broń Boże dziecko nie zmarzło, troskliwa mama opatula dzieciaka tak, że mu widać tylko policzki i czubek nosa. Aha… no i żeby się słoneczkiem nie „spaliło", to na te policzki i nosek chlast!… krem przeciw opaleniu. „SPF 30? nie… dam mu SPF 40, a może 50! Wtedy już na pewno mi się nie »spali«". Znamy to? Oczywiście żartuję, oczywiście upraszczam, ale… wiemy o co chodzi. Wtedy organizm dziecka nie wytwarza sobie minimalnej nawet ilości witaminy D ze słońca. Troskliwa mama go tak „zabezpieczyła".

Tak więc mam nadzieję, że każdy z czytających już nie pomyli światła UVA i UVB, będzie wiedział, które jest „dobre", a które jest „złe". Widzimy teraz, jakim dużym nieporozumieniem jest niezwykle powszechne określenie: „należy unikać światła słonecznego, bo powoduje nowotwory" lub „światło UV jest szkodliwe". Teraz już wiemy, że ktoś, kto to mówi, nie wie o czym mówi lub też wie, że dzwoni, ale nie wie, w którym kościele.

A co z solariami?

Czy są szkodliwe? Zależy od tego, JAK z nich korzystamy. Wiedząc to, co już wiemy o świetle UV, nie możemy powiedzieć, że solaria są złe, itd. Jeśli idziemy do solarium po to, żeby **naświetlić nasze ciało promieniami UVB**, to oznacza – samo zdrowie.

Natomiast jeśli idziemy tam po to, żeby się opalić na brąz, to najprawdopodobniej robimy sobie szkodę. Przy czym obsługa solariów najczęściej nie ma pojęcia, jakiego rodzaju światło emitują stosowane tam lampy.

Należy zwrócić tutaj uwagę jednak, że przy tak blisko skóry położonym źródle bardzo intensywnego światła UV nasz pobyt w solarium powinien ograniczyć się do zaledwie 3 do 4 minut. Tak! Tylko tyle. Zdrowo i tanio ☺. Dobrze jest też na pół godziny przed pójściem do solarium wziąć np. 100 mg astaxantyny, czy 10 000 do 20 000 IU witaminy A, lub 300 mikrogramów selenu. To są silne przeciwutleniacze, które zabezpieczą skórę przed oparzeniem.

Pamiętajmy: **do solarium idziemy się naświetlać, a nie opalać**.

Warto jest zainwestować w lampy UVB. Można kilka takich lamp powiesić na ścianie nawet w małej łazience. Wystarczy dosłownie 2 do 3 minut naświetlania całego ciała, np. po goleniu, po kąpieli naszej czy dzieci, ale regularnie.

A teraz chwila praktyki: co ma zrobić osoba, która po przeczytaniu tej książki, a przynajmniej tego rozdziału, świadoma swego zdrowia, wykona sobie prywatnie badanie poziomu witaminy D i okaże się, że poziom ten jest za niski? Pewnie będzie chciała poprosić lekarza o receptę na przykład na Devikap. Życzę tej osobie szczęścia, bo na 99% jej nie dostanie. Chyba że lekarz przeczyta ten rozdział. Wtedy może nie udzieli standardowej odpowiedzi: „a po co to Pani/Panu? To się daje tylko noworodkom".

Dwuletni chłopiec, różne problemy zdrowotne niemalże od urodzenia, łącznie z silną alergią. Brak jakichkolwiek skutków specjalistycznego nawet leczenia trwającego od co najmniej 18 miesięcy. Zero efektów. Rodzice zrozpaczeni, bo: „lekarze tylko rozkładają ręce".

Pytam czy pediatra zlecił zbadanie poziomu witaminy D. Oczywiście – nie. Sugeruję zbadać. Wynik: 15 ng/ml, a w tym przypadku (problemy zdrowotne) powinno być ok. 50 ng/ml.

– Co dziecku jest podawane? – pytam.

– „Devikap" – odpowiada matka.

Myślę sobie: Super! Pytam – A ile?

– 2 500 IU/dziennie.

– Świetnie! Przez jaki okres?

– Od urodzenia do tej pory.

Myślę: Uuupss… Coś nie tak..! Pytam:

– Czy na pewno 2 500 IU? Ile kropli Pani podaje dziecku?

– 5 kropli

Hmm… zgadza się – to jest 2 500 IU! Pytam:

– A z czym Pani dziecku to podaje?

– Zawsze z tłuszczem.

Coś dziwnego się dzieje… niby powinien wchłaniać, a z jakiegoś powodu poziom jest ciągle niski.

– Co powiedział pediatra?

– Zalecił stosować Cebion Multi w ilości 10 kropli raz dziennie, bo dziecko jest już „za duże na ten Devikap".

Co prawda nie wiem, co to za miara: „dziecko jest już za duże", ale… lekarz miał pewnie na myśli, że w takich ilościach już dziecku nie potrzeba podawać tego Devikapu. Tylko skąd można wiedzieć BEZ BADANIA, że poziom witaminy D u tego dziecka jest właściwy?

Teraz popatrzmy na te zalecenia, policzmy:
- W 30 kroplach Cebionu Multi jest 1 000 IU witaminy D.
- Dziecko teraz dostaje 10 kropli czyli 1 000 / 3 = 333 IU, a do tej pory, w Devikapie dostawało 2 500 IU!!
- To znaczy lekarz ZMNIEJSZYŁ dawkę aż o 2 500 IU / 333 IU = 7,5 RAZA!!!

No to jak to dziecko ma sobie uzupełnić i tak już bardzo niski poziom witaminy D?

Mam nadzieję, że ten rozdział wszystkim czytającym coś dał. Niektórych może zmusił do pomyślenia, być może innych zmusi(ł) do działania? Oby…

Mam nadzieję, że zrobiliśmy tutaj wspólnie całkiem niezły początek, ale… początek czego? Przecież zaczęliśmy od układu odpornościowego. Czy to koniec? Zdecydowanie nie! Właśnie o to mi chodzi, że jak już wcześniej napisałem: to właśnie układ odpornościowy jest odpowiedzialny za nasze zdrowie, ale… czy wystarczy, żeby układ ten miał wystarczającą ilość witaminy D i wszystko już będzie działać w jak najlepszym porządku? Niestety nie… Układ odpornościowy jest bardziej skomplikowany i wymaga dużo więcej… Podanie witaminy D jest oczywiście częścią działań profilaktycznych, ale układ ten potrzebuje wiele więcej.

Układ immunologiczny potrzebuje witamin, minerałów, dobrego białka, dobrych tłuszczów, dobrych bakterii, itd. W przypadku choroby, kiedy jest ona efektem dysfunkcji tego układu, zdecydowanie czegoś mu brak… Problemem i wyzwaniem jest, żeby się dowiedzieć, poznać – czego mu brak. Z tego też powodu leczenie chorób przewlekłych jest takie trudne, bo nie wiemy, co uzupełniać. Szczególnie że układ odpornościowy potrzebuje nie tylko substancji dostarczonych mu przez właściciela, czyli nas samych, ale wykorzystuje nieznaną nam jeszcze ilość tysięcy różnych substancji, które sam wytwarza.

Niemniej jednak, kiedy zapewniamy sobie dostawę przynajmniej tego, co możemy, to jest to już bardzo duży krok wspomagający proces dochodzenia organizmu do homeostazy (równowagi biologicznej zapewniającej życie w zdrowiu). Jakie to substancje? Jak działają? W dalszych rozdziałach postaram się to przynajmniej w stopniu podstawowym opisać, zdając sobie sprawę z tego, że nie mam wiedzy dotyczącej kompletnego zrozumienia wszystkich procesów, jakie się odbywają w naszym organizmie w każdej sekundzie naszego życia. Z powodu naszej ograniczonej jednak ciągle wiedzy lista tych substancji nie będzie kompletna, ale… będzie to przynajmniej coś praktycznego.

Kończąc ten rozdział, miałem dylemat … tak duża jest ilość informacji, które chciałbym przekazać, ale… w jakiej zrobić to kolejności? Czy napisać następny rozdział na przykład o cholesterolu? Wiedząc, co mam czytelnikom do przekazania, uznałem, że w tym temacie „zapięcie pasów bezpieczeństwa" może nie wystarczyć…, bo informacje, które na ten temat przekażę, uderzą… oj uderzą! Dlatego zostawimy to na później, pomimo że jest to temat jak najbardziej „na czasie", ale też naszpikowany powszechnie powtarzanymi przez lekarzy (niestety J) bzdurami rozmiarów wręcz niewyobrażalnych.

Będę chciał napisać o witaminie K2, ale jak to zrobić bez wyjaśnienia prawdy o witaminie A? Z kolei, żeby dokładnie wyjaśnić, jak odwrócić skutki miażdżycy, trzeba wyjaśnić jak najwięcej nie tylko o witaminie D, K2 czy A. Muszę to najpierw opisać, bo bez tego nie da mi się czytelnikom wyjaśnić, dlaczego np. w tętnicach może nam rosnąć kość! I to… ze szpikiem! Skąd tkanka kostna w tętnicy?

Widzimy jednak, że samo zadbanie przez nas (a może bardziej stosownie – przez naszego lekarza) o właściwy poziom witaminy D jest już krokiem milowym na drodze do zapobiegania wielu chorobom, jak też ich leczeniu.

A kiedy ktoś powie: „przez trzy dni z rzędu brałam 10 000 IU witaminy D", to może nie usłyszy od, w tym przypadku, dermatologa: „to cud, że Pani żyje". Autentyk.

Tak wiele się słyszy o zażywaniu witamin, czy np. wapnia, ale… czy jest to bezpieczne? Czasami jednak nie!

Coraz częściej mówi się o uzupełnianiu minerałów, np. selenu. Ale kto wie, że selen występuje w trzech różnych formach, a każda z nich spełnia inną funkcję w organizmie. Czy zażywamy właściwą formę minerału lub witaminy? Czy popularny kwas askorbinowy to witamina C? Nie.

Jak – nie, skoro cały czas lekarze nam mówią, że witamina C to kwas askorbinowy. Mówią też, że cholesterol jest przyczyną miażdżycy…. Co oczywiście też nie jest prawdą.

Żeby się ustrzec przed osteoporozą, każe nam się spożywać dużo produktów zawierających wapń, pić dużo mleka, zażywać preparaty wapniowe, ale… nie słyszałem głosów nawet tzw. „ekspertów żywieniowych", o lekarzach nie wspomnę, że taka suplementacja stosowana w niewłaściwy sposób może nie tylko sprzyjać powstaniu osteoporozy, pogłębić ją, ale nawet może zagrażać życiu.

Mam nadzieję, że uda mi się to w zrozumiały sposób wyjaśnić w następnym rozdziale.

PODSUMOWANIE

- Badać należy metabolit witaminy D określany jako **25(OH)**.
- Ilość suplementowanej witaminy D należy tak dobrać, żeby jej poziom we krwi, tzn. 25(OH), wynosił od 50 do 70 ng/ml. Kontrolę poziomu metabolitu 25(OH) należy, szczególnie w początkowych miesiącach suplementacji, przeprowadzać co dwa miesiące. Nie należy przekraczać poziomu 100 ng/ml. W przypadkach chorobowych poziom ten powinien być wyższy, ale należy to robić pod kontrolą mądrego lekarza
- Witaminę D należy zawsze brać z posiłkiem zawierającym tłuszcze.
- Przy suplementacji witaminą D należy KONIECZNIE dodawać witaminę K2-MK7 w ilościach nie mniejszych niż 100 mikrogramów.
- Przyjmuje się, że bezpieczna dawka dzienna witaminy D to ok. 10 000 IU. Czasami ilość witaminy D podawana jest w innych jednostkach, można to wtedy łatwo przeliczyć, wiedząc, że: 1000 IU = 25 mcg lub: 1 mcg = 40 IU lub też: 1 mg = 40 000 IU
- Mleko matki zawiera bardzo małe ilości witaminy D. Ok. 10% witaminy D branej przez matkę znajduje się w jej mleku w najlepszej, naturalnej formie.
- Należy się naświetlać (zgodnie z przedstawionym opisem), ale… nie opalać.
- Naświetlać należy się możliwie w samo południe, pomiędzy godziną 11.00 i 14.00, tzn. wtedy, kiedy dociera do Ziemi najwięcej światła UVB.
- Po naświetleniu należy się zabezpieczyć przed dalszym działaniem promieni słonecznych na skórę.
- Jeśli to możliwe, nie należy myć skóry po jej naświetleniu, ponieważ witamina D wytworzona na skórze potrzebuje ok. 48 godzin do wchłonięcia.

Osteoporoza i... nieznana witamina K2

Zanim rozpoczniemy naszą podróż po tym temacie, muszę poruszyć kilka spraw dotyczących wapnia w naszym organizmie.

Dla wielu czytelników dziwnym wyda się fakt, że niedawno opublikowane badania (2011) wskazują, że kobiety, które brały suplementy wapnia po to, żeby zapobiec osteoporozie, były bardziej narażone na wytworzenie zwapnień w tętnicach, zawał serca, czy udar mózgu, niż kobiety, które suplementów wapnia nie brały:

Bolland MJ, Grey A, Avenell A, et al. **Calcium supplements with or without vitamin D and risk of cardiovascular events: reanalysis of the Women's Health Initiative limited access dataset and meta-analysis.** *BMJ 2011, 342: d2040.*

Nie moje to odkrycie... opisane to zostało w jednym z najbardziej prestiżowych czasopism medycznych, jakim jest **British Medical Journal**. Ktoś może powiedzieć: „no i co z tego? Jedne badania na niewiele wskazują". Niekoniecznie, bo jeszcze TRZY inne badania to potwierdziły:

Bolland MJ, Avenell A, Baron JA, et al. **Effect of calcium supplements on risk of myocardial infarction and cardiovascular events: meta-analysis.** *BMJ 2010, 341: c3691;*

Bolland MJ, Barber PA, Doughty RN. **Vascular events in healthy older women receiving calcium supplementation: randomised controlled trial.** *BMJ 2008, 336: 262;*

Bolland MJ, Grey A, Avenall A, et al. **Calcium supplements with or without vitamin D and risk of cardiovascular events: reanalysis of the Women's Health Initiative limited access dataset and meta-analysis.** *BMJ 2011, 342: d2040.*

No i... sprawa robi się bardziej niż intrygująca. Wczytując się dokładnie w wyniki tych badań, zauważymy, że na każde złamanie, jakiego kobiety unikały, stosując suplementy wapnia, przypadały DWA zagrażające życiu przypadki incydentów związanych z układem krążenia wieńcowego czyli krążenia, które dostarcza krew do mięśnia sercowego. Co było jeszcze ciekawsze, to fakt, że nie zauważono związku pomiędzy dawką i skutkiem, ale zauważono, że taki negatywny efekt pochodził z suplementacji, ale nie z wapnia w diecie! Stawia to pod ogromnym znakiem zapytania dotychczasowe zalecenia dotyczące suplementacji preparatami wapnia. Autorzy badań otwarcie sugerują, żeby kobiety nie brały preparatów z wapniem.

Po tych publikacjach nastąpił niejaki wstrząs w wielu kręgach medycznych. Nie odnotowano jednak czegoś takiego w kraju nad Wisłą, chociaż niektóre portale internetowe już o tym pisały.

Słynna amerykańska agencja do spraw związanych z zapobieganiem chorobom (*The U.S. Preventive Services Task Force*) wyraźnie wręcz zaleciła, żeby kobiety przestały brać preparaty wapnia, jeśli biorą je w celu uniknięcia złamań kości, ponieważ po analizie 137 badań naukowcy doszli do wniosku, że nie ma jednoznacznego dowodu na to, że wapń zapobiega złamaniom kości. Amerykańska Agencja do spraw Żywności i Leków (FDA), wyraźnie stwierdza, że wapń jest pomocny tylko w okresie wzrastania kości, od dzieciństwa do stosunkowo wczesnej młodości, ale nie wtedy, kiedy kości przestały już rosnąć. Dlaczego więc lekarze czy dietetycy niezmordowanie zalecają „więcej wapnia"?

Czy zatem preparaty zawierające wapń są niebezpieczne dla zdrowia? Czytelnikom, a szczególnie zapewne czytelniczkom, nasuwa się pytanie: „Jak to w końcu jest – mamy brać ten wapń na wzmocnienie kości, czy nie?". Czy wapń wzmacnia kości? Oczywiście, chociaż... kości wcale nie składają się tylko z wapnia! A „wzmacnianie" kości tylko wapniem jest podstawowym błędem. Do tego jeszcze wrócimy...

Zwapnienie tętnic jest najczęstszą przyczyną śmierci w wielu krajach na całym świecie. Teraz zadajmy sobie pytanie: dlaczego wapń osadza się w tętnicach, a nie trafia do kości? Gdyby tak się nie stało, nie byłoby problemu. Co więc się stało, że zamiast zrobić sobie dobrze, robimy sobie dużą krzywdę. Ktoś natychmiast się będzie zastanawiał: „czy nie lepiej mieć osteoporozę, ale żyć dłużej, niż nie mieć osteoporozy, a umrzeć wcześniej, niż się tego spodziewamy?". Czy w takim razie mężczyźni nie muszą z tego powodu tracić snu, bo ich to nie dotyczy? Niestety – nie. Dotyczy to zarówno kobiet, jak i mężczyzn w szerokim zakresie wiekowym.

Z kolei osteoporoza jest wiodącą przyczyną śmierci u osób starszych, kobiet i mężczyzn. Przy czym suplementacja witaminą D czy preparatami wapnia pomaga, ale... nie w takim stopniu, jak byśmy się tego spodziewali.

Zauważono, że występują JEDNOCZEŚNIE niedobory wapnia w kościach i jego nadmiar w tętnicach! A... powinno być odwrotnie! Na tym właśnie polega tzw. „Paradoks Wapnia".

Co zrobić, żeby nie dopuścić do odkładania się wapnia właśnie w taki niewłaściwy sposób? Jak „przekierować" wapń np. z diety czy suplementów do kości? Co zrobić, żeby zamiast w tętnice, wbudował się w kości i zęby? Jak zmusić organizm do tego, aby wapń, który już się wbudował w ściany tętnic czy innych tkanek miękkich, grzecznie je opuścił i trafił do zębów i kości? Coś trzeba zrobić, bo zaprzestanie spożywania produktów zawierających wapń doprowadzi do wylania dziecka z kąpielą.

Zanim jednak zgłębimy ten temat, przyjrzyjmy się trochę dokładniej zagadnieniu osteoporozy i arteriosklerozie (czyli stwardnieniu tętnic). Paradoksalnie są to połączone ze sobą schorzenia. Zacznijmy od osteoporozy.

Dlaczego to schorzenie jest tak groźne? Nie trudno jest sobie wyobrazić, co się dzieje z całym ciałem, kiedy nie ma ono na czym być „zawieszone". Czyli nie mamy silnych, odpowiednio wytrzymałych kości. Hmm... może i trudno jest to sobie wyobrazić. Wizyta w pierwszym lepszym hospicjum szybko to może uświadomić, ale... trzeba naprawdę mieć na to odwagę. Dlaczego? Bo nie jest łatwo oglądać człowieka, który zachował w pełni władze umysłowe, czasami jest nawet bardzo umysłowo sprawny jak na swój wiek, ale... nie może chodzić nawet do toalety, nie jest nieraz w stanie sam przekręcić się w łóżku z boku na bok. W dodatku chroniczny brak ruchu doprowadza do zaniku mięśni i ... do dalszego osłabienia kości. A te osoby, które jeszcze mogą się poruszać, muszą to robić bardzo ostrożnie, ponieważ niewielkie, całkiem lekkie uderzenie może doprowadzić do złamania kości. Złamanie kości przedramienia, nadgarstka, to „norma", a złamania kości udowej mogą doprowadzić do całkowitego unieruchomienia czasowo lub na zawsze. Złamanie kości udowej kończy się śmiercią w ciągu jednego roku u ok. 30% osób, którym takie złamanie się przydarzyło. Poważna sprawa. Czasami zbyt „twarde" skorzystanie z krzesła może się skończyć urazem kręgosłupa ze wszystkimi konsekwencjami. Zgarbienie i znaczna utrata wysokości szkieletu są typowymi, widzialnymi gołym okiem, symptomami.

Pewnie większość czytelników myśli, że: „to nie o mnie chodzi, mnie się to nie przydarzy"… śpieszę więc donieść, że to, czy będziemy mieli zdrowe kości na starość czy nie, zależy od tego, co zrobimy lub czego nie będziemy robić już we wczesnej młodości, a nawet w dzieciństwie. Dlatego zrozumienie tego schorzenia i zapobieganie mu to obowiązek rodziców. Zbudowanie zdrowych, gęstych, a jednocześnie elastycznych kości u dzieci zapobiega ich degradacji w wieku starszym.

Nie czekajmy… jeśli sami o to nie zadbamy już teraz, to kiedyś w bolesny sposób doświadczymy prawdziwości powiedzenia: „starość Panu Bogu nie wyszła". Pod warunkiem, że takiej później starości dożyjemy.

Czy w takim razie mamy zacząć od… no właśnie. Od czego? Może zacznijmy od tego, że osteoporoza to wcale nie jest utrata tylko wapnia. **Kości składają się z co najmniej 12 minerałów:**
  - wapń
  - potas
  - magnez
  - mangan
  - krzem
  - żelazo
  - cynk
  - selen
  - bor
  - fosfor
  - siarka
  - chrom

oraz… wielu innych minerałów w ilościach śladowych, np. stront…

Tak więc kości nie składają się tylko z wapnia! Kiedy mówimy o osteoporozie czy gęstości kości, itd. bezustannie koncentrujemy się na wapniu i jego uzupełnianiu, ale czy więcej oznacza lepiej? No właśnie nie. Badania wskazują na to, że bardzo często mamy zbyt dużo wapnia, co prowadzi do poważnych problemów zdrowotnych. Skąd tak duże ilości wapnia? Jak to skąd? Kiedy człowiek jadł to, co mu dała Matka Natura i w takiej właśnie formie, nie było problemów. Teraz procesy, jakim poddawana jest żywność, często niszczą składniki odżywcze. Co wtedy robimy…? Dodajemy np. wapń z powrotem do danego produktu, który go utracił na drodze jego przetwarzania. Prawie każdy produkt jest teraz „fortyfikowany". Praktycznie oznacza to, że m.in. dodawany jest wapń. I w ten sposób sztucznie wprowadzony wapń mamy prawie wszędzie. Wapń dodawany jest do soków, napojów, płatków śniadaniowych, mąki, mleka, itd. Każe nam się pić dużo mleka, żeby zapobiec osteoporozie, podczas gdy stwierdzono, że właśnie picie mleka sprzyja powstawaniu osteoporozy!... Wyjaśnimy sobie to trochę później.

Trzeba tutaj zaznaczyć, że w temacie osteoporozy jest jedno duże nieporozumienie dotyczące wytrzymałości kości na złamanie. Powszechnie stosowane badanie gęstości tkanki kostnej nie daje pełnego obrazu stanu kości. Tzw. „gęste kości" niekoniecznie oznaczają, że wszystko jest w jak najlepszym porządku. Krótko mówiąc: „gęsta kość" oznacza, że jest ona twarda, czasami nawet bardzo twarda. Hartowana stal jest niezwykle twarda, ale inżynierowie nie zawsze jej używają, bo chociaż jest twarda, to jednocześnie jest bardzo krucha. To samo się dzieje z tkanką kostną. Z tego powodu, jeśli mówi się nam, że mamy gęste kości, to nie zawsze jest to powód do szczególnej radości. Dwie kości o takiej samej gęstości mogą się znacznie od siebie różnić ich wytrzymałością na złamania. Dlaczego tak się dzieje?

Głownie chodzi o to, że giętkość czy sprężystość kości świadczy o tym, na ile jest ona podatna na złamania czy pęknięcia. Oczywiście gęstość jest parametrem ważnym, ale nie jedynym.

Dlatego odchodzi się już od używania parametru, jakim jest gęstość kości (tzw. T-score) w celu określenia ryzyka jej złamania czy pęknięcia, a raczej zaczyna się używać zwrotu „jakość kości". Co powoduje, że kość jest gęsta, a jednocześnie sprężysta, co daje jej odporność (jakość), o którą nam chodzi?

Wyobraźmy sobie, że patrzymy na zwyczajną siatkę w płocie. Robimy kulki z kredy zmieszanej z wodą i zaczynamy je rzucać w kierunku tej siatki.

Z czasem, kiedy tak będziemy rzucać tymi kulkami, kreda (wapń) będzie wysychać i utworzy się ściana z kredy. Jest to, w przybliżeniu, model kości. Czym w tym modelu jest w takim razie ta siatka? Jaką odgrywa rolę?

Siatka ta jest odpowiednikiem kolagenu w strukturze kości. Inaczej mówiąc, jeśli nie będzie dobrego szkieletu do budowania kości, jakim jest kolagen (siatka), wtedy nie powstanie dobrze zbudowana kość. Dlatego tak bardzo ważne jest, żeby zadbać o dobry kolagen. Prawidłowe leczenie osteoporozy to nie tylko uzupełnianie minerałów, itd. – to jest też spożywanie takich substancji, które sprawią, że nasze kości będą miały odpowiednio zbudowany szkielet (kolagen), do którego minerały te będą dołączane i wtedy utworzą zdrową kość.

Tak mało jednak się mówi o znaczeniu kolagenu w naszym organizmie. To właśnie kolagen w kościach sprawia, że są one wytrzymałe na złamania, nie ulegają pęknięciom podczas uderzeń. Inaczej mówiąc, zdrowe kości to nie tylko ich składniki mineralne dostarczające im tej wcześniej opisywanej gęstości, ale właśnie kolagen. Bez właściwie utworzonego kolagenu, bez jego zwartej konstrukcji, nawet „gęste kości" będą po prostu pękać. Czy ktoś jednak słyszał, że w czasie powszechnie stosowanego „leczenia" osteoporozy podaje się w dużych ilościach substancje (suplementy diety), które powodują, że organizm zaczyna sam wytwarzać, dobry, zdrowy kolagen? Do tego potrzeba np. krzemu, bo inaczej organizm ma problemy z syntezą kolagenu.

Potrzeba dużej ilości witaminy C, bo bez niej synteza kolagenu nie jest możliwa. Tej witaminy potrzeba dość sporo np. ok. 3, 6, 8 GRAMÓW dziennie. Wtedy jednak napotyka się na opór większości lekarzy, bo: „z pewnością wytworzą się kamienie nerkowe" i tym podobne bzdury. Dodać potrzeba pewnych aminokwasów (np. L-lizyny czy L-proliny), żeby ułatwić organizmowi sprawne budowanie kolagenu. Wtedy dopiero możemy mówić o właściwym leczeniu osteoporozy.

Ktoś, kto ma osteoporozę, czy ktoś, kto zna kogoś, u kogo leczy się osteoporozę, z pewnością powie, że nie dostał żadnych wskazań dietetycznych, żadnych preparatów na budowę wysokiej jakości kolagenu. Wtedy jakiekolwiek leczenie osteoporozy jest bezsensowne.

Dlaczego do leczenia osteoporozy podchodzi się tylko w taki prymitywny i jednokierunkowy sposób, zalecając czasami witaminę D i... oczywiście więcej wapnia?

Żeby całość systemu kostnego funkcjonowała we właściwym porządku, nadmierne dodanie czegoś (wapń) bez uzupełnienia pozostałych elementów całości doprowadzi do... zaburzeń, których chcemy uniknąć. Jeśli skoncentrujemy się tylko na dodawaniu wapnia, to doprowadzimy do zaburzenia równowagi mineralnej. Ale nie tylko... Wapń bierze udział nie tylko w procesie budowania kości, chociaż jest jej głównym składnikiem.

Tkanka kostna podlega ciągłej wymianie, tak samo jak tkanka wątroby, mięśni czy innych organów. Cały czas część komórek kości ulega rozkładowi i w tym samym czasie tworzone są NOWE komórki kości. Specjalne komórki tzw. **osteoblasty**, wydzielają substancję zwaną **osteokalcyną**, która wbudowuje wapń do kości.

Inne komórki, tzw. **osteoklasty**, usuwają komórki stare, zużyte. Proces ten przebiega z różną prędkością w różnym wieku. Mniej więcej do wieku 25–30 lat budowanie nowych komórek kości jest szybsze niż usuwanie starych komórek. Potem następuje okres stabilizacji, a następnie... no właśnie, następuje proces, który za wszelką cenę trzeba zatrzymać. Jeśli nastąpi przewaga działania osteoklastów, wtedy więcej komórek ulega degradacji niż budowie. Jeśli ten proces nie zostanie spowolniony lub całkowicie zatrzymany, to wcześniej czy później dochodzi do tak znacznego osłabienia struktury kości, że staje się ona bardzo podatna na złamania, a to już jest: **osteoporoza**. Jak wygląda typowe leczenie osteoporozy? **Tragicznie.**

Zacznijmy jednak od kilku słów historii. Na początku XX wieku osteoporoza była leczona przy użyciu estrogenów. Estrogeny zapobiegają utracie wapnia z kości. Po menopauzie poziom estrogenów się zmniejsza i ryzyko powstania osteoporozy się zwiększa. Okazało się jednak, że to wcale nie jest takie proste, bo np. u kobiet z zawansowaną już osteoporozą podawanie nawet wysokich dawek estrogenów nie przynosiło oczekiwanych skutków. Naukowcy zaczęli analizować proces modelowania kości, to znaczy jej budowania przez osteoblasty i jednoczesnego rozkładania przez osteoklasty. A gdyby tak spowolnić działanie osteoklastów i wyhamować proces usuwania komórek kości? Wtedy więcej komórek kości pozostałoby w kości! Proste!

Tak właśnie narodziła się najczęściej stosowana w leczeniu osteoporozy grupa leków zwanych **bisfosfoniany**, które działają w powyżej opisany sposób.

Oczywiście… są jeszcze innego rodzaju leki z innych grup, np. tzw. Selektywnych Modulatorów Receptora Estrogenowego czy parathormonu. Czy w takim razie wystarczy zażyć odpowiednią tabletkę i problem mamy rozwiązany?

Niestety, pomimo mądrych nazw, praktyka wskazuje, że leczenie tymi substancjami jest długie i mało skuteczne, natomiast obarczone jest poważnymi skutkami ubocznymi. I tak… dla przykładu w podręczniku „Choroby Wewnętrzne" pod redakcją prof. Andrzeja Szczeklika (dla niewtajemniczonych, jest to „biblia" studentów medycyny) odnośnie do stosowania bisfosfonianów na s. 1746 czytamy:

<u>Działania niepożądane:</u>
- ból brzucha
- nudności
- wymioty
- zaparcia
- biegunka
- wzdęcia
- zaburzenia połykania
- podrażnienie przełyku
- owrzodzenia przełyku
- ból kości, mięśni i stawów
- zwężenia przełyku
- niektóre dolegliwości mogą być ciężkie.

Jak to czytelnikom brzmi? Pewnie niezbyt zachęcająco. Czy to wszystko? Naukowcy ze Szwecji twierdzą, że nie, bo jak opisali w publikacji z 2011 roku, stosowanie bisfosfonianów prowadzi do nietypowych złamań kości udowej! To jak to jest? Coś, co ma zapobiegać złamaniom, je powoduje? Niestety – tak:

Schilcher J, Michaelsson K, Aspenberg P. **Bisphosphonate use and atypical fractures of the femoral shaft.** *N Engl J Med. 2011; 364: 1728–37.*

Na stronie internetowej: Urzędu Rejestracji Produktów Leczniczych, Wyrobów Medycznych i Produktów Biobójczych w publikacji pt. „CHARAKTERYSTYKA PRODUKTU LECZNICZEGO" dotyczącej jednego z bisfosfonianów, czytamy:

„Martwica kości żuchwy występowała również u pacjentów z osteoporozą, otrzymujących bisfosfoniany doustnie".

Czy mamy już pierwszych czytelników z osteoporozą chętnych do zażycia bisfosfonianów? Nie? Dlaczego? Przecież ta oficjalna publikacja wskazuje, że jest to „produkt leczniczy"! Tak „leczy", że może doprowadzać do martwicy kości żuchwy!

Czy ktoś z czytelników widział, co się dzieje z człowiekiem, który nie ma żuchwy lub ma ją w stanie rozkładu?

Poza potwornym bólem, wystąpić może przetoka (kanał, otwór, który nie powinien w naszym ciele być), a to oznacza, że pokarm z jamy ustnej wypada przez przetokę w szczęce na zewnątrz.

Na ile to jest poważny problem?

Na to odpowiedzieli naukowcy z Kanady, którzy przeprowadzili najszersze do tej pory badania dotyczące tego problemu i stwierdzili, że: **bisfosfoniany powodują co najmniej trzykrotny wzrost ryzyka martwicy kości żuchwy.**

University of British Columbia. **Popular Osteoporosis Drugs Triple Risk Of Painful Bone Necrosis,** *Study Finds. ScienceDaily, 15 Jan. 2008. Web. 24 Nov. 2012. http://www.sciencedaily.com/ releases/2008/01/080115092048.htm*

Jeden z największych na świecie producentów bisfosfonianów w 2014 roku wypłacił ogromne odszkodowania 1 200 osobom.

Wygrały one proces sądowy, gdzie firmie farmaceutycznej udowodniono, że jej „lek" spowodował ogromne problemy zdrowotne. Leku nie wycofano, bo firmie tej bardziej opłaciło się wypłacić odszkodowania, niż zrezygnować z jego sprzedaży. Jest on więc nadal sprzedawany w ogromnych ilościach – w Polsce też ☹.

Może w takim razie użyjmy modulatorów estrogenów, ale… tam z kolei autorzy ostrzegają:

„Stosowany w dawce 60 mg/dobę zmniejsza ryzyko złamań kręgów, ale jednocześnie zwiększa ryzyko zakrzepicy żył głębokich i częstość występowania uderzeń gorąca".

Zakrzepica żył głębokich jest niezwykle groźnym stanem, ponieważ grozi zatorem np. tętnicy płucnej czy mózgowej i natychmiastowym zgonem. No, a czy kobiecie przechodzącej menopauzę lub po jej przejściu naprawdę potrzebne są ponowne „uderzenia gorąca"?

Spróbujmy w takim razie może czegoś z „półki" parathormonu, ale tam z kolei autorzy ostrzegają, że może wystąpić:
- ból kończyn,
- ból i zawroty głowy,
- nudności, wymioty, refluks żołądkowo-przełykowy,
- depresja,
- hiperurykemia (zwiększone stężenie kwasu moczowego we krwi),
- hiperkalcemia (nadmiar wapnia).

Od czego jest jednak geniusz człowieka? Nie tak dawno opracowano i wprowadzono „lek" nowej generacji, który ma być tym tak długo oczekiwanym lekiem na osteoporozę. Jego chemiczna nazwa to: ***denosumab***. Jak działa? Tak samo jak wszystkie inne bisfosfoniany, wykorzystuje tylko inny mechanizm blokowania działania osteoklastów! Czy ma jakieś skutki uboczne? Trochę ich ma...

Najczęściej występujące skutki uboczne, jakie zauważono w czasie badań klinicznych, to:
- ból pleców,
- ból rąk i nóg,

- reakcje skórne (wysypka, egzema),
- bóle mięśni, kości, ścięgien,
- podwyższony poziom cholesterolu,
- infekcje pęcherza moczowego,
- zawroty głowy,
- infekcje górnych dróg oddechowych,
- opuchlizna rąk, stóp, przedramion,
- rwa kulszowa,
- bezsenność,
- artretyzm kręgosłupa,
- refluks,
- anemia,
- zapalenia płuc,
- swędzenia,
- półpasiec,
- ogólne osłabienia.

Pełna lista skutków ubocznych jest opublikowana stronie FDA:

*http://www.accessdata.fda.gov/drugsatfda_docs/
label/2012/125320s0051lbl.pdf*

To tylko skutki uboczne, które zauważono podczas badań klinicznych. Mówiliśmy wcześniej, że setki leków zostały wycofane z rynku, a przecież każdy z nich został dopuszczony do obrotu po przeprowadzeniu badań klinicznych. Jak widać, badania badaniami, a praktyka praktyką. Co będzie w tym przypadku? Pewnie się okaże za kilka lat...

Czytając powyższe, można się zastanawiać, czy leczenie tymi środkami leczy, czy raczej powoduje rozwój innych schorzeń.

A teraz, jak wcześnie sygnalizowałem, kilka słów o mleku. Zaleca nam się pić dużo mleka, żeby zapobiec osteoporozie.

Słyszymy to w telewizji, radiu czytamy w gazetach. Na ten temat wypowiadają się wszelkiej maści eksperci...

174

Ciekawe, że naukowcy mają jakoś jednak odrębne zdanie, mówiąc, że: „Spożycie produktów mlecznych, szczególnie w wieku ok. 20 lat miało związek ze zwiększonym ryzykiem złamania kości biodrowej w wieku starszym":

Cumming RG, Klineberg RJ. **Case-Control Study of Risk Factors for Hip Fractures in the Elderly.** *American Journal of Epidemiology. Vol. 139, No. 5, 1994).*

No to jak to w końcu jest? Czy nasza młodzież ma pić duże ilości mleka? Po co? Czy po to, żeby łatwiej im się łamały kości na starość?

Trzy lata po ukazaniu się powyższych badań, inna grupa naukowców, przeprowadziła znacznie bardziej szeroko zakrojone badania na 77 761 kobietach w wieku od 34. do 59. roku życia. Badania prowadzono przez 12 lat. W konkluzji tych badań autorzy napisali, że: „zwiększone spożycie przez dorosłe kobiety mleka lub innych produktów zawierających wapń NIE zabezpiecza przed złamaniami kości udowej lub kości przedramienia":

Feskanich D, Willett WC, Stampfer MJ, Colditz GA. **Milk, dietary calcium, and bone fractures in women: a 12-year prospective study.** *American Journal of Public Health. 1997).*

Dr. Amy Lanou, dyrektor Komitetu Lekarzy ds. Odpowiedzialnego Zastosowania Medycyny (Waszyngton, USA), powiedziała wprost:

„W krajach, gdzie jest najwięcej przypadków osteoporozy, najwięcej spożywa się mleka i wapnia w produktach spożywczych. Związek pomiędzy spożyciem produktów mlecznych i stanem zdrowotnym kości prawie nie istnieje".

Zaznaczam – nie moje to słowa. A może rzeczywiście jest jakiś element prawdy w powiedzeniu „pij mleko, będziesz kaleką"?

To tyle na temat tzw. „leczenia" osteoporozy.

Jak wiadomo, mężczyźni również chorują na osteoporozę, ale u kobiet to nieszczęście zdarza się częściej. Przed menopauzą, kiedy poziom estrogenów we krwi kobiety jest jeszcze wysoki, łatwiejsza jest przemiana witaminy D do jej formy aktywnej, budującej kości.

Ze zmniejszeniem się poziomu estrogenów jest to już proces gorzej przebiegający. Kiedy poziom estrogenów po menopauzie spada, wzrasta aktywność osteoklastów, czyli szybciej następuje rozkład kości.

Na dodatek, spadek poziomu estrogenów powoduje powstanie innej substancji, która z kolei przyspiesza wytwarzanie osteoklastów! Czy to jakieś fatum nad nasza płcią piękną? Nie ma ratunku? Oczywiście, że jest, ale… o tym zbyt głośno się nie mówi.

Co w takim razie robić? Zapobiegać! Do tego właśnie za chwilkę dojdziemy, ale wróćmy na chwilkę do samych kości.

Tak jak w przypadku innych tkanek, kość nie jest tylko sztywnym, niezmieniającym się w czasie elementem. Może trudno sobie to wyobrazić, ale… kość naprawdę żyje. Oprócz tego, że kości stanowią szkielet, utrzymujący całe nasze ciało, to spełniają one jeszcze inne, nie mniej ważne role.

Nie wszystkim wiadomo, że **kości są częścią układu endokrynologicznego**, mają wpływ na procesy, w których bierze udział insulina, co przekłada się na ich wpływ na procesy regulujące przechodzenie glukozy do komórek. Niedawno opublikowane badania wskazują na to, że właśnie osteokalcyna działa jak hormon, stymulując trzustkę do wydzielania insuliny! Ale.. to nie wszystko…

Cukrzyca, jak wiemy, oprócz chorób serca, nowotworów, otyłości, osteoporozy, itd. jest zdrowotną zmorą naszych czasów. Koszty społeczne są astronomiczne. Koszty emocjonalne związane np. z koniecznością amputacji stopy są nie do określenia. Obecnie stosowane „leczenie" cukrzycy, i tutaj tym razem wyrażę moje osobiste zdanie – to jakiś nieprzyzwoity żart!

Chorzy na cukrzycę typu 2 (T2), wiedzą (czasami), że ich problemem nie jest brak insuliny. To jest problem związany z cukrzycą typu 1 (T1). W przypadku cukrzycy T2 insuliny jest zbyt dużo (do pewnego momentu). W cukrzycy T2, **problemem jest zmniejszona wrażliwość komórek na działa-**

nie insuliny! Insulina jest, ale… komórki stały się odporne na jej działanie. Organizm nie chce mieć zbyt dużo insuliny, jest to bardzo groźne zjawisko. W leczeniu cukrzycy (ale… co to za leczenie? To tylko łagodzenie symptomów!) walka jest o ponowne uwrażliwienie komórek na insulinę.

* * *

Tutaj chciałem na chwilę odejść od tematu, ale ponieważ opisane poniżej zjawisko jest niezwykle ważne, poświęcimy mu kilka zdań. Wspomniana powyżej cukrzyca jest potężnym zagrożeniem zdrowotnym. Jak to się dzieje, że np. 40 lat temu o cukrzycy u dzieci niewiele się słyszało? Nie słyszało się, bo nie występowała w takim zakresie, jak teraz. Skandalem żywieniowym jest to, że cukrzyca typu 2 występuje już teraz nie tylko u osób po pięćdziesiątce, ale coraz częściej występuje u dzieci i młodzieży.

Dlaczego nazywam to skandalem żywieniowym? Otóż… chciałbym przytoczyć kilka niezwykle ważnych faktów dotyczących żywienia i jego wpływu na powstawanie cukrzycy. Skąd się bierze tak duża liczba przypadków cukrzycy szczególnie typu 2.

Mechanizm powstawania tego typu cukrzycy jest stosunkowo prosty, ale… jak zwykle o tym się nie mówi, a szkoda. Jestem pewien, że zrozumienie tego prostego mechanizmu pozwoli wielu czytelnikom uniknąć tego typu cukrzycy, szczególnie u dzieci. Otóż tak…

Wiemy o tym, że komórki naszego organizmu potrzebują glukozy. Glukoza jest transportowana do wnętrza komórek specjalnymi transporterami. Organizm człowieka ma ograniczoną prędkość wchłaniania tłuszczu i jeśli nagle spożyjemy bardzo dużo tłuszczu, to najczęściej dostaniemy biegunki i pozbędziemy się jego nadmiaru. W przypadku węglowodanów, z których w organizmie mamy glukozę, takiego ograniczenia nie ma. W związku z tym, szczególnie po spożyciu cukrów prostych, a więc pokarmów czy napojów o słodkim smaku, wchłaniamy niemalże wszystkie węglowodany i cukry. Bez ograniczeń.

Nadmiar glukozy we krwi jest niezwykle szkodliwy, ponieważ prowadzi do uszkodzenia systemu nerwowego, narządów wewnętrznych, itd. Poziom glukozy we krwi co prawda się waha, ale nie powinien przekraczać pewnego progu.

Po spożyciu batonika czy wypiciu napoju, w którym znajdują się cukry proste, poziom glukozy we krwi nagle wzrasta i to bardzo. Organizm broni się wtedy przed tak wielką ilością glukozy we krwi i włącza mechanizmy, których działanie ma spowodować obniżenie poziomu glukozy. Trzustka, w odpowiedzi na sygnał z organizmu, że jest dużo za dużo glukozy, produkuje równie duże ilości insuliny.

Pod wpływem insuliny nadmiar glukozy jest na siłę niemalże upychany do komórek. Poziom glukozy we krwi się obniża. Jeśli jednak komórki są już wypełnione glukozą, wtedy nadmiar glukozy jest przetwarzany na inną substancję, tzw. glikogen, który jest magazynowany głównie w wątrobie i mięśniach. Kiedy nadal glukozy jest zbyt dużo, wtedy pod wpływem insuliny jest ona zamieniana na tłuszcz i odkładana np. w biodrach, itd. Efekt – tyjemy.

Tyjemy nie od tłuszczu. Jedząc tłusto, nie utyjemy. Tyjemy głównie od nadmiaru węglowodanów.

Jak widać, mechanizm ten jest bardzo prosty i skuteczny. To gdzie jest problem?

Problem jest w tym, że nasz organizm nie znosi nadmiaru insuliny. Insulina jest niezwykle potrzebna do wielu innych zadań, ale tylko i wyłącznie w bardzo niewielkich i precyzyjnie przez organizm kontrolowanych ilościach. Kiedy jednak pod wpływem zbyt dużego spożycia węglowodanów organizm jest wręcz zalewany insuliną, wtedy dzieją się rzeczy złe, bo organizm zaczyna się przed nią bronić. Jak to robi?

Kiedy we krwi pojawia się NAGLE duża ilość glukozy, trzustka zaczyna wydzielać duże ilości insuliny, która, jak opisałem, jest koniecznie potrzebna do tego, aby zmniejszyć poziom glukozy. Kiedy dzieje się to sporadycznie – nie ma problemu. Kiedy jednak dzieje się to regularnie, wtedy liczba komórek trzustki produkujących insulinę może okazać się zbyt mała. Organizm „widzi", że zapotrzebowanie na duże ilości insuliny nie jest już od czasu do czasu, a zdarza się to regularnie. Wtedy glukoza stymuluje powstawanie większej ilości komórek trzustki produkujących insulinę.

W związku z tym trzustka może produkować więcej insuliny. Niestety... z powodów, w jaki sposób się odżywiamy, ta regularność w występowaniu wysokiego poziomu glukozy nadal występuje. Naszych zwyczajów żywieniowych nie zmieniamy. Wchłaniamy coraz więcej węglowodanów. W pewnym momencie, ilość krążącej we krwi INSULINY jest już dla zdrowia niebezpieczna i wtedy...?

Wtedy ta sama glukoza, która na samym początku stymulowała powstawanie komórek wytwarzających insulinę, teraz zaczyna je niszczyć. Komórek wytwarzających insulinę jest coraz mniej, a my wcale nie spożywamy mniej węglowodanów, a więc nie zmniejszamy poziomu glukozy i zaczyna się problem, bo w stosunku do ilości glukozy zaczynamy mieć coraz mniej insuliny. To jednak nie koniec... Teraz czas na najgorsze. Kiedy wahania poziomu glukozy we krwi są stosunkowo łagodne (kolor czarny na poniższym wykresie), wtedy nic złego się nie dzieje. Kiedy jednak poziom glukozy zwiększa się gwałtownie, skokowo (kolor szary), wtedy za KAŻDYM razem, kiedy nastąpi taki nagły wzrost poziomu glukozy, **komórki stają się coraz bardziej odporne na działanie insuliny**.

Oczywiście, im częściej to występuje i im poziom glukozy jest wyższy, wtedy odpowiednio bardziej wzrasta odporność komórek na działanie insuliny.

Nie dzieje się to szybko, ale... zawsze, przy każdym takim gwałtownym wzroście poziomu glukozy.

Mamy teraz następująca sytuację: komórek produkujących insulinę mamy coraz mniej, komórki stają się coraz bardziej odporne na działanie insuliny, a glukozy mniej nie mamy. Organizm nie radzi sobie już tak efektywnie z obniżaniem poziomu glukozy. Efekt: CUKRZYCA 2 rodzaju.

Widzimy więc, jak groźne są te gwałtowne skoki glukozy. Dlaczego tak się dzieje? Dlatego, że nie zdajemy sobie sprawy z pewnych faktów. Weźmy np. pierwszy lepszy sok owocowy.

Każda prawie mama daje dziecku sok owocowy, bo jest zdrowy. Wszystkie soki owocowe są pasteryzowane, a więc pożytek z nich niewielki, natomiast trzeba zawsze popatrzeć na etykietę i zobaczyć, ile w takiej buteleczce jest cukru.

Zazwyczaj węglowodany to ok. 10 do 14 g cukru zawarte w 100 ml soku. Czyli w 100 ml **zawierają one co najmniej 2 łyżeczki cukru**, ponieważ jedna PEŁNA łyżeczka cukru waży ok. 5 g. Zazwyczaj też jedna buteleczka zawiera 330 ml soku.

Oznacza to, że w każdej takiej buteleczce soku owocowego jest prawie 7 PEŁNYCH łyżeczek cukru. Pytanie: która matka nalałaby dziecku 330 ml wody, rozpuściła w tej wodzie 7 łyżeczek cukru i podawała dziecku do picia? Codziennie. Pewnie żadna zdrowo myśląca matka by tego nie zrobiła, ale… w postaci soczku zrobi to samo! Czy tylko raz dziennie? To samo jest z wszelkiego rodzaju napojami, gazowanymi czy niegazowanymi. W okresie letnim, jak mi niektóre matki mówią, dzieci potrafią wypić nawet 3 lub 4 buteleczki soków dziennie. Czyli spożyją nawet 28 łyżeczek cukru! Co więcej… bawiące się dziecko szybko się glukozy pozbywa poprzez wysiłek fizyczny i wtedy poziom glukozy również spada, ale…

Za chwilę znowu dziecko dostaje potężny jej zastrzyk w postaci następnego soczku czy napoju. A co ze spożywanym w międzyczasie banankiem, batonikiem, gruszką, śliwką, chipsami, chrupkami i innymi produktami zawierającymi bardzo duże ilości cukru?

Pamiętajmy: za każdym razem, kiedy dziecko spożywa tego typu pokarmy czy napoje, występuje gwałtowny wzrost poziomu glukozy we krwi. Za każdym takim wzrostem idzie dalsze zwiększanie się odporności komórek na działanie insuliny. Mija kilkanaście lat i dziecko 12- czy 16-letnie ma nagle cukrzycę drugiego rodzaju. Wszyscy dziwią się, skąd? Jak to skąd? Nierozważni rodzice zafundowali dziecku ten „prezent".

Czy tylko rodzice? Niejedna babcia, dziadek, ciotka czy wujek chyba by się rozchorowali, gdyby małemu dziecku nie przynieśli czekoladki, batonika, cukierka, lizaka, itd. Kiedy bawiącemu się dziecku zabawę ktoś przerywa i pyta: „a chcesz batonika?", albo: „napij się soczku" lub: „babcia da ci lizaka", to naprawdę nie wiem, co z taką osobą mam zrobić.

Jeszcze jedna rzecz. Z jakiegoś powodu, przed południem, nasz organizm jest bardziej odporny na działanie insuliny niż po południu. Innymi słowy, Matka Natura tak nas stworzyła, że rano powinniśmy się raczej powstrzymać od spożycia dużej ilości węglowodanów, bo komórki tego nie chcą! Co my jednak najczęściej dajemy dzieciom do zjedzenia właśnie rano? Kanapkę z szynką czy serkiem? Jajko? Chlebek z masłem? Nie… to jest bułeczka z jakimś bardzo słodkim mazidłem lub inne słodkości. Do szkoły woda? Ależ skąd? To musi być „zdrowy" soczek, a najlepiej dwa.

A na drugie śniadanko? Musi być batonik lub cokolwiek innego, byleby było słodkie. Tak… na przekór Naturze. Efekty mamy takie, jakie mamy. Otyłość u dzieci nie wynika w tak dużym stopniu z braku ruchu, bo siedzą przed komputerami czy telewizorami. Nie… jest to efekt zbyt dużego spożycia węglowodanów. A co z osobami dorosłymi? To samo.

* * *

Można teraz zapytać: „a co do tego mają kości?". Ano właśnie mają, bo oprócz stymulowania trzustki, opisana wcześniej osteokalcyna wpływa na uwrażliwienie komórek na działanie insuliny!

*Lee NK, Sowa H, Hinoi E, et al. **Endocrine regulation of energy metabolism by the skeleton**. Cell 2007, 130(3): 456–69. 11.*

Nie chcę już ponownie zadawać mojego sakramentalnego pytania: „kto o tym wie?". Nawet nie chcę już mówić, kto może o tym nie wiedzieć, a kto o tym wiedzieć powinien, bo jeszcze tej książki tak naprawdę nie zacząłem, a już się tymi pytaniami zmęczyłem.

Inny problem, który zaczyna gnębić mężczyzn, to zbyt niska liczba plemników i szybszy niż naturalny spadek testosteronu. To staje się już bardzo poważnym problemem, nie tylko zdrowotnym.

Już słyszę: „a miało być o kościach!" Jest... ponieważ opublikowano badania wskazujące na to, że osteokalcyna wspomaga proces regulacji produkcji testosteronu!

Oury F, Sumara G, Sumara O, et al. **Endocrine regulation of male fertility by the skeleton.** *Cell 2011, 44(5): 796–809.*

Kiedy te badania opublikowano? W 2011 roku. Ile to lat temu? Dzisiaj, kiedy to piszę, są to 2 lata. Kto o tym dzisiaj wie? No właśnie...

A teraz inne jeszcze spojrzenie na wapń: nasze komórki (oprócz komórek tłuszczowych) intensywnie używają jonów sodu i potasu do transportu różnych składników do komórki i z komórki. Mechanizm ten nazywany jest pompą sodowo-potasową. Dzięki temu mechanizmowi komórki nasze otrzymują to, co jest im niezbędne do prawidłowego funkcjonowania. To jest właśnie mechanizm transportu głownie glukozy i aminokwasów do komórki.

Zbyt dużo wapnia powoduje zachwianie delikatnej równowagi mineralnej, co z kolei prowadzi do odkładania się wapnia w tkankach miękkich, jak również do zaburzenia równowagi minerałów w przestrzeni międzykomórkowej, co w konsekwencji prowadzi do dalszych problemów zdrowotnych łącznie z dysfunkcją pompy sodowo-potasowej.

Kiedy do organizmu dostaje się zbyt dużo wapnia, wtedy zostaje zaburzona równowaga pomiędzy wapniem i magnezem. Rzecz w tym, że stosunek pomiędzy ilością wapnia i magnezu musi wynosić ok. 2:1. Przy zbyt dużej ilości wapnia, nerki zaczynają oszczędzać magnez, bo jest go zbyt mało w stosunku do wapnia.

To powoduje, że **tracimy duże ilości sodu i potasu** i to wtedy, kiedy nasz organizm potrzebuje tych substancji w sposób desperacki, ponieważ sód i potas potrzebne są do tego, żeby serce nam miarowo biło, żeby komórki mięśni sprawnie się kurczyły, żeby włókna nerwowe przewodziły bodźce tak jak potrzeba, żeby organizm mógł sprawnie regulować ciśnienie krwi, itd. Nie wolno mu w tym przeszkadzać.

Źródłem sodu jest – sól. Ciągle jednak słyszymy zalecenia nawołujące do OGRANICZENIA spożycia soli, czyli... do spożycia jeszcze mniejszej ilości sodu. Jakże często słyszymy z dumą wypowiadane słowa: „ja to prawie wcale soli nie używam". Czy to ma sens? Ma! Ale tylko wtedy, kiedy korzystamy z niewłaściwej soli. Zła sól spowoduje sporo problemów, ale... nie każda sól jest zła.

Tracąc sód, powodujemy dalsze problemy. Nasz żołądek jest zbudowany w taki sposób, że dobrze funkcjonuje tylko wtedy, kiedy jest bardzo zakwaszony. Wtedy i tylko wtedy spełnia dobrze swoją rolę. Soki żołądkowe głównie składają się z kwasu solnego. Co jest składnikiem tego kwasu? Chlor. Jak można w sposób bezpieczny wprowadzić chlor do organizmu? Pamiętamy substancję, która ma wzór chemiczny: NaCl, czyli SÓD + CHLOR? Jest to sól. Można też podać komuś kwas solny doustnie. Więcej o tym powiemy, kiedy będziemy „rozprawiać się" z dręczącą wielu ludzi zgagą. Można też kwas solny podawać dożylnie! Ale.. „o tem potem".

Silnie zakwaszony żołądek stanowi naturalną barierę dla różnego rodzaju patogenów, bakterii, pasożytów, pleśni, grzybów. Co więcej... właściwe zakwaszenie żołądka umożliwia prawidłowe wchłanianie wielu niezbędnych nam substancji. Przy zalkalizowanym środowisku żołądka, czyli mniej „kwaśnym", niemożliwe jest sprawne wchłanianie żelaza czy witaminy B12. Co to oznacza? Anemię, ale... nie tylko. Mała kwaśność żołądka powoduje, że nie trawimy do końca białek, a to oznacza już całą serię problemów łącznie z alergiami czy refluksem (zgaga, TAK!! **często bywa ona symptomem zbyt małej kwaśności środowiska żołądka**). Wpływ zakwaszenia żołądka na nasze zdrowie jest zdecydowanie niedoceniany.

Zajmijmy się teraz tętnicami, których zwężenie prowadzi do zawału mięśnia sercowego. Zwężenie tętnic, czyli tak zwana „blaszka miażdżycowa", jest, bardzo ogólnie ujmując, tworem złożonym głównie z **wapnia, cholesterolu i skrzepów**. Bywa, że skrzep się oderwie i zablokuje np. tętnicę doprowadzającą krew do większej części mięśnia sercowego i dochodzi wtedy do niemal natychmiastowego zgonu. Jeśli skrzep zablokuje niewielką tętnicę, czasami zawał może nie być nawet zauważony. Jeśli skrzep spowoduje niedrożność tętnicy mózgowej, wtedy mamy do czynienia z niedokrwiennym udarem mózgu. Czyli, tak jak w przypadku serca, niedokrwienie dotyczy większej czy mniejszej części mięśnia sercowego, tak też w przypadku mózgu, większej lub mniejszej jego części. Skutki na ogół znamy.

W większości przypadków do zamknięcia przepływu krwi w tętnicach dochodzi raczej powoli, ponieważ blaszka miażdżycowa nie powstaje z dnia na dzień, ale za to dzieje się to w sposób nieubłagany. Kiedy się zaczyna? Wcześnie... bo ślady zmian miażdżycowych wykrywa się w tętnicach osób już w wieku około 25 lat. Stąd to zagadnienie jest niezwykle ważne, również dla czytelników w tym wieku, jeśli tacy Czytelnicy są, bo na ogół w tym wieku uważamy się za istoty niezniszczalne ☺.

Jak widać, blaszka miażdżycowa jest bardzo groźna. Przy czym – **cholesterol nigdy nie był, nie jest i nigdy nie będzie przyczyną jej powstania**. To, czy mamy poziom cholesterolu wysoki czy niski, wbrew błędnie szerzonym również przez lekarzy opiniom, nie ma wpływu na to czy będziemy mieć zawał czy nie. Jeśli cholesterol byłby przyczyną miażdżycy, to osoby z niskim poziomem cholesterolu nie powinny mieć miażdżycy, a o wystąpieniu zawału nie powinno być nawet mowy.

A teraz uwaga... prawda jest jednak inna! Wiem, że to będzie zaskoczeniem, ale... statystycznie rzecz biorąc, **taka sama liczba osób ma zawał z niskim, jak i wysokim poziomem cholesterolu.**

*Fonarow GC, French WJ, Frederick PD. **Trends in the use of lipid-lowering medications at discharge in patients with acute myocardial infarction**, Am Heart J. 2009 Jan;157(1):185-194.e2. doi: 10.1016/j.ahj.2008.09.001. Epub 2008 Oct 29. UCLA Division of Cardiology, Ahmanson-UCLA Cardiomyopathy Center, Los Angeles, CA 90095-1679, USA. gfonarow@mednet.ucla.edu*

Jeśli tak, to po co obniżać poziom cholesterolu, stosując „leki", skoro nic właściwie nie dają, natomiast skutki uboczne ich stosowania są niezwykle poważne? Wieloletnie badania wskazują na to, że im wyższy poziom cholesterolu, tym większa jest długość życia i... odwrotnie. Temat cholesterolu i związanych z jego obniżaniem zwykłych kłamstw i nieporozumień planuję dokładnie omówić w następnej książce.

Wróćmy do wapnia. Wspomniałem powyżej, że proces budowy i rozkładu komórek kości trwa cały czas. Przy czym, jak zauważono, komórki kości budowane są nie tylko w kościach. Jeśli nie w kościach, to gdzie?

I tutaj będzie następne zaskoczenie: czasami bywa tak, że **stwardnienie ścianek tętnic, spowodowane odłożonym w nich wapniem, to w pełni uformowana tkanka kostna!** Kość? W tętnicach? Czy można to sobie wyobrazić? Tak... to trudne. A poza tym, to co to za kość bez szpiku? Nie cieszmy się zbyt wcześnie, bo ta „kość" w tętnicy może też mieć... szpik!

> *Boström K, Watson KE, Horn S, et al. **Bone morphogenetic protein expression in human atherosclerotic lesions.** J Clin Invest 1993 Apr, 91(4): 1800–09.*

Znane nam już wcześniej osteoblasty i osteoklasty poszły na żywioł, bez żadnej kontroli, budując kości w... tętnicach.

Autorzy powyższej pracy piszą, że kiedy taką tkankę kostną obejrzymy pod mikroskopem, zauważymy, że... nie zauważymy żadnej różnicy pomiędzy tą tkanką a tkanką kostną, np. z naszego szkieletu. Innymi słowy, proces zwapnienia tętnic jest procesem budowania kości, tylko że nie dzieje się w tym miejscu, co potrzeba. Co w takim razie powoduje, że taki proces ma miejsce? A może, tak naprawdę, nie mamy problemu z nadmiarem wapnia, tylko z jego skierowaniem we właściwe miejsce, to znaczy w kości naszego szkieletu i zęby?

Czy czasami nie byłoby najlepiej, żebyśmy mieli takiego „policjanta" kierującego ruchem wapnia, skierowując go we właściwe miejsca? Tak... tak by było najlepiej. Czy jest to możliwe? Tak. To dlaczego tak się nie dzieje? A może to, czy mamy nadmiary wapnia czy nie, nie ma znaczenia? Tylko co tak naprawdę z tym wapniem się dzieje, kiedy już zostanie wchłonięty i wprowadzony do obiegu krwi? Co jest przyczyną tego chaotycznego i niezwykle groźnego dla zdrowia osadzania się wapnia w tętnicach? Co ma wpływ na zapobieganie i leczenie osteoporozy? Dlaczego w większości kobiety, ale mężczyźni też, w starszym wieku są skazani niemalże na cierpienia spowodowane osteoporozą?

Teraz wiemy, że **jest to efekt niedoboru witaminy K2.**

Aha... to proste. Szybki skok do apteki, tylko witaminka, pewnie można ją kupić bez recepty. Pytamy i natychmiast mamy odpowiedź: „tak... mamy witaminę K". My na to: „nie K, tylko K2 – czyli *menaquinon*". Uuuuups! I teraz, ponownie, zaczynają się przysłowiowe „schody": zaczyna się sprawdzanie bazy danych produktów we wszystkich hurtowniach. Nie ma! „Mamy K1"... my na to: „nie... nie, to MUSI być witamina K2". Nie chcąc wprowadzać pani magister w jeszcze większy stan zażenowania, wychodzimy. Szukamy dalej „ratunku"... może nasz lekarz lub dyplomowany dietetyk? Tutaj zakończę, bo odpowiedzi możemy się już domyśleć.

Zanim będziemy kontynuować, musimy sobie wyjaśnić, ale tylko w bardzo ograniczonym zakresie, obiecuję, jak działa witamina K2.

Witamina K2 powoduje uaktywnienie pewnych kompozytów białkowych, które są obecne w naszym organizmie, ale są jak gdyby w stanie uśpienia. Są gotowe do akcji, ale tylko wtedy, kiedy coś je „obudzi". Jedną z takich substancji jest wcześniej wspomniana **osteokalcyna**.

A teraz uwaga: **osteokalcyna, która pod wpływem witaminy K2 zostaje „obudzona" czyli jest zaktywowana, powoduje, że wapń jest przekierowany do kości i zębów, czyli tam gdzie jest jego miejsce.**

Witamina K2 aktywuje też jeszcze inne białko nazywane **MGP**, które powoduje, że wapń, który już osadził się w np. tętnicach czy innych tkankach miękkich, jest z nich usuwany. **Zapamiętajmy tylko te trzy literki: MGP, bo do nich jeszcze wrócimy.**

Kiedy mamy niedobory witaminy K2, obie te substancje, tzn. osteokalcyna i MGP, pozostają ciągle w „uśpieniu", nie są aktywne, nie działają. Nie ma kto – lub raczej co – przekierować wapnia do kości czy zębów, nie ma żadnego czynnika, który spowodowałby, że wapń, który już się osadził w tętnicach czy innych tkankach, może być z nich zabrany i przeniesiony do kości. Co się wtedy dzieje? To wszystko, co już było opisane powyżej. Zaczyna się chaotyczna wędrówka wapnia po linii najmniejszego oporu do tkanek miękkich, „przebicie się" do tkanek twardych (kość czy zęby) jest za trudne. Oczywiście, nie cała ilość wapnia, który wchłonęliśmy, osadza się w tętnicach. Jedne badania wskazują, że stosunek wapnia do innych substancji w blaszce miażdżycowej jest niemalże stały, inne badania wskazują, że czasami jest go bardzo dużo w blaszce miażdżycowej, a czasami, że mało. Dla nas to nie jest ważne. Ważne jest to, że tętnice to nie jest miejsce dla wapnia! I tyle.

Jeszcze chwilka cierpliwości...

W naszym organizmie, w każdej sekundzie naszego życia, przebiega niezliczona wręcz liczba różnych reakcji chemicznych. Większość z nich przebiega przy udziale białek zwanych enzymami. Enzym jest substancją, która np. wyzwala pewne reakcje lub kontroluje ich przebieg. Żeby jednak te enzymy mogły zacząć pracować, potrzebują pewnego rodzaju pomocnika, wyzwalacza. Takim wyzwalaczem (lub ko-faktorem) jest witamina K2. Pod jej wpływem dokonuje się aktywacja innego enzymu, który z kolei powoduje takie ukształtowanie osteokalcyny i MGP, że pozwala im na połączenie się z wapniem. Dotyczy to również witaminy K1, ale dla uproszczenia ograniczam część techniczną do absolutnego minimum.

Jak w takim razie ma się to do zapotrzebowania na witaminę D? Im więcej witaminy D, tym wchłanianie wapnia przebiega łatwiej. To dobrze, ale... im więcej wapnia, który nie wie co ze sobą zrobić – to źle, bardzo źle. Co to oznacza? Oznacza to, **że szczególnie wtedy, kiedy suplementujemy się witaminą D3 lub preparatami wapnia, potrzebujemy dużo witaminy K2, bo inaczej narobimy sobie poważnych problemów zdrowotnych.** Nie chcę zanudzać tym samym pytaniem, ale... kto o tym wie? Kto o tym mówi? Wiem, powtarzam się, ale... trudno tego nie robić, kiedy społeczeństwo jest całkowicie niedoinformowane, kiedy chorujemy całymi tysiącami dlatego, że jesteśmy niedoinformowani. Przeciętny człowiek nie ma obowiązku informować się w zakresie ochrony jego zdrowia, bo płaci przez większość swojego życia za to, żeby byli inni, którzy to będą wiedzieć. I jak będzie chory, będą wiedzieć jak go SKUTECZNIE leczyć.

Co jest jednak jeszcze ważniejsze, to żeby ktoś, za wykształcenie kogo płacimy jako podatnicy, powiedział nam, jak zapobiegać chorobom. Co nam z tego, że radio czy telewizja są pełne programów mówiących, jak dane choroby się leczy? Czy przeciętnego człowieka interesuje, JAK leczyć? Raczej nie... Przeciętny człowiek jest lub powinien być bardziej zainteresowany, jak zapobiegać chorobom, które mogą mu się przytrafić w każdym okresie jego życia. A co z decydentami zarządzającymi budżetem państwa? Zapobieganie to znacznie mniejsze nakłady na leczenie.

Jak pokazałem powyżej, brak wiedzy dotyczącej tego tematu nie tylko poraża, ale jest wręcz niebezpieczny! Przykład z życia wzięty (wcześniej wspomniany, przy okazji omawiania witaminy D): audycja radiowa (gwoli sprawiedliwości – nie jedna zresztą i nie tylko radiowa), której słuchają tysiące ludzi. Mowa jest o osteoporozie. Przez 20 minut słyszę, jak „leczy się" osteoporozę. To już opisałem – tragicznie, a przez następne kilkanaście minut jest mowa o zapobieganiu osteoporozie i słyszę tylko „więcej wapnia", za to NIC nie słyszę na temat witaminy D i ani jednego, najmniejszego słowa, na temat witaminy K2, bez której tego typu porady są po prostu niebezpieczne, to czy nie mam prawa się po prostu wkurzyć?

Tego typu porad nie udzielał nikt inny, tylko profesor medycyny w wieku „słusznym", specjalista od chorób kości i pani dietetyk w wieku raczej dużo młodszym. To czy moje zdrowie jest we właściwych rękach? Jeśli nauczyciel akademicki z tytułem profesora wygłasza porady zapobiegania osteoporozie wskazujące na wiedzę sprzed 40 lat, a młoda pani dietetyk mówi to samo, to co ja mam sobie myśleć. Kto więcej na ten temat wie: profesor medycyny? Nie. Formalnie wykształcony dietetyk? Też nie. To do kogo mam się zwrócić, żeby wyleczyć z osteoporozy moją mamę, babcię, dziadka, znajomą, itd.? Do kogo mam pójść po pomoc i zapytać się, co robić, żeby osteoporozy nie dostać? Jeśli sam o siebie w tym zakresie nie zadbam, to kto o mnie zadba? Mój zagoniony lekarz rodzinny, który zapytany o witaminę K2, postawił oczy w przysłowiowy słup? A kiedy go poprosiłem o receptę na witaminę D (chodziło o Devikap), to mi powiedział, że to tylko dla noworodków?

Witaminy i minerały spełniają w naszym organizmie rolę wspomnianych wcześniej aktywatorów, ko-faktorów, pomocników, wyzwalaczy, itd. Jest to pewien system naczyń połączonych, zależnych od siebie... Jeśli mamy niedobory witamin czy minerałów, nasz organizm nie może właściwie funkcjonować. Piszę o tym dlatego, bo na ogół jesteśmy świadomi konieczności zaopatrywania naszego organizmu w witaminy. Natomiast znacznie mniej świadomi jesteśmy zaopatrywania go też w minerały. Bez nich witaminy nie mają co robić. O minerałach w zasadzie się nie mówi, albo mówi się bardzo niewiele.

Brak witaminy D, niedobory witaminy K2, nadmiar wapnia... Konsekwencje są poważne. Wygląda to jak samonakręcająca się spirala problemów zdrowotnych. Czym więc jest witamina K2?

Historia witaminy K2 jest naprawdę fascynująca. Nie będę jej tutaj w całości opisywał, ale kilka bardzo ciekawych faktów jest wartych wspomnienia...

Urodzony w 1870 roku amerykański dentysta, Weston A. Price, był człowiekiem niezwykłym. Nie tylko borował w zębach, ale... myślał. Nie o pieniądzach, które zarabiał, a których ilość była w oczywistym związku z ilością pacjentów, jacy do niego się zgłaszali. Zastanawiał się, dlaczego miał tak wielu pacjentów? Coraz częściej zadawał sobie pytanie: czy to jest normalne zjawisko, żeby człowiek miał chore zęby? W aż takim zakresie? Wybrał się w podróż. Daleką. Podróżował po całym świecie, od Alaski przez prymitywne regiony Afryki, do Australii, Nowej Zelandii, wysp Pacyfiku i Szkocji, od małych z trudem dostępnych wiosek w Szwajcarii do pustyń andyjskich czy dżungli Ameryki Południowej. Zauważył, że ludzie żyjący w tak odizolowanych od cywilizacji miejscach byli zdrowi, mieli zdrowe zęby, a żadnych past czy szczoteczek do zębów nie używali. Mało tego, wykazywali zadziwiającą odporność ich organizmów na choroby, które już wtedy stawały się istną cywilizacyjną plagą.

Dr Price zauważył, że kiedy tylko człowiek, który opuścił te niby „dzikie" miejsca i zaczął funkcjonować w naszej cywilizacji, natychmiast zaczynały go gnębić te same choroby, jak nas wszystkich. Działo się tak zawsze. Bez wyjątku. Zauważył też, że najpierw pojawiała się próchnica zębów. Już w tamtych czasach zauważył związek, który my dzisiaj na nowo „odkrywamy" pomiędzy stanem uzębienia i ryzykiem wystąpienia choroby serca:

De Oliveira C, Watt R, Hamer M. **Toothbrushing, inflammation, and risk of cardiovascular disease: results from Scottish Health Survey.** *BMJ 2010, 340: c2451.*

Zaintrygował go fakt, że kiedy pierwsza generacja rodziców z „buszu" zaczęła się żywić tak, jak my to robimy teraz, twarze ich dzieci, tj. drugiej generacji, się zmieniały. Najczęściej dochodziło do zwężenia twarzo-czaszki, wykrzywiania zębów, czy zachodzenia jednych zębów na drugie.

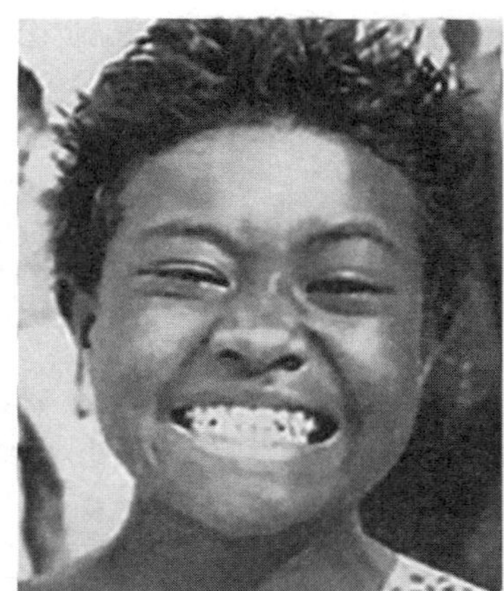
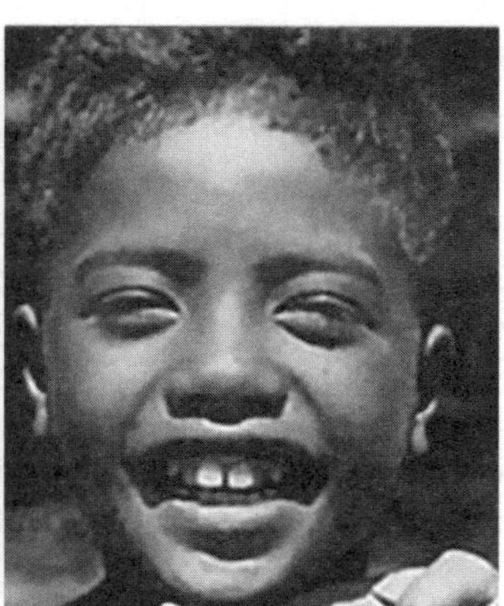

Photo © Price-Pottenger Nutrition Foundation
www.price-pottenger.org

Photo © Price-Pottenger Nutrition Foundation
www.price-pottenger.org

Po lewej chłopiec z wyspy Samoa, którego rodzice odżywiali się w sposób dla nich tradycyjny. Chłopiec po prawej, też Samoańczyk, jest dzieckiem, którego rodzice przyjęli żywienie kultury „zachodniej".

Setki takich przykładów wśród różnych ras dr. Price zebrał i opisał. Jego konkluzja była taka: „najprawdopodobniej problemem nie jest substancja, która znajduje się w diecie człowieka odżywiającego się w sposób »zachodni«, powodująca powstanie tego typu deformacji oraz chorób zębów i dziąseł. Wszystko wskazuje na to, że istnieje substancja, której BRAK w diecie powoduje tego typu problemy". Długo nie wiedział co to jest za substancja, dlatego nazwał ja „substancja X".

> Price, WA. **Nutrition and Physical Degeneration**, 8th ed. (La Mesa, CA: Price-Pottenger Nutrition Foundation, 2008), 1.

Przeprowadził tysiące analiz chemicznych. Wnioski zawsze były takie same: żywność, jaką stosowali ludzie żyjący z daleka od cywilizacji zachodniej, zawierała co najmniej cztery razy więcej minerałów i witamin rozpuszczalnych w wodzie i ponad 10 razy więcej witamin rozpuszczalnych w tłuszczach niż żywność „zachodnia". Jako wybornego detektywa naprowadziło go to do dalszych wniosków.

W swoich badaniach wykazał, że witaminy rozpuszczalne w tłuszczach stanowią podstawę zapewniającą zdrową dietę. Nazywał je **aktywatorami**.

W powyżej wymienionej publikacji, na stronie 241 napisał:

„Jest możliwe, żeby cierpieć z powodu niedoboru minerałów, których bogactwo mamy w diecie, jeśli nie mogą być one wykorzystane przez organizm z powodu niewystarczającej ilości aktywatorów rozpuszczalnych w tłuszczu".

*Price WA. **Nutrition and Physical Degeneration**, 8th ed. (La Mesa, CA: Price-Pottenger Nutrition Foundation, 2008), 241.*

Publikacja ta w czasie pisania tej książki była możliwa do przeczytania bez opłat na:

http://journeytoforever.org/farm_library/price/pricetoc.html

W czasie przeprowadzania analiz chemicznych różnych substancji odżywczych, zauważył jedną taką substancję, która miała zdecydowanie największy wpływ na stan zdrowia, a szczególnie stan uzębienia i kości. Substancję tę znalazł w żółtkach jaj, ikrze, niektórych organach, a szczególnie w tłuszczu masła, które pochodziło od krów pasionych na szybko rosnącej trawie. Wyizolował z takiego masła frakcje tłuszczu zawierającą tę substancję i zaczął ją podawać jako dodatek do żywności swoich pacjentów.

Mógł to zrobić, bo w tamtych czasach nie było jeszcze mechanizmów, które zabraniały, tak jak dzisiaj, podawania pacjentom czegoś, co nie przeszło przez kosztujące miliony dolarów badania kliniczne, nie było opublikowane w czasopismach z „listy filadelfijskiej", nie było wytworzone sztucznie, itd. Ten wątek jest już nam znany. Nikt mu nie wybrzydzał od szarlatanów i odszczepieńców stosujących środki „niesprawdzone", alternatywne, itd. Efekt? U pacjentów, którym podawał ten „cudowny lek", wkrótce nie zachodziła już potrzeba wiercenia, borowania, zakładania plomb, itd. Efekty te udokumentował i opublikował, pokazując wiele przykładów zdjęć RTG, typu „przed" i „po" zastosowaniu troszkę innego żywienia. Rezultaty były zapierające dech w piersiach.

Przez wiele następnych lat naukowcy zmagali się z problemem zidentyfikowania tej tajemniczej substancji. Dopiero w 2007 roku zagadka została w przystępny sposób opisana:

Masterjohn C. **On the trail of the elusive X-factor: a sixty-two-year-old mystery finally solved.** *Wise Traditions 2007, volume 8, number 1, pp. 14–32.*,

Dr Price wykazał, że niedobór witamin rozpuszczalnych w tłuszczach, a szczególnie, jak już teraz wiemy, witaminy K2, która powoduje właściwe rozmieszczenie wapnia w organizmie, jest przyczyną demineralizacji kości i zębów. Nie miał on niestety w tamtych czasach dostępu do dzisiejszej technologii. Szkoda, bo już wtedy zauważyłby jak bardzo miał rację! Zauważyłby, że przy braku odpowiedniej ilości witaminy K2 wapń odkłada się w tętnicach i innych tkankach miękkich.

Mimo tego braku dostępu do technologii, zwrócił uwagę na następujący, niezwykle ważny fakt:

Kiedy zwiększa się ilość witaminy K2 w naszej diecie, prawie perfekcyjnie, w takim samym stopniu zmniejsza się liczba zgonów spowodowanych chorobami serca. I... odwrotnie.

Czyż nie daje to nam czegoś do myślenia? Co na to kardiolodzy i lekarze innych specjalizacji? A co na to dietetycy? Co na to ci wszyscy wymądrzający się specjaliści od „zapobiegania" chorobom serca? Już powiem: nic! Bo nic na ten temat nie wiedzą. Czy ktoś z czytających, chociaż raz, jedyny raz, usłyszał od swojego lekarza o wpływie witaminy K2 na nasze zdrowie? A przecież wystarczy tylko kilka minut i nieoceniony Internet „wypluje" bardzo dużą liczbę prac naukowych dotyczących tego tematu.

Dr Price był przede wszystkim PRAKTYKIEM. Jego badania nigdy nie będą powtórzone, bo kto je sfinansuje?

Dlaczego więc wiedza istniejąca już od ponad 70 lat jest zepchnięta w zupełne zapomnienie? Wróćmy jednak do samej witaminy K2.

W roku 1943 amerykański naukowiec Edward Doisy oraz duński biochemik Henrik Dam otrzymali nagrodę Nobla w dziedzinie medycyny i fizjologii za odkrycie substancji, która miała wpływ na krzepliwość krwi, czyli witaminy K1. Obaj wiedzieli, że witamina K występuje w dwóch formach oznaczanych jako K1 oraz K2. Miały one też inne nazwy:
– Witamina K1 to: ***filochinon, fitomenadion, phylloquinon***
– Witamina K2 to: ***menachinon, menaquinone***

Jednakże przez prawie ponad pół wieku uważano, że jest to TA SAMA witamina, nie zwrócono uwagi na zupełnie inne charakterystyki tych wersji odnośnie do roli, jaką pełnią w organizmie.

Mało tego, nawet sam Henrik Dam powiedział, że: „**wydaje się być mało prawdopodobne, że witamina K, jako taka, może odgrywać jakąkolwiek rolę w zapobieganiu próchnicy**". Jeśli mówiąc „jako taka" miał na myśli witaminę K1, to oczywiście miał rację, jednak witamina K2 odgrywa znacząco INNĄ rolę niż witamina K1.

Nawet dzisiaj, po tylu już latach wiedzy, że istnieje witamina K2 o zdecydowanie innym działaniu niż witamina K1, bezustannie obie te formy witaminy traktuje się jako jedno i to samo. Na wielu stronach internetowych, których autorami są specjaliści nauk medycznych, ciągle miesza się działanie tych witamin, pomimo, że działania te są zupełnie odmienne! Mnie to przeraża, bo nie mamy do czynienia z cieknącą rurą, tylko z organizmem człowieka, i trochę precyzji by się przydało.

Jak można napisać, że „wykazano pozytywną korelację pomiędzy spożyciem witaminy K w diecie, a znaczącym zmniejszeniem ryzyka złamania kości w grupie kobiet, przyjmujących wysokie dawki witaminy K"? Której wersji witaminy K? Jeśli powszechnie znana jest tylko witamina K1, to ktoś może pomyśleć, że to o niej mowa, a tak nie jest! Ten brak precyzji jest bardzo niebezpieczny. Jeśli ktoś chciałby się suplementować w nadziei na np. walkę z osteoporozą, to pytając w aptece o witaminę K, otrzyma z pewnością K1! A wcale nie o tę witaminę chodzi. Albo, że 1 mikrogram witaminy

K dziennie wystarczy, bo tak ustaliła jakaś tam organizacja. I co? I już możemy spać spokojnie?

Witamina K1 ulega w organizmie recyrkulacji i dlatego tak małe jej ilości wystarczają, ale nie dzieje się tak z witaminą K2. Jej potrzeba 100, a nawet 500 mikrogramów dziennie! Tak więc mówienie czegokolwiek o witaminie K bez wyraźnego wskazania, o którym jej rodzaju mówimy, to tak jakby powiedzieć, że ktoś kupił sobie samochód. A na pytanie: „jaki?", odpowiedź byłaby w stylu: „no jak to jaki? Taki, co ma cztery koła i kierownicę".

Może bliżej jeszcze. Dla każdego byłoby niejasne, a dla lekarzy zupełnie nie do przyjęcia, mówiąc, że ktoś, kto jest na coś tam chory, ma braki witaminy B? Wtedy natychmiast zadano by pytanie, „ale której witaminy B, bo jest ich wiele, a każda ma inne działanie?".

Każdy lekarz ostro zareaguje, jeśli któryś z jego kolegów czy koleżanek do tego samego worka wrzuci witaminę B12 i np. B3, no bo... i to B, i to B, to takiego lekarza odpowiednio by nazwano i oceniono. Ale kiedy dokładnie to samo robi się z witaminą K1 i K2, jakoś protestów nie słychać. Dlaczego? Bo żeby coś zakwestionować, to na dany temat trzeba mieć przynajmniej podstawową wiedzę. To właśnie potwierdza fakt, że wiedza, nawet wśród lekarzy, na temat witaminy K2 jest po prostu prawie żadna.

Przez długi jeszcze czas sądzono, że niedobór witaminy K1 był łatwo diagnozowany i rzadko występujący, i że witamina ta odgrywała rolę tylko w odniesieniu do zjawiska krzepliwości krwi.

Aż tu... w roku 1975, naukowcy odkryli białko zależne od witaminy K2, a była to, znana nam już osteokalcyna. Pomimo tego fantastycznego odkrycia, świat medyczny niezbyt się tym przejął – dopiero w roku 1997 rozwiązał się „worek" z nieznanymi jeszcze funkcjami, jakie w naszym organizmie spełnia witamina K2! Książka ta pisana jest w roku 2013, czyli od tego „rozwiązania worka" upłynęło już 16 lat. Czyż nie należało od tylu właśnie lat „trąbić" o tych odkryciach? Robić coś konkretnego? POWIADAMIAĆ ludzi, że można zrobić coś bardzo prostego, żeby nie chorować? Nadal nic więcej nam się nie mówi o witaminie K2, D, A, E i innych substancjach, wiedząc, że mają one gigantyczny wręcz wpływ na zapobieganie chorobom tzw. cywilizacyjnym, kosztującym niewyobrażalną fortunę każde państwo. Ta książka to takie moje „trąbienie". Tylko dlaczego ja mam to robić?

A może powinienem się bać, bo jak napisał Broniewski:

> *Kiedy runą żelaznym wojskiem*
> *pod drzwiami staną, i nocą*
> *Kolbami w drzwi załomocą?*

Co wtedy? To może jest i żart, ale...

Kiedy dr Semmelweis zauważył, że nie myjąc rąk przed operacją, lekarze doprowadzają do czasami nawet śmiertelnych infekcji, świat medyczny przypuścił na niego frontalny atak. Jego własne środowisko zawodowe zniszczyło go. Zamknięto go w zakładzie dla obłąkanych (czy mnie też to może spotkać? J). Ale... lekarze w końcu zaczęli myć ręce przed operacjami, co dla nas dzisiaj jest oczywiste. Szkoda tylko, że kiedy zaczęli to robić, to od odkrycia doktora Semmelweisa minęło... 50 lat!

Ile osób w tym czasie zmarło? Zupełnie niepotrzebnie. Ile osób cierpiało, bo już nie żyją i ile osób nadal cierpi tylko dlatego, że nie mówi się nam tego, co powinien wiedzieć KAŻDY człowiek. No... chyba, że chce umrzeć wcześniej.

Zbawienny wpływ witaminy K2 stwierdza się nie tylko w przypadku chorób serca, kości czy zębów, ale też starzenia się organizmu, nowotworów, astmy, choroby Alzheimera, stwardnienia rozsianego, itd., itd.

Booth SL. **Skeletal functions of vitamin K–dependent proteins: not just for clotting anymore.** *Nutr Rev 1997, 55(7): 282–84.*

Cranenburg EC, Schurgers LJ, Vermeer C. **Vitamin K: the coagulation vitamin that became omnipotent.** *Thromb Haemost 2007, 98(1): 120–25.*

Gast GC, et al. **A high menaquinone intake reduces the incidence of coronary heart disease.** *Nutr Metab Cardiovasc Dis 2009 Sep, 19(7): 504–10;*

Beulens JW, et al. **High dietary menaquinone intake is associated with reduced coronary calcification.** *Atherosclerosis 2009 Apr, 203(2): 489–93.*

McCann JC and Ames B. **Vitamin K, an example of triage theory: is micronutrient inadequacy linked to diseases of aging?** *Am J Clin Nutr 2009 Oct, 90(4): 889–907, doi:10.3945/ajcn.2009.27930.*

Vermeer C and Theuwissen E. **Vitamin K, osteoporosis and degenerative diseases of ageing.** *Menopause Int 2011, 17: 19–23, doi:10.1258/mi.2011.011006.*

Geleijnse JM, Vermeer C, Grobbee DE, et al. **Dietary intake of menaquinone is associated with a reduced risk of coronary heart disease: the Rotterdam Study.** *J Nutr 2004, 134: 3100–05*

Pizzorno L. **Vitamin D and vitamin K team up to lower CVD risk.** *Longevity Med Rev, online reference. http://www.lmreview.com/articles/view/vitamin-d-and-vitamin-k-team-up-to-lower-cvd-risk-part-I/*

Kameda T, Miyazawa K, Mori Y, et al. **Vitamin K2 inhibits osteoclastic bone resorption by inducing osteoclast apoptosis.** *Biochem Biophys Res Commun 1996 Mar 27, 220(3): 515–19.*

Kimur I, Tanizaki Y, Sato S, Saito K, Takahashi K. **Acta Med Okayama. 1975 Apr;29(2):127-35. Menaquinone (vitamin K2) therapy for bronchial asthma.** *II. Clinical effect of menaquinone on bronchial asthma.*

Zastanawiające jest to, że pani w aptece nie wie NIC o witaminie K2, studenci medycyny również niewiele wiedzą, ale co najgorsze, to praktykujący lekarze mają również raczej niewielką wiedzę na ten temat. Skoro „w szkole o tym nie mówili", to powiedzmy sobie teraz trochę na ten temat, zastępując „szkołę" czyli np. uniwersytet medyczny, bo informacji, które w tej książce podaję, nie znalazłem w żadnym znanym mi podręczniku dla studentów medycyny. A może książka ta powinna stać się dla nich „lekturą obowiązującą"? Jasne, że to żart, ale... może nie do końca? Nie mniej jednak, jeśli tę książkę przeczytają, to się czegoś więcej dowiedzą z korzyścią dla swych przyszłych pacjentów, skoro na wykładach tego nie usłyszeli i w innych książkach nie przeczytali.

Chociaż witamin K jest co najmniej 7 rodzajów, to dla nas najważniejsze jej formy to K1 i K2.

Jeśli witamina K1 występuje w jednej formie, to witamina K2 występuje w dwóch istotnych dla nas formach.

Witamina K2-MK4 oraz K2-MK7

Nie będziemy tutaj rozważać różnic w ich budowie chemicznej, a skupimy się na tym, co to PRAKTYCZNIE dla nas oznacza.

Źródłem witamin K1 są głownie warzywa liściaste. Źródła witaminy K2 są co najmniej dwa, w zależności od wersji K2-MK4 czy K2-MK7. Witamina K2-MK4 jest produkowana w tkankach zwierzęcych i jej głównym źródłem są: mięso, żółtka jaj i masło. Natomiast wersja MK7 powstaje pod wpływem bakterii.

Witamina K1 głównie ma wpływ na krzepliwość krwi, witamina K2, prawie wcale na krzepliwość krwi nie wpływa. Istnieje co prawda mechanizm, który pozwala na zamianę witaminy K1 na K2 i odwrotnie (dzieje się to w jelitach), ale w ten sposób powstaje bardzo mała ilość witaminy K2, która nie ma żadnego praktycznego wpływu na poziom witamin K w organizmie.

Suttie, JW (1995). **The importance of menaquinones in human nutrition.** *Annual Review of Nutrition15:399–417. doi: 10.1146 / annurev. nu. 15.070195.002151. PMID 8527227.*

Weber, P (2001). **Vitamin K and bone health.** *Nutrition 17 (10): 880–887. doi:10.1016/S0899-9007(01)00709-2. PMID 11684396.*

Czy w takim razie mamy wystarczającą ilość witaminy K2? Okazuje się, że nie. Stąd powstaje cały wachlarz problemów zdrowotnych, o których już powyżej wspominałem. Nie ulega najmniejszej wątpliwości, że najlepszym źródłem jakichkolwiek substancji odżywczych jest żywność. Niestety, jaką żywność w tej chwili mamy, każdy wie i nie będę się na ten temat rozpisywał. Wszyscy zainteresowani tym tematem zdają sobie sprawę, że żywność, do jakiej przeciętny człowiek ma dostęp, jest bardziej źródłem problemów zdrowotnych niż źródłem zdrowia. Według mnie żadna suplementacja nie jest lepsza od zdrowej żywności, ale żyjemy w czasach, kiedy poleganie tylko na środkach odżywczych, jakie mamy w żywności, źle się dla nas kończy. Stąd suplementacja jest złem koniecznym.

Jeśli poważnie myślimy o prawidłowej suplementacji witaminą K2, to musimy wiedzieć, jakie są różnice pomiędzy jej dwiema wersjami.

Witamina K2-MK4

Jak już wspomniałem, naturalnym źródłem tej witaminy są produkty zwierzęce. Jednakże suplementy zawierające tą witaminę nie są do końca naturalne. Być może ktoś znajdzie witaminę K2-MK4 w postaci takiej, jak występuje ona np. w żółtku jaj, ja nie znalazłem. Wyizolowanie naturalnie występującej witaminy K2-MK4 jest niezwykle drogie. Dlatego też produkuje się ją w sposób sztuczny, jako ekstrakt z rośliny *Nicotiana Tabacum* czyli tytoniu. Witaminę K2-MK4 można też spotkać pod nazwą: „menatetrenone".

Jak jednak wskazują badania kliniczne, użycie tej formy witaminy K2 pozwala na całkowite wykorzystanie jej zalet.

Typowa dawka K2-MK4, jaka była w wielu badaniach stosowana, to: 45 mg dziennie.

W związku z tym, w odróżnieniu od innych form suplementów wytwarzanych na drodze sztucznej syntezy, użycie tej formy witaminy czyli K2-MK4 wydaje się być całkiem bezpieczne. Z tą wersją witaminy K2 jest jednak mały problem. Przypomnijmy, co to jest półokres rozkładu lub okres półtrwania. Jeśli jakakolwiek wchłonięta substancja ma półokres trwania (czy rozkładu) równy jednej godzinie, to po jednej godzinie, we krwi, jest tej substancji już tylko połowa. Po następnej godzinie (gdzie pozostała nam tylko połowa po pierwszej godzinie) jest już tylko jedna czwarta, jaką mieliśmy na samym początku, itd.

Żeby w pełni wykorzystać działanie danej substancji, musi być ona w organizmie na odpowiednio wysokim poziomie przez pewien minimalny okres czasu. Inaczej jej poziom we krwi spadnie poniżej poziomu terapeutycznego i efekt jej zastosowania może spaść do minimum lub do zera. Witamina K2-MK4 ma stosunkowo krótki półokres rozpadu. Pozostaje we krwi tylko przez kilka godzin i w stosunkowo krótkim czasie jej poziom spada do wartości, która już nie ma znaczenia terapeutycznego, czyli… już „nie działa". Żeby utrzymać odpowiedni jej poziom, **trzeba ją brać co najmniej trzy razy dziennie**, np. 3×15 mg. To może być przyczyną, że niektóre osoby mogą nie utrzymywać wymaganego jej poziomu na poziomie terapeutycznym, leczniczym.

Witamina K2-MK7

Ten typ witaminy K2 w suplementach istnieje od niedawna, wykazano wielokrotnie, że wersja ta ma te same zalety co MK4, przy czym jej półokres rozpadu jest dłuższy niż MK4, a więc nie zachodzi potrzeba sięgania po nią trzy razy dziennie – jeden raz wystarczy:

> Schurgers LJ et al. ***Vitamin K–containing dietary supplements: comparison of synthetic vitamin K1 and natto-derived menaquinone-7****. Blood 2007 Apr 15, 109(8): 3279–83.*

Poza tym holenderscy naukowcy:

> Gast GC, de Roos NM, Sluijs I, Bots ML, Beulens JW, Geleijnse JM, Witteman JC, Grobbee DE, Peeters PH, van der Schouw YT, ***A high menaquinone reduces the incidence of coronary heart disease in women****. Nutr Metab Cardiovasc Dis. 2009*

> van Summeren MJ, van Coeverden SC, Schurgers LJ, Braam LA, Noirt F, Uiterwaal CS, Kuis W, Vermeer C. ***K vitamins status is associated with childhood bone mineral content****. Br J Nutr. 2008;1-7.*

po 10 latach badań i obserwacji wykazali, że **ta wersja (MK7) witaminy K2 ma fundamentalne znaczenie, jeśli chodzi o zapobieganie akumulowaniu się wapnia w tętnicach.**

W innych badaniach obserwowano 4 600 mężczyzn w wieku ponad 55 lat. Wykazano, że ci z najwyższym poziomem witaminy K2 mieli o 52% niższe ryzyko wystąpienia ciężkiego zwapnienia tętnic, o 41% zmniejszone ryzyko wystąpienia choroby wieńcowej, o 51% zmniejszone ryzyko śmierci z powodu choroby wieńcowej i o 26% niższe ryzyko śmierci z pozostałych przyczyn.

Jak widać, wpływ witaminy K2 na zapobieganie chorobie wieńcowej serca jest większy, niż ktokolwiek przypuszczał. Jak stąd też widać, zapobieganie zjawisku, które bezlitośnie wysyła setki ludzi dziennie na „tamten świat", może być tak banalnie proste!

I co? Jak zwykle – nic. Czy ktoś, kiedyś, gdzieś zwrócił na to uwagę? Czy ktoś z Czytelników, czytając po raz któryś już w tej książce, jak niesamowicie ważna jest ta witamina do ZAPOBIEGANIA stwardnieniu tętnic, co w sposób bezpośredni prowadzi do zawałów serca czy udarów mózgu, słyszał COKOLWIEK na ten temat? Gdziekolwiek... w radiu, telewizji, gazetach... gdzie tylu, często utytułowanych ekspertów, wypowiada się na temat tzw. „walki z miażdżycą"? Proszę się tylko nie pokaleczyć tym nożem, który z pewnością wielu czytelnikom się teraz „w kieszeni otwiera", a przynajmniej mam taką nadzieję. Czy ktoś, kto stracił matkę, ojca, brata, siostrę, kolegę, znajomego, itd. z powodu zawału czy udaru, może się czuć w jakiś sposób oszukany?

Jak wspomniałem, wersja MK7 pozostaje dłużej we krwi i na bardziej stabilnym poziomie. Co więcej... **nie stwierdzono dawki toksycznej witaminy K2!** Jakież to ważne, bo natychmiast mamy odpowiedź na pytanie: „a czy nie jest to trujące?" lub „a czy da się »to« przedawkować?"

Gdyby to już był koniec tego, co witamina K2 dla nas robi...

Na początku tego rozdziału pisałem o „leczeniu" osteoporozy. Napisałem też, i tutaj pozwolę sobie zacytować sam siebie:

„...Jak wiadomo mężczyźni również chorują na osteoporozę, ale u kobiet to nieszczęście zdarza się częściej. Przed menopauzą, kiedy poziom estrogenów we krwi kobiety jest jeszcze wysoki, łatwiejsza jest przemiana witaminy D do jej formy aktywnej, budującej kości. Ze zmniejszeniem się poziomu estrogenów jest to już proces gorzej przebiegający. Kiedy poziom estrogenów po menopauzie, spada wzrasta aktywność osteoklastów, czyli szybciej następuje rozkład kości. Na dodatek, spadek poziomu estrogenów powoduje powstanie innej substancji, która z kolei przyspiesza wytwarzanie osteoklastów! Czy to jakieś fatum na naszą płcią piękną? Nie ma ratunku? Oczywiście, że jest, ale… o tym za głośno się nie mówi…"

Jak już wcześniej zaznaczałem: kto nam mówi o witaminie K2? Nawet wtedy, kiedy mowa jest o osteoporozie, bezustannie słyszymy: więcej wapnia i więcej wapnia, co jak wykazałem, może być fatalną dla zdrowia poradą, a przecież wykazano, że procesy sprzyjające osteoporozie mogą być wyhamowane poprzez suplementację witaminą K2:

Kaneki M, Hedges SJ, Hosoi T, et al. **Japanese fermented soybean food as the major determinant of the large geographic difference in circulating levels of vitamin K2: possible implications for hip-fracture risk**. *Nutrition 2001, 17(4): 315–21. 23.*

Tsukamoto Y, Ichise H, Kakuda H, et al. **Intake of fermented soybean (natto) increases circulating vitamin K2 (menaquinone-7) and γ-carboxylated osteocalcin concentration in normal individuals.** *J Bone Miner Metab 2000, 18(4): 216–22.*

Kameda T, Miyazawa K, Mori Y, et al. **Vitamin K2 inhibits osteoclastic bone resorption by inducing osteoclast apoptosis**. *Biochem Biophys Res Commun 1996 Mar 27, 220(3): 515–19.*

Czy nawoływanie do picia mleka rzeczywiście ma sens? Szczególnie, że dostępnie jest tylko mleko pasteryzowane, a więc… niezbyt wartościowe. Jak już widzimy, zwiększona ilość wapnia, bez „zrównoważenia" witaminą K2, może zdrowie nasze pogorszyć, a więc może picie mleka nie ma sensu, jeśli chcemy zapobiegać osteoporozie, szczególnie że wcześniej cytowane badania to potwierdzają.

Dlaczego w Japonii, i to tylko wschodniej, gdzie mleka pije się mało, jak również spożywa się mało innych produktów zawierających wapń, zachorowalność na osteoporozę jest znacznie niższa? Dlatego, że faszerowanie się wapniem nie jest najważniejszym czynnikiem w zapobieganiu osteoporozie. Dlaczego akurat Japończycy? Dlatego, że w kuchni wschodniojapońskiej stosuje się duże ilości natto. Co to jest natto? Jest to specjalnie fermentowana soja. Smakuje to ohydnie, zapach ma jak stary i mocno używany, jeszcze wilgotny od środka gumowiec, ale... ta strawa jest niezwykle bogata w NATURALNĄ witaminę K2 i to w wersji MK7! Smacznego...

Może dla Europejczyka jest to kulinarnym wyzwaniem, ale dla kobiet japońskich jest prawdziwym zbawieniem. W tych regionach, gdzie spożywa się duże ilości natto, w sposób wyraźny stwierdza się zmniejszoną ilość złamań kości.

Kaneki M, Hedges SJ, Hosoi T, et al. **Japanese fermented soybean food as the major determinant of the large geographic difference in circulating levels of vitamin K2: possible implications for hip-fracture risk**. *Nutrition 2001, 17(4): 315–21.*

Wszystko to pięknie, ale JAK to natto jeść? Nie jest tak źle... Są już na rynku suplementy zawierające witaminę K2-MK7, których działanie jest takie samo, jak MK7 zawartej w natto:

Tsukamoto Y, Ichise H, Kakuda H, et al. **Intake of fermented soybean (natto) increases circulating vitamin K2 (menaquinone-7) and γ-carboxylated osteocalcin concentration in normal individuals**. *J Bone Miner Metab 2000, 18(4): 216–22.*

Czy to wszystkie już zalety witaminy K2? Ależ skąd...

Jednym z powikłań u osób po przeszczepach różnych organów jest... osteoporoza. W takich przypadkach ryzyko pooperacyjnego wystąpienia osteoporozy wzrasta nawet 34 razy!

Ramsey-Goldman R, Dunn JE, Dunlop DD, et al. **Increased risk of fracture in patients receiving solid organ transplants**. *J Bone Miner Res 1999 Mar, 14(3): 456–63.*

Stanowi to oczywiście ogromny problem. Czym jest on spowodowany? Po każdej większej operacji istnieje ryzyko wystąpienia skrzepów krwi, co może doprowadzić do szybko następującej śmierci, jeśli taki skrzep zostanie uwolniony i utkwi w tętnicy doprowadzającej krew do serca, mózgu czy płuc.

Żeby temu zapobiec, chorzy dostają preparaty rozrzedzające krew. Najczęściej jest to heparyna, acenokumarol lub Coumadin, co jest nazwą handlową, natomiast jest to substancja nazywana **warfarin**. Powoduje ona ZATRZYMANIE działania witaminy K1, która, jak wiemy, odgrywa główną rolę w krzepnięciu krwi. Z tego też powodu mówi się pacjentom, żeby nie spożywali warzyw liściastych bogatych w witaminę K1, bo w tym przypadku nie chcemy mieć tej witaminy. Niestety... warfarin zatrzymuje również działanie witaminy K2, ze wszystkimi konsekwencjami jej niedoboru, które już częściowo poznaliśmy.

Dlatego pacjenci biorący leki „na rozrzedzenie krwi", muszą być świadomi tego, że powodują one zaburzenie działania witaminy K2, a co za tym idzie, sprzyjają powstaniu stwardnienia tętnic i wystąpienia zawałów oraz, co też już wiemy, osteoporoza ma szeroko otwarte drzwi do jej rozwoju. Z tego między innymi powodu pacjenci biorący warfarin i inne substancje hamujące działanie witamin K, nie mogą brać ich zbyt długo.

I tutaj dochodzimy do bardzo ciekawego zjawiska. Widzimy, że w przypadku, kiedy zależy nam na tym, aby utrzymać krew na odpowiednim poziomie jej gęstości, nie powinniśmy brać żadnej witaminy K. Jednakże okazuje się, że jeśli będziemy brać do ok. 50 mikrogramów witaminy K2-MK7 dziennie, nie powoduje to zaburzenia krzepliwości, natomiast zapobiega to tworzeniu się osteoporozy! Mało tego, ci pacjenci, którzy biorą warfarin, wiedzą, jak bardzo trudno jest utrzymać stabilny poziom parametrów krzepliwości krwi, jak bardzo muszą uważać co jedzą. Ta niestabilność jest związana z niskim poziomem witamin K.

Sconce E, Khan T, Mason J, et al. ***Patients with unstable control have poorer dietary intake of vitamin K compared to patients with stable control of anticoagulation.*** *Thromb Haemost 2005, 93: 872–75.*

Niewielka ilość witaminy K2-MK7 (do 50 mikrogramów dziennie) nie tylko powoduje, że ryzyko wystąpienia osteoporozy i zwapnienia tętnic się zmniejsza, ale uzyskuje się większą stabilność parametrów krzepliwości krwi.

Z jednej strony rozrzedzamy krew, żeby łatwiej przedostawała się przez zwapnione tętnice, a z drugiej strony środek ją rozrzedzający sprzyja powstaniu zwapnienia w tętnicach. Do tego stopnia medycyna jest dzisiaj „spaczona". Czy to kogoś jeszcze dziwi? A co zrobić, jeśli poprzez stosowanie środków obniżających krzepliwość krwi, takich jak warfarin, dojdzie do zwapnienia tętnic? Wygląda na to, że da się i w tym przypadku pomóc, stosując witaminę K2.

Schurgers L. **Regression of warfarin-induced medial elastocalcinosis by high intake of vitamin K in rats**. *Blood 2007 Apr, 109(7): 2823–31.*

Ktoś powie: tak... u szczurów. One jednak, są bardzo często używane do badań, ponieważ, co zabrzmi może dla wielu czytelników dziwnie, jako ssaki mamy z nimi sporo podobieństw.

Przykład z życia: u chorego stwierdzono zwężenie zastawki aortalnej spowodowane odłożeniem się wapnia, podobnie jak to się dzieje w tętnicach (skąd jednak wapń w zastawce? Teraz już wiemy). Jest to zastawka w sercu, przez którą serce wypycha krew do całego układu krwionośnego. Pierwszym elementem tego układu jest nasza największa tętnica – aorta. Zwapniona zastawka aortalna, „zarośnięta" złogami wapnia, ma mniejszą średnicę niż normalnie, co znacznie utrudnia wypływ krwi z serca do aorty. Prowadzi to do bólów w klatce piersiowej, omdleń, zawrotów głowy, szybkiego męczenia się, itd. Na początku te objawy są często ignorowane, ponieważ występują tylko przy bardziej intensywnym wysiłku fizycznym. Z czasem jednak, kiedy w zastawce odkłada się coraz więcej wapnia, symptomy znacznie się nasilają i chory przestaje normalnie funkcjonować. W skrajnym przypadku dochodzi do śmierci. Wielu Czytelników z pewnością zetknęło się z przypadkiem w rodzinie czy wśród znajomych z koniecznością dokonania „przeszczepu zastawki" ze względu na jej zwapnienie. Zwapnienie może wystąpić nie tylko w zastawce aortalnej. Stopień zmniejszenia efektywności działania zastawki mierzy się powierzchnią przekroju, przez który przepływa krew.

W warunkach normalnych jest to ok. 3 cm^2, ale u ww. chorego przekrój ten wynosił zaledwie 1,6 cm^2. Pomimo wielu starań, nie udało się opracować leku, który skutecznie usuwałby te złogi wapnia, a jednocześnie nie miał skutków ubocznych. Dlatego jedynym rozwiązaniem jest operacja na otwartym sercu, w czasie której chirurg wycina zwapnioną zastawkę i wszywa zastawkę nową. Jeśli obędzie się bez komplikacji i pacjent przeżyje, to mimo to skazany będzie już do końca życia brać leki. Będzie to konieczne, żeby organizm nie odrzucił przeszczepu, żeby krew była o odpowiednich parametrach krzepnięcia, itd. Każda operacja na sercu (bez względu na zastosowaną technikę dostępu do zastawki) jest przedsięwzięciem ryzykownym, ale… czasami jedynym. Tzn. jedynym, jakie stosują lekarze chirurdzy. Takie też wyżej opisanemu choremu zaproponowano.

Pamiętamy, że zwapnienie tętnic można było usunąć u szczurów? Wyżej wymieniony chory nie był szczurem. Był emerytowanym dentystą, miał na imię Sam, miał 69 lat i miał też szczęście. Zacznijmy od szczęścia… Trzeba mieć szczęście niebywałe, żeby trafić na lekarza, który dogłębnie rozumie prawdziwe znaczenie zdrowego odżywiania, czy też naprawdę zna działanie witamin. Trudne to nie jest, ale… jak powiedziałem, tego „w szkole nie uczą". Dr William Davis takim „pozytywnie zakręconym" lekarzem był. Efekt jego leczenia (tj. witamina D i K2)? Po 10 miesiącach, powierzchnia, przez którą przepływać już mogła krew Sama, wynosiła 2,9 cm^2 – innymi słowy, jego zastawka powróciła do stanu normalnego. Warto było spróbować?

Strach pomyśleć, co by było, gdyby zastosowanie tanich, wszędzie osiągalnych kilku witamin, spowodowało, że niepotrzebne byłyby „bajpasy", przeszczepy serca, przeszczepy zastawek, nie byłoby miażdżycy, itd. Kogo teraz strach obleciał? ☺

Omawiając funkcjonowanie kości, wspomniałem o tym, że kości są częścią układu endokrynologicznego, chociaż nie wszyscy zdają sobie z tego sprawę. Napisałem też (dla przypomnienia), że:

„Chorzy na cukrzycę typu 2 (T2), wiedzą (czasami), że ich problemem nie jest brak insuliny. To jest problem związany z cukrzycą typu 1 (T1). W przypadku cukrzycy T2 insuliny jest zbyt dużo (do pewnego momentu). W cukrzycy T2 **problemem jest zmniejszona wrażliwość komórek na działanie insuliny!** Insulina jest, ale komórki stały się odporne na jej działanie. Organizm nie chce mieć zbyt dużo insuliny, jest to bardzo groźne zjawisko. W leczeniu cukrzycy (ale co to za leczenie…, to tylko łagodzenie symptomów!) twa walka o ponowne uwrażliwienie komórek na insulinę".

Co ma do tego witamina K2?

Sporo... Jak się okazuje, drugim po kościach rezerwuarem witaminy K2 jest... trzustka, czyli organ produkujący insulinę i przez to zarządzający poziomem cukru we krwi. Ze względów etycznych, w badaniach naukowych nie doprowadza się u ludzi do wywołania drastycznych niedoborów witaminy K2, ale... kiedy robi się to u zwierząt, zaczynają chorować na...? tak jest! Na cukrzycę.

> *Sakamoto N, Wakabayashi I, Sakamoto K.* ***Low vitamin K intake effects on glucose tolerance in rats****. Int J Vitam Nutr Res 1999 Jan, 69(1): 27–31.*

Podobne efekty zauważa się też u ludzi:

> *Sakamoto N, Nishiike T, Iguchi H, et al.* ***Relationship between acute insulin response and vitamin K intake in healthy young male volunteers****. Diabetes Nutr Metab 1999 Feb, 12(1): 37–41.*

Zaledwie jeden tydzień podawania witaminy K2 wystarczył do tego, żeby u ludzi nie cierpiących na cukrzycę zredukować poziom insuliny po posiłku aż o połowę:

> *Sakamoto N, Nishiike T, Iguchi H, et al.* ***Possible effects of one week vitamin K (menaquinone-4) tablets intake on glucose tolerance in healthy young male volunteers with different descarboxy prothrombin levels****. Clin Nutr 2000 Aug, 19(4): 259–63.*

Oznacza to, że witamina K2 pomaga insulinie w wykonaniu jej pracy. Im szybciej obniży się poziom insuliny, tym lepiej. Nasz organizm broni się przed nadmiarem insuliny. Dzieje się tak, ponieważ nadmiar insuliny sprzyja wystąpieniu wielu chorób, łącznie z nowotworem czy otyłością. Przypomnę... (jak opisano w magazynie *Cell* z 2007 roku), osteokalcyna (która przekierowuje wapń do kości i do zębów) wpływa na aktywność insuliny. Ponieważ osteokalcyna wpływa na uwrażliwienie komórek na działanie insuliny, glukoza z krwi łatwiej przedostaje się do komórek.

Witamina K2 aktywuje do działania osteokalcynę, co oznacza, że utrzymanie odpowiedniego poziomu witaminy K2 jest celem samym w sobie dla każdego chorego na cukrzycę. W swoich badaniach koreańscy naukowcy wykazali też, że **tylko aktywowana przez witaminę K2 osteokalcyna ma wpływ na poprawę tolerancji glukozy i zwiększoną wrażliwość komórek na działanie insuliny:**

*Hwang YC, Jeong IK, Ahn KJ, et al. **The uncarboxylated form of osteocalcin is associated with improved glucose tolerance and enhanced beta-cell function in middle-aged male subjects.** Diabetes Metab Res Rev 2009 Nov, 25(8): 768–72.*

Jak ważne są te informacje dla chorych na cukrzycę, nie muszę już chyba opisywać. Nie spotkałem jednak jeszcze nawet jednej osoby chorej na cukrzycę, której lekarz zaleciłby branie witaminy K2.

Witamina K2 ma również wpływ na reumatoidalne zapalenie stawów. Choroba ta występuje z przerażająca częstotliwością. Popytajcie wśród znajomych, czy ktoś z nich lub ich rodzin narzeka na stawy. Zapytajcie też, jaki jest efekt ich leczenia. Prawie żaden. Czy to choroba ludzi w wieku starszym? Ależ skąd! Chorują miliony ludzi... Niedobory witaminy K2 powodują nadmierne działanie osteoklastów usuwających stare komórki z kości. To samo dzieje się w stawach. Badania kliniczne tego zjawiska potwierdziły, że zastosowanie witaminy K2 z innymi lekami przeciw osteoporozie zabezpiecza stawy przed ich degeneracją.

*Morishita M, Nagashima M, Wauke K, et al. **Osteoclast inhibitory effects of vitamin K2 alone or in combination with etidronate or risedronate in patients with rheumatoid arthritis: 2-year results.** J Rheumatol 2008 Mar, 35(3): 407–13. 10. Okamoto*

Mógłbym już tę historię o witaminie K2 zakończyć, ale tego się po prostu nie da zrobić. Jeszcze nie teraz ...

Jak mogę nie powiedzieć czytelnikom o tym, że witamina K2 odgrywa kluczową rolę w schorzeniach związanych z centralnym układem nerwowym czy percepcją otaczającego nas świata, jak np. w przypadku choroby Alzheimera. Wiem, że wielu z czytelników tym się nie przejmuje, bo: „to tylko choroba ludzi starych". To prawda, ale coraz częściej występuje ona już u ludzi w wieku ok. 50 lat! A poza tym, czy nie będziemy kiedyś starzy? Pewnie będziemy, jeśli tego doczekamy i nie umrzemy wcześniej. A może byłoby lepiej umrzeć wcześniej, niż mieć chorobę Alzheimera? Hmm... w tym momencie chyba nikt nie życzy sobie wcześniejszej śmierci? Skąd możemy wiedzieć, że akurat nam się taka choroba nie przytrafi? Kto nam da taką gwarancję? Jeśli znacie kogoś, kto na tę chorobę cierpi, to czy nie przyszło wam przez myśl – „może lepiej, żeby umarł"? Kto z czytających chciałby się zestarzeć w ten sposób i żyć z tą chorobą aż do litościwego końca? A może...? Może lepiej prostu zadbać o to, żeby tę witaminę mieć? Mieć ją w odpowiedniej ilości w swoim organizmie. A szczególnie w mózgu!

Jak wskazują badania, a zacytuję tylko jedne z nich, odpowiedni poziom witaminy K2 może nawet zapobiec powstaniu tej choroby. Ok. 25% ludzi ma zwiększone ryzyko zachorowania na chorobę Alzheimera z powodu pewnego rodzaju białka (dla dociekliwych – chodzi o tzw. **formę E4 apoliopoproteiny**). Okazuje się, że chorzy „na Alzheimera" mają zawsze bardzo niskie poziomy witaminy K2. Wykazano, że ma ona bardzo istotne znaczenie w „sterowaniu" zachowaniem się wapnia w mózgu:

*Presse N, Shatenstein B, Kergoat MJ, Ferland G. **Low vitamin K intakes in community-dwelling elders at an early stage of Alzheimer's disease**. J Am Diet Assoc. 2008 Dec;108(12):2095-9. doi: 10.1016/j.jada.2008.09.013.*

*Allison AC. **The possible role of vitamin K deficiency in the pathogenesis of Alzheimer's disease and augmenting the brain damage associated with cardiovascular disease**. Med Hypotheses 2001 Aug, 57(2): 151–55.*

Dlaczego tak się dzieje? To bardzo proste... pamiętamy jeszcze coś z wcześniejszego opisu, gdzie wyjaśniałem, że osteokalcyna to taka substancja, która wbudowuje wapń do kości? Znajduje się ona również w mózgu. Wykazano, że osoby z wcześniej wspomnianym białkiem E4 mają osteokalcynę nie tylko w kościach, ale także w mózgu. Pamiętamy jednak, że ta osteokalcyna jest nic nie warta, jeśli nie zostanie pobudzona do działania właśnie przez witaminę K2. Chorzy na chorobę Alzheimera mają w poważny sposób zaburzone procesy regulacyjne, jakim podlega w mózgu wapń.

Niektórzy naukowcy uważają, że mózg osoby z chorobą Alzheimera w pewnym zakresie przypomina organizm osoby chorej na cukrzycę, jako że ich mózg nie używa glukozy we właściwy sposób. Stąd czasami nazywają ten stan „cukrzycą typu 3". Podanie insuliny choremu w znacznym stopniu poprawia jego stan zdrowia. Z tego też powodu wnioskuje się, że zwiększenie wrażliwości komórek mózgu na działanie insuliny, poprzez zwiększenie poziomu witaminy K2 w mózgu, pomaga zapobiegać, opóźnić lub nawet doprowadzić do zaniku symptomów tej groźniej choroby:

*Craft S. **Insulin resistance syndrome and Alzheimer's disease: age- and obesity-related effects on memory, amyloid, and inflammation**. Neurobiol Aging 2005 Dec, 26(Suppl) 1: 65–69. 37.*

Trzeba tutaj koniecznie powiedzieć, że najwięcej witaminy K2 jest zakumulowane nie tylko w trzustce, ślinie czy kości mostka, ale w również w mózgu. To znaczy zakumulowane jest tylko wtedy, kiedy mamy jej wystarczającą ilość. Jeśli weźmiemy pod uwagę całość witaminy K w mózgu, tzn. K1 i K2 łącznie, to K2 stanowi aż... 70 do 93% tej całości:

*Thijssen HHW, Drittij-Reijnders MJ. **Vitamin K status in human tissues: tissue-specific accumulation of phylloquinone and menaquionone-4**. Br J Nutr. 1996; 75: 121-127.*

Co więcej, mamy w mózgu substancję, która zabezpiecza jego komórki przed zniszczeniem, sprzyja ich zdrowemu rozwojowi i prawidłowemu funkcjonowaniu. Każdy by chciał, żeby w jego mózgu tak się działo, ale... tak może się nie dziać. Dlaczego? Dlatego, że działanie tej substancji jest uzależnione od tego, czy mamy w mózgu odpowiednią ilość witaminy K2!

*Bosio A, Binzeck E, Stoffel W. **Functional breakdown of the lipid bilayer of the myelin membrane in central and peripheral nervous system by disrupted galactocerebroside synthesis**. Proc Natl Acad Sci USA. 1996; 93: 13280-13285.*

A teraz zła wiadomość dla każdego: są jeszcze inne substancje w naszym mózgu, których właściwe funkcjonowanie zależy od obecności witaminy K2. Nie będę ich dalej opisywał (bo przecież miała być to łatwa w czytaniu książka J). Wspomnę tylko, że niestety... z wiekiem poziom witaminy K2 w mózgu ulega zmniejszeniu, co jak już widzimy, ma związek z powstawaniem chorób związanych z degeneracją tkanki mózgowej:

Denisova NA, Booth SL. **Vitamin K and Sphingolipid Metabolism: Evidence to Date.** *Nutr Rev. 2005; 63(4): 110-121.*

Bolesna to wiadomość... więc dla podniesienia ducha wskażę na to, że osoby ze skłonnościami do tworzenia kamieni nerkowych również znajdą tutaj coś ciekawego. Jak wiemy, częstotliwość występowania kamieni nerkowych jest dość duża. Nerki również akumulują dużą ilość witaminy K2, tylko po co? Po to, bo wydzielają pewne białko, które hamuje powstawanie kamieni w nerkach. Białko to jest ok. 20 razy mniej efektywne niż białko aktywowane przez witaminę K2. Stąd wniosek, że niedobór witaminy K2 może być przyczyną (jedną z ponad 50) powstawania kamieni nerkowych.

Vermeer C, Soute BAM, Ulrich MMW, van de Loo PGF. **Vitamin K and the Urogenital Tract.** *Haemostasis. 1986; 16: 246-257.*

Historia się powtarza... ale nie po raz ostatni, bo związków witaminy K2 z naszym zdrowiem można wymieniać jeszcze wiele. Nie jest to jednak cel tej książki. Poprzez opisanie powyższego chcę zwrócić uwagę na to, że świat odkryć medycznych nie stoi w miejscu. Jest to świat bardzo dynamiczny. To, co do tej pory dowiedzieliśmy się w tym rozdziale o znaczeniu witaminy K2, mam nadzieję, wywoła nie tylko odpowiednią reakcję wśród czytelników, którzy lekarzami nie są, ale... być może, a na to bardzo liczę, u wielu lekarzy spowoduje chęć zastosowania tej witaminy u swoich pacjentów. Być może informacje, które tutaj zawarłem, pobudzą lekarzy do zgłębienia tematu. Być może będą oni w stanie pomóc swoim pacjentom w stopniu, o jakim do tej pory nie mogli nawet pomarzyć. Ja to już zrobiłem i dalej robię... z rewelacyjnym skutkiem, mimo że na ścianie mam inne dyplomy ☺. Dlaczego nie? Przecież nie stwierdzono dawki toksycznej witaminy K2, pomimo stosowania jej w bardzo dużych dawkach.

A więc, drodzy lekarze... nie macie tłumaczenia! Nie czekajcie na litość boską na randomizowane, podwójnie ślepe badania kliniczne zwykłej, nietoksycznej witaminki! LECZCIE! Być może wyleczycie „nieuleczalne"!

Jak wiadomo, najlepszym źródłem jakichkolwiek witamin nie są suplementy. Idealnym źródłem jest nasze pożywienie. Pod warunkiem, że jest w nim to, co jest nam potrzebne. Naturalne źródła witaminy K2, to:

Produkt	Witamina K2 w mikrogramach/100 g	Zawartość MK4 i MK7
Natto	1103,4	(0% MK4, tylko MK7)
Wątróbka z gęsi	369,0	(100% MK4)
Sery twarde	76,3	(6% MK4)
Sery miękkie	56,5	(6.5% MK4)
Żółtko jaja	32,1	(98% MK4)
Udko gęsie	31,0	(100% MK4)
Masło	15,0	(100% MK4)
Wątróbka kurza	14,1	(100% MK4)
Salami	9,0	(100% MK4)
Mięso kurze	8,9	(100% MK4)
Boczek	5,6	(100% MK4)
Wątróbka cielęca	5,0	(100% MK4)
Kapusta kiszona	4,8	(8% MK4)
Mleko pełne	1,0	(100% MK4)
Mleko 2%	0,5	(100% MK4)
Łosoś	0,5	(100% MK4)
Makrela	0,4	(100% MK4)
Białko jaja	0,4	(100% MK4)

Źródło: Rheaume-Bleue, Kate (2011-11-08). Vitamin K2 and the Calcium Paradox: How a Little-Known Vitamin Could Save Your Life (p. 209). John Wiley and Sons.

Na wstępie wspomniałem o chorobie, jaką jest stwardnienie rozsiane, i rewelacyjnych skutkach leczenia jej dużymi dawkami witaminy D3. Na czym ta choroba polega?

Wyobraźmy sobie, że nasze nerwy to cienkie przewody elektryczne, a właściwie to całe ich wiązki. Wiadomo, że każdy taki przewód musi być odizolowany od innych przewodów, bo inaczej dojdzie do zwarć i żaden sygnał prawidłowo nie przepłynie. Tak więc kluczowe znaczenie ma stan izolacji tych przewodów. Każdy nerw ma taką izolację zwaną *mieliną*. Kiedy z nieznanych do tej pory przyczyn ta izolacja jest przerwana, wtedy dochodzi do zwarcia pomiędzy sąsiadującymi nerwami i sygnały, jakie wysyła mózg, nie przebiegają wzdłuż odpowiednich nerwów, a raczej „przeskakują" w sposób niekontrolowany do nerwów, po których nie powinny przebiegać. Dochodzi do poważnych zaburzeń, czego efektem są symptomy, jakie wykazują chorzy na stwardnienie rozsiane. Mięśnie chorego zaczynają się kurczyć w sposób niekontrolowany. Nerwy jednak oddziałują nie tylko na mięśnie, ale na każdy organ naszego ciała. Dochodzi do całkowitego braku kontroli przez mózg nad wszystkimi organami ciała. Chory cierpi na zaburzenie koordynacji ruchów, niekontrolowane ruchy mięśni, drętwienia, podwójne widzenie, nietrzymanie moczu, itd. Dochodzi do paraliżu i często do zgonu. Co jest bardzo przykre, to fakt, że proces ten może trwać latami.

Okazuje się jednak, że witamina K2 ma w tym przypadku również kluczowe znaczenie, ponieważ ma wpływ na prawidłowe tworzenie się warstwy izolującej nerwy, tej ochronnej otoczki – mieliny.

Thijssen HH, et al. **Vitamin K status in human tissues: tissue-specific accumulation of phylloquinone and menaquinone-4.** *Br J Nutr 1996 Jan, 75(1): 121–27. 13. MS*

To jest naprawdę COŚ! Teraz mam tylko pytanie, który z chorych na SM otrzymał zalecenie brania witaminy K2 lub dużych dawek witaminy D3?

Dlaczego dochodzi do niszczenia mieliny? Naukowcy coraz częściej sygnalizują, że przyczyną chorób mózgu jest zbyt duża ilość wolnych rodników. Co to oznacza? Oznacza, to, że jak już opisywałem wcześniej, dochodzi do stresu oksydacyjnego. Czyli upraszczając, więcej szkodliwych wolnych rodników jest wytwarzanych, niż nasze mechanizmy obronne mogą ich zneutralizować. Jak wiemy, wolne rodniki mają niszczycielską siłę. Nasz organizm to zjawisko wykorzystuje z korzyścią dla nas pod warunkiem, że ich produkcja nie wyrwie się spod kontroli. Wtedy zaczynają swą niszczycielską siłę kierować przeciw naszemu organizmowi, powodując powstanie prawie każdej znanej choroby. Jest już wiele dowodów na to, że wcześniej wspomniana choroba Alzheimera charakteryzuje się w jej wczesnym stadium wystąpieniem silnego stresu oksydacyjnego.

Su B, Wang X, Nunomura A, Moreira PI, Lee HG, Perry G, Smith MA, Zhu X. **Oxidative stress signaling in Alzheimer's**

To jest właśnie efekt działania wolnych rodników. Niszczące ich działanie jest też przyczyną uszkodzenia mieliny. To jest ta zła wiadomość, a teraz dobra:

Witamina K2 nie jest antyoksydantem, przeciwutleniaczem, nie oddaje elektronu (tak jak np. witamina C) nie usuwa wolnych rodników, które już powstały. Działa znacznie lepiej… zapobiega ich powstawaniu w mózgu! Na dodatek witamina K2 może zapobiegać powstaniu porażenia mózgowego, opóźnienia w rozwoju, padaczki, jeśli matka zapewniła sobie odpowiedni jej poziom:

Li J, Lin JC, Wang H, et al. **Novel role of vitamin K in preventing oxidative injury to developing oligodendrocytes and neurons.** *J Neurosci 2003 Jul 2, 23(13): 5816–26. 34.*

Li J, Wang H, Rosenberg PA. **Vitamin K prevents oxidative cell death by inhibiting activation of 12-lipoxygenase in developing oligodendrocytes.** *J Neurosci Res 2009 Jul, 87(9): 1997–2005.*

Co prawda, o leczeniu nowotworów planuję napisać odrębną książkę, ale… pisząc o witaminie K2, nie można nie wspomnieć o jej wpływie w przypadku takiej choroby. Teraz wskażę tylko na jedne badania, bo inne będę cytował w odrębnej książce. EPIC to organizacja europejska stworzona miedzy innymi do badania wpływu żywności na powstawanie chorób przewlekłych, w tym nowotworów. Przeprowadzono trwające ponad 10 lat badania na ponad 24 000 kobiet i mężczyzn w przedziale wiekowym 35–64 lata z następującą konkluzją:

„Osoby z najwyższym poziomem spożycia witaminy K2 miały prawie 30% mniejsze ryzyko zachorowania na chorobę nowotworową niż osoby z najmniejszą średnią ilością spożywanej tej witaminy".

oraz:

„Tylko witamina K2 wykazywała taki wpływ, a nie witamina K1".

Nimptsch K, Rohrmann S, Kaaks R, et al. **Dietary vitamin K intake in relation to cancer incidence and mortality: results from the Heidelberg Cohort of the European Prospective Investigation into Cancer and Nutrition (EPIC-Heidelberg).** *Am J Clin Nutr 2010, 91(5): 1348–58.*

Zauważono, że **witamina K2 działa hamująco na wszystkie typy nowotworu płuc**!

Yoshida T, Miyazawa K, Kasuga I. **Apoptosis induction of vitamin K2 in lung carcinoma cell lines: the possibility of vitamin K2 therapy for lung cancer.** *Int J Oncol 2003 Sep, 23(3): 627–32.*

Czyż nie jest to coś, nad czym należałoby się natychmiast przynajmniej zastanowić? Który z onkologów (czytających tę książkę J) stosuje tę witaminę u pacjentów z tym tak agresywnym nowotworem? Żaden z pacjentów z nowotworem płuc, z którymi rozmawiałem, nie wspomniał, że taką witaminę mu zalecono. Żaden.

Czy ja mam edukować onkologów? „Nie chcem, ale muszem"... Drodzy onkolodzy... witamina K2 jest tania i nie macie co liczyć, że firma farmaceutyczna Wam zrobi na ten temat szkolenia. Nie ma w tym kasy. Macie substancję naturalną, tanią, niewykazującą skutków ubocznych. Żadnych! Natomiast wykazującą fenomenalne własności zapobiegawcze i lecznicze. Nie czekajcie. Leczcie tych bardzo chorych ludzi!

Podobnie zbawienny wpływ ma witamina K2 na nowotwory prostaty, krwi (białaczka) czy wątroby.

Lamson DW and Plaza SM. **The anticancer effects of vitamin K.** *Altern Med Rev 2003, 8: 303–18. 22.*

Yaguchi M, Miyazawa K, Katagiri T, et al. **Vitamin K2 and its derivatives induce apoptosis in leukemia cells and enhance the effect of all-trans retinoic acid.** *Leukemia 1997, 11(6): 779–87. 23.*

Iguchi T, Miyazawa K, Asada M, et al. **Combined treatment of leukemia cells with vitamin K2 and 1alpha, 25-dihydroxy vitamin D3 enhances monocytic differentiation along with becoming resistant to apoptosis by induction of cytoplasmic p21 CIP1.** *Int J Oncol 2005 Oct, 27(4): 893–900.*

Habu D, Shiomi S, Tamori A, et al. **Role of vitamin K2 in the development of hepatocellular carcinoma in women with viral cirrhosis of the liver.** *JAMA 2004 Jul 21, 292(3): 358–61. 26. Otsuka M, Kato N, Shao RX, et al. Vitamin K2 inhibits the growth and invasiveness of hepatocellular carcinoma cells via protein kinase A activation. Hepatology 2004, 40(1): 243–25.*

Tutaj wspomnę tylko jeden fakt: wykonano bardzo wiele badań, przez różnych naukowców, z różnych ośrodków badawczych. Wyniki były zawsze takie same.

TYLKO WITAMINA K2 wykazywała tak zbawienny wpływ na zdrowie człowieka, a nie witamina K1.

Każdy lekarz dużo wie na temat witaminy K1, ale niewiele na temat witaminy K2. Jaka to szkoda. I jaki to paradoks, że wiedza na temat stosunkowo ograniczonego zakresu działania K1 jest znaczna, a na temat K2, o tak wielkim znaczeniu dla całego organizmu człowieka jest, jak widać, praktycznie żadna! Co na to rektorzy uniwersytetów medycznych?

Czy w takim razie witamina K1 nie jest nam potrzebna? Jest, i to bardzo, ale witamina K1 ulega recyrkulacji, organizm sam ją ciągle odtwarza, chyba że odtwarzanie to zablokujemy lekami rozrzedzającymi krew ze wszystkimi konsekwencjami, jakie opisałem już powyżej. Nie chcę wchodzić w ten temat, ponieważ jest on raczej techniczny i przeciętny czytelnik byłby nim znudzony. Ci, którzy są tym tematem zainteresowani, mogą go sobie zgłębiać, jeśli mają na to ochotę.

Witamina K2 wykazuje działanie w następującym zakresie:
- starzenie się organizmu
- choroby serca
- osteoporoza
- choroba Alzheimera i inne schorzenia mózgu
- zmarszczki
- żylaki
- cukrzyca
- reumatoidalne zapalenie stawów
- stwardnienie rozsiane

- choroba nowotworowa
- ciąża i zachodzenie w ciążę
- zdrowie noworodka
- testosteron i płodność mężczyzn
- zdrowie zębów i rozwój szczęko-czaszki

Mam nadzieję, że od tej pory Czytelnicy tej książki, kimkolwiek są, skorzystają z powyżej przedstawionych informacji.

PODSUMOWANIE

- Witamina K2 zabezpiecza przed wieloma chorobami i nie wykazuje własności toksycznych.
- Najlepsza forma witaminy K2 to K2-MK7.
- Wystarczająca ilość witaminy K2 to ok. 100 mikrogramów dziennie.
- W przypadku suplementacji witaminą D, należy zwiększyć dawkę witaminy K2 do 200 lub 300 mikrogramów.
- Witaminę K2 należy spożywać z posiłkiem zawierającym tłuszcz.

Witamina A – czego o niej nie wiemy

Mówiąc o witaminie D i K2, nie można nie wspomnieć o witaminie A. Pozornie sporo o tej witaminie wiadomo, ale czy naprawdę?

Przeciętny człowiek wie, że marchewka jest bogata w witaminę A, chociaż tak naprawdę w żadnej marchewce witaminy A nie ma. Jest w niej jednak substancja nazwana: **beta-karoten**. Jest tzw. pro-witamina. Po wchłonięciu jej wątroba wytwarza dopiero witaminę A. Sama witamina A ma nazwę retinol, chociaż w rzeczywistości są to trzy substancje zwane **retinoidami** (każda z nich odgrywa nieco inną rolę). Na szczęście witamina A jest łatwa do zdobycia, można ją kupić w każdej aptece. Pewnie już niedługo tak będzie, ale na razie mamy szczęście, bo jak wiadomo, jest już uruchomiony mechanizm, który może spowodować, że nie będziemy mieli wolnego, niegraniczonego dostępu do żadnych witamin.

http://www.stopcodex.pl/

Witaminy A nie zawierają warzywa, takie jak marchewka czy pomidor. Zawarte w nich beta-karoteny muszą być przez wątrobę zamienione w witaminę A, to znaczy wtedy, kiedy się wchłoną, a z tym wchłanianiem beta--karotenu nie jest za dobrze. W porównaniu z wchłanialnością witaminy A, beta-karoten wchłania się tylko 20 do 50%, a w dodatku, z jakiegoś powodu, **im więcej spożywamy beta-karotenu, tym jego wchłanialność jest mniejsza.**

*Novotny JA, Harrison DJ, Pawlosky R, et al. **Beta-carotene conversion to vitamin A decreases as the dietary dose increases in humans**. J Nutr 2010 May, 140(5): 915–18.*

*Wood M. **New clues about carotenes revealed**. Agricultural Research 2001 Mar, 49(3): 12–13.*

Trzeba o tym pamiętać. Widziałem już małe dzieci, które tak były przez swoje mamy „naszpikowane" sokiem z marchewki, że skórę miały wręcz pomarańczową, bo... sok z marchewki jest taki zdrowy. Jest, ale dobrze jest coś więcej na ten temat wiedzieć.

Nawet po wchłonięciu beta-karotenu proces jego przemiany w witaminę A nie odbywa się w stosunku 1:1. Badania wskazują, że z jednej jednostki beta-karotenu organizm wytworzy tylko 1/6 do 1/48 jednostki witaminy A.

*Solomons, N. W. and J. Bulus. **Plant sources of provitamin A and human nutriture**. Nutrition Review, Springer Verlag New York, Inc, July 1993, 51:1992-4.*

Grupy społeczne, które polegają na beta-karotenie, jako źródle witaminy A, są zagrożone ryzykiem jej niedoboru. W Indonezji, gdzie spożywa się naprawdę dużo warzyw liściastych, przeprowadzono badania wśród kobiet w ciąży. Spożywały one taką ilość warzyw liściastych, że teoretycznie poziom witaminy A powinien być przekroczony trzykrotnie.

Efekt: niedobór witaminy A.

*De Pee S, West CE, et al. **Lack of improvement in vitamin A status with increased consumption of dark green leafy vegetables**. The Lancet 1995, 346: 75–81.*

Czy eksperci dietetycy o tym wiedzą...? Są to informacje bardzo ważne, kiedy doradza się ludziom, co mają jeść i w jakich ilościach. Kobiety w ciąży szczególnie.

Poza tym przemiana beta-karotenu w witaminę A rzadko przebiega w warunkach optymalnych. Organizmy osób chorych na cukrzycę czy niedoczynność tarczycy, a więc bardzo duża część społeczeństwa, prawie w ogóle nie mogą takiej przemiany dokonać. Tacy chorzy, a są ich setki tysięcy, mają spory problem. Mogą o tym nawet nie wiedzieć.

Brak pęcherzyka żółciowego może też być problemem, ponieważ bez pęcherzyka nie będzie odpowiedniej ilości żółci w dwunastnicy, gdzie jest ona potrzebna właśnie do tego, żeby beta-karoten właściwie się wchłaniał. Według moich obserwacji, w 90% przypadków pęcherzyk żółciowy jest usuwany niepotrzebnie, bo są znacznie lepsze, prostsze metody pozbycia się kamieni żółciowych bez jego usuwania. Nie potrzeba ryzykownych operacji czy laparoskopii, które też nie są pozbawione ryzyka. Jak można łatwo pozbyć się kamieni żółciowych, powiemy sobie później, może w następnej książce.

Do prawidłowego funkcjonowania tarczycy nie tylko potrzebny jest jod. Potrzebna jest też witamina A, bez niej tarczyca nie może prawidłowo funkcjonować.

Potrawy bogate w witaminę A pomagają również chorym na cukrzycę, ponieważ sprzyjają leczeniu się ran, szczególnie na stopach, jak też prawidłowemu funkcjonowaniu oczu.

Organizm dziecka dokonuje przemiany beta-karotenu również dość słabo, a noworodek w ogóle nie przetwarza beta-karotenu w witaminę A. Dlatego **małe dzieci musza otrzymać witaminę A np. z masła, żółtek czy innych tłuszczów zwierzęcych**. Pamiętajmy o tym.

Jeśli na opakowaniu jakiegoś produktu jest napisane, że np. sok z marchwi zawiera witaminę A, to po pierwsze – nie jest to prawda, a po drugie – jeśli tak jest, to jest to witamina sztucznie wytworzona. Żeby spełnić minimalne wymagania czy raczej zalecenia dotyczące dziennej dawki witaminy A, trzeba spożyć bardzo dużo warzyw zawierających beta-karoten. Stąd najlepszym źródłem witaminy A są produkty, takie jak masło, żółtka jajek czy inne tłuszcze zwierzęce, ale... przecież zabrania się nam tego typu produkty spożywać, bo... cholesterol. W następnej książce wykażę, że tego typu porady są zwykłą, na niczym nieopartą głupotą, bo inaczej tego nazwać nie mogę.

Właśnie nadmierne spożycie tłuszczów wielonienasyconych, roślinnych, pomiędzy innymi skutkami negatywnymi, zaburza przemianę beta-karotenów w witaminę A:

*Dunne, L. J. **Nutrition Almanac, Third Edition**, McGraw-Hill Publishing Company, 1990.*

Tragedia, jaką wśród wielu społeczeństw na świecie spowodowała nagonka na tłuszcze zwierzęce, jest praktycznie nie do opisania (jak to naprawdę z tym cholesterolem jest, dogłębnie opisał dr Uffe Ravnskov w swojej książce pt.: „Cholesterol – naukowe kłamstwo", która swego czasu stanowiła absolutny hit wydawniczy w USA, a kiedy „wyszła z druku", była sprzedawana na Amazon po 999 $ za sztukę! Tłumaczenie tej książki jest osiągalne w Polsce za ok. 40 zł).

Karoteny są przetwarzane na witaminę A przy udziale soli żółciowych, ale bardzo mało żółci jest wydzielane wtedy, kiedy posiłek jest spożywany przy małej ilości tłuszczu. Ileż to razy widzimy osoby spożywające sałatki warzywne, ale… broń Boże, żeby był w nich tłuszcz!

Albo.. widzimy osoby chrupiące surową marchewkę, bo tak jest zdrowo! Dla kogo? Nie tylko, że spożywa taki fanatyk zdrowia beta-karoten, który tylko w najlepszym przypadku w 1/6 jest zamieniany na witaminę A, ale spożywa to bez tłuszczu, a więc prawie bez wydzielania żółci. W związku z tym, że surowa marchewka zawiera dużo błonnika, który stymuluje ruchy jelit, nie trzeba być „lek. med.", żeby się zorientować, że zawarty w tej marchewce beta-karoten bardzo szybko opuści organizm, kierując się „na południe" (w dół ciała) czyli do toalety.

Jakoś nie słyszę „ekspertów" dietetyki, żeby zalecali spożywanie marchewki np. z masłem, no bo przecież masło jest „be", bo tłuszcz, bo cholesterol… i tym podobne bzdury.

Dlatego, kiedy następnym razem przeczytamy, że: „produkt został wzbogacony beta-karotenem", albo że „zawiera witaminę A w postaci beta-karotenu" (co, jak już wiemy, jest błędem merytorycznym), pomyślmy, co to znaczy. Ile trzeba spełnić warunków, żeby z tego beta-karotenu powstała witamina A.

Co prawda organizm człowieka może zmagazynować spore ilości witaminy A w wątrobie i innych organach, dlatego dorosły człowiek może stosunkowo długo funkcjonować, wykorzystując zmagazynowane zapasy, ale… organizm równie szybko może się ich pozbyć. Intensywne ćwiczenia, wysiłek fizyczny, okres wzrostu, ciąża, karmienie piersią, stres czy infekcja spowodują, że zapasy witaminy A wyczerpią się bardzo szybko. Zaczniemy chorować. Dzieci chore na różyczkę mogą tak szybko stracić zapasy witaminy A, że grozi to uszkodzeniem wzroku.

Dzieci żywione dużą ilością białka i małą ilością tłuszczu rosną wysokie, najczęściej z krótkowzrocznością. Tak popularne diety wysokobiałkowe, jak np. szaleńcza w moim odczuciu dieta Dukana, nie tylko skutecznie i niepotrzebnie obciążają wątrobę i nerki, ale duża ilość białka, przy małym spożyciu tłuszczów zwierzęcych, gwałtownie „wysysa" z organizmu witaminę A. Warto o tym pamiętać, jeśli się chce „pójść na Dukana".

Nie tak dawno, kiedy w ramach pomocy międzynarodowej dostarczono do Gwatemali bardzo duże ilości odtłuszczonego mleka w proszku, wiele osób oślepło. Mleko zawiera dużo białka i jako „odtłuszczone", jest prawie całkiem pozbawione tłuszczu, jak nazwa sama wskazuje. Efekty były tragiczne.

Wiemy, że witamina A ma głównie wpływ na wzrok i stan skóry oraz błon śluzowych. Ale nie tylko… znana jest też jako ważny czynnik zabezpieczenia organizmu przed infekcjami. Niedobory tej witaminy skutkują zwiększoną ilością infekcji – od przeziębienia po HIV.

Mniej znaną rolą witaminy A jest jej udział w prawidłowym funkcjonowaniu kości. Celowo używam słowa „funkcjonowaniu", bo jak już wyjaśniłem poprzednio, kość jest organem, tyle tylko, że nie składa się z tkanki miękkiej. Wyjaśniałem, że stare komórki kości są usuwane przez osteoklasty, żeby umożliwić prawidłową obudowę kości. Witamina A właśnie ma wpływ na działanie osteoklastów. Pozornie wygląda na to, że witamina A powoduje niszczenie kości, ale działanie osteoklastów jest bardzo ważne, bo robią miejsce dla nowych komórek kości. Stymuluje działanie osteoklastów i dzięki niej powstają związki, które powodują, że kość jest mineralizowana. Poza tym pomaga ona w działaniu osteokalcyny, która jest z kolei uaktywniana witaminą K2, dlatego właśnie mówimy tutaj o witaminie A jako substancji „współpracującej" z witaminą K2.

Pojawiają się czasami zdania, że witamina A działa przeciw witaminie D. Wielokrotnie mamy do czynienia ze zjawiskiem, kiedy w przenośni 1 + 1 = 3. Innymi słowy, efekt działania dwóch substancji RAZEM jest większy niż każdej z tych substancji z osobna. Nazywamy to **synergią**. Tak właśnie dzieje się w przypadku witaminy A i D.

Oliva A, Ragione FD, Fratta M, et al. **Effect of retinoic acid on osteocalcin gene expression in human osteoblasts**. *Biochem Biophys Res Commun 1993, 191(3): 908–14.*

Jest to też kwestia zachowania równowagi pomiędzy tymi witaminami, tak samo jak dzieje się to w przypadku minerałów. Bogate w witaminę A produkty spożywane w Skandynawii mogą prowadzić do zwiększonej ilości przypadków złamań kości udowej. I jak jeden z naukowców stwierdził: wysokie spożycie witaminy A w Skandynawii może pogłębiać efekt słabej wchłanialności wapnia ze względu na niskie nasłonecznienie i niedobory witaminy D, innymi słowy, za dużo A, za mało D:

Johansson S and Melhus H. **Vitamin A antagonizes calcium response to vitamin D in man**. *J Bone Miner Res 2001 Oct, 16(10): 1899–905.*

Tutaj dochodzimy do niezwykle ważnego zjawiska. W ogromnej większości badań dotyczących witaminy A lub witaminy D stosowano tylko witaminę A lub tylko witaminę D. Podawano ich więcej i więcej, ale... każdą oddzielnie, co w końcu prowadziło do osiągnięcia poziomu toksycznego.

Kiedy jednak podawano te witaminy RAZEM, toksyczność ich nie wystąpiła bez względu na to, jak wysoką dawkę witaminy D i A zastosowano.

Metz AL, Walser MM, Olsen WG. **The interaction of vitamins A and D related to skeletal development in the turkey poult**. *J Nutr 1985 Jul, 115(7): 929–35.*

To jest BARDZO WAŻNE! Ważne dlatego, że zanim cokolwiek zrobimy, powracamy do pytania, które będziemy sobie zadawać, a każdy lekarz zada je najpierw: „co z toksycznością?". Odpowiedź znamy. Im więcej będziemy stosować witaminy D, tym więcej musimy brać witaminy K2. Koniecznie. Ponieważ witamina K2 nie wykazuje żadnej toksyczności, więc pozostaje tylko kwestia ceny, jaką za nią płacimy.

Badanie poziomu witaminy K2

Nie bada się tego poziomu wprost. Przypominamy sobie, że mamy w organizmie „nieobudzoną" przez witaminę K2 osteokalcynę. Proces „budzenia" osteokalcyny witaminą K2 nazywa się **karboksylacją**. Czyli NIEobudzona lub NIEuaktywniona jeszcze z powodu braku witaminy K2 osteokalcyna nazywać się będzie **nieskarboksylowana lub niedokarboksylowana osteokalcyna**. Poziom tej nieskarboksylowanej osteokalcyny można zmierzyć. Jeśli jest wysoki – oznacza to niedobór witaminy K2.

Dość sporo wcześniej mówiłem o chorobie nowotworowej. Mówiłem też o tym, że nic właściwe się nam nie mówi konkretnego o zapobieganiu powstawania nowotworów. Wymyśla się program za programem, prowadzi się niekończące i niewiele nam dające dyskusje. Wykazałem, jak duży wpływ na zapobieganie chorobie nowotworowej i jej leczeniu ma witamina D i witamina K2. Nigdy jednak nie słyszałem, żeby ktokolwiek, gdziekolwiek mówił nam o tym, że witamina K2 i witamina D mają takie potężne działanie zapobiegawcze.

Biorę pod uwagę fakt, że jak wcześniej opisałem, lekarze praktycznie nic na ten temat nie wiedzą. Studentom medycyny też nic się na ten temat nie mówi. Brak tej wiedzy jest wytłumaczalny. Kto z czytających tę książkę lekarzy (mam nadzieję, że tacy Czytelnicy tej książki też są) był na szkoleniu, gdzie dogłębnie nauczano o wpływie witaminy D i witaminy K2 na zdrowie człowieka i o zapobieganiu ogromnemu wachlarzowi chorób nękających całe społeczeństwa? Odpowiedź znamy. A w „szkole o tym nie było"? No nie było. A na uniwersytecie medycznym? Też nie. Czyżby...?

„Wiele nowotworów u człowieka wywodzi się z komórek nabłonkowych. Różnicowanie tych ostatnich zależne jest od retinoidów. Niektóre badania epidemiologiczne wykazały występowanie odwrotnej zależności między zawartością witaminy A w pokarmach a ryzykiem wystąpienia raka. Ponadto w niektórych doświadczeniach wykazano, że podawanie retinoidów zmniejsza aktywność niektórych karcynogenów ..."

I kilka zdań dalej:

„Antyoksydacyjne własności obu wymienionych witamin (tzn. wit. A i beta-karotenu) rozpuszczalnych w tłuszczach mogą być odpowiedzialne za ich działanie przeciwnowotworowe".

Tego też nie było? Nie. Jak nie, jak tak? Jest to w „biblii biochemicznej" każdego studenta medycyny pt.: „Biochemia Harpera, wyd. IV, strona 763".

Ale czy ktoś, kiedyś, gdzieś, słyszał ekspertów wypowiadających się na temat zapobiegania nowotworom, żeby choć raz wspomnieli... cokolwiek o witaminie A? Ja tego nigdy nie słyszałem. A przecież w „szkole to było".

Czy aby na pewno? A może ten rozdział opuszczono? A szkoda, bo autorzy badań:

*Formelli F, Meneghini E, Cavadini E. **Plasma retinol and prognosis of postmenopausal breast cancer patients**. Cancer Epidemiol Biomarkers Prev 2009, 18(1): 42–48.*

wykazali, że:

„Niski poziom witaminy A we krwi, w bardzo wyraźny sposób może wskazywać na duże prawdopodobieństwo powstania raka piersi u kobiet po menopauzie. Eksperci w tej dziedzinie już teraz zalecają, że powinno się określać poziom witaminy A u tych kobiet, jako część działań zapobiegających i pozwalających na wczesne wykrycie nowotworu piersi".

Jak niesamowicie wielkie ma to znaczenie każdy już wie. No... może nie każdy. Czytający tę książkę już wiedzą. Szkoda jednak, że NIC na ten temat nie mówią specjaliści, eksperci od „programów" zapobiegania chorobie nowotworowej, a to ich słuchamy niemalże z „nabożeństwem". A może..może sobie na to nie zasłużyli? Pozostawiam to Czytelnikom do osądzenia.

Powyższe badania są niezwykle istotne. Szczególnie dla zdrowia, a może i życia wielu kobiet, bo: **być może, ważniejsze jest zbadanie poziomu witaminy A niż poddanie się mammografii?**

Zbadanie poziomu witaminy A jest zupełnie nieszkodliwe, natomiast, jak wykazują badania, mammografia, przynosi sporo szkody, o czym, być może, będzie więcej w innej książce.

Czy o witaminie A to tylko tyle? Ależ skąd. Ma ona bardzo duże znaczenie w prawidłowym rozwoju płodu, zapobieganiu przedwczesnemu oddzielaniu się łożyska od ściany macicy czy w zapewnieniu wystarczającej ilości mleka u karmiącej matki:

Ortega RM, Andrés P, Martínez RM, et al. **Vitamin A status during the third trimester of pregnancy in Spanish women: influence on concentrations of vitamin A in breast milk**. *Am J Clin Nutr 1997 Sep, 66(3): 564–68.*

To znaczy u kobiety, która w ogóle zajdzie w ciążę. Problemy jakie mają tysiące par z zajściem w ciążę są powszechnie znane. Jedną z coraz bardziej wyraźnie pojawiających się przyczyn jest niska zawartość plemników w spermie mężczyzn. Problem to ogromny, bo bez tego zajść się w ciążę nie da, a przynajmniej nie w sposób najprzyjemniejszy, naturalny ☺. Ale… tutaj witamina A też może przyjść na ratunek, bo jak się okazuje ma ona wpływ „kluczowy" na powstawanie spermy:

Hogart CA and Griswald MD. **The key role of vitamin A in spermatogenesis**. *J Clin Invest 2010, 120(4): 956–62.*

Kiedy tylko zbliżamy się do tzw. sezonu jesienno zimowego eksperci ostrzegają przed grypami i przeziębieniami. Praktyka to potwierdza, bo czasami całe żłobki, przedszkola i szkoły są zainfekowane. Niektóre z dzieci w szczególny sposób są wrażliwe na takie infekcje, pediatrzy są oblężeni! A pediatrów jest coraz mniej …

Ale kto tak naprawdę wie, jak przygotować dziecko i samych siebie do tego „grypowo – przeziębieniowego sezonu"? Kiedy zaproponowałem matkom NAŚWIETLANIE dzieci słońcem (nie opalanie!) lub suplementację witaminą D, A i K2 i zrobiono to, w każdym przypadku, bez wyjątku (!) dzieci w okresie jesienno zimowym nie chorowały tak jak inne dzieci z tego samego przedszkola czy szkoły.

Prawie 20 lat temu, w Australii, przeprowadzono badania dzieci, które szczególnie łatwo zapadały na wszelkiego rodzaju infekcje górnych dróg oddechowych. Zmora każdej mamy mającej dziecko czy dzieci w wieku przedszkolnym i szkolnym. Badania wykazały, że te dzieci, które dostawały zaledwie ok. 1 500 IU witaminy A znacznie rzadziej chorowały niż dzieci, którym podawano placebo:

Pinnock CB, Douglas RM, Badcock NR. **Vitamin A status in children who are prone to respiratory tract infections**. *Aust Paediatr J 1986, 22: 95–99.*

W niektórych rodzinach do dzisiaj jest „zasada babci": raz w tygodniu na obiad wątróbka! Dlaczego? Bo babcia już dawno temu zauważyła, że wtedy dzieci nie przeziębiają się tak łatwo. Proste? Niby tak, ale teraz my na siłę musimy wykazać, że wiemy lepiej, niż wiedziała babcia, która nie była „lek. med." i dostępu do komputera czy mikroskopu nie miała. Nie musiała.

Dlaczego wybrała babcia wątróbkę? bo jest w niej bardzo dużo NATURALNEJ witaminy A. Nie z kapsułki. Bogata w witaminę A jest wątroba wołowa, w 100 gramach zawiera 17 000 do 27 000 IU witaminy A, kurza ok. 11 000 IU, gęsia: prawie 30 000 IU, wieprzowa ok. 22 000 IU, a cielęca? prawie 40 000 IU:

*http://nutritiondata.self.com/facts/
lamb-veal-and-game-products/4671/2*

Jedna łyżka dobrego tranu zawiera ponad 13 000 IU:

http://nutritiondata.self.com/facts/fats-and-oils/628/2

Oczywiście, zaraz ktoś zapyta czy się nie otrujemy. Tak długo jak nie dajemy dziecku wątróbki z niedźwiedzia polarnego, takie niebezpieczeństwo nie zachodzi. W 100g jego wątroby jest około 1 800 000 IU witaminy A.

Kiedyś, w przedszkolach, szczególnie w okresie jesienno zimowym, każde dziecko dostawało obowiązkowo 1 łyżkę tranu dziennie. Ci z Czytelników, którzy są wcześniej urodzeni o jakieś 40 lat, albo więcej, to pamiętają. Na pewno pamiętają tak jak i ja, że tak jak teraz dzieci chorują, wtedy się to nie zdarzało! Komu to przeszkadzało?

Chyba tylko dzieciom, bo niektóre z nich nie znosiły picia tranu, a „Pani nie odpuściła!".

Rodzice niektórych dzieci, w dzisiejszych czasach, mogliby uznać podawanie tranu łyżką za molestowanie, ale... nikt, nigdy nie powiedział, że dziecko musi koniecznie łyknąć całą łyżkę tranu naraz! Przecież jest dziesiątki innych sposobów na „przemycenie" tranu jak np. polanie nim bułeczki czy kromki chleba i posypanie solą. Powinna to być sól himalajska, celtycka, kłodawska do kupienia w każdy sklepie ze zdrową żywnością itd... byle nie sól z supermarketu, jodowana. Zjedzą! Nawet nie będą wiedziały kiedy. Rodzice niech do nich dołączą. Nic im się nie stanie. Najwyżej będą zdrowsi.

Badania dotyczące toksyczności witaminy A wykazały, że **pierwsze symptomy zatrucia tą witaminą u osób dorosłych, po przyjęciu 100 000 IU dziennie, były zauważalne dopiero po około sześciu miesiącach jej codziennego przyjmowania, a u niektórych osób dopiero po kilku latach.** Symptomy są odwracalne po zaprzestaniu jej przyjmowania.

Jakiś czas temu opublikowano badania, które wskazywały na toksyczność witaminy A w stosunku do płodu u kobiet w ciąży. Jak się potem okazało, badania te były obarczone tak poważnymi błędami merytorycznymi, że dawno o nich już zapomniano. Natomiast, kiedy w sposób bardzo kontrolowany podawano kobietom w ciąży i noworodkom(!) 50 000 IU dziennie nie stwierdzono żadnych uszkodzeń neurologicznych:

Mastroiacovo, P. and others. **High vitamin A intake in early pregnancy and major malformations: a multicenter prospective controlled study.** *Teratology. January 1999 59(1):1-2.*

Takie same wyniki mieli naukowcy ze Szwajcarii, którzy po podaniu 30 000 IU witaminy A kobietom w ciąży, nie stwierdzili żadnych skutków ubocznych u noworodków.

*Wiegand, U. W. and others. **Safety of vitamin A: recent results**. International Journal of Vitamin and Nutrition Research. 1998, 68(6):411-6.*

Żadnych skutków ubocznych nie zaobserwowano u ludzi nawet podczas długoterminowego brania witaminy A w ilościach dwukrotnie przekraczających zalecaną dawkę dzienną tzn. 3 000 IU.

*Johnson EJ, Krall EA, Dawson-Huges B, et al. **The lack of effects of multivitamins containing vitamin A on serum retinyl esters and liver function tests in healthy women**. J Am Coll Nutr 1992, 11: 682–86;*

A dalsze badania gdzie stosowano witaminę A w ilości 25 000 IU w okresie od 2 do 12 lat nie wykazały uszkodzenia wątroby ani innych efektów szkodliwych:

*Sibulesky L, Hayes KC, Pronczuk A, et al. **Safety of <7500 RE (<25000 IU) vitamin A daily in adults with retinitis pigmentosa**. Am J Clin Nutr 1999, 69(4): 656–63.*

Skutkami przedawkowania witaminy A są: sucha, swędząca skóra, wypadanie włosów, bóle głowy, pogrubienie kości czy uszkodzenie wątroby. Ciekawe jest też to, że niektóre z tych symptomów są charakterystyczne dla... niedoborów witaminy A. Jest to spowodowane tym, że wiele symptomów toksyczności witaminy A są spowodowane poprzez niedobory witaminy D i K2:

*Rheaume-Bleue, Kate (2011-11-08). **Vitamin K2 and the Calcium Paradox: How a Little-Known Vitamin Could Save Your Life** (p. 194). John Wiley and Sons.*

Szczerze polecam tę publikację, bo na niej oparłem sporą część tego rozdziału.

Jak zawsze, sprawa tkwi w zachowaniu pewnej równowagi. Między innymi z tego powodu, nie mogłem pisać o witaminie D bez opisania witaminy K2 i A.

Witamina A była stosowana też do innych celów. Na przykład, **zastosowanie 100 000 IU dziennie u kobiet z bardzo obwitymi krwawieniami miesięcznymi spowodowało wyleczenie tej dolegliwości u 92% z nich.** Warto o tym pamiętać? Chyba tak, bo z tego typu problemem zmaga się naprawdę tysiące kobiet. Może zupełnie niepotrzebnie, tylko... dlaczego tak się ciągle dzieje?

Chorzy na łuszczycę, prawie zawsze mają niski poziom witaminy A, co prawie 20 lat temu opisano w *Acta Dermato Venereologica, Jul 1994 74(4): 298-301*, a z kolei *The Lancet* opublikował badania w marcu 1998 r, które wskazywały na to, że ci chorzy, którzy doznali udaru mózgu, a mieli wysoki poziom witaminy A, mieli dużo większą szansę na wyleczenie bez żadnych negatywnych skutków. Czy to nie jest warte uwagi?!

Witamina A chroni przed nowotworem płuc i pęcherza moczowego u mężczyzn (*Alt Cancer Inst Monogr Dec 1985 69:137-42*). W Niemczech 14 pacjentów z 20 z nowotworem prostaty wyleczono całkowicie, a u 5 osiągnięto częściową remisję, używając witaminy A jako jednego z elementów NATURALNEJ terapii (*Drugs Exp Clin Res 2000;26(65-6):249-52*).

Jednakże przestrzega się przed spożywaniem beta-karotenów produkowanych syntetycznie. Kilka badań potwierdziło fakt, że mogą one sprzyjać rozwojowi nowotworów!! Nie dzieje się tak jednak w przypadku karotenów naturalnych.

PODSUMOWANIE

- Witamina A ma działanie ogólnoustrojowe podobnie jak witamina D i K2.
- Witamina A spożywana w dawkach zapobiegawczych tj ok. 2000 do 10 000 IU razem z witaminami D i K2 nie wykazuje żadnej toksyczności.
- Nie należy spożywać beta-karotenu produkowanego syntetycznie.

Witamina E – jakiej nie znamy

W tym przypadku również roi się wprost od nieporozumień.

Witamina E to NIE JEST JEDNA SUBSTANCJA.

W odróżnieniu np. od witaminy C, mówiąc: „witamina E" musimy mieć na-myśli to, że tak określamy grupę 8 substancji. Witamina E to dwie podsta-wowe grupy substancji:
- **Tokoferole**

i
- **Tokotrienole**

Każda z tych grup składa się z czterech pod-grup oznaczanych jako alfa, beta, delta i gamma. Tak więc mamy:
- **alfa-tokoferol** i **alfa tokotrienol,**
- **beta tokoferol** i **beta tokotrienol,**
- **delta tokoferol** i **delta tokotrienol,**
- **gamma tokoferol** i **gamma tokotrienol.**

Około 70 lat temu mieszanka tokoferoli była sprzedawana jako witamina E. Niemalże przez przypadek, jeden z pracowników firmy Kodak zauważył, że można z soi wyizolować naturalnie występującą mieszankę tokoferoli.

Wkrótce potem, bracia Shute z Kanady wykazali, że **można ograniczyć zjawisko arteriosklerozy poprzez podawanie naturalnej mieszanki to-koferoli**. Była to wspaniała wiadomość, ale… nie dla braci Shute. Środowi-sko medyczne natychmiast przypuściło niezwykle zmasowany atak i rozpę-tało szeroko zakrojoną propagandę przeciwko stosowaniu tej witaminy.

W tym czasie tj. w 1941 r firma farmaceutyczna Hoffman LaRoche wypro-dukowała **syntetyczną wersję witaminy E** jako alfa tokoferol i wykazała, że u ludzi, którzy ją brali poziom witaminy E był wyższy, chociaż niektórzy twierdzą, że działo się tak tylko dlatego, że syntetyczna forma witaminy E nie przenikała do komórek. Potężne fundusze jakie stały za firmą farma-ceutyczną spowodowały, że od tego czasu środowisko medyczne zaczęło uważać, że alfa tokoferol jest jedynym użytecznym składnikiem witaminy E. Jest to oczywista nieprawda.

Mało tego… propaguje się z wielką pieczołowitością informacje, ba… nawet całe badania, że witamina E jest.. szkodliwa! Jak wygląda prawda?

Ponieważ jak to się mówi, diabeł tkwi w szczegółach, musimy tego „diabła" chociaż troszkę okiełznać poprzez zapoznanie się z kilkoma szczegółami, ale.. tylko kilkoma, które pozwolą zrozumieć w czym rzecz. Jak już wspomniałem, nie można mówić o skutkach dobrych czy złych działania witaminy E, bez konkretnego wyszczególnienia: o którym z ośmiu jej elementów jest mowa i co najważniejsze… czy mowa jest o składniku naturalnym czy syntetycznie wytworzonym.

Różnice mogą być na „wagę zdrowia". Powyżej już wskazałem, że jest wiele badań, które nie pozostawiają wątpliwości, że <u>sztucznie produkowany beta-karoten sprzyja powstawaniu nowotworów, podczas, gdy naturalna forma im zapobiega.</u>

A teraz: typowe robienie ludziom „wody z mózgu" w postaci np. takich oto „badań", które wskazują na to, że witamina E sprzyja wzrostowi śmiertelności:

Edgar R. Miller, III, MD, PhD; Roberto Pastor-Barriuso, PhD; Darshan Dalal, MD, MPH; Rudolph A. Riemersma, PhD, FRCPE; Lawrence J. Appel, MD, MPH; and Eliseo Guallar, MD, Dr PH Annals of Internal Medicine 4 January 2005 | Volume 142 Issue 1, Pages 37-46 REVIEW **Meta-Analysis: High-Dosage Vitamin E Supplementation May Increase All-Cause Mortality**

Jest to tzw. meta-analiza, czyli wnioski, jakie wysnuto po przeanalizowaniu dużej ilości badań na ten sam temat. W tym przypadku analizie poddano 19 różnych badań zastosowania witaminy E.

Poważna publikacja, w poważnym periodyku, napisana przez wydawałoby się poważnych ludzi. Co najgorsze to, że… poszło to w szeroki świat. Media, bezmyślnie propagowały tą informację, bez sprawdzenia. No bo po co? Przecież wyszło to spod pióra prawdziwych autorytetów. Jak wiemy, wiara w tzw. autorytety gwałtownie spada w wielu dziedzinach. Autorytety trzeba więc kwestionować! Nie bójmy się tego...

Inni naukowcy zakwestionowali to i wzięli „pod lupę" powyższe badania:

> **Meta-Analysis, Metaphysics and Mythology**, *Scientific and Clinical Perspective on the Controversies Regarding Vitamin E for the Prevention and Treatment of Disease in Humans by Mark Houston, MD, MSc, FACP, FAHA Editor-in-Chief, Journal of the American Nutraceutical Association, Associate Clinical Professor of Medicine Vanderbilt University School of Medicine JANA Vol. 8 No. 1, 2005*

Co się okazało? W żadnych z tych 19 badań nie użyto innej formy witaminy E jak tylko alfa tokoferolu i w większości z nich używano SYNTETYCZ- NEJ wersji tego składnika witaminy E. Jaka jest wartość takich badań? Żad- na. Chyba tylko taka, że potwierdza to, że wersja syntetyczna nie spełnia oczekiwanej roli, ale.. o tym już dawno było wiadomo. Natomiast rozpo- wszechnianie informacji, że witamina E jako taka, jest szkodliwa jest zwy- kłym oszustwem.

Inne badania wykazały, że: **branie witaminy E w postaci suplementów w celu leczenia czy zapobiegania wystąpienia chorobom serca nie ma żadnego znaczącego efektu na obniżenie ryzyka wystąpienia za- wału lub śmierci spowodowanej inna chorobą serca** (*Arch Intern Med.* 2004;164:1552-1556).

W tych z kolei badaniach, również użyto tylko jednej formy witaminy E – alfa tokoferolu. Co wcale nie przeszkadzało autorom mówić o tym, że stosowali witaminę E. Ukryto, że z ośmiu jej składników użyto tylko jednego, a to wcale nie jest witamina E! No i jak to nazwać? **Nie napisali, że: „zasto- sowanie jednego składnika witaminy E, jakim jest alfa tokoferol nie ma sensu"**. Nie. Napisali, że stosowanie witaminy E nie ma sensu, pod- czas gdy wcale nie testowali witaminy E!

Jakie są wnioski dla przeciętnego czytelnika tych doniesień? Nie ma po co stosować witaminy E, bo ... nie działa. A jakie są wnioski dla lekarza? Takie same. Dlaczego?

Bo w 95% przypadków przeciętni lekarze czytają tylko tytuły lub streszczenie prac naukowych. Czy w takim razie, czytając tego typu poważne niby publikacje, lekarz będzie komuś zalecał witaminę E? Nie, bo przecież badania wykazały, że nie ma sensu.

W celu uzyskania największych korzyści z witaminy E, może należałoby popatrzeć na resztę jej składników. Może Matka Natura umieściła pozostałe siedem jej składników w jakimś celu?

Naukowcy z Uniwersytetu Uppsala w Szwecji stwierdzili, że mieszanka tokoferoli alfa, gamma i delta wykazuje wysokie działanie przeciwutleniające, chroniące czerwone ciałka krwi. Działają tak, ale… tylko wtedy, kiedy są razem.

Druga grupa substancji, z której składa się witamina E, czyli tokotrienole, ma jeszcze ciekawsze własności. Przez długi okres czasu naukowcy prawe wcale się tą grupą nie zajmowali. Najlepszym naturalnym źródłem tokotrienoli są nasiona palmy. Kiedy naukowcy zaczęli je badać okazało się, że **są one 40 do 60 razy silniejszym przeciwutleniaczem niż alfa tokoferol!**

Ktoś powie: „sporo się też mówi o witaminie E jako substancji chroniącej nasze serce". Jak wiemy, jednym z największych problemów zdrowotnych tzw. krajów cywilizowanych jest wręcz epidemia zawałów. Masowo wykonuje się tzw. bajpasy, a kiedy to nie wystarcza, przeszczepia się całe serca. Masowo również, w zablokowane tętnice wstawia się tzw. stenty, które mają pomóc krwi w przepływie do mięśnia sercowego. Wiemy o tym.

Wiemy też, że ze względu na ilość chorych osób na choroby układu wieńcowego, koszty jakie każde państwo ponosi są równie ogromne. Leczenie tych osób jest naprawdę bardzo kosztowne. Wszyscy za to płacimy. Nie ma znaczenia czy jest to przez odprowadzanie składki do ZUS czy za mandaty automatycznie generowane przez fotoradary na drogach. Pytanie jest: czy jest to konieczne? Według mnie – NIE. Wystarczy pomyśleć i wprowadzić odpowiednie działania zapobiegające powstawaniu złogów w tętnicach oraz działania, które pozwolą na usunięcie istniejących złogów z tętnic. I tyle … Jak to zrobić już wiemy z poprzednich rozdziałów. Czy to robimy? Nie. Czy da się coś jeszcze więcej zrobić?

Naukowcy z Jordan Heart Foundation, w New Jersey oraz z Elmhurst Medical Center, w Nowym Jorku wykazali, że **mieszanka** <u>tokotrienoli</u> **z nasion palmy pozwala na usunięcie złogów cholesterolowych z tętnic w czasie ok. 6 miesięcy.**

Kooyenga, D.K.; Geller,M.; Watkins, T.R. and Bierenbaum, M.L. (July 29, 1997) **Antioxidant-induced regression of carotid stenosis over three-years.** *Proceedings of the 16th International Congress of Nutrition. Montreal.*

Proste prawda? Co my jednak robimy? Wolimy wstawiać stenty, przeszczepiać serca, rozcinać tętnice i wyciągać z nich blokujące je złogi itd... No i... oczywiście, czy trzeba czy nie trzeba obniżamy poziom cholesterolu specjalnie wytworzoną trucizną zwaną „lekiem na cholesterol".

Poziom cholesterolu ma się nijak do powstawania miażdżycy, o czym jest wiadomo już od dawna. Istotne jest to, czy ścianki tętnicy pozwalają na przyleganie utlenionego cholesterolu, wapnia, skrzepów itd. ...

Jeden z najlepszych specjalistów w tej dziedzinie, dr Barrie Tan, porównuje to do powierzchni patelni pokrytej teflonem, do której nic nie przylega i do paska Velcro, do którego inny pasek „przyklei się" z bardzo dużą siłą. Wiele badań wskazuje na to, że **delta tokotrienole** wykazują własności, które prowadzą do takiego stanu powierzchni tętnic jak „patelnia pokryta teflonem". Upraszczam oczywiście w sposób maksymalny, ale tych, którzy mają chęć zmierzyć się z tym zagadnieniem zapraszam do przeczytania i przeanalizowania:

Theriault, J.T. Chao and A. Gapor, **Tocotrienol is the Most Effective Vitamin E for Reducing Endothelial Expression of Adhesion Molecules and Adhesion to Monocytes,** *Atherosclerosis 160 (1), 21–30 (2002).*

J.T. Chao, A. Gapor and A. Theriault, **Inhibitory Effect of Delta-Tocotrienol, A HMG CoA Reductase Inhibitor, on Monocyte-Endothelial Cell Adhesion,** *J. Nutr. Sci. Vitaminol. (Tokyo) 48 (5), 332–337 (2002).*

Y. Naito et al., **Tocotrienols Reduce 25-Hydroxycholesterol-Induced Monocyte-Endothelial Cell Interaction by Inhibiting the Surface Expression of Adhesion Molecules**, *Atherosclerosis 180 (1), 19–25 (2005).*

Prawdziwym utrapieniem dla milionów ludzi jest nadciśnienie tętnicze krwi. Problem w tym taki, że leki stosowane przez medycynę akademicką niosą ze sobą bardzo poważne skutki uboczne. Podanie dużej ilości Koenzymu Q10 prowadzi z czasem do unormalizowania się ciśnienia krwi. Nie tylko bez żadnych skutków ubocznych, ale z wieloma jeszcze innymi zaletami (jest to temat, który przygotowuję do następnej książki).

Wykazano, że połączenie Koenzymu Q10 i tokotrienoli jeszcze lepiej wpływa na uregulowanie ciśnienia tętniczego. Również bez żadnych skutków ubocznych.:

M.A. Newaz et al., **Nitric Oxide Synthase Activity in Blood Vessels of Spontaneously Hypertensive Rats: Antioxidant Protection by Gamma-Tocotrienol**, *J. Physiol. Pharmacol. 54 (3), 319–327 (2003).*

F.L. Rosenfeldt et al., **Coenzyme Q10 in the Treatment of Hypertension: A Meta-Analysis of the Clinical Trials**. *J. Hum. Hypertens. 21 (4), 297–306 (2007).*

To wszystko tanio i skutecznie. Czy badania te przeprowadzili jacyś znachorzy? Czy byli to jacyś nawiedzeni uzdrawiacze? Nie. Czy trzeba tutaj cokolwiek więcej pisać na temat, jakie to odkrycie ma niesamowite znaczenie? Też nie...

Tak... pisać o tym nie trzeba, ale trzeba zadać pytanie: KTO O TYM WIE? Kto z czytelników tej książki o tym wie?

Kiedy, kolokwialnie mówiąc, spartaczone badania <u>niby wykazały</u>, że witamina E do niczego się nie nadaje usłyszał o tym cały świat!

Dlaczego nikt w podobny sposób nie nagłaśniał tych powyżej opisanych wspaniałych odkryć? Czy jest to jedyne odkrycie? Ależ skąd! Opisywałem, że ten sam efekt można osiągnąć stosując witaminę K2, D i A. Czy to jest jedyny sposób – nie... jest ich więcej. Dlaczego więc nic na ten temat nie słyszymy w mediach?

Dlaczego mówiąc o zapobieganiu chorobom serca związanych z miażdżycą nikt i nic nam nie mówi jak prosto można tego dokonać? Wiadomo, że **miażdżyca jest odwracalna**, a jednak nikt formalnie, oficjalnie nie powie: spróbujcie.

Wyprzedzam tu już mądre komentarze, tych którzy zawsze mi odpowiadają że: „medycyna akademicka opiera się tylko na rzetelnych, randomizowanych, podwójnie ślepych badaniach, a nie na zaledwie doniesieniach z jakichś tam badań czy obserwacji", lub: „dopóki lek (witamina!!) nie przeszedł właściwych badań, które to z kolei nie zostały opublikowane w periodykach z listy filadelfijskiej itd... itd..." to..? To co? To będziecie woleli po prostu przyglądać się jak ludzie cierpią i chorują niepotrzebnie? Na jakie badania mamy czekać? Na badania naturalnej substancji? Przecież nie da się jej opatentować, więc nie ma w tym pieniędzy, a to z kolei oznacza, że NIKT TYCH BADAŃ NIGDY nie wykona. Czekać? A może w końcu wziąć sprawę w swoje ręce?

Czy można zignorować badania, które wskazują, że witamina E, a w szczególności tokotrienole, mają działanie zapobiegawcze, ochronne, jeśli chodzi o choroby układu nerwowego?:

Theriault A, Chao JT, Wang Q, Gapor A, Adeli K. **Tocotrienol: a review of its therapeutic potential.** *Division of Medical Technology, University of Hawaii at Manoa, Honolulu 96822, USA. andret@hawaii. edu Ann N Y Acad Sci. 2004 Dec;1031:127-42.*

Sen CK, Khanna S, Roy S. **Tocotrienol: the natural vitamin E to defend the nervous system?** *Davis Heart & Lung Research Institute, 473 West 12th Avenue, The Ohio State University Medical Center, Columbus, Ohio 43210, USA. sen-1@medctr.osu.edu*

S. Khanna et al., **Neuroprotective Properties of the Natural Vitamin E Alpha-Tocotrienol,** *Stroke 36 (10), 2258–2264 (2005).*

Witamina E – cholesterol i nowotwory

Dla tych, którzy zupełnie niepotrzebnie ciągle boją się cholesterolu i dla lekarzy, którzy nie leczą człowieka, tylko leczą jego „poziom cholesterolu", mam dobrą wiadomość.

Tokotrienole obniżają poziom cholesterolu:

*Russell DeBose-Boyd, PhD **Tocotrienol Mechanism In Cholesterol-Lowering** UT Southwestern Medical Center, Dallas, TX*

Masowo i zupełnie bezmyślnie przepisywane „chorym na cholesterol" statyny, bardzo efektywnie obniżają poziom cholesterolu. Przy okazji też mają fatalne skutki uboczne niszczące inne organy, ale... poziom cholesterolu obniżą. Tokotrienole zaś poziom cholesterolu obniżą, ale bez skutków ubocznych, jakie mają statyny występujące pod nazwami handlowymi, takimi jak np. Baycol, Lipobay, Torvatin, Sortis, Torvast, Torvacard, Zocor, Simvacard, Mevacor, Crestor itd.

Jak rozpoznać czy dany lek to statyna? Na opakowaniu może być tylko nazwa handlowa, jak powyżej wymienione, ale najczęściej pod spodem lub w ulotce jest nazwa chemiczna, która kończy się na -statyna lub -statinum.

Tokotrienole spowalniają wzrost komórek nowotworowych takich jak komórki nowotworu piersi, wątroby, prostaty, skóry, trzustki, jelita grubego, płuc, krwi, węzłów chłonnych, szyjki macicy i nerwów podczas gdy <u>tokoferole takiego działania nie wykazują</u>.

*Huanbiao Mo, **Mevalonate-suppressive tocotrienols for cancer chemoprevention and adjuvant therapy**, Department of Nutrition and Food Sciences, Texas Woman's University, Denton, TX 76204*

*Silvia Ciffolilli, Silvia Legnaioli, Marta Piroddi, Elisa Pierpaoli1, Mauro Provinciali1, Francesco Galli, **On the Superiority of Hypomethyl (Delta- and Gamma-) Tocotrienols as Anticancer Agents in Neu-Positive Breast Cancer**, Dept of Internal Medicine, Laboratory of Clinical Biochemistry and Nutrition, University of Perugia, Italy1 Laboratory of Tumor Immunology, INRCA-IRCCS, Scientific Technological Area, Ancona, Italy*

W 2000 roku dr Sylvester z uniwersytetu w Luizjanie (USA) wykazał, że **delta tokotrienol** jest najskuteczniejszym składnikiem witaminy E powodującym zmniejszenie rozmnażania się komórek nowotworowych. Drugim jego spostrzeżeniem było to, że delta tokotrienol wpływał na wywołanie procesu apoptozy czyli tego, o co nam najbardziej chodzi w walce z nowotworem.

Te własności delta tokotrienolu w odniesieniu do nowotworu skóry (melanoma), piersi, prostaty, trzustki i jelita grubego potwierdziły dalsze badania przeprowadzone przez innych naukowców:

B.S. McIntyre et al., ***Antiproliferative and Apoptotic Effects of Tocopherols and Tocotrienols on Preneoplastic and Neoplastic Mouse Mammary Epithelial Cells,*** *" Proc. Soc. Exp. Biol. Med. 224 (4), 292–301 (2000).*

J.A. McAnally et al.,. ***Tocotrienols Potentiate Lovastatin-Mediated Growth Suppression in vitro and in vivo,*** *Exp. Biol. Med. (Maywood) 232 (4), 523–531 (2007).*

K. Nesaretnam et al., ***Tocotrienols Inhibit the Growth of Human Breast Cancer Cells Irrespective of Estrogen Receptor Status,*** *Lipids 33 (5), 461–469 (1998).*

C. Conte et al., ***Gamma-Tocotrienol Metabolism and Antiproliferative Effect in Prostate Cancer Cells,*** *Ann N Y Acad. Sci. 1031, 391–394 (2004).*

T. Eitsuka, K. Nakagawa and T. Miyazawa, ***Down-Regulation of Telomerase Activity in DLD-1 Human Colorectal Adenocarcinoma Cells by Tocotrienol,*** *Biochem. Biophys. Res. Commun. 348 (1), 170–175 (2006)*

M.P. Malafa and S. Sebti, ***Delta-Tocotrienol Treatment and Prevention of Pancreatic Cancer,*** *in US: Lee Moffitt Cancer Center & Research Institute, University of South Florida (Tampa) (2008).*

Czy jest to ważne odkrycie? Pewnie tak, ale chyba najbardziej dla tych, którzy chcą zapobiegać chorobie nowotworowej lub już chorują na raka.

Nie chcę być tutaj uszczypliwy, więc nie zadam pytania, np. „kto z czytelników słyszał, żeby w przypadku choroby nowotworowej któremukolwiek z pacjentów zalecano branie tokotrienoli? Kto kiedykolwiek słyszał wypowiedzi „ekspertów" mówiących o zapobieganiu chorobie nowotworowej, żeby nawet przez przypadek zająknęli się wspominając coś o tokotrienolach czy o innych substancjach chociażby jak np. witaminy D, K2 i A?".

A to jeszcze nie koniec... bo dużo dokładniej omówię to w innej książce, gdzie naprawdę się tym zajmiemy nie słuchając bajdurzenia o zapobieganiu nowotworom stosując np. mammografię czy kolonoskopię, bo są to metody wykrywania, a nie zapobiegania nowotworom.

Przy czym, natychmiast przestrzegam czytelników przed atakowaniem lekarzy. Jak na wstępie wspomniałem: „skąd mają to wiedzieć?". Nie dowiedzieli się tego na uniwersytetach czy akademiach medycznych, nie dowiedzieli się w czasie szkoleń organizowanych przez ich organizacje. Wiadomo, że w czasie tych szkoleń, prowadzonych pod auspicjami i często finansowanymi przez przemysł farmaceutyczny dowiedzą się tylko tego czego chce ich sponsor, któremu tylko zależy na tym, żeby sprzedać jak największą ilość produkowanej przez niego substancji pod nazwą leku. Substancja, która żeby mogła przynosić ogromne zyski, nie może być substancją naturalną, musi być substancją sztucznie wytworzoną.

Tokotrienole działają też przeciwzapalnie. Stany zapalne sprzyjają powstaniu wielu innych chorób, a w zasadzie prawie każda choroba przebiega z większym lub mniejszym stanem zapalnym (np. miażdżyca, cukrzyca, stwardnienie rozsiane, choroba Leśniowskiego-Crohna, reumatoidalne zapalenie stawów, itd.).

Często wystąpienie choroby nowotworowej jest poprzedzone istnieniem **przewlekłego stanu zapalnego**, o którym możemy nawet nie wiedzieć. Z tego powodu należy zawsze zwalczać długo występujące stany zapalne. Wcześniej opisywałem już jak działają sterydowe i niesterydowe środki przeciwzapalne i z jakim skutkami ubocznymi.

Opisywałem też, jak przeciwzapalnie działa witamina D, nie powodując żadnych skutków ubocznych, itd., ale czy tylko witamina D? Oczywiście, że nie tylko. Takie działanie wykazują też tokotrienole. To działanie przeciwzapalne jest szczególnie ważne, kiedy mamy do czynienia z nowotworem, gdzie jak wykazano, tokotrienole pomagają leczyć, jak też odgrywają bardzo dużą rolę w zapobieganiu nowotworom:

Bharat B. Aggarwal, Ph.D. **The Role of Tocotrienols in Inflammatory Diseases,** *Cytokine Research Laboratory, Department of Experimental Therapeutics, The University of Texas M. D. Anderson Cancer Center, Houston, Texas 77030, U.S.A.*

Przetestowano również tokotrienole na chorych z nowotworem trzustki. Jest to niezwykle agresywny nowotwór, praktycznie niedający nadziei. 95% chorych przeżywa tylko 6 do 12 miesięcy od diagnozy. Okazało się jednak, że <u>delta tokotrienole hamują wzrost nowotworu trzustki, blokują podział jego komórek</u>. Mówiliśmy o tym, że komórka nowotworowa „zapomniała umrzeć" (apoptoza) i rośnie bez ograniczenia. Jak z powrotem wywołać to zjawisko? Badania wskazują na to, że tokotrienole mogą tego dokonać.

Podobnie działają w przypadku nowotworu wątroby poprzez wywoływanie apoptozy, czyli naturalnej śmierci komórki

M.P. Malafa and S. Sebti, **Delta-Tocotrienol Treatment and Prevention of Pancreatic Cancer,** *in US: Lee Moffitt Cancer Center & Research Institute, University of South Florida (Tampa), 2008.*

M. Sakai et al., **Apoptosis Induction by Gamma-Tocotrienol in Human Hepatoma Hep3B Cells,** *J. Nutr. Biochem. 17 (10), 672–676 (2006).*

Jednym z mechanizmów, jakie wykorzystuje nowotwór żeby przeżyć, jest budowanie sobie własnego układu krwionośnego (jest to tzw. zjawisko angiogenezy). Pozwala mu to na odżywianie się bez ograniczeń, a co za tym idzie, na jego nieograniczony wzrost.

Jasne jest więc, że gdyby udało się zahamować to zjawisko, wtedy można byłoby również zahamować wzrost guza nowotworowego i doprowadzić do jego zaniku. To niestety jest wojna, którą przegrywamy.

Są też jeszcze inne schorzenia, gdzie następuje nienormalne dla organizmu budowanie naczyń krwionośnych jak na przykład w łuszczycy. Istnieją oczywiście środki anty angiogenetyczne, ale jak zwykle – stosowanie ich jest zawsze związane z niezwykle groźnymi skutkami ubocznymi. Są jednak naturalne substancje hamujące angiogenezę np. artemisinin czy chociażby witamina C, ale świat medycyny akademickiej udaje, że tego nie widzi. Powód jest zawsze ten sam… substancja naturalna, a więc nie można jej opatentować. Nie da się zarobić, a więc nie ma szans na formalne wprowadzenie tych substancji do schematu leczenia bardzo chorego człowieka. Biznes znowu wygrywa…

Tokotrienole, jak się okazuje wykazują działanie hamujące na powstawanie nowych naczyń krwionośnych jakie usiłuje sobie zbudować nowotwór:

Y. Mizushina et al., **Inhibitory Effect of Tocotrienol on Eukaryotic DNA Polymerase Lambda and Angiogenesis,** *Biochem. Biophys. Res. Commun. 339 (3), 949–955 (2006).*

Nakagawa K, Shibata A, Yamashita S, Tsuzuki T, Kariya J, Oikawa S, Miyazawa T. **In vivo angiogenesis is suppressed by unsaturated vitamin E, tocotrienol.** *J Nutr 137:1938-1943 (2007).*

Czy to wszystko co opisałem jest dla naszego zdrowia czy leczenia ważne? Jeszcze jak! Jednak, kto z pacjentów z nowotworem czytających tę książkę dostał zalecenie przyjmowania tokotrienoli? Las rąk… ale chyba tylko przy zgaszonym świetle.

Wielokrotnie mówiliśmy już w tej książce o wolnych rodnikach i usuwających je przeciwutleniaczach. W tym przypadku również tokotrienole wykazały swoją wyższość:

K. Kline, W. Yu and B.G. Sanders, **Vitamin E: Mechanisms of Action as Tumor Cell Growth Inhibitors,** *J. Nutr. 131 (1), 161S–163S (2001).*

Wskazówka praktyczna:

Pomimo tego, że tak dużo miejsca poświęciłem tokotrienolom, nie oznacza to, że tokoferole nie mają znaczenia. Chodzi o to, że w pewnych przypadkach jest lepiej, żeby ich nie było, a w pewnych lepiej, żeby wstępowały razem z tokotrienolami. Trzeba to wiedzieć, żeby je stosować właściwie lub żeby udzielać właściwych porad, a nie tak, jak często bywa z witaminą C.

Jeśli zachodzi potrzeba obniżenia poziomu trójglicerydów, cholesterolu lub kiedy mamy do czynienia z nowotworem, wtedy jest bardziej korzystnie używać samych tokotrienoli bez lub z małą ilością tokoferoli. W tych przypadkach tokoferol przeszkadza. Oznacza to, że tokotrienole i tokoferole powinny być brane oddzielnie, np. z odstępem ok. 8 godzin.

Jeden z największych ekspertów w dziedzinie witaminy E, dr Barrie Tan, zaleca, żeby tokoferole brać rano, a tokotrienole z wieczornym posiłkiem ze względu na to, że organizm człowieka produkuje największą ilość cholesterolu około północy.

W przypadkach stosowania witaminy E w postaci kremu na skórę, tokoferole nie zaburzają działania tokotrienoli i wtedy występuje ich działanie lepsze, kiedy są razem niż oddzielnie.

Coraz częściej występują przypadki chronicznych infekcji dróg oddechowych spowodowanych przez bakterię: *Chlamydia pneumoniae*. Wykazano, że **usunięcie tej bakterii w znaczny sposób pomaga leczyć chorych, np. na stwardnienie rozsiane**.

Co więcej… obecność tej bakterii wykryto w blaszce cholesterolowej, jak też stwierdzono, że sprzyja ona rozwojowi arteriosklerozy, miażdżycy.

Badania, jakie przeprowadził dr Tan, wskazują, że tokotrienole, a szczególnie delta tokotrienole miały bardzo duży wpływ na redukcję stanów zapalnych spowodowanych tą bakterią.

244

* * *

A teraz trochę naukowego „mambo dżambo" tylko dla technicznie „zakręconych":

W większości badań używano czystych izomerów tokotrienoli. We wcześniejszych badaniach uszeregowano tokotrienole w zależności od ich własności czy też raczej skuteczności, jakie wykazywały w leczeniu chorób serca i nowotworów od najwyższej skuteczności do najmniejszej w następujący sposób: delta tokotrienol>gamma tokotrienol>alfa tokotrienol.

Przy czym, <u>alfa tokoferol (czyli to, co najczęściej jest sprzedawane w aptekach jako „witamina E") nie wykazywał prawie żadnej skuteczności</u>. Po tych badaniach nastąpiła seria dalszych badań, gdzie używano tokotrienoli z nasion palmy, ponieważ wtedy było to najbogatsze źródło tych substancji.

Skuteczność tych tokotrienoli w leczeniu chorób serca i nowotworów była określona na coś pomiędzy gamma tokotrienolem i alfa tokotrienolem i w związku z tym, mniej skutecznych niż czysty delta tokotrienol. Ponieważ tokotrienole uzyskane z nasion palmy miały wysoką zawartość gamma tokotrienoli i stosunkowo niską zawartość delta tokotrienoli, dlatego gamma tokotrienol został w tamtym czasie uznany za ten „złoty składnik".

Inny wielki autorytet w dziedzinie tokotrienoli dr Quershi i grupa współpracujących z nim naukowców jasno wykazali, że największą skuteczność wykazywał delta tokotrienol. Dalsze badania również potwierdziły, że najwyższą skuteczność wykazuje delta tokotrienol, a po nim gamma tokotrienol:

B.L. Song and R.A. DeBose-Boyd, ***Insig-Dependent Ubiquitination and Degradation of 3-Hydroxy-3-Methylglutaryl Coenzyme A Reductase Stimulated by Delta- and Gamma-Tocotrienols,*** *J. Biol. Chem. 281 (35), 25054–25061 (2006).*

Yu SG, Thomas AM, Gapor A, Tan B, Qureshi N, Qureshi AA. ***Dose-response impact of various tocotrienols on serum lipid parameters in 5-week-old female chickens.*** *Lipids 41:453-461 (2006)*

B.S. McIntyre et al., **Antiproliferative and Apoptotic Effects of Tocopherols and Tocotrienols on Preneoplastic and Neoplastic Mouse Mammary Epithelial Cells,** *Proc. Soc. Exp. Biol. Med. 224 (4), 292–301 (2000)..*

* * *

Zainteresowanym zgłębieniem tematu bardzo polecam zapoznać się z:

Second International Tocotrienol Symposium, hosted by American River Nutrition, Inc. In Conjunction with 103rd AOCS Annual Meeting

Prawdziwą kopalnią wiedzy na temat tokotrienoli jest:

Barrie Tan (Editor), Ronald Ross Watson (Editor), Victor R. Preedy (Editor) **Tocotrienols: Vitamin E Beyond Tocopherols**

Często czytamy na opisach produktów, że zawierają witaminę E, jako alfa tokoferol. Syntetyczna forma oznaczana jest jako: dl-alfa tokoferol. Tej formy witaminy E należy unikać. Niestety, w zdecydowanej większości sprzedawana jest witamina E tylko w formie mało skutecznych tokoferoli. Na wielu opakowaniach jest napisane tylko: *witamina E* – nic więcej. Widzimy już, że jest to pozbawione sensu, ale żeby to zmienić potrzebna jest... tak... wiedza. Wiedza na ten temat jest ważna, bo jak widzimy, różnica pomiędzy składnikami witaminy E jest niebagatelna i ze zdrowotnego, zapobiegawczego czy terapeutycznego znaczenia jest bardzo istotna.

Struktura witaminy E bardzo przypomina witaminę K2, ale to tylko tyle, co ze sobą mają wspólnego. Witamina E znana jest przede wszystkim jako przeciwutleniacz. Chroni przed utlenianiem wielonienasycone tłuszcze, które są składnikiem błon komórkowych.

To dobrze, bo jak wiemy, proces utleniania tłuszczów powoduje powstanie ogromniej liczby niszczących nam zdrowie wolnych rodników. Ostatnio jednak coraz częściej mówi się o wpływie witaminy E na wytwarzanie hormonów w naszym organizmie. Jest to szczególnie istotne, kiedy ktoś spożywa duże ilości olejów roślinnych.

Przemysł wykorzystuje ochronne działanie witaminy E poprzez dodawanie jej do olejów produkowanych na dużą skalę, żeby zabezpieczyć je przed utlenianiem czyli jełczeniem.

Doskonałym źródłem witaminy E są (w miligramach/100 g):
- Olej słonecznikowy 65
- Słonecznik 38
- Olej palmowy 33
- Migdały 24
- Olej rzepakowy 23
- Orzechy laskowe 22,6
- Kiełki pszenicy 15,1
- Oliwa z oliwek 13
- Olej kukurydziany 13
- Olej sojowy 12,6
- Olej roślinny 11
- Olej z kiełków pszenicy 150
- Orzechy ziemne 9,3
- Ikra 7
- Pistacje 5,2
- Węgorz 4
- Ziarna żyta 3,8
- Morele suszone 3
- Szpinak 2,9
- Ziarna pszenicy 2,8
- Orzechy włoskie 2,6
- Masło 2,4
- Awokado 1,3
- Fasola sojowa 0,9
- Pomidory 0,6

Są w sprzedaży oczywiście suplementy zawierające delta i gamma tokotrienole, ale... niestety nie w Polsce.

PODSUMOWANIE

- Witamina E to osiem składników.
- Najbardziej aktywną grupą są tokotrienole, pozyskiwane z nasion krzewu *achiote* (arnota właściwa).
- Tokotrienole obniżają poziom cholesterolu tak samo jak statyny, ale bez skutków ubocznych.
- Dr Tan zaleca, żeby tokoferole brać rano, a tokotrienole wieczorem.
- W konkretnych przypadkach, np. nowotwór, stosuje się tokotrienole typu Delta.
- Tokotrienole w ilości 100 mg/dziennie do 200 mg/dziennie obniżają poziom cholesterolu LDL i trójglicerydów. Wyższe dawki nie dawały dodatkowych korzyści.
- Bezpieczna dawkę tokotrienoli dla człowieka określono na 200 do 1000 mg.

Minerały – ich znaczenie dla zdrowia człowieka

Po co nam minerały? Czy same witaminy nie wystarczą? To zależy, co chcemy osiągnąć. Czy chcemy w złym stanie zdrowia umrzeć wcześniej, czy w dobrym zdrowiu doczekać wieku 140 lat, tak jak wskazuje na to nasz kod genetyczny?

Trzeba sobie zdawać sprawę, że bez minerałów i pierwiastków śladowych umarlibyśmy tak samo, jak z braku witamin. Krótko to ujmując: same witaminy bez minerałów są bezużyteczne, minerały bez witamin również.

Tak więc widzimy, jakim brakiem sensu jest uzupełnianie witamin bez uzupełniania minerałów. Jednakże bardzo, ale to bardzo rzadko słyszy się o roli minerałów w organizmie człowieka, pomimo że są one równie ważne jak witaminy, białko czy tłuszcze. Nasze zapobieganie chorobom to głównie: „trzeba jeść więcej warzyw, owoców, więcej się ruszać, itd.". Wszystko to prawda tylko, że… warzywa i owoce mogą wytworzyć jakieś witaminy, ale: **żadne warzywo czy owoc nie jest w stanie samo wytworzyć nawet ułamka miligrama jakiegokolwiek minerału.**

Stąd też trzeba sobie zadać pytanie: „to dlaczego się mówi, że szczególnie warzywa zawierają minerały?". Odpowiedź: „bo w zasadzie powinny je zawierać", a czy zawierają? To zależy. Od czego? Warzywa zawierają minerały i inne bardzo potrzebne nam pierwiastki śladowe, „zasysając" je z gleby, w której rosną. To jest ich jedyne źródło, innego nie mają. Dlatego zawartość minerałów w warzywach zależy tylko od jakości gleby, w jakiej wyrosły. Jaka ta jakość jest? Fatalna! Taka sama jest też wartość odżywcza obecnie kupowanych przez nas warzyw. Dlaczego tak się dzieje? Dlatego, że rolnik, czy z angielska: farmer hodujący warzywa nie jest zainteresowany tym, ile one zawierają minerałów. Jego to zupełnie nie obchodzi, bo pieniądze za wyhodowane warzywa dostaje nie za to, jakie minerały i ile jego warzywa posiadają, ale za ich wagę! Im więcej ton warzyw sprzeda… tym więcej ma pieniędzy. Mądry hodowca tych warzyw nie je, on je tylko sprzedaje. Dla siebie to on ma oddzielne poletko, które nawozi nawozami naturalnymi, nie traktuje ich środkami chemicznymi, itd.

Masowo stosuje się tzw. „środki ochrony roślin" i… one są super! Działają rewelacyjnie. Naprawdę. Trzeba przyznać, że tutaj nauka zrobiła ogromne postępy. Te środki ochrony roślin sprawdzają się i hodowcy kupują je całymi tonami, bo chronią im warzywa przed zniszczeniem. Nie chronią tylko tych, którzy je będą jeść. Hodowcy warzyw to już jednak nie obchodzi. Obchodzi go waga sprzedanych przez niego warzyw.

Co innego dzieje się z mlekiem. Jak to się teraz mówi: „producent mleka" dostaje pieniądze nie tylko za liczbę litrów mleka, jakie sprzeda, ale… wypłacane mu pieniądze zależą też od tego, czy mleko jest czyste i ile zawiera tłuszczu. Przynajmniej jest to już coś. Ktoś rozsądnie myślący powiedziałby: „a dlaczego nie uzależnić ceny, jaką mu się płaci za mleko, od zawartości potrzebnych nam minerałów, witamin, enzymów, itd. … bo <u>przecież właśnie na tym polega wartość odżywcza mleka</u>?". Niestety, tego się nie da zrobić tylko i wyłącznie z powodu obezwładniającej hipokryzji i straty zysków. Pewnie ciągle to nie jest jasne, ktoś zapyta: „jakiej hipokryzji, jakich zysków"? Już to wyjaśniam:

Załóżmy, że mleczarnia płaciłaby hodowcy wyższą cenę za super zdrowe mleko, zawierające całą gamę potrzebnych naszemu zdrowiu minerałów, witamin, enzymów, białek, itd. Co z tego, kiedy w ciągu nie dłuższym niż 24 godziny od przyjęcia tego super zdrowego mleka, mleczarnia natychmiast tę wysoką wartość obniży sama poprzez poddanie tego mleka takiej przeróbce, że po niektórych enzymach, witaminach czy minerałach już nie ma śladu, mówiąc nam jednak ciągle, jakie to mleko jest zdrowe. Czy nie jest to hipokryzja i utrata zysków? Po co płacić za coś, co za chwilę wyrzucimy „w kanał"?

Teraz mamy jedną rzecz do zapamiętania: w celu utrzymania właściwego stanu zdrowia człowiek potrzebuje: 60 minerałów,16 witamin, 12 rodzajów białka i 2 rodzaje niezbędnych nam tłuszczów. Każdego dnia.

Skąd brać te minerały? Co one dają? Posłużę się tutaj informacjami, jakie opublikował dr Joel Wallach, który był bardzo dociekliwym lekarzem weterynarii. Warto posłuchać, co zauważył. W weterynarii wyeliminowano setki chorób, podając zwierzętom minerały. U ludzi te choroby jak były, tak nadal są. Dlaczego? Dr Wallach twierdzi, że jednym z powodów jest to, że ludzie mają ubezpieczenie zdrowotne, a zwierzęta nie. Pewnie jest w tym trochę racji. Jeśli farmerowi zachoruje krowa czy inne zwierzę, to weterynarz musi je wyleczyć. Ludzi natomiast można leczyć bez końca... Ubezpieczenie, takie czy inne, to pokryje.

Ponieważ minerały w przeważającej ilości znajdują się (lub powinny znajdować) się w warzywach, dlatego znacznie zdrowsze dla zdrowia człowieka jest picie soków z warzyw raczej niż owoców. Sam fakt, że soki warzywne zawierają znacznie mniej cukru, jest już wystarczającym powodem do ich używania. Wizyta w nawet najlepiej zaopatrzonym supermarkecie w Polsce pokaże jednak, że 99% soków, to soki owocowe. Niektóre z supermarketów, nawet tych bardzo dużych, soków warzywnych w ogóle nie mają. W Polsce nie mamy kultury picia soków warzywnych, a szkoda. Bylibyśmy zdrowsi.

Wiemy oczywiście dość sporo, jak bardzo zależy nasze zdrowie od wapnia czy magnezu. Na ten temat jest sporo różnych książek i nie ma co się powtarzać. Ale już znacznie mniej wiemy coś na temat selenu czy chociażby jodu.

Jod i choroby tarczycy – kompromitacja współczesnej medycyny

Zajmijmy się teraz jodem, prostym pierwiastkiem śladowym, bez którego możemy bardzo ciężko chorować, a nawet umrzeć.

Ten rozdział poświęcam wszystkim chorym na jakąkolwiek chorobę tarczycy, jak również lekarzom, a szczególnie endokrynologom. Wiem, że treść tego rozdziału może niektórych z Was wręcz rozwścieczyć, ale… przed faktami nie ma ucieczki.

Jeśli „leci z nami endokrynolog", to może niech opuści ten samolot, bo polecimy w podróż dla prawie każdego endokrynologa bardzo turbulentną i szokującą. Szkoda nerwów. To oczywiście jest żart, ale czyż nie słyszymy, że suplementacja jodem jest bardzo niebezpieczna? Lub że nie wolno brać jodu powyżej dawki, jaka jest rekomendowana? Ten strach przed jodem (tak jak przed witaminą D) jest wpajany do studenckich głów od dziesiątek lat niemalże natychmiast po przekroczeniu progów ich szacownych uczelni medycznych. Efektem tego jest to, że wiele osób niepotrzebnie choruje. Powszechnie znany jest fakt, że jod jest potrzebny dla prawidłowego funkcjonowania tarczycy, co jest oczywiście prawdą, ale… nie całą prawdą.

Jod ma bardzo duże znaczenie w rozwoju płodu. W skrajnych przypadkach dochodzi do wrodzonej niedoczynności tarczycy, czego efektem jest kretynizm. Nawet jeśli nie dochodzi do tak drastycznych niedoborów, to wpływ jodu w okresie rozwojowym dziecka jest bardzo poważny.

*Hetzel BS. **Iodine and neuropsychological development.** J Nutr. 2000 Feb;130(2S Suppl):493S-495S. Source International Council for Control of Iodine Deficiency Disorders, Women's and Children's Hospital, North Adelaide, Australia.*

Jeśli już o dzieciach i młodzieży mowa, to metaanaliza (czyli analiza wyników wielu badań) wskazuje, że niedobory jodu były przyczyną niższego IQ u dzieci.

Tiwari BD, Godbole MM, Chattopadhyay N, Mandal A, Mithal A.
***Learning disabilities and poor motivation to achieve due to
prolonged iodine deficiency.*** *Am J Clin Nutr. 1996;63(5):782-786.
(PubMed)*

*Bleichrodt N, Shrestha RM, West CE, Hautvast JG, van de Vijver
FJ, Born MP.* ***The benefits of adequate iodine intake.*** *Nutr Rev.
1996;54(4 Pt 2):S72-78.*

Niedobory jodu u kobiet w ciąży mają związek z wrodzonymi defektami,
poronieniami czy narodzeniem dziecka martwego, a kobiety z niedoborami jodu karmiące piersią mogą mieć problem z zapewnieniem dziecku odpowiedniej ilości jodu w mleku.

*Hetzel BS, Clugston GA. Iodine. In: Shils M, Olson JA, Shike M,
Ross AC, eds.* ***Modern Nutrition in Health and Disease.*** *9th ed.
Baltimore: Williams & Wilkins; 1999:253-264.*

Prawdą jest też to, że stosunkowo niedawno odkryto, że **receptory jodu
znajdują się na każdej komórce naszego organizmu, podobnie jak
z witaminą D**. A więc już w tej chwili, tak jak w przypadku witaminy D, nasuwa się pytanie: „skoro tak jest, to może tego jodu potrzeba nam więcej,
niż nam się mówi? A jeśli tak, to jak się to ma do tego, w jakich ilościach
nam się to teraz zaleca?". No… ma się to nijak.

Jak i w poprzednich rozdziałach, posługiwać się będę tutaj wiedzą lekarzy naukowców, którzy jak to się mówi „na zastosowaniach jodu w leczeniu człowieka zęby zjedli". Warto ich posłuchać. Nie ja, tylko to właśnie oni
twierdzą, że **jod jest jednym z najbezpieczniejszych ze znanych pierwiastków niezbędnych człowiekowi do życia**.

Jak twierdzą, jest to jedyny pierwiastek, który zupełnie bezpiecznie
może być spożyty przez człowieka w ilości przekraczającej ilości zalecane, to znaczy 150 MIKROgramów dziennie. Czyli można by przy-
puszczać, że jeśli nawet przez przypadek spożyjemy jodu 10 razy więcej, to może nam się krzywda nie stanie. Czy to prawda? Oczywiście,
że nie! Powiedziałbym, że wręcz bzdura. Dlaczego? Dlatego, że jak wykazali ci, co się na tym bardzo dobrze znają, jod może być zupełnie bez-

piecznie spożyty w ilościach przekraczających ilość zalecaną nawet o 100 000 razy.

Zaskoczenie? Pewnie niemałe. Cierpliwości...

Jod – bezpieczna i niebezpieczna jego forma

Dużej grupie pacjentów z chorobą płuc podawano 6 000 mg (!) jodku potasu dziennie. Czy coś im się stało? Nie, a podawano im taką ilość przez klika lat!

> *Bernecker C.* **Intermittent therapy with potassium iodide in chronic obstructive disease of the airways**.. *Acta Allerg, 1969;24:171*

> *National Council on Radiation Protection and Measurements:* **Protection of the thyroid gland in the event of release of radioiodine**. *NCRP, Washington, DC, 1977.*

> *Herxheimer H.* **Effect of iodide treatment on thyroid function**. *NEJM, 1977; 297: 171*

Pewnie wielu czytelników zastanawia się: „o co tu chodzi?" Odpowiedź jest niezwykle prosta. Tak jak do jednego „worka" wrzucono światło UVB i UVA, tak jak zrobiono to z witaminą K1 i K2 oraz witaminą E i jej ośmioma składnikami, tak dokładnie to samo zrobiono z jodem. Gdzie jest problem? Jod występuje w dwóch podstawowych postaciach:

a) jod organiczny,
b) jod nieorganiczny.

Bezpieczna forma jodu, to <u>jod w formie nieorganicznej i nieradioaktywnej</u>.

Niestety, bardzo poważne skutki uboczne preparatów zawierających jod przypisuje się właśnie tylko jodowi, podczas gdy naprawdę **winę za skutki uboczne ponosi cała molekuła, z którą związany jest jod. To jest podstawa całego nieporozumienia**.

Dlatego właśnie kiedykolwiek mówić będziemy tutaj o jodzie w sensie pozytywnym, zawsze, bez wyjątku, mowa będzie o jodzie w postaci **NIEorganicznej** i **NIEradioaktywnej**.

<u>Zapamiętajmy:</u>

- forma jodu **nieorganiczna i nieradioaktywna – DOBRZE,**
- forma jodu **organiczna i radioaktywna – ŹLE.**

Jod sam w sobie nie jest niebezpieczny, natomiast w postaci organicznej molekuły jest – i to bardzo.

Od dawna pojawiały się publikacje opisujące negatywne efekty stosowania jodu. Najczęściej już same tytuły tych publikacji nastawiały czytelnika negatywnie do jodu, ponieważ najczęściej zawierały zwrot „jodem wywołana nadczynność...", lub „jodem wywołana toksyczność.." itd... itd. Po przyjrzeniu się temu okazuje się, że tak.. wystąpiły skutki uboczne czasami nawet bardzo poważne, ale... jod w preparatach (lekach) jakie stosowano był w szkodliwej formie organicznej! Czy naprawdę jest tak trudno oddzielić plewy od ziarna?

Wystarczy przeczytać kilka takich tytułów i już właściwie można nic więcej nie czytać, bo w umyśle natychmiast kodujemy: „jod jest zły".

Np.:

*Fradkin JE and Wolff J. **Iodide-induced thyrotoxicosis**. Medicine, 1983; 62:1-20*

Taka jest natura ludzka, że bardzo łatwo przyjmuje uogólnienia, ponieważ są łatwiejsze do zaakceptowania, natomiast dociekliwość wymaga wysiłku, a na to jesteśmy już za leniwi. Stąd właśnie ponowne wrzucenie do jednego „worka" nieszkodliwego jodu w formie nieorganicznej (np. płyn Lugola) ze szkodliwym jodem w formie organicznej, czyli takiej, jaka znajduje się w lekach produkowanych przez przemysł farmaceutyczny.

Jod był pierwszym pierwiastkiem przetestowanym na ludziach, a jednocześnie jego niedobory są najbardziej na świecie rozpowszechnione.

*Delange FM. **Iodine Deficiency**. In: Werner & ingbar's The Thyroid.
Braverman LE and Utiger RD, editors. Lippincott Williams & Wilkins,
2000; 295-329.*

Wielokrotnie słyszymy lekarzy wypowiadających się na ten temat, że mamy niedobory jodu, itd. Ilu jednak lekarzy zaleca suplementację jodem, ale w tej najlepszej formie, jak wspomniałem powyżej? Jod wywołuje strach.

Jak nazywają to eksperci zajmujący się problematyką jodu w naszym zdrowiu, ta „jodofobia" jest niczym nieuzasadniona, nie ma żadnych podstaw, zwłaszcza że ponad trzy generacje lekarzy wykazały, że podawany w postaci jodu/jodku potasu w ilościach nawet 12,5 do 37,6 mg (mg, nie mikrogram) jest całkowicie bezpieczny. Nie wiadomo jednak, dlaczego środowisko medyczne z zaciekłością nagłaśnia jakiekolwiek, nawet najbardziej błahe efekty uboczne formy nieorganicznej jodu, natomiast jest bezgranicznie tolerancyjne, jeśli chodzi o bardzo poważne skutki uboczne formy organicznej czy radioaktywnej.

*Guy E. Abraham, MD, **The Safe and Effective Implementation of Orthoiodosupplementation In Medical Practice***

W czasie podejmowania decyzji dotyczącej terapii i zastosowania jodu nagle jakby zapomina się o tych dwóch formach jego istnienia. Ponownie: wszystko do tego samego „worka", przypisując poważne skutki uboczne po prostu samemu pierwiastkowi, a nie temu, w jakiej formie chemicznej jest podawany. Brak logiki jest po prostu przerażający.

A przecież już od ponad stu lat jod w formie nieorganicznej był podawany jako panaceum prawie na wszystko:
- paraliż,
- tętniaki,
- zatrucie ołowiem lub rtęcią,
- arterioskleroza,
- choroby tarczycy,
- hemofilia,
- dyskineza (niekontrolowane ruchy ciała),
- skrofuloza (zapalenie węzłów chłonnych najczęściej spowodowane zakażeniem mykobakterią),

- przetoka łzowa,
- choroby stawu biodrowego,
- syfilis,
- ostre stany zapalne,
- gangrena,
- dna moczanowa,
- toczeń,
- krup,
- astma,
- owrzodzenia,
- zapalenie oskrzeli,
- czyraki,
- zastrzał (zanokcica),
- odmrożenia.

Lista powyższa oczywiście nie jest pełna. Już w latach 1820–1840 ukazało się bardzo dużo publikacji opisujących korzyści wynikające ze stosowania preparatów zawierających jod (nieorganiczny!!). Niestety, tak jakoś dziwnie się stało, że publikacje te „wyparowały” z archiwów wszystkich bibliotek amerykańskich. Zresztą nie po raz pierwszy i nie tylko publikacje dotyczące jodu.

Jak już wcześniej wspomniałem, na uniwersytecie Baylor w Teksasie dr Charles Farr odkrył niespotykane, rewelacyjne wręcz działanie wody utlenionej podawanej dożylnie! Leczył nieuleczalne. Nie wykonywał tego w garażu, jak wielu pionierów techniki, robił to przez kilka lat w laboratoriach poważnego uniwersytetu. Rezultaty jego badań były szokujące (opiszę to w innej książce). Woluminy jego dokumentacji, opisów, badań, wyników również w cudowny sposób „wyparowały”.

Albert Szent-György, laureat Nagrody Nobla, lekarz, który w 1928 roku wykrystalizował witaminę C, powiedział: „Kiedy byłem jeszcze studentem medycyny, jod w postaci KI (jodek potasu) był lekiem uniwersalnym. Nikt nie wiedział jak działał, ale robił coś, co było dobre dla pacjenta. My, studenci, określaliśmy to zjawisko małą rymowanką (tłumaczenie niestety się nie rymuje, natomiast w języku angielskim występował rym): »Jeśli nie wiesz, gdzie, co i dlaczego, przepisz K oraz I«”.

W 1956 roku było już 1 700 preparatów zawierających jod z tysiącami dowodów wskazujących na ich skuteczność i bezpieczeństwo, jakie oferowały:

*Kelly FC. **Iodine in medicine and pharmacy since its discovery 1811–1961**, Proc R Soc Med, 1961: 54:831-836*

Jod – leczenie „nieuleczalnych" chorób tarczycy

Z pewnością czytelnicy słyszeli, że jedną z najczęściej spotykanych chorób tarczycy jest jej nadczynność czy niedoczynność. Jeśli podanie jodu w przypadku niedoczynności jest jeszcze jako tako tolerowane, to w przypadku nadczynności sugestia podania jodu spotyka się z niesamowicie negatywną reakcją lekarzy. Nadczynność tarczycy może być wywołana procesem autoimmunologicznym (autoagresja), jak w przypadku choroby Gravesa-Basedowa, lub nieautoimmunologicznym. Choroba Gravesa-Basedowa stanowi ok. 90% przypadków nadczynności tarczycy.

*Braverman LE and Utiger RD. **Introduction to thyrotoxicosis**. In: Werner & Ingbar's The Thyroid. Braverman LE and Utiger RD, editors. Lippincott Williams & Wilkins, 2000; 515-517.*

Jak już wcześniej opisywałem, nie potrafimy leczyć chorób z grupy autoagresji immunologicznej. Jeśli ktoś już na taką chorobę zachoruje, to jest skazany na to, że nigdy nie będzie wyleczony. Tzn. tylko wtedy, kiedy leczy go ktoś, kto takiej choroby wyleczyć nie potrafi. Studentów medycyny, zanim jeszcze skończą studia, pozbawia się samodzielnego, krytycznego myślenia, wpajając im na wstępie ich zawodowej kariery, że są to choroby nieuleczalne.

Tak właśnie jest na przykład z chorobą Gravesa-Basedowa. Ponownie posłużę się tutaj podstawową lekturą studentów medycyny, jaką jest podręcznik „Choroby Wewnętrzne" pod redakcją prof. Andrzeja Szczeklika, gdzie na stronie 1055 pod nagłówkiem „Leczenie" czytamy:

„Nie ma leczenia przyczynowego Choroby Gravesa-Basedowa, więc leczy się jej objawy".

(Mam nieco problem z użyciem słowa „leczyć" w tym przypadku, bo jak wiadomo, końca takiego leczenia tutaj nie widać, a czy łagodzenie objawów to jest rzeczywiście leczenie, pozostawiam to Czytelnikom do oceny. Nie mam zamiaru pójść na semantyczną wojnę).

Innymi słowy, uważa się, że nadczynność wynikająca z choroby Gravesa--Basedowa jest **nieuleczalna**. Tak uczy się studentów i już myśleć nie muszą. Oni wiedzą. Nie da się wyleczyć. Czy w takim razie będą dociekać, JAK to jednak leczyć? A po co? Przecież się nie da!

W klinice dra Biedla leczyło się to schorzenie, zwracając uwagę na fakt, że pacjenci nawet w ostrych przypadkach choroby Gravesa-Basedowa reagowali szczególnie dobrze na podanie im jodu. A więc prostej, nieszkodliwej i taniej substancji:

Redisch W and Perloff WH, **The medical treatment of hyperthyroidism**. *Endocrinology, 1940; 26:221-228.*

Używając tylko jodu u pacjentów z nadczynnością tarczycy (a pamiętamy, że mówi się nam, że broń Boże nie wolno podawać jodu w nadczynności!), **wyleczenie nastąpiło** w 88%, a inni lekarze opisywali, że przez podanie zwykłego płynu Lugola osiągnęli **wyleczenie** w 92% przypadków, stosując dawkę 6–90 mg. Czyli do 600 razy większą, niż to się obecnie zaleca! Wyleczono chorobę nękającą dzisiaj miliony ludzi, głownie kobiety. Nie trzeba dodawać, że oczywiście bez skutków ubocznych, co opisano w odpowiednich publikacjach medycznych.

Thompson WO, Thompson PK, Brailey AG, et al. **Prolonged treatment of exophthalmic goiter by iodine alone**. *Arch Int Med, 1930; 45:481-502*

Starr P, Walcott HP, Segall HN, et al. **The effect of iodine in exophthalmic goiter**. *Atl Med J, 1924; 34:355-364.*

Wyniki były rewelacyjne. Tutaj chciałbym, żeby Czytelnicy zauważyli jedną małą, ale istotną rzecz, która może mogła umknąć ich uwadze. Te fantastyczne wyniki WYLECZENIA były rezultatem stosowania jodu, co opisano w powyższych publikacjach prawie 100 lat temu! Czyli... wtedy lekarze wiedzieli, jak te choroby leczyć, a dzisiaj nie wiedzą? Taki to postęp został w tej dziedzinie dokonany. Cofnęliśmy się w rozwoju. To oczywiste. Szkoda tylko tych ludzi, którzy chorują dzisiaj, bo gdyby żyli np. 80 lat temu, to by ich wyleczono. A dzisiaj?

Dzisiaj mamy do czynienia ze zbiorową amnezją lekarzy. Jakoś dziwnie zapomniano o tych wcześniej wykonanych badaniach, obserwacjach i osiągniętych sukcesach, stosując jedną prostą i tanią substancję.

Dzisiaj, leczenie nadczynności, to:
 a) podawanie sztucznie wytworzonych substancji z całą litanią skutków ubocznych, tzw. leków przeciwtarczycowych lub tyreostatyków,
 b) „usmażenie" tarczycy, używając radioaktywnego jodu, który sprzyja powstawaniu nowotworów tarczycy (o czym będzie jeszcze później),
 c) nóż chirurga – wyciąć i… człowiek wyleczony! Czyżby? Ci, co przez to przeszli, wiedzą, co mam na myśli.

Który ośrodek medyczny, z dostępem do najnowszej technologii i środków farmakologicznych, może pochwalić się 90% **wyleczeniem nadczynności tarczycy** BEZ stosowania niebezpiecznych lekarstw, bez używania potwornie szkodliwego jodu radioaktywnego lub bez noża chirurga i… bez skutków ubocznych? To jest dopiero wstyd i porażka. Nie możemy tutaj zaśpiewać: „Polacy nic się nie stało", bo:
 a) Czy mamy to śpiewać tym, którzy niepotrzebnie umarli? Czy też tym, którym zniszczono zdrowie, „lecząc" ich z nadczynności, albo tym, którzy już tarczycy nie mają, bo może niepotrzebnie im ją wycięto i już na zawsze pozostaną „na garnuszku" przemysłu farmaceutycznego, bo do końca życia muszą brać hormony tarczycy?
 b) „Nic się nie stało" sugeruje, że coś się działo, ale już się dziać nie będzie, a w tym przypadku to się ciągle dzieje… każdego dnia… każdego roku. Bez widoku na zakończenie tego obłędnego „chocholego tańca" i udawania, że „wyleczyć się tego nie da".

Jod był użyty w leczeniu choroby Gravesa-Basedowa już w roku 1840 przez… samego von Basedowa (!) i przez Stokesa w roku 1845.

*Von Basedow GA. **Exophthalmos durch Hyperrophie des Zellgewebes in der Augenhoehle.** Wsrchr Ges Heilk, 1840; 6: 197.*

*Stokes W. **Diseases of the Heart and Aorta**. Lindsay and Blakston, Philadelphia, 1854*

Z kolei dr Trousseau przez zupełny przypadek całkowicie wyleczył kobietę z tej choroby. Nie tylko on jeden tego dokonał, ale opisuję wyleczenie tej kobiety z jednego małego powodu. Miał jej przepisać digitalis, a przez roztargnienie przepisał jej płyn Lugola w ilości 15 do 20 kropli dziennie przez dwa tygodnie. Czyli kobieta brała od 75 do 100 mg jodu. Dzisiaj wywołałoby to szok.

Dr Trousseau na szczęście nie wiedział, że „tak się tego nie leczy". Nie wiedział też, że dzisiaj podręczniki studentów medycyny im mówią: „jest to choroba nieuleczalna", dlatego kobietę tę wyleczył.

Chwila oddechu: zgodnie z zasadami aerodynamiki trzmiel nie powinien móc latać, a... lata. Dlaczego?... bo nie zna zasad aerodynamiki.

Proszę zauważyć: dr Trousseau nie wiedział, co podał pacjentce, ani pacjentka nie wiedziała co bierze. Można byłoby z przymrużeniem oka powiedzieć, że przeprowadził pierwsze podwójnie ślepe badania.

Również uzyskiwał remisję tej choroby, stosując przez długi okres czasu jodek potasu.

*Trousseau A. Lectures on Clinical Medicine. Vol 2, Lecture XIX **Exophthalmic goitre of Graves' disease**. New Sydenham Society, London, 1868; 587.*

Czy tylko dr Trusseau leczył coś, czego dzisiaj lekarze nie potrafią leczyć? Ależ skąd... Inni też to robili, czego nie omieszkali opisać, cytując w swoich publikacjach jeszcze innych lekarzy, którzy **osiągnęli te same wyniki, wyleczając chorobę Gravesa-Basedowa** i całkowicie eliminując potrzebę zabiegu operacyjnego.

*Thompson Wo, Thompson PK, Brailey AG, et al. **Prolonged treatment of exophthalmic goiter by iodine alone**. Arch Int Med, 1930; 45:481-502.*

Dzisiaj tak elegancko tej choroby nie leczymy. Dzisiaj wiemy lepiej. Dzisiaj tarczycę trujemy, tniemy albo usmażymy radioaktywnym jodem.

Z całą odpowiedzialnością trzeba powiedzieć, że bywają stosunkowo rzadkie przypadki, gdzie pomimo długotrwałego podawania jodu pacjent po prostu nie reaguje. Wtedy, jak najbardziej trzeba sięgnąć po rozwiązanie bardziej radykalne, ale... nie odwrotnie. Już wcześniej zastrzegałem, że nie jestem zaślepionym wrogiem środków farmakologicznych, chemioterapii czy zabiegów chirurgicznych, ale tylko wtedy, kiedy są one absolutnie niezbędne. W pewnych przypadkach musimy skorzystać z ręki i skalpela chirurga. W tym przypadku należy też wspomnieć, że w słynnej klinice Mayo w USA stosowano płyn Lugola przed- i pooperacyjnie, unikając w ten sposób wielu powikłań.

Zwracam uwagę, że badania, które cytuję, nie były prowadzone przez laików w domowym garażu czy w kuchni, chociaż działo się to bardzo dawno temu. Np. dr S.P. Beebe z Nowego Jorku tak opisuje swoje ponaddziesięcioletnie doświadczenia w leczeniu nadczynności tarczycy poprzez podawanie jodu:

„Z mojego doświadczenia wynika, że jod jest jedną z najbardziej wartościowych substancji terapeutycznych, jakie mamy do leczenia wola tarczycowego w jego formie nadczynnościowej. W przypadku każdego silnego leku można wyrządzić krzywdę, ale też możemy wyrządzić krzywdę, stosując inne środki farmakologiczne. W czasie ostatnich 10 lat leczyłem dużą liczbę pacjentów z nadczynnością tarczycy i u większości z nich podawanie jodu stanowiło część procesu leczenia. Nie ma żadnego niebezpieczeństwa w tym tak długo, jak dawka jest właściwie dobrana i dostosowywana. Nadmierna wrażliwość na jod opisywana przez niektórych autorów jest wydarzeniem rzadkim. Jeśli dawka jest właściwie regulowana, nie ma obawy przed powstaniem skutków ubocznych" (w oryginale jest: „iodysm" co najprawdopodobniej rozumiano jako zatrucie jodem lub „jodem wywołany Basedowizm", co też rozumiano jako choroba Basedowa wywołana jodem):

*Beebe SP. **Iodine in the treatment of goiter.** M Rec, 1921; 99:996-999.*

Przegląd literatury sugeruje, że stosowanie przez lekarzy z „tamtych czasów" płynu Lugola w przypadku choroby Gravesa-Basedowa daje znacznie lepsze wyniki z mniejszą ilością komplikacji, niż stosowanie oddzielnie jodu i oddzielnie jodku potasu:

Cohn BNE. **Absorption of compound solution of iodine from the gastro-intestinal tract.** *Arch Intern Med, 1932; 49:950-956.*

Thompson Wo, Thompson PK, Brailey AG, et al. **Prolonged treatment of exophthalmic goiter by iodine alone.** *Arch Int Med, 1930; 45:481-502.*

Cowell SJ and Mellanby E. **The effect of iodine on hyperthyroidism in man.** *Quart J Med, 1924-1925;18:1-18.*

DeCourcy JL. **The use of Lugol›s solution in exophthalmic goitre.** *Ann Surg, 1927; 86:871-876.*

Plummer HS and Boothby WM. **The Value of iodine in exophthalmic goiter..** *J Iowa Med Soc, 1924; 14:65.*

Plummer WA. **Iodine in the treatment of goiter.** *Med Cl North America, 1925; 8:1145-1151.*

Lahey FH. **The use of iodine in goitre.** *Boston Med & Surg J, 1925; 193:487-490.*

Starr P, Walcott HP, Segall HN, et al. **The effect of iodin in exophthalmic goiter.** *Arch In Med, 1924; 34:355-364.*

Fraser FR. **Iodine in exophthalmic goitre.** *BMJ, 1925; 1:1.*

Oczywiście w tamtych czasach lekarze nie wprowadzali żadnych dodatkowych elementów leczenia tarczycy związanych z odżywianiem. Wtedy niewiele wiadomo było o witaminach, minerałach, jak też niezbędnych dla zdrowia człowieka substancjach czy pierwiastkach śladowych. Dzisiaj wiemy już znacznie więcej na ten temat. Wiemy, jak wielki wpływ na zdrowie ma leczenie z uwzględnieniem odpowiedniego żywienia. Dzisiaj, jeśli tylko byśmy chcieli, to z pewnością chorobę Gravesa-Basedowa można byłoby leczyć jeszcze lepiej. W swojej publikacji (na której opieram większość tego rozdziału):

Dr Guy E. Abraham, **The Safe and Effective Implementation of Orthoiodosupplementation In Medical Practice**

dr Abraham podaje jeden z setek przykładów leczenia tej choroby, bez konieczności trucia, „smażenia" czy wycinania tarczycy. Wyniki przedstawiam poniżej w tabeli zatytułowanej: „Efekt suplementacji z kompletnym programem żywieniowym w połączeniu z podawaniem jodu/jodku potasu w ilości 12,5 mg/dziennie na wyniki parametrów tarczycy u 40-letniej pacjentki z chorobą Gravesa-Basedowa".

Table 3

Effect of Supplementation with a Complete Nutritional Program Combined with Iodine/Iodide at 12.5 mg/day on Thyroid Function Tests in a 40-year-old Female Patient with Graves' Disease

I. Before Supplementation
- TSH < 0.01 µU/ml
- Total T_4 = 18 µg/dL
- Total T_3 = 442 ng/dL
- Free T_4 = 5 ng/dL

II. After One Month on Complete Nutritional Supplementation with 1,200 mg Magnesium/day
- TSH < 0.03 µU/ml
- Total T_4 = 16 µg/dL
- Total T_3 = 299 ng/dL
- Free T_4 = 5.6 ng/dL

III. After One Month on Iodoral® — 1 Tablet/Day
- TSH = 2.3 µU/ml
- Total T_4 = 8.0 µg/dL
- Total T_3 = 195 ng/dL
- Free T_4 = 1.2 ng/dL

IV. After Three Months on Iodoral® — 1 Tablet/Day
- TSH not measured
- Total T_4 = 9.0 µg/dL
- Total T_3 = 156 ng/dL
- Free T_4 = 1.6 ng/dL

I. Przed suplementacją

II. Po jednym miesiącu stosowania kompletnego programu żywieniowego z suplementacją z podawaniem 1 200 mg magnezu dziennie

III. Po jednym miesiącu stosowania Iodoralu (płyn Lugola w tabletce zawierającej 12,5 mg jodu) – 1 tabletka dziennie

IV. Po trzech miesiącach stosowania Iodoralu – 1 tabletka dziennie

UWAGA:

Iodoral® jest to preparat zawierający 5 mg jodu i 7,5 mg jodku potasu. Czyli jest to płyn Lugola w tabletce. Jest to w tej chwili jedyny taki preparat na rynku, dostępny niestety tylko w USA.

No i co? Da się wyleczyć nieuleczalne? Oczywiście – trzeba tylko wiedzieć, jak. Nie tylko ja tak twierdzę. Nie tylko lekarze, którzy to czynią. Dawno już temu profesor Julian Aleksandrowicz, w swojej książce: „Nie ma nieuleczalnie chorych" – pisze: „niedostateczna jest tylko nasza wiedza". To jest wiedza, którą powinniśmy poznać, ale jak widać, nie zawsze chcemy lub… nie zawsze możemy.

Już kilka razy wskazywałem „palcem" na niekonsekwencje w kształceniu lekarzy. W tym sensie zawsze biorę ich w obronę. Jak inaczej można postąpić, kiedy lekarza czegoś się nie nauczyło, nie pokazało, nie powiedziało mu się czegoś jeszcze na studiach.

Umysł światłego lekarza po przeczytaniu, że **nadczynność tarczycy leczono z tak dużą skutecznością już 100 lat temu**, powinien zajarzyć jak choinka w Boże Narodzenie. Ale jak ma to zrobić, kiedy o tym nie wiedział? A co wiedział? No właśnie to, czego go nauczono. A czego go nauczono? To trzeba by już sprawdzić np. w podręczniku do biochemii. Sprawdźmy...

Biochemia Harpera, wydanie IV. Szukamy w Skorowidzu, gdzie w całym podręczniku, na których jego stronach, jest mowa o jodzie, bo chcemy zagadnienie poznać „od podszewki". Znaleźliśmy:
  - „Jod, funkcja, metabolizm, niedobór, nadmiar, strona 783"
  - zapotrzebowanie dzienne, strona 787"

Jest jeszcze: „rola w organizmie", strona 17, myślimy – „zacznijmy od początku". Idziemy do strony 17 i szukamy opisu roli jodu w organizmie. Jest! Ale.. jedno słowo w tabeli 2-1: jod i obok cyferki 0,00005%. Co podaje tabela? Podaje: „Przybliżony skład chemiczny organizmu ludzkiego". Tak mało tego jodu? Może więc nie jest taki ważny? OK… szukamy jednak dalej „roli jodu w organizmie" na stronie 17. Ale.. na tej stronie to już jest wszystko. Aha.. autorzy chyba mieli na myśli nie rolę jodu w organizmie, ale jego ilość. Niech im będzie.

No, ale w spisie widzimy, że: „Jod, funkcja, metabolizm, niedobór, nadmiar, strona 783", „zapotrzebowanie dzienne, strona 787", no to przynajmniej poczytamy 4 strony tekstu o tym jodzie, bo jak już z powyższego opisu widzimy, niesamowicie ważny jest to dla nas pierwiastek. Robimy sobie kawę i idziemy do strony 783, żeby rozpocząć lekturę. A tam... uuuupss... tabela! A w niej? Co jest na temat jodu?:

- **Funkcje**: Składnik tyroksyny i trijodotyroniny
- **Metabolizm**: Magazynowany w tarczycy jako tyreoglobulina
- **Źródła**: Ryby i skorupiaki morskie, sól jodowana.
- **Choroby z niedoboru lub objawy spowodowane niedoborem**: U dzieci: matołectwo.
- U dorosłych: wole i niedoczynność tarczycy, obrzęk śluzowaty
- **Choroba lub objawy wywołane nadmiarem**: Nadczynność tarczycy, wole

S T O P!!!!

Coś tu jest nie tak! Objawy wywołane nadmiarem to nadczynność? Przecież nadczynność się leczy(ło) podawaniem jodu przekraczającym zalecaną dawkę dzienną nawet o ponad 500 razy. Coś jest nie tak...

Szybko nam ta pierwsza strona poszła, a kawy nawet nie zaczęliśmy jeszcze pić. Przed nami pozostały jeszcze 3 strony czytania. Na następnej stronie, tj. 784, znowu tabela, ale o jodzie nie ma nic, na stronie 785 też nie ma ani słowa... kawa ciągle gorąca... Na stronie 786... znowu tabela, ale... nawet nie ma jednego słowa: jod! Na stronie 787, tak... tabela!, ale tam już jest słowo jod. JEDNO! Jest ono w kolumnie mówiącej, jaka jest zalecana norma żywnościowa! (Oczywiście podaje się też zalecaną ilość witaminy K jako jednej substancji, co jest oczywistą bzdurą, o czym już wiemy). Coś mało o tym jodzie... szybko wracamy na koniec książki do Skorowidza, sprawdzamy jeszcze raz. Nic więcej jednak nie ma. Nie poddajemy się. Sięgamy po podręcznik „Choroby wewnętrzne", ale... tam jest to samo.

Jeszcze kawy nie wypiliśmy, ciągle gorąca, a my „studenci" wiemy już wszystko o jodzie. Można zacząć leczyć. Fajna ta medycyna, można się jej szybko nauczyć. Żart? Jasne, tylko komu jest teraz śmieszno i straszno? Chyba najbardziej tym z chorą tarczycą.

Jeden z lekarzy niedawno mi powiedział, że słyszał o takim przypadku, że wielu ludzi, którzy źle się czują, a lekarze nie wiedzą już, co mają z nimi dalej robić, jedzie do małej wioski na Podlasiu do tzw. „szeptuchy", bo ona takim ludziom bardzo pomaga, a najważniejsze, że... jest skuteczna. Pani szeptucha głęboko się modli, a potem daje szklankę wody, do której wlewa prawie pół buteleczki jakiegoś płynu, robi się z tego mocno zabarwiony na brązowo roztwór i każe to wypić. Smakuje ohydnie, ale... pomaga! Co wlewa? Tak... chyba już wszyscy zgadli. Płyn Lugola!

Zanim przejdziemy dalej, ktoś może być zainteresowany informacją na temat: „to ILE tego jodu stosowano, że osiągnięto tego typu rezultaty?".

Krótko mówiąc, ilość jaką używano to 0,1–0,3 ml płynu Lugola, co oznacza odpowiednio 12,5–37,5 miligramów jodu. Czyli od 88 do 250 razy więcej niż współcześnie zalecana ilość!

Dlaczego właśnie takiej ilości jodu używano? Wynikało to z ponadstuletniego, zbiorowego doświadczenia dużej liczby lekarzy praktyków.

Hmm... to jest w jawnej sprzeczności z „metodą", jakiej użyto do wyznaczenia tzw. „normy dla poziomu cholesterolu, tj. 200 mg/dl", która została określona przez trzech facetów w korytarzu, bez żadnych badań, bez żadnych wieloletnich obserwacji, itd. (o tym w szczegółach będzie w następnej książce).

Ktoś powie: „no tak, ale... mamy w sklepach sól jodowaną". Tak, tylko żeby spożyć przynajmniej minimalną, a wymaganą przez organizm ilość jodu czyli ok. 12,5 mg, trzeba byłoby spożywać prawie 165 gramów soli, czyli ok. 35 łyżeczek do herbaty. Może ktoś inny, ale ja tego nie dam rady zjeść. A nawet jeśli by tyle zjeść soli jodowanej, to najprawdopodobniej narobilibyśmy sobie sporej szkody.

Ktoś powie: „no ale przecież zjedlibyśmy jej tyle, ile trzeba". Przecież to jest właśnie ta zdrowa sól. Chyba jednak nie dla wszystkich. Zdecydowanie nie dla tych, którzy od jej spożycia zachorowali i pewnie chorują nadal. Jak się okazuje, sól jodowana zawiera jod, ale tylko w postaci **jodku potasu**, a nasz organizm MUSI mieć też jod w postaci pierwiastkowej, niezwiązanej, tak

jak to jest w płynie Lugola, bo np. tkanka piersi do normalnego funkcjonowania potrzebuje jodu pierwiastkowego. To tylko przykład.

Warto zauważyć, że zanim w USA wprowadzono sól jodowaną, w zasadzie nie występowały choroby tarczycy z grupy autoagresji, jak np. choroba Hashimoto, pomimo tego, że w tym samym czasie amerykańscy lekarze litrami stosowali płyn Lugola niemalże „na wszystko".

(Choroba Hashimoto to przewlekłe zapalenie tarczycy. I jak podręczniki zawiadamiają: jest to choroba nieuleczalna. Prawdą to oczywiście nie jest, bo Hashimoto wyleczyć się da, trzeba tylko wiedzieć jak. Tak jak z miażdżycą, osteoporozą i innymi „nieuleczalnymi" chorobami).

> Gaitan E, Nelson NC and Poole GV. **Endemic goiter and endemic thyroid disorders.**. World J Surg, 1991; 15:205-215

> Weaver DK, Batsakis JG, and Nishiyama RH. **Relationship of iodine to "Lymphocytic Goiters."** Arch Surg, 1968; 98:183-186

Kiedy w 1930 roku przemysł farmaceutyczny zaczął produkować hormony tarczycy, endokrynolodzy zaczęli stosować te preparaty u pacjentów z niedoborem jodu i zwykłym wolem, zamiast, tak jak to robiono od dziesiątek lat, podawać płyn Lugola. Endokrynolodzy przyjęli założenie, że poprzez zastosowanie soli jodowanej niedobory jodu będą należały do przeszłości, co, jak pokazaliśmy powyżej, jest założeniem dalekim od prawdy. Już w roku 1950 większość endokrynologów zaniedbała fakt, że zapotrzebowanie organizmu na jod nie ogranicza się tylko do tarczycy i że ich poprzednicy, którzy przez dziesiątki lat podawali więcej jodu niż teraz się zaleca, przywracali ludziom zdrowie.

Wiadomo, że jod jest potrzebny tarczycy do wytwarzania tyroksyny znanej jako T4. Zamiast podawać jod i pozwolić tarczycy na wytworzenie tego hormonu, zaczęto podawać gotowy hormon! Dzisiaj jest to wszechobecny eutyrox. Nasz organizm ma bardzo precyzyjne mechanizmy kontroli ilości produkowanego i wydzielanego hormonu. I nigdy, przenigdy, podając go z zewnątrz, nie podamy dawki precyzyjnie wymaganej przez nasz organizm. Stąd właśnie pochodzą, między innymi, ich skutki uboczne – tak jak w przypadku insuliny. Znacznie lepiej jest stymulować jodem tarczycę, żeby zaczęła sama wytwarzać T4 wtedy, kiedy potrzeba, i w takich ilościach, jakie w danej minucie są wymagane. To prawda, że organizm przetwarza T4 w T3, czyli w aktywną formę tego hormonu, ale... po co podawać hormon wytworzony syntetycznie, kiedy znacznie lepiej i zdrowiej jest, kiedy wydzieli go tarczyca w postaci naturalnej? Co spowodowało takie dziwne podejście? Sztucznie produkowany hormon wygrał, ale ktoś na tym stracił. Straciły głównie kobiety, u których zauważa się teraz zwiększone występowanie chorób, takich jak nadciśnienie, cukrzyca, otyłość, nowotwory piersi i tarczycy.:

Abraham GE, Flechas JD, and Hakala JC. **Orthoiodosupplementation: Iodine sufficiency of the whole human body.** *The Original Internist, 2002; 9:30-41.*

Czy naprawdę już zapomniano, że podawanie „gotowca" w postaci T4 zwiększa ryzyko wystąpienia ryzyka raka piersi?

Ghandrakant C, Kapdim MD, and Wolfe JN. **Breast cancer relationship to thyroid supplements for hypothyroidism.** *JAMA, 1976; 238:1124.*

Było to też wynikiem rozpętanej jodofobii, co trwa do dzisiaj.

„Efekt Wolffa-Chaikoffa" – oszustwo, któremu do dziś medycyna się kłania

Jak to się więc stało, że dzisiaj jodu unika się jak najgorszej trucizny, podczas gdy przed drugą wojną światową nieorganiczna forma jodu była z wielkim sukcesem stosowana jako panaceum niemalże na wszystko?

Kelly FC. **Iodine in medicine and pharmacy since its discovery – 1811-1961.** *Proc R Soc Med, 1961; 54:831-836.*

Kto spowodował, że porzucono tak prosty sposób leczenia ludzi?

Pierwszym i chyba największym niszczycielem tego sposobu leczenia była publikacja wydana w 1948 roku przez dwóch naukowców:

Wolff J and Chaikoff IL. **Plasma inorganic iodide as a homeostatic regulator of thyroid function.** *J Biol Chem, 1948; 174:555-564*

Tutaj proszę wszystkich lekarzy, a w szczególności endokrynologów o skupienie się.

Żeby jednak tym, którzy nie są „lek. med.", w prostych słowach wytłumaczyć, o co tu poszło, muszę napisać kilka słów wyjaśnienia. Kiedy tarczyca jest całkowicie wysycona (wypełniona) jodem, wtedy, jak wypełnione wodą wiadro, już nie jest w stanie wchłonąć nawet jednej „kropli" jodu. Zjawisko to wykorzystano po katastrofie w Czarnobylu, kiedy w powietrzu znalazły się pyły jodu radioaktywnego. Podawano w dużej ilości płyn Lugola. Nie słyszałem, żeby ktoś od tego umarł. Jod zawarty w tak dużej ilości płynu Lugola całkowicie wysycał tarczycę i radioaktywny jod z powietrza już nie mógł być pobrany przez tarczycę, bo była już „pełna". Gdyby tarczyca nie została „wypełniona" jodem z płynu Lugola, wtedy **radioaktywny jod** byłby przez nią wchłonięty, co doprowadziłoby do zniszczenia tarczycy z możliwością wystąpienia jej nowotworu. To byłaby tragedia. Wtedy, ale nie dzisiaj. Dzisiaj CELOWO podajemy jod radioaktywny, bo w ten sposób „leczymy" nadczynność tarczycy. Co za medyczny „postęp"!

Wracamy teraz do publikacji ww. naukowców (Wolff i Chaikoff). Opisali oni swoje spostrzeżenia po dootrzewnowym wstrzyknięciu szczurom jodku w zwiększających się ilościach. Zauważyli, że wychwycenie podawanego jodu radioaktywnego było prawie zerowe. Teraz już wiemy, dlaczego tak się stało. Tarczyca tych szczurów już była wcześniej wysycona jodem. Jak jednak ci dwaj panowie zinterpretowali wyniki swojej obserwacji? Nie uwierzycie! Stwierdzili, że: „taki wysoki poziom jodu nieorganicznego blokuje wytwarzanie hormonów tarczycy, co prowadzi do niedoczynności i powstania wola".

Taka właśnie konkluzja poszła w świat: **„jod jest niebezpieczny".** Otrzymała nawet swoją własną nazwę: **„Efekt Wolffa-Chaikoffa".** Sugeruje to, że jeśli jest to już formalnie uznana nazwa „efekt" czegokolwiek, to musi być prawda.

Świat medyczny zadrżał w posadach. Nagonka na jod rozpętała się z prędkością reakcji łańcuchowej. Na podstawie tego artykułu pojawiała się niezliczona ilość innych artykułów, publikacji, itd. przestrzegających przed jodem. Na potęgę usuwano jod ze wszystkich produktów, zastępując go związkiem organicznym – szkodliwym dla człowieka! Młyny przestały dodawać jod do mąki, a zaczęły, jako spulchniacze, stosować związki bromu! Tak… BROMU! Pomyłki tutaj nie ma. Truje się nas. Związki bromu są co prawda usuwane, ale przez… sól. Co z tego, kiedy przecież każe się nam spożywać jak najmniej soli! Jednocześnie zaobserwowano, że **wraz z wycofaniem z użycia kombinacji jod/jodek potasu i wprowadzeniu związków bromu wystąpiła wyraźna tendencja we wzroście liczby przypadków nowotworów piersi i tarczycy**. Przypadek?

Pennington JA and Schoen SA., **Total diet study: Estimated dietary intakes of nutritional elements, 1982-1991.** *Internat J Vit Nutr, 1996; 66:350-362.*

Świat medyczny wprowadził informacje o „Efekcie Wolffa-Chaikoffa" do wszystkich uczelni medycznych na świecie. Emocje weszły do uczelni medycznych drzwiami… rozum wyszedł przez okno. Nikt nie czekał, aż jakiś inny ośrodek potwierdzi tak doniosłe wyniki, a wtedy dopiero można podjąć jakąś decyzję, wyrobić sobie zdanie. Przecież potwierdzenie badań jest zawsze, bez wyjątku, podstawą zaakceptowania jakiegoś zjawiska medycznego. Tak zawsze było, ale… nie w tym przypadku. A co by było, gdyby nikt inny nie był w stanie odtworzyć w innych badaniach takiego samego „efektu"? Trzeba by te badania, jakie przeprowadzili Wolff i Chaikoff, łącznie z ich konkluzją wyrzucić do śmieci. Tak to się zawsze robi. Czy takie próby były podjęte? Oczywiście i… żaden ośrodek naukowy nie mógł osiągnąć takiego samego efektu! Nie było żadnej powtarzalności tego, do czego doszli Wolff i Chaikoff, co w warunkach normalnych oznacza całkowite odrzucenie efektu ich badań.

W międzyczasie, informacja o „Efekcie Wolffa-Chaikoffa" dotarła pod medyczne „strzechy", bez jej weryfikacji, bez potwierdzenia… Zaczęto ludzi leczyć inaczej. Wiemy już, jak i z jakim skutkiem.

Przypomnę konkluzję tych badań: „taki wysoki poziom jodu nieorganicznego blokuje wytwarzanie hormonów tarczycy, co prowadzi do niedoczynności i powstania wola".

Co znaczy „taki wysoki?". Badania *in vitro* wykazały, że stężenie jodku potrzebne do wywołania efektu, jaki opisywali Wolff i Chaikoff, było o cztery rzędy wielkości większe, niż oni zastosowali! To bardzo, bardzo dużo.

Pitsiavas V, Smerdely P, and Boyages SC. **Amiodarone compared with iodine exhibits a potent and persistent inhibitory effect on TSH-stimulated cAMP production in vitro: a possible mechanism to explain amiodarone-induced hypothyroidism.** *European J Endocr, 1999; 140:241-249.*

Co w tym przypadku oznacza „dużo"? Oznacza to, że żeby wywołać taki efekt u człowieka, a nie u szczura, należałoby mu podawać codziennie 50 gramów jodku potasu, tj. 50 000 000 mikrogramów! Pamiętamy oficjalne zalecenia? To ma być zaledwie 150 mikrogramów.

Guy E. Abraham, MD, **The History of Iodine in Medicine Part III**: *Thyroid Fixation and Medical Iodophobia*

Czy ktoś zwrócił uwagę na ten „drobny" szczegół? Ależ skąd... w wielu publikacjach medycznych endokrynolodzy powołują się na ten fakt, jako... potwierdzający „Efekt Wolffa-Chaikoffa"!

To zagadnienie jest takie ważne, bo na tej podstawie dokonano tak strasznie szkodliwej „korekty" w leczeniu chorób tarczycy, narażając miliony ludzi na utratę zdrowia i... niewłaściwe leczenie ich choroby. Czy to jednak wszystko? Dobrze by było...

Proszę wybaczyć mi powtórzenie, ale sprawa jest poważna, jeszcze raz podkreślam sedno konkluzji Wolfa i Chaikoffa:

„Taki wysoki poziom jodu nieorganicznego <u>blokuje wytwarzanie hormonów</u> tarczycy, co <u>prowadzi do niedoczynności i powstania wola</u>".

Dlaczego to powtarzam? Bo jak się później okazało, ci „naukowcy", u szczurów, na których prowadzili swoje eksperymenty nawet nie zbadali poziomu tych hormonów! Okazało się też, że szczury te ani nie miały wola, ani nie miały niedoczynności tarczycy!! Czyli **było to zwykłe OSZUSTWO!**

W 1970 roku dokonano ponownej ewaluacji działania płynu Lugola, podając go ludziom, nie szczurom (!), w ilości 30 mg (5 kropli płynu Lugola) trzy razy dziennie. Badania te, właściwie zaprojektowane i przeprowadzone, zupełnie **OBALIŁY „Efekt Wolffa-Chaikoffa"** z konkluzją, że:

„W nadczynności, jod/jodek potasu zawarty w płynie Lugola, podawany w dziennej dawce 90 mg (!) wywołuje fizjologiczną tendencję w kierunku normalizacji funkcjonowania tarczycy, co jest efektem korzystnym".

> *Wartofsky L, Ransil BJ, and Ingbar SH. **Inhibition by iodine of the release of thyroxine from the thyroid glands of patients with thyrotoxicosis.** J Clin Invest, 1970; 49:78-86.*

Lawina wywołana przez jodofobów była już jednak nie do zatrzymania. Cały świat medyczny bezmyślnie i bezkrytycznie zaakceptował oszustwo przedstawione w badaniach Wolffa i Chaikoffa jako „pewnik" i zaczął chorych leczyć tak, jak do dziś „leczy" ☹. Czy którakolwiek uczelnia medyczna wyrzuciła na śmietnik „Efekt Wolffa-Chaikoffa"? Gdzież tam… ciągle, uparcie, przedstawia się „Efekt Wolffa-Chaikoffa" jako PODSTAWĘ do tego, żeby w leczeniu człowieka (nie szczura) nie stosować nieorganicznego jodu. Ręce opadają… a może powinno się teraz zapytać: „czy leci z nami psychiatra?".

Terapie w leczeniu tarczycy – krok wstecz współczesnej medycyny

Jak widać z wcześniej już przedstawionych przykładów badań i praktyki na wielu tysiącach ludzi przez ponad 100 lat, istnieje proste połączenie logiczne pokazujące, że podawanie jodu w formie zawartej w płynie Lugola prowadzi do wyleczenia nadczynności i doprowadza do „normalizacji funkcjonowania tarczycy", to czy naprawdę jest to tak trudno dostrzec i zrozumieć? Czy nie należy zapytać: „w imię czego choremu na nadczynność dosłownie „wypala się" tarczycę substancją „z Czarnobyla" ze wszystkimi konsekwencjami wynikającymi z zastosowania środka radioaktywnego, po którym, po wybuchu reaktora jądrowego w Czarnobylu, pół Europy mogło być zatrute i w panice wielkiej podawano: tak... płyn Lugola?" Czy podawanie płynu Lugola komuś by i teraz zaszkodziło? Jak wiadomo, zaszkodziłoby i to bardzo, tylko... nie pacjentowi.

Teraz kilka cytatów z polskich stron internetowych (celowo nie podaję adresów):

- **„Bardzo istotną, a na dodatek skuteczną metodą leczenia jest kuracja jodem radioaktywnym".**

Dziwnie mi w tym kontekście zabrzmiało słowo „kuracja", jakby na wczasach w Ciechocinku. Ktoś, kto taką „kurację" przechodził, wie, jaka jest prawda. Proszę też zwrócić uwagę, że jod radioaktywny, to taki sam jod, przed którym nas chroniono (nasze tarczyce) po wybuchu elektrowni jądrowej w Czarnobylu. A teraz... jest on środkiem leczniczym!

lub:

- „W większości przypadków podaje się leki przeciwtarczycowe (tyreostatyki), jednak coraz częściej sięga się po **terapie radiojodem**".

oraz:

- „Leczenie choroby Gravesa-Basedowa jest wyłącznie objawowe. **Nie znamy bowiem jeszcze środka, który neutralizowałby lub zapobiegał atakowi przeciwciał**".

Naprawdę nie znamy środka, który by tą chorobę skutecznie i bezpiecznie leczył? Naprawdę mamy aż takie nieprzezroczyste bielmo na oczach?

I dalej:

- „Stosujemy leki z dwóch grup: leki przeciwtarczycowe oraz jod radioaktywny. Pierwsze mogą dawać zaburzenia obrazu krwi, dlatego niezbędna jest odpowiednia kontrola morfologii. **Jod natomiast niszczy tkankę tarczycy**, więc w trakcie leczenia należy kontrolować stężenia".

Proszę zwrócić uwagę na tę część zdania: „Jod natomiast niszczy tkankę tarczycy". Ja rozumiem, że było to w kontekście pierwszego zdania, ale... ktoś, kto niezbyt się w tym orientuje, pomyśli, że to prawda. Czy nie lepiej byłoby napisać „Jod **radioaktywny** niszczy tkankę tarczycy?" Przynajmniej byłoby to uczciwe i przede wszystkim prawdziwe.

A tutaj następny „rodzynek":

- „Coraz częściej stosuje się **leczenie radiojodem, jako skuteczną, bezpieczną metodę leczenia**".

Jeśli ta metoda jest taka skuteczna i bezpieczna, to może taniej byłoby wywozić chorych do Czarnobyla, żeby się skazili prawie za darmo. Tam jeszcze ziemia promieniuje... Z tego, co napisano, widać, że to byłby taki „ukraiński Ciechocinek dla chorych na tarczycę", gdzie autor tych słów byłby kierownikiem ośrodka. To jest oczywiście kpina, ale czy nie jest słuszna?

Używanie jodu radioaktywnego w leczeniu choroby Gravesa-Basedowa ma związek z powstawaniem białaczki i innych nowotworów:

Wartofsky L. **Has the use of antithyroid drugs for Graves' disease become obsolete.** *Thyroid, 1993; 3:335-344.*

a poza tym, to jest to... „bezpieczne".

Nasz organizm nie potrzebuje do dobrego funkcjonowania żadnej, ale to żadnej dawki promieniowania ani substancji promieniujących. Stosowanie leków przeciwtarczycowych niesie ze sobą ryzyko wystąpienia tak silnego efektu toksycznego wątroby, że niejednokrotnie konieczny staje się jej przeszczep, a czasami kończy się to śmiercią.

Williams KV, Nayak S, Becker D, et al. **Fifty years of experience with propylthiouracil-associated hepatotoxicity: What have we learned.** *J Clin Endocr & Metab,1997; 82:1727-1733*

Jak już wcześniej wspominałem: nasz organizm nie choruje z powodu braku w nim lekarstwa, ale choruje z powodu braku odpowiednich substancji naturalnych jak np. jod, ale jod w formie nieorganicznej.

Jak widać istnieje wielka potrzeba dokształcenia lekarzy w zakresie różnic pomiędzy organiczną i nieorganiczna formą jodu.

W swojej książce pt. „Nie ma nieuleczalnie chorych", profesor Julian Aleksandrowicz napisał: „trzy miesiące na soli **naturalnej** w studenckich stołówkach i w porównaniu z posiłkami sporządzanymi na soli **oczyszczonej**, spowodowały wzrost immunoglobuliny IgM z 137 mg% do 240 mg%, podwyższenie aktywności fosfatazy alkalicznej granulocytów (wskaźnik z 83 na 116). Stwierdzono również u grupy otrzymującej pożywienie z dodatkiem soli **naturalnej** zmniejszenie zachorowalności na nieżyt górnych dróg oddechowych. Zawartość żelaza w surowicy krwi wzrosła po siedmiodniowej podaży tej soli z 16,09 do 23,15 µmol/l". To naprawdę jest bardzo ważne, ale… czy studenci medycyny o tym wiedzą?

To jeszcze jednak nie wszystko. Wiele się mówi o tym, że możemy brać różnego rodzaju suplementy, minerały, itd., ale jedną z podstawowych przyczyn, dlaczego chorujemy, jest przerażające zatrucie środowiska czyli gleby, żywności, powietrza, wody…

Substancje szkodliwe dla zdrowia człowieka w wielu przypadkach pozostają w naszym organizmie na zawsze. Poza niektórymi z nich, nasz organizm nie ma możliwości ich wyeliminowania. Ich obecność zaburza działanie wielu substancji, które nam są niezbędne do zdrowego funkcjonowania lub je całkowicie niszczy. Chorujemy bez możliwości wyleczenia się kiedykolwiek, czasami umieramy, chyba że nie będziemy leczyć objawów, a usuniemy przyczynę. Jak jednak usunąć metale ciężkie czy inne substancje toksyczne? Naprawdę nie jest to łatwe. Nie ma się też co oszukiwać – różnego rodzaju diety tych toksyn nie usuwają, chyba że są to toksyny zawarte w tkance tłuszczowej.

Właściwa suplementacja jodem wykazuje zwiększone usuwanie toksyn z moczem. I to nie byle jakich toksyn. Przy zastosowaniu trzech tabletek wcześniej wspomnianego Iodoralu, w moczu osób, które je wzięły, pojawiło się 20 razy więcej związków bromu i fluoru. Organizm pozbywał się ich z dużą prędkością. Taka suplementacja jodem skutkowała również tym, że organizm pozbywał się z moczem substancji, takich jak: rtęć, kadm, arsen czy aluminium, a to jest już niezwykle poważny efekt. Tego nam właśnie potrzeba, i to bardzo.

Nie możemy ulegać błędnej opinii, że jod jest potrzebny tylko tarczycy. Inne organy również go bardzo potrzebują, a jak go nie mają – chorują.

Organy takie to śluzówka żołądka, piersi czy ślinianki, w których jod jest w takiej koncentracji niemalże, jak w tarczycy. Inne organy, które koniecznie potrzebują jodu to jajniki, prostata, grasica, skóra, mózg, stawy, tętnice czy kości.

Venturi S, Donati FM, Venturi M, et al. **Role of iodine in evolution and carcinogenesis of thyroid, breast and stomach.** *Adv Clin Pathol 2000;4:11-17.*

Dr Guy Abraham, dr Flechas i dr Brownstein, na podstawie wieloletnich doświadczeń stwierdzili, że optymalna dawka jodu dla człowieka, która w pełni zaspokaja rzeczywiste zapotrzebowanie CAŁEGO organizmu to ok. 12,5 mg dziennie. Ich badania obejmowały ponad 4 000 osób, które brały dziennie po 12,5 mg jodu, a osoby z cukrzycą brały do 100 mg jodu dziennie. Okazało się, że takie dawki jodu powodowały całkowite wyleczenie z niezwykle bolesnych guzków piersi, pacjenci z cukrzycą używali mniej insuliny, pacjenci z fibromialgią (uogólniony ból wszędzie, szczególnie w mięśniach, stawach...) potrzebowali znacznie mniej lekarstw lub wystąpił **całkowity zanik choroby**, a ci którzy cierpieli na migreny, o nich zapomnieli. Nie wiedzą, dlaczego jod tak działa, ale.. działa, co przyniosło im wielu wdzięcznych pacjentów.

Flechas, JD. **Orthoiodosupplementation in a primary care practice.** *The Original Internist 2005;12(2):89-96*

Funkcja tarczycy pozostała bez zmian u 99% pacjentów. Efekty uboczne – alergia, opuchnięcie ślinianek czy tarczycy, czy też objawy przedawkowania wydarzyły się rzadko, u mniej niż 1% pacjentów, co w porównaniu z tradycyjnie stosowanymi lekami jest wynikiem więcej niż świetnym. Natomiast nadmiar jodu, któremu towarzyszy metaliczny smak, „cieknący nos" czy efekty skórne podobne do trądzika młodzieńczego były spowodowane procesem usuwania bromków i po zmniejszeniu dawki jodu całkowicie ustąpiły:

*Brownstein D. **Clinical experience with inorganic, non-radioactive iodine/iodide.** The Original Internist 2005;12(3):105-108. Available at: http://www.optimox.com/pics/Iodine/IOD-09/IOD_09.htm.*

Amiodarone, lek powszechnie stosowany w przypadkach arytmii serca, w swojej strukturze chemicznej jest podobny do tyroksyny. Pacjenci, którzy biorą 300 mg Amiodaronu, otrzymują w nim 9 mg nieorganicznego jodu dziennie. Wcale to jednak nie martwi lekarzy, którzy z jakiegoś powodu, w tym przypadku nie biją na alarm, nie boją się tego jodu, mimo że 9 mg to 9 000 mikrogramów, a przecież zalecana dawka to tylko 150 mikrogramów. Logika to zaiste pokrętna.

Niestety, Amiodarone powoduje niedoczynność tarczycy u 20% pacjentów. Endokrynolodzy obwiniają za to jod uwalniany z tego środka, a nie szkodliwą molekułę organiczną. Robią to bez żadnego dowodu na podtrzymanie swojej tezy.

*Basaria S, Cooper DS. **Amiodarone and the thyroid.** Am J Med 2005;118:706-714.*

To wszystko warto jest wiedzieć. Warto jest też wiedzieć, że jod ma kluczowe znaczenie w zapobieganiu powstawania nowotworów piersi, co w tej chwili jest już prawdziwą epidemią. Jak już wspomniałem, piersi są stosunkowo dużym magazynem jodu, nie tylko tarczyca. Im piersi są większe, tym więcej potrzebują jodu. Tkanka piersi potrzebuje jod do normalnego funkcjonowania. Kiedy to funkcjonowanie jest zaburzone, dochodzi do różnego rodzaju problemów zdrowotnych. Kiedy jodu jest w organizmie mało, tarczyca i inne organy starają się wychwycić jak najwięcej z tego, co jest, a jest mało. Efektem tego są niedobory jodu np. w tarczycy, piersiach, jajnikach i innych organach, co prowadzi już w prostej linii do chorób tych organów.

Wpływ jodu na gospodarkę hormonalną i co jeszcze?

Szczególnie u kobiet występuje bardzo silny związek pomiędzy jodem i produkcją hormonów, takich jak estrogeny. Estrogeny wytwarzane są także przez mężczyzn, chociaż w znacznie mniejszej ilości. To samo dzieje się z testosteronem u kobiet. Zaburzenie delikatnej równowagi tych hormonów może prowadzić do nowotworów. Estrogeny są konieczne do rozwoju i funkcjonowania organów, takich jak jajniki, macica czy piersi.

Główne typy estrogenów to:
a) estron,
b) estradiol,
c) estriol.

Rzecz w tym, że każda kobieta nie tylko potrzebuje tych hormonów do zdrowego funkcjonowania jej organizmu, ale… potrzebuje ich w odpowiednich ilościach i proporcjach. To bardzo ważne, bo np. **estriol wykazuje własności przeciwnowotworowe.**

W związku z tym, kiedy mówimy o hormonalnej terapii zastępczej, konieczne jest precyzyjne monitorowanie ilości i stosunków ilościowych pomiędzy tymi trzema rodzajami estrogenów, ponieważ celem takiej terapii, jak nazwa wskazuje, jest zastąpienie tych hormonów wytwarzanych przez organizm przez podawanie ich z zewnątrz. Jeśli nie będziemy mogli monitorować tych stosunków, można łatwo doprowadzić do rozregulowania ich ilości i spowodowania powstania typowych w takich przypadkach schorzeń, jak guzkowatość bolesna piersi, nowotwór, nadwaga, itd. Dlatego każdą z tych frakcji trzeba oddzielnie oznaczać, mierzyć, ale… z jakiegoś powodu w Polsce mierzy się estriol i estradiol, ale estronu już się nie mierzy. Dlaczego? Nie wiem.

Dr Jonathan Wright, bardzo znany amerykański „wojownik" (a dla snobów „fighter") na polu estrogenów wykazał, że jod w postaci płynu Lugola pomaga utrzymać estrogeny we właściwych proporcjach.

Co więcej, pokazał, że płyn Lugola wyraźnie faworyzuje produkcję estriolu, tego estrogenu, który zapobiega powstawaniu nowotworów.

Dr D. Brownstein specjalizujący się w tym zagadnieniu również potwierdził, że jod pomaga utrzymać stosunki estrogenów w taki sposób, że organizm kobiety sam wytwarza więcej dobroczynnego estriolu. Przy niedoborach jodu utrzymanie właściwej równowagi estrogenów jest prawie niemożliwe. Dlatego często mamy do czynienia z sytuacją, gdzie endokry-nolog za wszelką cenę chce doprowadzić do właściwej regulacji estroge-nów, ale to mu za nic nie wychodzi, bo wcześniej nie uzupełnił u pacjentki niedoborów jodu. Często więc działa na „ślepo". Nadmiar estrogenów, tak samo jak np. insuliny, jest niezwykle szkodliwy dla organizmu. Stąd takie problemy z utrzymaniem właściwej ich ilości i proporcji u kobiet po meno-pauzie, kiedy „manipulujemy" ilością estrogenów podawanych z zewnątrz. Jak wiadomo, źle się to nieraz kończy.

Wykazano, że niedoborom jodu towarzyszą zmiany w produkcji estroge-nów przez jajniki oraz zmiany w funkcjonowaniu receptorów estrogenów w piersiach. W takich przypadkach jajniki zaczynają produkować **zbyt dużo estrogenów**, a receptory estrogenów w piersiach stają się bardziej na nie wrażliwe, łatwiej je wychwytują. To źle, ponieważ może to prowadzić do powstania nowotworu piersi.

Slebodzinski, A.B. ***Ovarian iodide uptake and triiodothyronine generation in follicular fluid. The enigma of thyroid ovary interaction.*** *Domest. Anim. Endocrinol. 29(1):97-103, July 2005.*

Siiteri, P. ***Increased availability of serum estrogens in Brest cancer, a new hypothesis.*** *In Hormones and Breast Cancer, Banbury report no. 8, Cold Spring Harbour Laboratories. 1981*

Uzupełnienie jodu całkowicie taki stan przywraca do normy, pod warun-kiem, że ten jod się uzupełnia, ale… która kobieta to robi? To jest właśnie jeden z ważnych elementów zapobiegania nowotworom piersi. Wtedy tzw. „wczesne wykrywanie" nie jest już potrzebne. Biorąc udział w jednej z kon-ferencji w Los Angeles dotyczących alternatywnego leczenia nowotworów, dokładnie pamiętam przypadek kobiety z nowotworem piersi, u której do-prowadzono do całkowitego wyleczenia, podając jej tylko i wyłącznie jod.

Choroba tarczycy nie tylko swym zasięgiem obejmuje samą tarczycę. Zna-ni amerykańscy specjaliści zajmujący się tematyką jodu, chorób tarczy-cy i nowotworów, zgodnie stwierdzają, że przy niedoborach jodu istnieje zwiększone występowanie nowotworów piersi, żołądka, tarczycy, przeły-ku, jajników i macicy:

Stadel, VV. **Dietary iodine and risk of breast, endometrial and ovarian cancer.** *The Lancet 1976;1:890-891*

Talamini,R. **Selected medical conditions and risk of breast cancer.** *British Journal of Cancer, 1997;75(11):1699-1703*

Venturi, S. **Role of iodine in evolution and carcinogenesis of thyroid, breast and stomach.** *Adv. Clin. Path. 2000;4:11-17*

Już w roku 1896 zauważono związek pomiędzy niedoczynnością tarczycy i chorobą nowotworową. Co prawda nie przeprowadzono konkretnych badań, ale z doświadczenia lekarzy praktyków wynika, że taki związek istnieje. Czyli kobiety z niedoczynnością tarczycy częściej zapadają na chorobę nowotworową piersi:

Smyth, P.P.A. **Thyroid disease and breast cancer.** *J. Endocryn. Invest. 16:396, 1993*

Perry, M. **Thyroid function in patients with breast cancer.** *Ann. Roy.Coll. Surg. Engl 60, 1978.*

Niedoczynność tarczycy sprzyja oczywiście zmniejszonej odporności całego organizmu. Jak już wcześniej wspomniałem, przyczyną nowotworów jest źle funkcjonujący układ odpornościowy. W niedoczynności tarczycy procesy biochemiczne, jakie zachodzą w organizmie są spowolnione, występuje zmęczenie, suchość skóry, zimne dłonie i stopy, nadwaga, wielu chorych opisuje, że „mózg im wolniej pracuje". Przy podaniu hormonu tarczycy można te symptomy załagodzić. Ponownie – „leczymy" symptomy, ale ich łagodzenie, to nie usuwanie przyczyny! Przyczyną jest brak jodu. Jod jest absolutnie konieczny do tego, żeby organizm wytwarzał odpowiednią ilość energii.

Jeśli występują jego niedobory i w tym samym czasie „podkręcimy" działanie tarczycy poprzez podanie sztucznie produkowanych hormonów, jak np. eutyrox, wtedy:
  a) Sztucznie przyspieszamy metabolizm, pacjent traci wagę, myśli już szybko i składnie, znacznie lepiej się czuje itd… Pacjent jest zadowolony i jego lekarz też. Ale… jodu jak nie było, tak nie ma.

b) Poprzez sztuczne przyspieszenie przemian metabolicznych, podając hormon jak euthyrox, bez jednoczesnego podania jodu, doprowadza się do jeszcze większego zapotrzebowania organizmu na jod i tak spirala się sama nakręca, bo tarczyca nam funkcjonuje na „dopalaczu", a tego, co jej naprawdę potrzeba, nadal jak nie było, tak nie ma.

Jest to groźne zjawisko, bo wprowadziliśmy organizm w stan sztucznego przyspieszenia, więc jodu potrzebuje coraz bardziej. Mierzymy hormony tarczycy FT3/FT4 i niby wszystko jest OK, ale za jakiś czas... pacjent nadal choruje. Tym razem na coś innego. Pamiętajmy, że jod nie tylko tarczycy jest potrzebny.

Łatwo można wydedukować, że jeśli wystąpiło schorzenie, którego przyczyną był niedobór jakiejś substancji, a która jest potrzebna do funkcjonowania wielu organów, to jeśli w sposób sztuczny „naprawimy" jeden organ, w tym samym czasie doprowadzając do jeszcze większych niedoborów tej substancji, to wcześniej czy później inne organy dadzą nam od tym znać. I dają... chorujemy. Wtedy z kolei leczymy następny organ, tłumimy symptomy, bo o przyczynie już dawno zapomnieliśmy, itd. I tak wkoło. Bez końca... tzn. właściwie do końca, tylko nie do tego, do którego chcieliśmy dojść.

Angelina Jolie, znana amerykańska aktorka, w 2013 roku zaszokowała świat, ujawniając, że usunęła obie piersi w obawie przed powstaniem u niej nowotworu. Decyzję tę podjęła, kiedy dowiedziała się, że gen BRCA1 odpowiedzialny w jej organizmie za naprawę uszkodzeń komórek jest zmutowany. Kiedy działanie tego genu jest osłabione, dochodzi do takich uszkodzeń, które w wysokim stopniu prawdopodobieństwa (nawet do 90%) prowadzą do powstania nowotworu piersi. Naukowcy nie tak dawno opisywali, że zastosowanie skojarzenia jodu i jodku (np. płyn Lugola) powodowało zwiększenie aktywności genu BRCA1, co naturalnie jest niezwykle korzystne. Czy to oznacza, że podanie płynu Lugola kobietom z taką mutacją zabezpieczy je w 100% przed powstaniem nowotworu?

Pewnie nie, co jest oczywiste, ale... nie wszystkie kobiety będą kiedykolwiek przebadane w kierunku wykrycia u nich mutacji tego genu. Po za tym, mówimy o PRAWDOPODOBIEŃSTWIE wystąpienia nowotworu w przypadku zmutowanego genu BRCA1, a nie o 100% pewności jego wystąpienia. Inaczej mówiąc, warto jest takie prawdopodobieństwo zredukować.

Jednym z tanich, prostych i zawsze dostępnych sposobów jest zapewnienie organizmowi odpowiedniej ilości jodu.

Jeszcze jedna, ale bardzo istotna uwaga. Nie jest tutaj moim celem szczegółowe opisywanie wszelkich przemian biochemicznych, w jakich bierze udział jod lub też przemian, jakim podlega sam jod. Muszę jednak zaznaczyć, że jod jest przetwarzany w organizmie przy udziale wielu substancji śladowych, a w szczególności przy udziale magnezu i selenu.

Z tego powodu przestrzegam przed biegnięciem do apteki po płyn Lugola i beztroskim piciem go, nie uwzględniając poruszanej teraz sprawy. W jednym z krajów afrykańskich w ramach walki z niedoborami jodu wprowadzono sól jodowaną. Po pewnym okresie czasu nagle zauważono występowanie dużej ilości przypadków chorób tarczycy. Zapomniano, że w procesach przetwarzania jodu w naszym organizmie potrzebny jest selen.

Tak więc, sprawa suplementacji jodem musi uwzględniać nie tylko jego niedobory, ale również wymagania, jakie to narzuca na całą gospodarkę minerałów i witamin – szczególnie właśnie zapewnić odpowiednią ilość selenu, ale też magnezu, miedzi oraz witamin B2 i B3.

Selen ma nie tylko podstawowe znaczenie w leczeniu tarczycy, ale ostatnie doniesienia naukowe wskazują na jego niezwykle ważną rolę w zapobieganiu i leczeniu choroby nowotworowej. Jego znaczenie w tym przypadku jest tak poważne, że szczegóły jego działania, a konkretnie trzech najważniejszych form, w jakich występuje, opiszę w oddzielnej książce, gdzie dogłębnie zajmę się tematem leczenia nowotworów w sposób zupełnie inny, niż robi się to teraz.

Nie jest moim celem opisywanie tutaj leczenia chorób tarczycy, tylko wykazanie, że **da się tarczycę leczyć znacznie lepiej, niż czyni się to teraz.**

UWAGA!

W setkach e-maili, jakie dostaję, sprawa leczenia tarczycy przewija się zdumiewająco często. Czasami otrzymuję pytania typu: jaki środek polecam do leczenia Hashimoto? Ile mam brać płynu Lugola? itd. Chociaż choroby tarczycy są uleczalne, to proces takiego leczenia nie jest prosty i nie taki sam dla każdego. Najczęściej odpowiadam, że trzeba to robić we WSPÓŁ-PRACY z endokrynologiem, które wie, co należy robić. Niestety, zdaję sobie sprawę z tego, że nie jest łatwe znalezienie takiego lekarza. Dlatego właśnie, jak zaznaczyłem na początku tego rozdziału, dedykuję i poświęcam ten rozdział właśnie endokrynologom, do przemyślenia i do zastosowania, bo jak widać … da się chorego na tarczycę skutecznie leczyć, bez narażania go na niepotrzebne cierpienia. Tutaj nie chodzi o zwykłą suplementację, ale o leczenie skomplikowanego i wrażliwego układu endokrynologicznego. Tego nie da się zrobić „na telefon czy używając e-maila". Dlatego konkretnego podsumowania nie będzie, bo endokrynolog, który ten rozdział przeczytał, wie co ma zrobić.

Tłuszcze – sprawa prosta, ale… mało znana

Celowo nie będę wchodził w zawiłości biochemiczne tłuszczów, bo nie o to nam tutaj chodzi. Skupimy się na praktycznych aspektach ich działania na organizm ludzki.

Tłuszcz składa się z substancji, które, chemicznie rzecz biorąc, są kwasami. Są trzy podstawowe rodzaje kwasów tłuszczowych:
    A. nasycone,
    B. jednonienasycone,
    C. wielonienasycone.

Na ogół w żywności znajduje się mieszanina tych kwasów tłuszczowych, przy czym jedne produkty, jak np. olej z oliwek, mają więcej jednonienasyconych, a olej z kokosa ma prawie wszystkie nasycone. Tłuszcze zwierzęce w większości zawierają tłuszcze nasycone, a oleje roślinne – tłuszcze nienasycone. Słyszeliśmy to z pewnością wiele razy, ale… co to praktycznie oznacza dla zdrowia człowieka? Troszkę teorii… i wszystko będzie już krystalicznie jasne.

W bardzo prosty, obrazowy sposób cząsteczkę kwasu tłuszczowego można pokazać tak:

$$
\begin{array}{ccccccccccc}
\text{H} & \text{H} & \text{H} & \text{H} & \text{H} & \text{H} & \text{H} & \text{H} & \text{H} \\
| & | & | & | & | & | & | & | & | \\
\text{H}-\text{C}-\text{C}-\text{C}-\text{C}-\text{C}-\text{C}-\text{C}-\text{C}-\text{C}- \cdots - \text{COOH} \\
| & | & | & | & | & | & | & | & | \\
\text{H} & \text{H} & \text{H} & \text{H} & \text{H} & \text{H} & \text{H} & \text{H} & \text{H}
\end{array}
$$

Jak widać, cząsteczka ta składa się z pewnej liczby atomów węgla (C) i wodoru (H). Jest wiele różnych tłuszczów różniących się od siebie długością, a ta jest spowodowana różną liczbą atomów węgla. Dlatego na końcu, po prawej stronie łańcucha, są kropki wskazujące na to, że długość tego łańcucha może się zmieniać w zależności od liczby atomów węgla występujących w danym kwasie tłuszczowym. Literki COOH oznaczają po prostu, że jest to „kwas”. Zwrócić trzeba uwagę na to, że każdy atom węgla jest połączony w tym łańcuchu z jednym atomem wodoru (z wyjątkiem grupy COOH). Każda kreska oznacza **pojedyncze wiązanie chemiczne**. To jest bardzo ważne. W takim łańcuchu nie ma już miejsca na jakiekolwiek powiązanie atomów węgla z innym pierwiastkiem. Z tego powodu tłuszcze takie, mając wszystkie wiązania nasycone, nazywamy tłuszczami „nasyconymi". To właśnie takie tłuszcze stanowią większość tłuszczów zwierzęcych.

Jeśli w jednym miejscu zabraknie atomu wodoru, jak na rysunku poniżej:

```
    H   H   H   H   H   H   H   H       H   H   H   H
    |   |   |   |   |   |   |   |       |   |   |   |
H − C − C − C − C − C − C − C − C − C = C − C − C − C − ····· − COOH
    |   |   |   |   |   |   |   |   |   |   |   |   |
    H   H   H   H   H   H   H   H   H   H   H   H   H
```

to taki kwas tłuszczowy nazywamy **JEDNOnienasycony**, ponieważ brakuje mu JEDNEGO atomu wodoru. Wtedy pomiędzy następnymi sąsiadującymi ze sobą atomami węgla, powstanie **wiązanie podwójne** (=). Pamiętajmy o tym, bo fakt ten ma kluczowe znaczenie dla działania tłuszczów w naszym organizmie. Jeśli od lewego końca łańcucha policzymy atomy węgla, to zobaczymy, że <u>pierwszy brakujący atom wodoru</u> wystąpił przy węglu numer 9. Dlatego taki kwas tłuszczowy nazywa się Omega 9. Ten rodzaj kwasu tłuszczowego występuje w większości w oleju z oliwek i w oleju rzepakowym. Taki kwas tłuszczowy nasz organizm może wytworzyć sobie sam i dlatego nie jest on nam niezbędny.

Mała uwaga dla technicznie zorientowanych: dla uwidocznienia wiązania podwójnego posłużyłem się powyższym rysunkiem POGLĄDOWYM, w rzeczywistości, węgiel jest oczywiście czterowartościowy

Powstałe wiązanie podwójne (=) jest bardzo niestabilne i kwas ten „szuka" możliwości wypełnienia tego wiązania innym pierwiastkiem. Pierwiastkiem łatwo wiążącym się z takim niestabilnym wiązaniem w łańcuchu tłuszczowym jest tlen. Kiedy dochodzi do połączenia z tlenem w miejscu wiązania podwójnego, mówimy o tym, że kwas ten uległ utlenieniu. Cząsteczka takiego kwasu ulega zniszczeniu, co dla naszego zdrowia ma bardzo złe konsekwencje. Drugim bardzo szkodliwym zjawiskiem jest to, że w procesie utlenienia tłuszczu powstają niezwykle dla nas szkodliwe wolne rodniki, o których już wcześniej mówiliśmy. Dla przypomnienia:

„Wiele reakcji w organizmie przebiega przy udziale tlenu. Reakcje te polegają na wymianie elektronów. Elektrony krążą wokół jądra atomu w parach. Oderwanie jednego elektronu od danego atomu tlenu oznacza, że powstaje cząsteczka tlenu z elektronem, który nie ma drugiego elektronu, z którym tworzyłby stabilną parę. Taka cząsteczka to tzw.»wolny rodnik«. Wolny rodnik może istnieć zupełnie niezależnie. Nie zagłębiając się dalej, wolne rodniki powstają nie tylko w przypadku oderwania elektronu w przypadku tlenu, ale także azotu. Wolne rodniki to cząsteczki, które mają niezwykle silne własności utleniające. To dobrze i źle zarazem. Wolne rodniki używane są przez nasz układ odpornościowy np. do walki z patogenami – to dobrze.

Kiedy jednak wolnych rodników jest znacznie więcej i nasz wewnętrzny system przeciwutleniający nie jest w stanie poradzić sobie z tak dużą ich ilością dochodzi do zbyt dużej ilość reakcji utleniających – to źle, bardzo źle. Wolny rodnik »kradnie« innym atomom brakujący mu elektron, te z kolei »kradną« znowu innym i mamy do czynienia z reakcją łańcuchową.

Na szczęście, w naszym organizmie znajdują się substancje, które, oddając jeden elektron, powodują, że wraca na swoje miejsce i wtedy wolny rodnik przestaje istnieć, a sama ta substancja z definicji staje się wolnym rodnikiem, ale ... substancje te mają taką właściwość, że po oddaniu elektronu one same nie są szkodliwe. Takimi substancjami są antyoksydanty lub inaczej – przeciwutleniacze.

Wolnych rodników jest wiele różnych rodzajów, tak samo jest wiele przeciwutleniaczy, które nasz organizm produkuje.

Kiedy liczba wolnych rodników jest zbyt duża i do ich dezaktywacji mamy za mało naszych własnych substancji przeciwutleniających, wtedy zaburzona zostaje równowaga pomiędzy tworzeniem się wolnych rodników i ich usuwaniem. Innymi słowy, w organizmie dochodzi do zbyt dużej liczby reakcji utleniających.

To właśnie nazywa się STRESEM OKSYDACYJNYM, a to już jest droga do wielu chorób i towarzyszących im tragedii, ponieważ te reakcje utleniają czyli niszczą szczególnie ważne elementy naszego organizmu, jakim są tłuszcze, białka, DNA znajdującego się w jądrze komórki, jak i DNA znajdującego się w mitochondriach (to takie elementy komórki, w których tworzona jest energia, dzięki której żyjemy).

Stres oksydacyjny wywołują również czynniki środowiskowe, jak np. toksyny zawarte w dymie papierosowym (...) czy też promieniowanie jonizujące".

Innymi słowy, utlenianie kwasów tłuszczowych jest dla człowieka bardzo niezdrowe. Kiedy takie utlenianie występuje? Zawsze tam, gdzie jest tlen, a w naszym organizmie tlenu jest dużo. Kiedy olej z brakującym atomem wodoru w jego cząsteczce pozostawimy przez pewien czas na powietrzu, zaczyna śmierdzieć – mówimy, że jełczeje. To jest właśnie skutek jego utleniania. Żeby ten proces spowolnić, po otwarciu butelki z olejem trzymamy ją w lodówce, ponieważ w niskiej temperaturze procesy utleniania przebiegają znacznie wolniej.

Jeśli tak, to w organizmie człowieka, którego normalna temperatura wynosi 36,6°C proces utleniania kwasu tłuszczowego będzie przebiegał znacznie szybciej z jeszcze bardziej zwiększoną liczbą wytwarzanych wolnych rodników.

Tak też się dzieje, kiedy tłuszczów nienasyconych w naszym organizmie jest zbyt wiele! Wiemy już, że nasz organizm wytwarza substancje, które z wolnymi rodnikami sobie poradzą, ale... kiedy będzie ich już naprawdę za dużo i nasz własny system obrony nie daje już rady ich unicestwiać – chorujemy, i to bardzo.

A co będzie, jeśli np. taki tłuszcz podgrzejemy na powietrzu, a nie w naszym organizmie? Będzie tak, jak określają to podstawowe prawa chemiczne. Im dłuższy czas i wyższa temperatura, w jakiej tłuszcz nienasycony się znajduje, tym procesy utleniania i wytwarzania wolnych rodników będą przebiegały znacznie bardziej gwałtownie. Możemy taki tłuszcz np. podgrzać do temperatury 90 czy 100 stopni, a wtedy te reakcje przebiegają błyskawicznie. Możemy pójść jeszcze dalej i podgrzać ten tłuszcz do np. 180 stopni i zrobić z niego fabrykę wolnych rodników, tylko po co?

Widzimy, że postępowanie takie jest bezsensowne, bo szkodliwe dla zdrowia. Tak podpowiada nam logika i nauka. Czy się do tego stosujemy?

Niektórzy tak... a takich jest mało, a niektórzy nie, a takich jest znacznie więcej. Dlatego, że każdego dnia tysiące ludzi leje olej z oliwek na patelnię, podgrzewa go do temperatury ok. 180 stopni i... smaży sobie na nim np. mięso, jarzyny, naleśniki, ryby, itd. Czy to źle? Najlepiej nie jest, bo tlen z powietrza łączy się z tym jednym wiązaniem podwójnym i tworzy się bardzo duża liczba wolnych rodników. Czyli... nie jest to dobrze, ale... od tej pory będzie znacznie, znacznie gorzej...

Jeśli w łańcuchu kwasu tłuszczowego pierwsze wiązanie, przy którym zabraknie atomu wodoru, występuje przy węglu numer 6, to wtedy taki kwas tłuszczowy nazywać się będzie Omega 6:

```
    H   H   H   H   H       H   H       H   H   H   H
    |   |   |   |   |       |   |       |   |   |   |
H − C − C − C − C − C − C = C − C − C = C − C − C − C − ······ − COOH
    |   |   |   |   |   |   |   |   |   |   |   |   |
    H   H   H   H   H   H   H   H   H   H   H   H   H
```

W tym przypadku widzimy, że <u>pierwsze wiązanie podwójne</u> występuje w pozycji 6 oraz jeszcze jedno wiązanie podwójne w pozycji 9. Z tego powodu takie oleje nazywane są **wielonienasycone**. Co to dla nas praktycznie oznacza? Po pierwsze, jest to tłuszcz NIEZBĘDNY dla człowieka. Ale... oznacza to, że taki olej w temperaturze ok. 180°C na patelni będzie reagował z tlenem z powietrza dwa razy szybciej niż olej z oliwek! Takie oleje to: słonecznikowy, z pestek winogron, wiesiołka, dyni, soi, kukurydzy...

Chyba już teraz sami możemy sobie odpowiedzieć na pytanie: „czy dobrze jest na takim oleju smażyć"? Nieeee...? Jak nie, skoro na etykietach jest napisane: „szczególnie nadaje się do smażenia"? Ocenę tego pozostawiam już Czytelnikom i... prokuraturze. Czy może być gorzej? Może...

Weźmy na przykład jeden z popularnych olejów, jakim jest olej z lnu:

```
    H   H       H   H       H   H       H   H   H   H
    |   |       |   |       |   |       |   |   |   |
H − C − C − C = C − C − C = C − C − C = C − C − C − C − ······ − COOH
    |   |   |   |   |   |   |   |   |   |   |   |   |
    H   H   H   H   H   H   H   H   H   H   H   H   H
```

Jak widać, <u>pierwszy brakujący atom wodoru</u> pojawia się przy węglu nr 3. Czyli jest to tłuszcz (a właściwie kwas tłuszczowy) typu Omega 3. Ten tłuszcz jest tłuszczem NIEZBĘDNYM, nasz organizm koniecznie go potrzebuje, bo sam go wytworzyć nie potrafi. Najważniejsze jest jednak to, że posiada on aż 3 wiązania podwójne! Stąd podgrzewanie tego tłuszczu to już prawdziwa zdrowotna katastrofa. Nikt o zdrowych zmysłach tego nie zrobi, chyba, że nie wie, co robi. Tłuszcz ten, nawet trzymany w lodówce, zjełczeje.

Nigdy nie zapomnę, kiedy kilka lat temu młode mamy na jednym z portali internetowych dawały sobie porady, np. „olej lniany jest bardzo zdrowy i trzeba go dawać już malutkim dzieciom, ale... żeby był taki naprawdę, naprawdę zdrowy, to należy go nalać do garnka, podgrzać prawie do wrzenia, powoli mieszać, żeby »wybić wszystkie bakterie«, odstawić do schłodzenia i wtedy podawać dziecku". Nic tylko płakać...

Młodej, niewiele wiedzącej mamie można wybaczyć, ale... jeśli widzę w sklepie olej roślinny wielonienasycony (z dwoma wiązaniami podwójnymi) z dodatkiem oleju lnianego (z trzema wiązaniami podwójnymi) z napisem na etykiecie „szczególnie nadaje się do smażenia", to zaczynam powątpiewać chyba już we wszystko, co powinno być logiczne i rozsądne, szczególnie kiedy mamy do czynienia ze zdrowiem człowieka.

Mamy więc jasno chyba przedstawioną odpowiedź na niezwykle często padające pytanie: „na czym najlepiej smażyć?". Jak widać, jeśli już chcemy czy musimy smażyć, to najlepiej to robić na tłuszczu, który nie ma możliwości utleniania się. To już jest jasne i oczywiste. Jaki to jest więc tłuszcz, skoro oleje roślinne, jak już wiemy, zupełnie do smażenie się nie nadają, bo są w tym przypadku „generatorem" silnych toksyn. I tutaj mała niespodzianka. Takim tłuszczem jest OLEJ z kokosa. Tak! Olej!

Na temat oleju z kokosa można byłoby napisać jeszcze wiele, wiele stron. Dla nas najważniejsze jest to, że pomimo tego, że jest to olej pochodzenia roślinnego, to w swoim składzie zawiera aż 95–97% frakcji NASYCONEJ! Oleje nasycone, jak pamiętamy, nie utleniają się. Już słyszę głosy, że jest to tłuszcz nasycony, a więc bardzo szkodliwy dla zdrowia. Są to głosy świadczące o zupełnym braku najnowszej wiedzy i dlatego tutaj się tym nie będę zajmował, bo będzie to przedmiotem innej książki, gdzie temat ten będzie szczegółowo wyjaśniony, łącznie z innym zdaniem, jak np. „cholesterol jest szkodliwy, bo powoduje miażdżycę" czy np. „od tłuszczu się tyje", itd. Od tłuszczu oczywiście się nie tyje. To takie proste, a jednocześnie takie dla wielu skomplikowane. We wspomnianej książce wykażę na podstawie badań, że spożycie tłuszczu nie wpływa na zachorowalność na choroby serca czy miażdżycę. Wróćmy do olejów…

Czy w takim razie wszystkie inne oleje są złe? Tak nie jest. Oleje roślinne są bardzo nam potrzebne, szczególnie te bogate w **niezbędne nienasycone kwasy tłuszczowe.**

Mity o Niezbędnych Nienasyconych Kwasach Tłuszczowych – OBALONE

Chciałbym teraz poświęcić czas na przekazanie kilku istotnych faktów dotyczących wcześniej wspomnianych tzw. **Niezbędnych Nienasyconych Kwasów Tłuszczowych (NNKT)**. Co to znaczy „niezbędnych"? To znaczy, że **organizm nie jest w stanie wytworzyć ich sobie sam**. Te tłuszcze są NIEZBĘDNE do prawidłowego funkcjonowania organizmu. Muszą być one dostarczone nam z zewnątrz, najlepiej oczywiście w żywności. Jeśli ich nie ma w odpowiedniej dla nas ilości – chorujemy. Jeśli jest to taki krytyczny składnik naszego pożywienia, to czy potrzebujemy go w ilościach dużych czy raczej małych? Ile tak naprawdę potrzebujemy Omega 3, a ile Omega 6? Wszyscy o nich słyszeli, ale nie wszyscy wiedzą, jakie są ostatnie doniesienia naukowe w tym względzie.

Zacznijmy od tłuszczów Omega 3. Co o nich wiemy? Wiemy, że tłuszcze Omega 3 są zdrowe. Przede wszystkim sprzyjają dobremu funkcjonowaniu serca. Wiemy, że szczególnie tłuszcz z ryb jest bardzo bogaty w tłuszcze Omega 3. W każdej aptece półki uginają się pod ciężarem suplementów, na których często jest pisane: „Omega 3 – z ryb takich czy innych", „najlepsze źródło **niezbędnych kwasów tłuszczowych**". No i mamy problem.

Dlaczego? Dlatego bo to nie jest prawda. Już oczami wyobraźni „widzę" pojawiające się zdziwienie. Oby tylko zdziwienie, bo zdaję sobie sprawę, że dla wielu będzie to pewnego rodzaju odczucie typu: „znowu wszystko stawia do góry nogami". Niestety, nic na to nie poradzę. Takie są fakty.

Naukowe w dodatku. W związku z tym pokrótce postaram się to w prosty sposób wytłumaczyć.

Istnieją tylko DWA **niezbędne** kwasy tłuszczowe. Są to kwasy:

1. **Kwas Alfa Linolenowy (ALA – *Alpha Linolenic Acid*) należy on do kwasów tłuszczowych typu Omega 3.** Jego duże ilości znajdują się w oleju z lnu (ok. 53%) i w oleju z rzepaka (ale tylko ok. 10%).
2. **Kwas Linolowy (często oznaczany jako LA, co jest skrótem z języka angielskiego *Linoleic Acid*), należy do kwasów tłuszczowych typu Omega 6.** Jego duże ilości znajdują się w oleju z krokosza barwierskiego, wiesiołka, maku, pestek winogron czy słonecznika.

Ktoś może zapytać: „a gdzie olej z ryb?". Przecież mówi się nam, że jest to najzdrowszy dla człowieka olej. Przyjrzyjmy się temu trochę bliżej, bo jak wiadomo „diabeł tkwi w szczegółach"…

Kwas ALA (alfa linolenowy)

Co się dzieje po spożyciu tłuszczu Omega 3, jakim jest Kwas Alfa Linolenowy (ALA)? Organizm nasz przetwarza ten olej na inne dwa kwasy tłuszczowe, również typu Omega 3, o znacznie bardziej skomplikowanych nazwach:

- EPA – *EicosaPentaenoic Acid*
- DHA – *DocosaHexaeonic Acid*

Nie są to jednak Niezbędne Nienasycone Kwasy Tłuszczowe, ponieważ nasz organizm wytwarza je sam.

Proszę wziąć pierwszy z brzegu preparat „Omega 3" wyprodukowany z oleju rybiego. Najczęściej na opakowaniu pisze, że preparat ten jest „bogatym źródłem Niezbędnych Nienasyconych Kwasów Tłuszczowych". Popatrzmy co jest napisane jako: „Skład". Producent podaje, że jest tam EPA i DHA. Jednak EPA i DHA nie są kwasami dla nas niezbędnymi! Jeśli chodzi o kwasy Omega 3, to jest nim tylko jeden kwas: ALA.

Nie twierdzę, że producent nie mówi nam prawdy celowo. Nie mniej jednak taki opis produktu nie jest zgodny z prawdą. Można byłoby się tutaj spierać czy jeśli pisze „jest źródłem (raczej niż »zawiera«) NNKT", to czy wtedy błąd merytoryczny jest mniejszy.

Kwas LA (kwas linolowy)

W tym przypadku występuje zjawisko podobne. Po spożyciu tego kwasu (niezbędnego!) organizm wytwarza z niego dwa kwasy: GLA i AA (*Gamma Linolenic Acid* oraz *Arachidonic Acid*, czyli kwas gamma-linolowy i kwas arachidonowy). Jednak GLA i AA nie są kwasami niezbędnymi, ponieważ organizm potrafi wytworzyć je sam. Jeśli popatrzymy na dostępne preparaty (jest ich jednak mniej niż preparatów Omega 3), jakie można kupić w aptekach, zauważymy podobne informacje na opakowaniach, że zawierają Niezbędne Nienasycone Kwasy Tłuszczowe, co oczywiście nie jest prawdą.

Co to są Pierwotne i Pochodne NNKT

Wprowadźmy tutaj nowe pojęcie, jeśli chodzi o NNKT. Wtedy będzie nam łatwiej to wszystko „ogarnąć". Niezbędne Nienasycone Kwasy Tłuszczowe czyli ALA (Omega 3) i LA (Omega 6) nazwijmy, jako tzw.

– **PIERWOTNE Niezbędne Nienasycone Kwasy Tłuszczowe.**
   Natomiast kwasy tłuszczowe, jakie organizm sobie z nich sam wytwarza, czyli EPA, DHA pochodzące z ALA (Omega 3) oraz GLA i AA pochodzące z LA (Omega 6), nazwijmy jako:

– **POCHODNE Niezbędnych Nienasyconych Kwasów Tłuszczowych.**
   Tutaj mała uwaga: pomimo tego, że EPA i DHA są **pochodnymi** kwasu ALA, który należy do grupy Omega 3, to EPA i DHA też należą do tej samej grupy czyli Omega 3. Jednakże ich rola w organizmie i struktura chemiczna są zupełnie inne. Pomimo tego, że ALA i jego pochodne są kwasami Omega 3, to najbardziej istotnym elementem jest to, że występują jako **Pierwotne** i **Pochodne**.

Dokładnie to samo stosuje się w przypadku kwasów z grupy Omega 6. Czyli: **Pierwotny** kwas LA i jego **Pochodne**, tzn. GLA i AA, również należą do grupy Omega 6.

Tutaj zwracam uwagę na to, że cyfra „3" lub cyfra „6" w nazwie Omega nie oznacza liczby wiązań podwójnych. Oznacza to tylko, że w tych kwasach tłuszczowych PIERWSZE wiązanie podwójne wystąpiło w pozycji 3 lub 6. Natomiast wiązań podwójnych może być 5 i nawet więcej.

W tym przypadku mamy do czynienia z podobnym wrzuceniem do jednego worka substancji, gdzie każda z osobna ma inne własności. ALA, EPA, DHA należą do grupy Omega 3, ale każdy z nich spełnia inną rolę w organizmie. To samo dotyczy grupy tłuszczów Omega 6 do której należą LA, GLA i AA. Okazuje się, że istotnym podziałem dla naszego zdrowia nie jest podział na Omega 3 i Omega 6, a znacznie bardziej jest istotny podział na ich wersje Pierwotne i Pochodne.

To jest niezwykle ważne, bo jak za chwile zobaczymy, najnowsze doniesienia naukowe wskazują, że lekarze zupełnie nieświadomie przepisują nadmierne dawki Omega 3 w postaci POCHODNYCH, myśląc, że są to Niezbędne Nienasycone Kwasy Tłuszczowe, co przynosi naszemu zdrowiu więcej szkody niż pożytku.

UWAGA:

1. Organizm człowieka przetwarza kwasy Pierwotne na Pochodne w ilości takiej, jakiej wymaga.
2. Nie więcej niż 5% kwasów Pierwotnych przetwarzanych jest na kwasy Pochodne, przy czym Omega 3 przetwarzane są według niektórych naukowców w ilości zaledwie 1%.
3. Chociaż organizm przetwarza kwasy Pierwotne na Pochodne, to proces odwrotny jest NIEMOŻLIWY.

Jeśli mamy niedobory kwasów Pierwotnych, to bez względu na to, jak wiele będziemy spożywać kwasów Pochodnych, organizm nie wytworzy odpowiedniej ilości kwasów Pierwotnych, których potrzeba mu znacznie więcej niż Pochodnych.

Przez bardzo długi okres (ponad 30 lat) uważano, że organizm potrzebuje dużych ilości Pochodnych, a niewiele Pierwotnych kwasów. Taką wiedzę przekazywano uczelniom medycznym na całym świecie. Myślano również, że organizm przetwarza większość Pierwotnych kwasów na Pochodne. Ponadto zalecano spożywanie dużej ilości Omega 3 ze względu na to, że spożycie Omega 6 jest zbyt duże w stosunku do Omega 3.

Twierdzono, że prawidłowy stosunek Omega 6 do Omega 3 powinien być jak 2:1, podczas gdy efektem standardowej diety jest stosunek: 10:1, a nawet 40:1. Zaczęto zalecać spożywanie dużej ilości Omega 3, żeby zrównoważyć stosunkowo duże ilości Omega 6.

Oprócz mózgu i systemu nerwowego, których udział wagowy u dorosłego człowieka to tylko ok. 3%, w pozostałych tkankach, plazmie, błonach komórkowych znajdują się tylko **śladowe ilości** POCHODNYCH. **Suplementacja olejem rybim składającym się z POCHODNYCH, tzn. EPA i DHA okazała się medycznym błędem**, ponieważ nie wiedziano, że zaleca się te kwasy w ilościach 100 a nawet 500 razy przekraczających ich ilość normalnie wytwarzaną przez nasz organizm. Nie mogło to nie odbić się na zdrowiu.

Okazało się, że **negatywne efekty stosowania suplementacji olejem z ryb trwają jeszcze przez 18 tygodni po zaprzestaniu suplementacji tym olejem.**

Informacje te opublikowało jedno z najbardziej prestiżowych pism związanych z żywieniem człowieka:

*Delarue J, Labarthe F, Cohen F. **Fish-oil supplementation reduces stimulation of plasma glucose fluxes during exercise in untrained males**, British Journal of Nutrition 2003; 90.04: 777–786.*

Przez wiele lat twierdzono, że tłuszcze Omega 6 są niezdrowe. W 2009 roku, Amerykańska Fundacja ds. Chorób Serca (the American Heart Association) formalnie już stwierdziła, że podejście to nie było niczym uzasadnione.

*Harris WS, Mozaffarian D, et al., **Omega-6 fatty acids and risk for cardiovascular disease**, Circulation. 2009; 119: 902-907.*

Debata, jaką prowadzono, była spowodowana tym, że jeden z kwasów Pochodnych Omega 6, a mianowicie Kwas Arachidonowy (AA) jest podstawowym budulcem potrzebnym do wytwarzania substancji prozapalnych. To prowadziło do powstania **obawy** (niczym jednak nie potwierdzonej), że spożycie Omega 6 mogłoby prowadzić do większego ryzyka wystąpienia wielu chorób.

„Odzwierciedla to raczej naiwne zrozumienie biochemii", powiedział dr William S. Harris, dyrektor Centrum Badania Żywności i Metabolizmu uniwersytetu Dakoty Południowej i Szkoły Medycyny Stanford w USA, szef zespołu naukowego, który wydał swój raport w najbardziej znanym periodyku kardiologów „Circulation", stwierdzając, że: **„Omega 6 posiadają silne własności przeciwzapalne [...] Niewłaściwe jest, aby postrzegać kwasy Omega 6 jako prozapalne".**

Dr DF Horrobin, prawdziwy ekspert w dziedzinie tłuszczów, zauważył z kolei, że:

a) po spożyciu Pierwotnego Omega 6, organizm wytwarza **właściwą ilość** Pochodnej GLA, a z niej substancję silnie przeciwzapalną oznaczaną jako PGE1 mającą bardzo ciekawe własności, np.:
   - rozszerza naczynia krwionośne, a co za tym idzie obniża ciśnienie krwi,
   - wstrzymuje tzw. agregacje płytek krwi, przez co krew znacznie łatwiej przepływa przez układ krwionośny,
   - hamuje syntezę cholesterolu,
   - reguluje działanie układu odpornościowego,
   - <u>hamuje wydzielanie enzymu odpowiedzialnego za uwalnianie kwasu arachidonowego (AA) w stanie zapalnym.</u>

Co więcej...:

b) Utworzenie PGE1 powoduje, że <u>wyraźnie spada przetwarzanie AA w szkodliwe substancje.</u>

c) Nie ma żadnego dowodu na to, że kwas arachidonowy (AA) jest szkodliwy tak długo, jak nie podlega on przemianie w szkodliwe metabolity.

d) Kwas arachidonowy (AA) jest niezbędnym i jednym z głównych składników błon komórkowych. Odpowiednie ilości GLA powstałe z Pierwotnego Omega 6 (organizm wie sam ile potrzebuje GLA) utrzymują AA w błonach komórkowych <u>bez pozwalania im na zamianę w szkodliwe metabolity.</u>

e) Pierwotne Omega 6 odgrywają w organizmie człowieka znacznie większą, ważniejsza rolę niż Omega 3.

f) Kwasy Omega 3 mają duże znaczenie biologiczne, ale nie są dla zdrowia człowieka tak ważne, jak Omega 6.

g) Kiedy u zwierząt czy też u ludzi celowo wywoła się stan niedoboru Omega 6, wtedy łatwo i stosunkowo szybko występują negatywne efekty takiego żywienia na poziomie biologicznym i biochemicznym. Trudno jednak w podobnie łatwy i szybki sposób wywołać negatywne efekty niedoborów Omega 3, pomimo że są ważne dla organizmu człowieka.

h) Żeby wywołać widoczne, biologiczne efekty, Omega 3 muszą być podawane razem z Omega 6. Natomiast Omega 6 wykazują aktywność biologiczną nawet wtedy, kiedy były podawane bez Omega 3.

i) Kiedy u zwierząt wywołano JEDNOCZESNE niedobory Omega 3 i Omega 6, wywołując negatywne skutki, ich korekcji dokonano łatwo i szybko, podając tylko Omega 6. Kiedy usiłowano usunąć negatywne skutki, podając tylko Omega 3, żadnego pozytywnego rezultatu nie osiągnięto. Wręcz przeciwnie. Zastosowanie Omega 3 w takim przypadku doprowadzało np. do zmniejszonej wytrzymałości naczyń krwionośnych.

j) W mleku matek karmiących i większości tkanek człowieka stosunek Omega 6 do Omega 3 jest od 3:1 do 9:1 (w mleku człowieka 10:1, w większości tkanek 4:1 do 7:1, a w zmagazynowanym tłuszczu nawet więcej). Nawet jeśli tłuszcze typu Omega w diecie są w większości w postaci Omega 3, to organizm preferencyjnie zachowuje większość tłuszczów w postaci Omega 6.

Nie czas i miejsce tutaj na wchodzenie w zawiłości biologiczno-biochemiczne, dlatego zainteresowanych zachęcam do zapoznania się z pracą:

Horrobin, D.F., **Nutritional and medical importance of gamma-linoleic acid**, *Prog. Lipid Res., Vol. 31, 1992, No. 2, pages 163-194.*

Mózg człowieka w ok. 14% wagowo składa się z pochodnych Omega 3, tzn. EPA i DHA. Jednakże kwas arachidonowy (AA) stanowi 10% wszystkich tłuszczów w organizmie. Zwolennicy suplementacji olejami rybimi o tym nie wspominają. Kwasy tłuszczowe Omega 6 stanowią dominującą frakcję tłuszczów, z jakich składa się człowiek.

Spector, A.A., **Plasma Free Fatty Acids and Lipoproteins as Sources of Polyunsaturated Fatty Acid for the Brain**, *Journal of Molecular Neuroscience, Vol. 16, 2001: 159–165,*

W związku z tym uważa się, że prawidłowy stosunek Omega 6 do Omega 3 powinien wynosić ok. 11:1. To oznacza, że powinniśmy spożywać znacznie więcej kwasów Omega 6. No ale… przecież mówi się, że już teraz spożywamy ich zbyt wiele. Gdzie jest problem?

Tutaj dochodzimy do sprawy kluczowej. Tłuszcze Omega 6 występują w żywności w dużych ilościach, szczególnie w olejach. Jednakże proces produkcji olejów wymaga kilkukrotnego poddania ich działaniu wysokiej temperatury (nawet do ok. 300°C).

http://www.nutrilife.pl/index.php?art=52

Efektem tego jest to, że tak „wyprodukowany" olej jest już biologicznie uszkodzony. Dobroczynne własności Pierwotnych NNKT są bezpowrotnie usunięte. Różnica pomiędzy olejami tłoczonymi na zimno (tj. w temperaturze ok. 50°C) była przez wiele lat zupełnie ignorowana. Dopiero od niedawna zwraca się uwagę na to, że oleje tłoczone na zimno są zdecydowanie lepsze.

Anton SD, et al., **Differential effects of adulterated versus unadulterated forms of linoleic acid on cardiovascular health**, *J Integr Med, 2013; 11(1): 2–10.*

Przerażający jest fakt, że tak niewiele osób zdaje sobie sprawę z tego, jak ważne to jest dla naszego zdrowia.

Mało tego – jak już wcześniej wspominałem, mamy do czynienia z pewnym medycznym paradoksem. Lekarze nie chcą czasami słuchać, co mówią naukowcy, jeśli to nie leży w ich „politycznie poprawnej rzeczywistości".

Od dziesiątek lat **zupełnie bezpodstawnie ostrzega się nas przed spożyciem tłuszczów nasyconych, czyli zwierzęcych**, ponieważ (jak się do dziś twierdzi) powodują one powstanie blaszki miażdżycowej, co doprowadza do zawału serca i wielokrotnie do natychmiastowej śmierci. Twierdzono tak od lat, mimo że nikt nie dokonał badań składu blaszki miażdżycowej z odpowiednią dokładnością. Blaszka miażdżycowa jest, jak wiemy, powodem tragedii milionów ludzi na świecie. Nikt wtedy (np. 30 czy więcej lat temu) nie wiedział, z czego tak naprawdę składa się blaszka miażdżycowa. Z postępem technologii i metod badawczych można było już zbadać skład blaszki miażdżycowej bardzo dokładnie. Co się okazało?

<u>W składzie blaszki miażdżycowej znaleziono ponad 12 substancji, ale... nie było wśród nich nawet śladu tłuszczów zwierzęcych!</u>

Można to przeczytać jeszcze raz... lub wiele razy... do woli! Opublikowano to w słynnym „The Lancet", a w świecie publikacji medycznych „wyżej" już się nie da. Inni naukowcy również potwierdzili to zjawisko. Niezależnie od siebie.

Felton, CV, et al., ***Dietary polyunsaturated fatty acids and compositions of human aortic plaque****, The Lancet; 344:1195–1196, 1994.*

Waddington, E., et al., ***Identification and quantification of unique fatty acid and oxidative products in human atherosclerotic plaque using high-performance lipid chromatography****, Annals of Biochemistry;292(2):234–244, 2001;*

Kuhn, H., et al., ***Structure elucidation of oxygenated lipids in human atherosclerotic lesions****, Eicosanoids; 5:17– 22, 1992.*

Dlaczego świat medyczny zupełnie nie zwrócił uwagi na tak znaczący fakt? Wygodniej było tego nie wiedzieć... Zaburzyłoby to przecież cały świat medyczny, obaliłoby wiele prac naukowych, doktoratów itd. ... lepiej nie wyciągać tego na światło dziennie, lepiej udawać, że tego nie było i nadal uparcie, wbrew nauce, wbrew logice, wbrew zdrowemu rozsądkowi, wbrew uczciwości naukowej, wbrew interesowi pacjentów (!) nadal uparcie twierdzić, że to z tłuszczów zwierzęcych tworzy się blaszka miażdżycowa. Lepiej tkwić w kłamstwie po same uszy.

Nadal winą obarcza się tłuszcze zwierzęce nasycone, podczas gdy winę za blaszkę miażdżycową ponoszą między innymi USZKODZONE kwasy Omega 6, uszkodzone w procesie ich produkcji, ale... czy tylko? Kupiliśmy w sklepie olej roślinny, który już jest w ok. 50% biologicznie uszkodzony. Nalewamy go na patelnię, podgrzewamy do prawie 200°C i... uszkadzamy go jeszcze bardziej, a następnie razem z usmażonym na nim kotletem go spożywamy. Smacznego...

Zwracam też uwagę na fakt, że przyczyną powstania blaszki miażdżycowej są inne substancje, ale... nie cholesterol. O tym, tak jak wspominałem, będzie w innej książce.

Wróćmy teraz na moment jeszcze do wpływu temperatury na wielonienasycone kwasy tłuszczowe. Pamiętamy, że szkodliwość działania wysokiej temperatury, czyli lawinowa produkcja wolnych rodników była związana z ilością wiązań podwójnych, które z łatwością przyłączają tlen. Mówiliśmy o tym, że olej lniany, który w swojej cząsteczce ma 3 wiązania podwójne, jest szczególnie wrażliwy na temperaturę, a co za tym idzie, na wytwarzanie niszczących nasze zdrowie wolnych rodników. Dlatego właśnie olej z lnu, który ma trzy wiązania podwójne, zupełnie nie nadaje się do smażenia.

Pochodne Omega 3, czyli EPA i DHA są jeszcze pod tym względem gorsze, ponieważ EPA ma pięć wiązań podwójnych, a DHA aż sześć! Teraz już nie mamy żadnych złudzeń, że podgrzanie takich tłuszczów i spożycie ich nie jest rozwiązaniem zbyt dobrym dla naszego zdrowia, wiele osób robi to jednak z wielkim apetytem, fanfarą i fantazją, niektórzy ten fakt niemalże celebrują. Dzieje się to za każdym razem, kiedy na patelni smażymy sobie rybę. Tak... rybę! Ryby i zawarty w nich olej nie zawierają Pierwotnego Omega 3, zawierają natomiast EPA i DHA czyli Pochodne Omega 3!

To są potrzebne nam substancje i organizm, jak wiemy, wytwarza je sobie sam, ale w żadnym przypadku tych substancji nie potrzebujemy w formie utlenionej. Wiemy dlaczego.

No i teraz już nadchodzi pytanie: „to jak to jest? Przecież ryby są zdrowe, Japończycy ich tyle jedzą i są bardzo zdrowi". Nie jest tak do końca... Japończycy spożywają duże ilości ryb, to prawda, ale... w większości na surowo! Słyszeliśmy przecież, że podstawa diety japońskiej to sushi i sashimi. To rzeczywiście są dania z ryb, ale surowych. Smażenie ryb to niestety pomysł europejski. Japończycy w swojej kuchni czasami rybę „sparzą" parą, czasami gorącym olejem, ale na dosłownie kilka sekund. My zaś...

Przychodzi mi teraz do głowy tytuł jednego z programów telewizyjnych „Wiem co jem". Naprawdę wiemy co jemy?

Badania naukowe wskazują jednoznacznie, że:

Jednym z podstawowych elementów zachowania na wiele lat dobrego stanu zdrowia jest regularne spożycie Niezbędnych Nienasyconych Kwasów Tłuszczowych w postaci PIERWOTNEJ.

To nie jest trudne. Wystarczy zmieszać (najlepiej organiczny) olej z lnu z olejem ze słonecznika czy z krokosza barwierskiego w stosunku ok. 1:3. Łyżeczka, nie więcej niż dwie dziennie, i mamy to, czego nasz organizm bardzo potrzebuje. Warunek jest jeden: oleje muszą być naprawdę zimno tłoczone i w żaden inny sposób nie przetwarzane. Korzyści są nie do przecenienia.

Już w roku 1925 dr Otto Warburg wykazał, że kiedy poziom natlenienia komórki spadnie o ok. 30% wartości normalnej, wtedy komórka taka w nieodwracalny sposób zamienia się w komórkę nowotworową. Dzisiaj coraz więcej ośrodków badawczych wraca do tego odkrycia. Innymi słowy, brak tlenu w komórce prowadzi do powstania nowotworu. Fakt ten uznano za „pierwszorzędną" przyczynę powstania nowotworów. Inne czynniki, takie jak metale ciężkie, składniki dymu papierosowego, promieniowanie jonizujące i inne wszechobecne toksyny, uznano za czynniki „drugorzędne". Jak w takim razie spowodować, żeby komórki miały wystarczającą ilość tlenu? Uprawianie sportów czy nawet oddychanie tlenem spowodują natlenienie krwi, ale… niekoniecznie natlenienie komórek. Trzeba sobie zdawać sprawę, że tlen musi pokonać 7 barier w postaci błon komórkowych, żeby w końcu dotrzeć do komórki (a właściwie do mitochondriów w komórce), gdzie jest zużyty do wszelkiego rodzaju normalnych procesów biochemicznych.

Jeśli transport tlenu przez błony komórkowe jest utrudniony, to jest całkiem jasne, że poważny problem jest już „za rogiem". Jak wiemy, przepuszczalność błon komórkowych w znacznym stopniu zależy od ich budowy. Wiemy też już, że Pierwotne NNKT odgrywają największą w tym rolę. Stąd wniosek, że spożycie Pierwotnych NNKT jest jedną z kluczowych, najważniejszych, a jednocześnie najłatwiejszych metod zapobiegania powstawaniu nowotworów. Spożycie tych kwasów tłuszczowych upłynnia błony komórkowe i w ten sposób pozwala, żeby odpowiednia ilość tlenu łatwiej dotarła do komórki. Natlenienie na poziomie komórkowym jest podstawą w leczeniu, jak i zapobieganiu chorobie nowotworowej.

Zdecydowana większość nowotworów to CARCINOMA, co oznacza, że powstają one z tkanki pokrywającej nasze organy, tzn. z nabłonka (łącznie ze skórą), natomiast inny rodzaj nowotworów, tj. SARCOMA, wywodzi się z tkanki łącznej. Jednakże w skórze czy w tkance pokrywającej organy (nabłonek) w zasadzie nie ma Omega 3, jest tylko Omega 6. Logiczne więc jest, że dla prawidłowego funkcjonowania tkanki nabłonkowej konieczne jest zapewnienie odpowiedniej ilości dobrej jakości kwasów tłuszczowych typu Omega 6.

Nieznana rola Pierwotnych tłuszczów Omega 3 i Omega 6 – które lepsze?

Działanie witaminy D, A czy E może w zdecydowany sposób być wsparte poprzez zastosowanie Pierwotnych NNKT, chociażby dlatego, że Pierwotne NNKT mają zupełnie inny mechanizm działania niż pozostałe witaminy czy minerały. **Jeśli ktoś cierpi z powodu nowotworu, to chory jest jego cały organizm, a nie tylko organ, na którym zlokalizowany jest nowotwór**. Działanie Pierwotnych NNKT jest ogólnoustrojowe, dlatego ich zastosowanie w tym przypadku ma szczególny sens.

Profesor Brian Scott Peskin i dr Amid Habib opisali te zagadnienia z podaniem źródeł w książce „The Hidden story of Cancer". Polecam.

Dla dietetyków i tych, którzy chcą stracić na wadze, mam dobrą wiadomość.

Już w 1976 roku dr H. Kasper wykazała, że stosując PIERWOTNE Omega 6, można znacznie prościej i łatwiej osiągnąć spadek wagi.

Wyniki jej badań to:

1. Kiedy do diety dodano Pierwotne Omega 6, uzyskano większą utratę wagi bez względu na wartość kaloryczną stosowanego pożywienia.

2. Pomimo większej podaży kalorii, efekt utraty wagi był równy standardowej diecie 1000 kcal, pomimo tego, że pacjenci spożywali znacznie więcej jedzenia.

3. Zaskoczeniem było zaobserwowanie tego, że <u>nie wystąpiła korelacja w przybieraniu wagi z liczbą kalorii</u>. Co na to wyznawcy liczenia kalorii?

4. Kiedy zamieniono tłuszcz na odpowiadającą mu kalorycznie ilość węglowodanów, nastąpiło wyhamowanie utraty wagi.

5. Zauważono, że Pierwotne Omega 6 (o odpowiedniej jakości) posiadają naturalne własności obniżające wagę, podczas gdy olej z oliwek takich własności nie wykazywał.

6. Po zastosowaniu Pierwotnych Omega 6 i redukcji konsumpcji węglowodanów gospodarka lipidowa, czyli ilość cholesterolu i trójglicerydów, znaczne poprawiała się.

Kasper, H., et al., **Response of body weight to a low carbohydrate, high fat diet in normal and obese subjects**, *The American Journal of Clinical Nutrition, 26: February 1973, pages 197-204.*

Mam nadzieję, że powyższe na tym etapie wystarczy. Wystarczy przynajmniej tym, którzy szukają odpowiedzi na bardzo podstawowe pytania.

PODSUMOWANIE

- Tłuszcze nasycone, tj. zwierzęce, nie są przyczyną miażdżycy.
- Do smażenia nie należy używać tłuszczów roślinnych, z wyjątkiem oleju kokosowego.
- Oleje roślinne powinny być używane tylko na zimno.
- Oleje roślinne powinny być tylko i wyłącznie „zimno tłoczone".
- Są tylko DWA NIEZBĘDNE kwasy tłuszczowe.
- Olej z ryb, czy preparaty z ryb typu Omega 3 – NIE ZAWIERAJĄ niezbędnych kwasów tłuszczowych, zawierają tylko ich pochodne.
- Nie należy zbyt dużo używać olejów roślinnych czy też preparatów typu Omega 3.
- Korzystnym rozwiązaniem zapobiegawczym jest spożywanie ZIMNO TŁOCZONYCH, nie przetwarzanych olejów z lnu, ze względu na zawarte w nich pierwotne kwasy tłuszczowe Omega 3, oraz olejów, takich jak olej ze słonecznika czy krokosza barwierskiego, zawierających pierwotne kwasy tłuszczowe Omega 6.

Kiedy zbliżałem się do zakończenia tej książki, w polskich mediach było głośno o dziecku, które zatruło się grzybami. Konieczny był przeszczep wątroby. Mam co do tego poważne wątpliwości. Tak, nie znam szczegółów. Nie wiem, w jaki sposób dziecko to leczono po przywiezieniu go do szpitala, ale jestem pewien, że nie podano dziecku witaminy C. Przypominam, że każde zatrucie oznacza stres oksydacyjny. Innymi słowy, substancja, jaka dostała się do organizmu, wywołała powstanie ogromnej liczby wolnych rodników. Witamina C podana dożylnie nawet w małych ilościach (np. 3–10 g) neutralizuje natychmiast prawie każdą toksynę! Bez jakichkolwiek skutków ubocznych. Przypuszczam, że wątrobę tego dziecka dałoby się uratować, gdyby... no właśnie, gdyby co?

Gdyby rodzice dziecka mieli w domu witaminę C i wiedzieli, że trzeba dziecku ją natychmiast podać w dużej ilości (pod warunkiem, że dziecko mogło jeszcze przyjmować cokolwiek doustnie)... Przecież już bardziej witaminą C się nie zatruje niż spożytymi grzybami! Gdyby wiedzieli, że w ten sposób zrobią coś bardzo dobrego, **zanim dziecko dotrze do szpitala**. Już w tym momencie zaczęłaby się ochrona wątroby dziecka. Każda godzina się liczy, czasami każda minuta.

A w szpitalu? Gdyby natychmiast, bez czekania na cokolwiek, podano dziecku np. 500 mg kwasu askorbinowego domięśniowo, a za kilka dalszych minut przygotowano i rozpoczęto wlew tym razem z askorbinianu sodu. Zgodnie ze znaną mi literaturą była bardzo duża szansa na to, że wątrobę tego dziecka by uratowano. Ile przypadków różnego rodzaju zatruć mamy w roku? Tysiące! Uratowano by wiele istnień ludzkich.

Kiedy by się tak stało? Gdyby lekarz o tym wiedział i gdyby się nie bał. Ja wiem, że procedury, ja wiem, że witamina C nie jest na liście tych procedur itd., itd., ale życie człowieka jest ważniejsze bardziej. Zawsze. Bez wyjątku.

W czasie pisania tej części media doniosły, że w Syrii, Afganistanie i Pakistanie już setki dzieci chorują na polio. Oczywiście uruchomiono szeroki program szczepień zapobiegających szerzeniu się tego wirusa, a co z dziećmi, które już zachorowały? Ile z nich niepotrzebnie będzie sparaliżowanych na całe życie? Ile umrze? Można by zapytać: gdzie jest dr Klenner? Przy tej okazji jeszcze jedno: czym tak naprawdę jest polio? Wiele wskazuje na to, że do epidemii polio w znacznym stopniu przyczyniły się... szczepienia. Jaka jest prawda? Zachęcam do obejrzenia fascynującego i szokującego zarazem wykładu na ten temat, jaki wygłosiła dr Suzanne Humphries:

http://tinyurl.com/nng8wl9

Wspominany wielokrotnie pionier stosowania witaminy C, dr Fryderyk Klenner, miał taką zasadę, że kiedy do jego szpitala przywożono pacjenta, czasami już w stanie agonalnym, to najpierw podawał mu dużą ilość witaminy C, a następnie dopiero zastanawiał się nad diagnozą i dalszym leczeniem. Przez ok. 50 lat jego praktyki nikt nigdy nie umarł po zastosowaniu witaminy C, a wielu pacjentom uratowało to życie.

Dzisiaj lekarz nie boi się zastosować leku w postaci najgorszej nawet trucizny, pod warunkiem, że substancja taka jest zaakceptowana przez system medyczny. Wtedy, jeśli pacjent zmarł, lekarz jest zawsze ochroniony. Tak przecież najczęściej dzieje się na oddziałach onkologii. Środek chemioterapeutyczny to jedna z najbardziej silnych trucizn, a wlewa się ją pacjentom „wiadrami". Skutek pozytywny jest co najmniej kontrowersyjny, a skutki uboczne są straszne. Wielu pacjentów umiera nie z powodu nowotworu, tylko z powodu leczenia nowotworu. I co? Nic... tak długo, jak wszystko odbyło się zgodnie z procedurą. W ten sposób umiera tysiące ludzi. Zgodnie z procedurą. Czy widzimy już to szaleństwo?

Każdej jesieni informuje się nas o wielomilionowych kosztach (stratach), jakie ponosi Narodowy Fundusz Zdrowia, spowodowanych absencją czy też leczeniem zwykłego przeziębienia czy grypy. Wiemy już, że niezwykle prostymi sposobami można znakomicie zwiększyć odporność organizmu człowieka. Poprzez zastosowanie kilku podstawowych, bardzo tanich środków odżywczych opisanych powyżej, jak wskazują przytaczane badania i praktyka opisana w tej książce, można byłoby zredukować przypadki wystąpienia grypy, miażdżycy, osteoporozy, cukrzycy, stwardnienia rozsianego, łuszczycy, astmy, nowotworów i wielu, wielu innych opisanych tutaj chorób. Czy mamy co do tego jeszcze jakieś wątpliwości?

W ciągu jednego roku, tylko w USA, umiera ponad 100 000 ludzi (rok w rok) z powodu skutków ubocznych zastosowanych leków. Innymi słowy, **przez 30 lat zmarło z tego powodu ok. 3 000 000 ludzi!**

Przez ostatnie 30 lat nie było ani jednego przypadku śmiertelnego spowodowanego przedawkowaniem którejkolwiek z witamin, stosowanych w dawkach przekraczających nawet kilka tysięcy razy tzw. dawki zalecane.

Marzy mi się, żeby jednego dnia Polacy mieli wolny wybór terapii. Żeby akademickie środowisko medyczne zrzuciło z siebie ograniczenia utrudniające leczenie człowieka. W końcu żeby zaakceptowało prosty fakt, że jeśli czegoś nie znamy, to nie znaczy, że tego nie ma. Jeśli czegoś nie rozumiemy, to nie znaczy, że to nie działa. Żeby zatrzymano obłąkańczą farsę dotyczącą na przykład homeopatii i sztucznie utworzonego „potworka" w postaci tzw. homeopatii „klinicznej".

Przykład:

Poszedłem do apteki, żeby kupić Traumeel w ampułce (to taki środek homeopatyczny).

– Jest, ale tylko na receptę – usłyszałem.
– A dlaczego na receptę?
– Bo jest w ampułce
– To mi nie przeszkadza, ja to wypiję.
– Ale i tak nie mogę sprzedać bez recepty.
– A jaki jest skład Traumeelu? Co w nim jest takiego niebezpiecznego?
– Właściwie to tylko woda z laktozą czyli cukrem znajdującym się
w mleku, a tak prawdę mówiąc, to tam nic nie ma.
– Skoro w tym składzie oprócz wody nic nie ma, to dlaczego jest na receptę?
– Nie wiem, tak tu pisze... tylko na receptę.

– No dobrze, ale skąd ja mam taką receptę wziąć?

– Od lekarza

– Od każdego?

– Tak.

– Każdego lekarza? Przecież medycyna akademicka nie uznaje homeopatii!! Jak lekarz ma mi dać receptę no coś, na czym się zupełnie nie zna?

– Tego już nie wiem.

– Dobrze… mam znajomego homeopatę, poproszę go o receptę.

– Takiej recepty nie przyjmę.

– Ale to jest formalnie wykształcony homeopata, a szkoła, którą ukończył, jest zatwierdzona przez Ministerstwo Edukacji Narodowej.

– To nic, ale takiej recepty nie przyjmę.

– To jak to jest? Przyjmie Pani receptę od kogoś, kto nie ma najmniejszej wiedzy na ten temat, a od kogoś, kto się na tym zna i ma formalne kwalifikacje, to Pani nie przyjmie?

– W takim świecie żyjemy.

Chciałbym, żeby „taki świat" jak najszybciej się zmienił. Mam nadzieję, że nie doczekamy czasów, kiedy mleko w supermarkecie będzie też tylko na receptę, bo zawiera laktozę, a owoce będzie można kupić tylko w aptece, bo zawierają witaminę C.

Przez zastosowanie opisanej w tej książce taniej profilaktyki byłoby o wiele mniej cierpień. O ile niższy byłby ponoszony przez nas wszystkich koszt społeczny leczenia tych chorób? Bez końca słyszymy o braku funduszy na leczenie publiczne. Tak, przy obecnym systemie profilaktyki i leczenia ta „kołdra" finansowa będzie zawsze za krótka. Wiemy, że można to zmienić w stosunkowo łatwy sposób. Oczywiście wymaga to ruszenia całej machiny urzędniczej, a ta posiada bezwład obezwładniający ☺. Dlatego trzeba zacząć „u podstaw", to znaczy na poziomie pacjent–lekarz. Pozostaje tylko czekać na lekarzy, którzy zaczną to robić. Na to nie potrzeba odwagi… potrzeba tylko wiedzy, trzeba być poinformowanym. Mam nadzieję, że pacjentom, jak i lekarzom, tą książką takich informacji dostarczyłem.

Jeszcze jedno:

Wszystkich czytelników proszę o niepodejmowanie żadnych działań terapeutycznych na własną rękę. Bardzo wszystkich proszę o konsultacje z lekarzem. Warto przynajmniej spróbować.

Sugestie zawarte w tej książce są tylko i wyłącznie informacją, która może oczywiście być wykorzystana, ale każdy organizm może reagować inaczej. Mimo podobieństw, jako Homo Sapiens różnimy się.

Proszę o tym pamiętać.

Tematy do dalszych rozdziałów i książek:

Chciałbym opisać metody leczenia nowotworów bez stosowania chemioterapii, radioterapii czy zabiegów chirurgicznych. Metody te są bardzo
skuteczne, ale ze względów już nam znanych nie są propagowane. Wiele z tych metod, z bardzo dobrymi, a czasami wręcz rewelacyjnymi efek-
tami, stosuje się od ponad 50 lat. Opisałbym wiele przypadków, obserwacji czy badań oraz wiele technik, jak i substancji, które są łatwo osiągalne,
niedrogie i skuteczne.

Poruszyłbym wiele tematów kontrowersyjnych, jak np. szkodliwości badań
mammograficznych, czy częstego stosowania badań obrazowych, takich
jak tomografia komputerowa czy bezsensowne, bardzo szkodliwe i niewiele wnoszące do terapii badania PET.

Ze względu na duże zainteresowanie i równie duże zamieszanie wokół witaminy B17 opisałbym też w szczegółach jej działanie oraz innych substancji, takich jak w zasadzie zupełnie nieznana witamina K3, czy witamina B15.
Nie jest prawdą, że leczenie choroby nowotworowej to tylko chemioterapia, radioterapia czy zabieg chirurgiczny. Są metody inne, równie lub nawet bardziej skuteczne, ale pozbawione strasznych skutków ubocznych,
jakie występują przy chemio- czy radioterapii i po zabiegu chirurgicznym.

Chciałbym też zająć się metodami i substancjami naturalnymi, które zapobiegają powstaniu wielu chorób, ale przede wszystkim leczeniem wielu chorób przewlekłych metodami całkowicie naturalnymi. Choroby przewlekłe, takie jak reumatoidalne zapalenie stawów, stwardnienie rozsiane,
cukrzyca, choroba refluksowa, astma, choroba wieńcowa, łuszczyca, itd...
to klęska współczesnej medycyny, ponieważ nadal chorób tych nie potrafi wyleczyć, a tylko potrafi leczyć i leczyć... bez końca.

W szczegółach opisałbym FAKTY związane z kłamstwem pod tytułem
„cholesterol". W detalach wyjaśniłbym, oczywiście w oparciu o badania
kliniczne i praktykę, co jest PRZYCZYNĄ powstania miażdżycy i zawa-

łów. Obaliłbym MIT, że miażdżycy nie da się odwrócić, że tzw. bajpasy czy przeszczep zwapnionych zastawek są jedynymi rozwiązaniami. Opisałbym na podstawie przeprowadzonych badań, że nie ma związku pomiędzy spożyciem tłuszczów czy cholesterolu a powstaniem miażdżycy i towarzyszących jej zawałów. Opisałbym nie tylko bezsens stosowania leków obniżających poziom cholesterolu, ale też skutki uboczne ich stosowania, które często prowadzą do bardzo poważnych chorób niemających niczego wspólnego z sercem.

Chciałbym opisać doświadczenia praktyków w stosowaniu dożylnym wody utlenionej czy też kwasu solnego, na czym naprawdę polega chelatacja, jakie są jej skutki, zalety i wady. Na czym tak naprawdę polega zdrowe odżywianie. Która dieta jest dobra, a która szkodliwa. Innymi słowy: jak powinniśmy zadbać o swoje zdrowie, bo jeśli sami tego nie zrobimy, to jak widać, nikt inny tego nie zrobi, ponieważ tylko nam, zdrowym lub chorym, nie zależy na wypracowaniu największego zysku finansowego.

Wiele mówi się na temat ćwiczeń fizycznych, ale... czy wszystkie są dla nas zdrowe? Kto wie, że popularny aerobik czy też bieganie (no, bo to takie lekkie ćwiczenie...) przynosi więcej szkody niż pożytku? Dlaczego czasami młodzi, wysportowani ludzie nagle umierają na zawał serca? Jak należy ćwiczyć, żeby nie zrobić sobie krzywdy? Dlaczego dla osoby chorej na serce znacznie lepsze wyniki dają ćwiczenia siłowe, a nie spokojne dreptanie po bieżni w siłowni?

Co można zrobić, żeby w znacznym stopniu wstrzymać proces starzenia się naszego organizmu? Okazuje się, że można zrobić bardzo dużo, łatwo, prosto i przyjemnie.

* * *

Piszę powyższe słowa w trybie przypuszczającym, bo... nie wiem czy te książki mam pisać czy nie. To wszystko będzie zależało od Was... Czytelników. Wypowiedzcie się, proszę, czy mam nadal pisać. Może to, co napisałem, już wystarczy? Czy mam coś zmienić? Czy mam utrzymać ten sam styl narracji, to znaczy prosty, zwięzły, bez zbyt naukowego podejścia, ale (tam gdzie można) z podaniem konkretnych źródeł, itd. Te książki nie są dla mnie – one są, czy byłyby dla ludzi, którzy szukają rozwiązań czy odpowiedzi, jakich współczesna medycyna czy media im nie dostarczają. Dlatego wszystkich Czytelników proszę przynajmniej o jedno zdanie komentarza na Blogu:

http://jerzyzieba.blogspot.com

Strona internetowa książki to:

www.ukryteterapie.pl

Na powyższej stronie można zapisać się na newsletter, podając swój e-mail. Tym, którzy się zapisali, wysyłam informacje o ciekawych sprawach dotyczących zdrowia, medycyny, informacje o spotkaniach itd.

Zachęcam wszystkich Czytelników – newsletter jest bezpłatny i zawsze można się z niego wypisać.

Dziękuję z góry

Autor

Dodatek specjalny.
Jak ma wyglądać walka z nowotworami w Polsce?

Poniższy tekst miał nie znaleźć się w tej książce, ponieważ, jak usłyszałem: „zepsuje on całą książkę, jej koncept...". Ze względu jednak na to, że według mnie, poniżej omawiany temat jest widocznym ukrywaniem prawdy lub, lekko mówiąc: „mijaniem się z prawdą", postanowiłem zaryzykować. Dodatek ten jest poświęcony walce z rakiem w Polsce. To nie przeziębienie, tylko choroba, która budzi strach znacznie większy niż jakiekolwiek inne problemy zdrowotne ze względu na swoją bezlitosną naturę i bezradność dotyczącą jej leczenia przez medycynę akademicką. Wydawało mi się, że informacje zawarte w tym dodatku będą naprawdę ważne, wręcz krytyczne dla każdego, komu na sercu leży to, żeby nie zachorować na tę straszną chorobę, która uderza niespodziewanie, bezwzględnie, nie zwracając uwagi czy to dziecko, czy osoba już w bardzo podeszłym wieku.

Czy dodatek ten powinien się w tej książce znaleźć czy nie... niech każdy czytający tę książkę oceni sam. Ja tylko po raz kolejny: INFORMUJĘ.

Ale... zacznijmy od tego, że na początku lat 70. XX wieku ówczesny prezydent USA, Richard Nixon, „wypowiedział wojnę" nowotworom. Specjalnie użyto terminologii wojskowej, żeby opisać podejście nauki do tej strasznej choroby. Wydano miliardy dolarów na badania nad rakiem i poszukiwanie środków chemioterapeutycznych mających hamować jego rozwój. Teraz, po ok. 40 latach, okazuje się, że strategia walki z rakiem, jaką przyjęto głównie w USA, była błędna. Nawet najskuteczniejsze procedury medyczne i leki przeciwnowotworowe nie były w stanie zahamować dynamiki nowych zachorowań na choroby onkologiczne. Niepokojące jest, że gwałtownie rosną również koszty leczenia chorób nowotworowych, które nawet w krajach najbogatszych wymykają się spod kontroli.

Światowa Organizacja Zdrowia (WHO) w jednym ze swoich raportów stwierdza, że w stosunku do tego co dzisiaj doświadczamy, w ciągu następnych 20 lat **liczba zachorowań na nowotwory wzrośnie o prawie 60%!** Nie o 6, nie o 16, a o 60%!

O tym oczekującym nas zjawisku otwarcie już mówi się: **„Nowotworowe TSUNAMI"**.

Innym słowy: **wojna z rakiem została przegrana**, nie zahamowano epidemii chorób onkologicznych. Dzieje się wręcz przeciwnie.

A co dzieje się lub będzie się działo w Polsce, bo to nas najbardziej obchodzi? Z ostatnich danych za lata 2010–2013 wynika, że np. w województwie opolskim wzrost zachorowań w tym okresie (w ciągu zaledwie TRZECH LAT) wyniósł 22%!!

Jak zabezpieczymy nas, nasze dzieci, nasze wnuki, przed nowotworowym TSUNAMI?

Czy indywidualne, każdego obywatela Polski z osobna, podejście do tak skomplikowanego problemu zdrowotnego będzie skuteczne? Czy nie jest potrzebna ingerencja instytucji rządowych?

Na szczęście działania takie podjęto. Na zlecenie polskiego Rządu opracowano dokument, nazwany: „Strategia walki z rakiem w Polsce 2015–2024" i zgodnie z zasadami poddano go tzw. konsultacjom społecznym. Czyli że każdy obywatel może się wypowiedzieć. Ale… kto to przeczyta? To prawie 160 stron.

Ja to przeczytałem i nie ukrywam, dokument ten wstrząsnął mną do głębi. Niepewien mojej reakcji skonsultowałem treść tego dokumentu z kilkoma znajomymi zajmującymi się tą tematyką i… reakcje były podobne. Ale… od początku.

Wiemy już, że zapobieganie chorobie nowotworowej to nie mammografia czy kolonoskopia. Zapobieganie tej chorobie, to zadbanie o to, aby organizm miał to, czego potrzebuje i nie miał tego, co mu przeszkadza. Niestety w proponowanej Strategii (poza paleniem tytoniu i nadużywaniem alkoholu) nie ma ani jednego elementu tego rodzaju. Żadnego.

Nie ma niczego na temat powyżej omawianych witamin, minerałów czy innych substancji koniecznych do właściwego funkcjonowania układu odpornościowego.

Nie ma niczego na temat długoterminowego dbania o właściwe funkcjonowanie układu odpornościowego, który, jak już wiemy, odgrywa kluczową rolę w zapobieganiu chorobie nowotworowej. Dlaczego tego tam nie ma?

Mówi się o unikaniu zanieczyszczenia środowiska, bo te zanieczyszczenia sprzyjają powstawaniu nowotworów, ale... nigdzie nie ma nawet jednego słowa o tym, że nasze organizmy są JUŻ TERAZ zatrute **i jak tych substancji toksycznych się pozbywać**.

Nie ma nawet jednego słowa o witaminie D, K2, E, itd.., a Czytelnicy wiedzą już przecież, jakie ma to znaczenie w zapobieganiu chorobie nowotworowej. Wiemy, że to właśnie jest PODSTAWĄ zapobiegania nowotworom. Tego tam nie ma... wielu więcej istotnych rzeczy tam nie ma. A co jest? Jest tam bardzo dużo na temat stosowania radioterapii i chemioterapii i... niewiele więcej.

Jest to dokument strategiczny dla systemu zdrowia w Polsce, czyli jak nasze Państwo planuje zadbać o zdrowie swoich obywateli. Stworzenie każdej strategii obejmuje dogłębną analizę tego co było, **ponieważ chodzi o niepopełnienie błędów z przeszłości.** Jest widoczne, że zespół tworzący tą Strategię takiej „oceny" dokonał:

Instytucją, która prowadzi wszelkiego rodzaju statystyki, wydaje zalecenia dotyczące leczenia choroby nowotworowej i prowadzi rejestr skuteczności leczenia nowotworów w USA, jest Narodowy Instytut ds. Nowotworów (*National Cancer Institute*, NCI). Instytut ten wydał ok. 90 **MILIARDÓW** dolarów na badania i leczenie nowotworów w okresie trwania „wojny przeciwko nowotworom" ogłoszonej przez prezydenta Nixona. Inne źródła wspominają, że tak naprawdę było to ok. 200 miliardów dolarów. Powstało ponad 260 różnych organizacji typu non-profit zajmujących się walką z rakiem, których łączny budżet wyniósł 2,2 **MILIARDA** dolarów.

Co jest efektem prowadzenia tej „wojny"? **Od 1975 do 2007 roku liczba przypadków raka piersi wzrosła o... 30%, a nowotworów prostaty o... 50%!** W przypadku wielu innych nowotworów nadal odnotowuje się wzrost, szczególnie w przypadku nowotworów nerki, wątroby, tarczycy, skóry i układu limfatycznego. Szczególnie niepokojący jest znaczny wzrost występowania białaczki oraz nowotworów mózgu u dzieci.

Oficjalnie już się mówi, że **w USA wojna z rakiem została przegrana, co jest efektem stosowania w tym kraju określonego rodzaju strategii walki z rakiem, która oparta była na stosowaniu chemio- i radioterapii.** Dane pochodzące z Narodowego Instytutu ds. Nowotworów są wręcz druzgocące. Jest to tym bardziej przerażające, że dane tej instytucji uchodzą za najbardziej wiarygodne.

Jednakże Bronisławowi Komorowskiemu, Prezydentowi RP, Donaldowi Tuskowi – Prezesowi Rady Ministrów RP i Bartoszowi Arłukowiczowi – Ministrowi Zdrowia w Liście Otwartym z datą 18 grudnia 2013 roku Sygnatariusze i Autorzy omawianej Strategii oznajmiają, że:

„Ogłoszony w roku 1971 przez prezydenta Richarda Nixona w USA plan »The war against cancer«, czy w roku 2000 przez prezydenta Jacquesa Chiraca we Francji »Plan cancer« zapoczątkowały w obu krajach <u>spektakularny postęp w wynikach leczenia nowotworów</u>”.

List ten można przeczytać na:

http://tinyurl.com/ktosniemowiprawdy

Rozbieżności pomiędzy informacją przekazaną Prezydentowi Państwa polskiego, Premierowi i Ministrowi Zdrowia, a danymi z USA, bezwzględnie wymagają wyjaśnienia, ponieważ są one skrajnie różne.

To jest niezwykle ważne, bo jak widać, na podstawie tego „spektakularnego sukcesu w USA” planuje się chronić nas, nasze dzieci, wnuki, itd., czyli społeczeństwo polskie, przed nowotworowym „tsunami”. Z efektem takim, jaki osiągnięto np. w USA!

Czy tego chcemy? Oczywiście, że nie.

To co w takim razie możemy zrobić?

Przede wszystkim, należy o tym mówić, należy to nagłaśniać. Przekazywać wszystkim swoim kontaktom.

Można zacząć od dopisania się do elektronicznej petycji, którą podpisało już ponad 3 400 osób (lista, w tym prominentnych sygnatariuszy, jest widoczna na końcu petycji) na:

http://tinyurl.com/zmianastrategii

Można też w wyszukiwarce Google wpisać: „Prośba o zmianę projektu Strategii Walki z rakiem".

Zachęcam też do przeczytania Komentarzy do wspomnianej Strategii. Nie potrzeba czytać dokumentu Strategii (chyba, że ktoś chce), wystarczy przeczytać Komentarze, żeby zorientować się o wartości merytorycznej Strategii, jaką proponuje się wprowadzić w życie.

Oba dokumenty można uzyskać na:

http://ukryteterapie.pl/strona/nowotwory

Zgodnie z wymaganymi procedurami petycja została złożona.

W dniu 3 lipca 2014 odbyła się w Warszawie konferencja, na której dokonano formalnej prezentacji proponowanej naszemu Rządowi wyżej opisywanej Strategii walki z rakiem. Obecna tam jedna z osób, które podpisały petycję i opracowane wcześniej Komentarze do tej Strategii, zapytała:

„Do Komisji zajmującej się tym projektem wpłynął dokument – komentarz, pod którym podpisało się około 3 tys. obywateli – wielu bardzo prominentnych profesorów medycyny – ostro krytykując strategię, jako zagrożenie dla społeczeństwa polskiego. W latach 70. w USA wprowadzono podobną strategię, spowodowała ona, że Amerykanie przegrali walkę z rakiem, wydając w tamtym czasie na leczenie 200 mld dolarów. Czy ktoś przeanalizował nasz dokument – Komentarz do Państwa strategii?

Dlaczego autorzy nawet nie otrzymali potwierdzenia o zapoznaniu się z dokumentem ani zaproszenia na konferencję?"

Przewodniczący zespołu tworzącego Strategię odpowiedział, że: tak, wpłynął taki dokument, ale: dokument ten skrytykował w całości stworzoną Strategię, podpisali go studenci i jacyś uzdrowiciele, nazwiska podpisanych kilkakrotnie się powtarzały, podpisali go co prawda profesorowie medycyny, ale… nie są oni onkologami. Ponadto powiedział, że nasze Komentarze zawierały „jakieś egzotyczne zalecenia". Jeśli dla tego pana silnie przeciwnowotworowe działanie witamin np. witaminy D lub C, substancji pochodzenia naturalnego o potwierdzonym publikacjami działaniu przeciw nowotworowym, stanowi EGZOTYKĘ, to jak widać, tytuł profesora medycyny nie gwarantuje, że osoba go posiadająca ma również najnowszą wiedzę w zakresie szeroko pojętej medycyny (farmakognozji, homeopatii, medycyny ortomolekularnej, TCM). Tego typu uwagi miały zdyskredytować to, co podpisało ponad 3000 obywateli polskich.

A przecież:

1. Czy to, że autorzy petycji skrytykowali Strategię jest argumentem, do tego, aby taką petycję zignorować? Oczywiście autorzy Strategii woleliby, żeby wszyscy potulnie zgodzili się z ich Strategią bez żadnego sprzeciwu czy krytyki. Jeśli tak, to po co udawać przed społeczeństwem, że Strategię poddaje się konsultacjom społecznym.

   Konstruktywna krytyka, jaka została przedstawiona, powinna wywołać dalszą dyskusję, z korzyścią dla wszystkich obywateli Polski. Ale… do takiego merytorycznego dialogu już nie dopuszczono. Twórcy Strategii zabierają „swoje zabawki" i idą do domu, TYLKO DLATEGO, że ponad 3 000 (na razie) osób skrytykowało to, co zrobili. Ocenę takiego zachowania pozostawiam Czytelnikom. Pamiętajmy tylko, że nie o przeziębienie tu chodzi.

2. Nasze Komentarze podpisało około 10 profesorów, kilku profesorów medycyny, z tego 2 onkologów (w tym chirurg onkologiczny i histopatolog onkologiczny) oraz kilku doktorów medycyny – onkologów. Z odpowiedzi przewodniczącego zespołu tworzącego Strategię dowiedzieli się oni, że należą do grupy „uzdrowicieli", a więc nie można ich zdania brać na poważnie. Czy to miała być kpina? Czy też wykazanie się arogancją sięgającą zenitu?

3. Na liście podpisów pod naszymi Komentarzami nie ma żadnych podwójnych ani potrójnych wpisów (uniemożliwia to sam portal z petycją i jego regulamin). Pan przewodniczący z pewnością zobaczył, że np. żona i mąż podpisali się tym samym nazwiskiem i z ironią usiłował zdyskredytować znaczenie podpisów, sugerując, że te same osoby podpisały się kilkakrotnie.

4. W jakim celu poddaje się tak ważny dokument „konsultacjom społecznym", skoro w sposób otwarty lekceważy się odpowiedź społeczeństwa? Jeśli tak mają wyglądać „konsultacje społeczne", to jest to kpina z obywateli Polski. Należy więc zapytać, ale KONKRETNIE, np. Premiera, czy popiera podejmowanie decyzji przez Rząd na podstawie fikcji, jaką są „konsultacje społeczne" w przedstawionym wydaniu.

5. Według pana przewodniczącego głos studenta się nie liczy. Czy student nie należy do społeczności polskiej? Głos profesora medycyny też się nie liczy, bo… nie jest onkologiem. Jeśli tak, to po co stwarzać Polakom złudzenie, że „konsultacje społeczne" mają jakiekolwiek znaczenie, oprócz przysłowiowego „kitu" i zamydlania oczu. Nazwa „konsultacje społeczne" jest chwytliwa, sprawiająca wrażenie, że od nas, tzn. od społeczeństwa coś zależy. Podczas gdy prawda jest taka, że jak pokazano, **społeczeństwo i jego głos nie liczą się wcale**.

Skoro nie liczy się głos nikogo, kto nie jest onkologiem, to po co przed społeczeństwem udawać, że prowadzi się „konsultacje społeczne"? Wystarczyło przesłać ten dokumenty tylko do onkologów.

Przecież konsultacje to przede wszystkim rozmowa, szukanie rozwiązań, sięganie po nowatorskie rozwiązania, spoglądanie na problem w sposób najszerszy z możliwych, dzielenie się wiedzą, itd. W tym przypadku, pomimo wielkiego bicia medialnej „piany", nic takiego nie nastąpiło.

Dlaczego tak się dzieje? Nie ujawnię żadnej tajemnicy ani nie przekażę żadnej rewelacji, jeśli powiem, że „karty zostały już dawno rozdane".

Pan przewodniczący powiedział, że tym trzem tysiącom podpisanym osobom chodziło o to, że cytuję: „nie dopuszczamy ich <u>do stołu pańskiego</u>"(!).

Hmm... do „stołu" czy do „żłobu". Często się słyszy, że ta tendencyjnie stworzona Strategia jest wynikiem niezwykle silnego lobbowania przez przemysł farmaceutyczny.

Dlaczego żaden z członków zespołu tworzącego tą Strategię nie ujawnił swoich połączeń, bezpośrednich i pośrednich z firmami farmaceutycznymi? No dlaczego?

Przecież w cywilizowanym świecie to absolutna podstawa. W takim przypadku jak ten, JAKIEKOLWIEK powiązania z przemysłem farmaceutycznym natychmiast taką osobę dyskwalifikują.

Należy w sposób BEZWZGLĘDNY żądać informacji czy i który z twórców Strategii jest opłacany przez firmy farmaceutyczne.

Jeśli jest to np. profesor, to kto płaci za jego wykłady, jakie prowadzi dla lekarzy w ramach „doskonalenia zawodowego"? Czy np. Instytut przez niego prowadzony jest w jakikolwiek sposób wspierany przez firmy farmaceutyczne?

Każda osoba biorąca udział w tworzeniu Strategii powinna podlegać takiej weryfikacji. Inaczej dojdzie do tego, że jak to się często mówi: „złodziej stanie się sędzią we własnej sprawie", a ta „sprawa" jest zbyt poważna, bo dotyczy śmiertelnego zagrożenia zdrowia każdego Polaka bez względu na wiek!

Czy organizacje, które zaproszono do współtworzenia Strategii, są w JAKIKOLWIEK sposób wspierane przez firmy farmaceutyczne? Wystarczy dokładnie przejrzeć źródła dostępne w Internecie i już wszystko jest jasne, kto korzysta ze wsparcia przemysłu, którego celem jest osiągnięcie jak największych zysków ze sprzedaży leków, a nie rzeczywiste, przeciwnowotworowe działania profilaktyczne. Jeśli odrzucić członków tworzących tę Strategię, którzy mają jakiekolwiek powiązania z przemysłem farmaceutycznym, kto by pozostał, żeby to „dzieło" stworzyć? Nie wiem, bo nie widziałem takiej listy.

Dlaczego w Strategii na siłę „wpycha" się rozwiązania, które są związane tylko i wyłącznie z przemysłem farmaceutycznym? Dlaczego nawet jednego słowa nie poświęca się substancjom NATURALNYM.

Dlaczego? Napisałem już wcześniej – bo nie da się ich opatentować. Dlaczego działanie tak prostej substancji, w przypadku nowotworów, jaką jest witamina C, naturalna i zupełnie nieszkodliwa, jest UKRYWANE przed społeczeństwem. Brak badań klinicznych? Badań czego? Środka odżywczego, jakim jest witamina C?

Dlaczego tak uparcie nie zwraca się uwagi na to, że podawanie witaminy C z chemioterapią ma znacznie lepszą skuteczność niż podawanie samej chemioterapii, co zostało już wielokrotnie potwierdzone (witamina C nie jest z resztą jedyną taką substancją)? Czy dlatego, że wtedy środka chemioterapeutycznego potrzeba byłoby mniej?

Dlaczego tak uparcie odrzuca się technikę podawania środków chemioterapeutycznych, gdzie takiego środka potrzeba zaledwie 10 do 20%?

Dlaczego się tego nie stosuje, skoro w tym przypadku skutek terapeutyczny jest taki sam, a skutków ubocznych tak zastosowanej chemioterapii praktycznie nie ma? Tak… firma farmaceutyczna, która dany środek sprzedaje, sprzedawałaby go mniej, ale pacjent by na tym zyskał! Czy tylko pacjent?

Przecież bardzo niewydolny już system ochrony zdrowia w Polsce ponosi ogromne koszty leczenia pacjenta onkologicznego, **lecząc skutki uboczne wywołane „leczeniem" chemio- czy radioterapeutycznym!**

Dlaczego ukrywa się przed nami informacje np. o berberynie, która niszczy wiele typów nowotworów silniej niż jakakolwiek chemioterapia? Jej toksyczność dla tkanek zdrowych jest na poziomie AŻ kilku gramów na kg masy ciała. Czyli potrzeba jej bardzo dużo, żeby stała się toksyczna dla zdrowiej komórki. O co w tym wszystkim chodzi? Dość ironiczne jest to, że przed wieloma szpitalami onkologicznymi spotykamy pięknie przycięte krzewy berberysu, a pacjentom podaje się trucizny, które mają leczyć.

Jaka jest skuteczność radio- czy chemioterapii? Fatalna. Dlaczego więc w Strategii jest mowa tylko i wyłącznie o chemioterapii i radioterapii? Zabieg chirurgiczny to już inna sprawa.

Co z proponowanymi w Strategii szczepionkami? Jak określa się skuteczność szczepionki? Jakim badaniom podlegają? **Szczepionka nie jest lekiem, a więc nie podlega badaniom klinicznym!**

Czy wiemy jak przygotowuje się szczepionki? Jeśli ktoś by się temu bliżej przyjrzał, to natychmiast mu odejdzie ochota na ich stosowanie. Wystarczy popatrzeć chociażby na:

http://tinyurl.com/przygotowanieszczepionek

Czy szczepionki żywe, uzyskane na materiale zwierzęcym, bada się na zawartość komórek nowotworowych lub bakterii wewnątrzkomórkowych? Czy WSZYSCY, którzy się szczepią, to wiedzą? Wiedzą, czym ryzykują? Skuteczność szczepionki określa się tylko na podstawie tego, czy wytworzy w organizmie przeciwciała. Jeśli wytworzy przeciwciała, to już się twierdzi, że jest skuteczna – co za gigantyczna bzdura!

Twórcy Strategii bardzo promują zastosowanie już u kilkunastoletnich dziewczynek szczepionki przeciw wirusowi HPV w celu zapobiegania nowotworom szyjki macicy.

Jednakże istnieje ponad 100 rodzajów tego wirusa, gdzie tylko 15 rodzajów ma jakiś wpływ na powstanie nowotworów, a szczepionki działają tylko w przypadku DWÓCH rodzajów. **Dlaczego tego się nie mówi rodzicom, ZANIM podejmą decyzje o zaszczepieniu swojej córki?**

Przy czym nikt nie wie, czy te szczepionki będą miały jakikolwiek skutek, kiedy dziewczynki te osiągną wiek 30–40 lat, czyli czas, kiedy tego typu nowotwory zaczynają powstawać.

Nie wspominam tutaj już o fatalnych skutkach ubocznych czy przypadkach śmiertelnych, jakie wystąpiły po podaniu takich szczepionek.

W dokumencie Strategii jej autorzy piszą:

„Obecnie nie istnieje system ewidencjonowania szczepień przeciw HPV w Polsce i w efekcie nie ma możliwości obiektywnej oceny zdrowotnych skutków prowadzonych działań".

Jeszcze nie wiadomo czy szczepionka w ogóle będzie działać, nie wiadomo czy akurat będzie skuteczna w przypadku konkretnego rodzaju wirusa, a już się mówi o „zdrowotnych skutkach" – jest to wróżenie z fusów.

Dalej czytamy:

„Ewidencja szczepień przeciw HPV stanowiąca element kompleksowego programu szczepień ochronnych stanowiłaby istotny krok w ocenie ich skuteczności, a tym samym korzyści z realizowanego działania".

Innymi słowy... najpierw podajmy szczepionkę, chociaż kompletnie nie wiemy, jak będzie działać, a potem „oceńmy jej skuteczność"! Hmm... coś tu jest nie tak, bo:

Jeśli wprowadzany jest do obrotu JAKIKOLWIEK lek, to najpierw, czasami przez całe lata, prowadzone są niezwykle rygorystyczne badania kliniczne, na podstawie których ocenia się jego SKUTECZNOŚĆ i BEZPIECZEŃSTWO. Dopiero potem, po latach badań, pozwala się go stosować u ludzi chorych.

W przypadku szczepionek jednak sugeruje się nam odwrotnie: najpierw podajmy dzieciom szczepionkę, a potem, za kilka lat, bez jakichkolwiek badań klinicznych, podwójnie ślepych, z grupą kontrolną, itd. oceniajmy jej skuteczność!

A co z oceną skutków ubocznych? ANI SŁOWA. Czyli bez żadnej kontroli, na ślepo, podajmy dziecku do organizmu wirus wyhodowany na tkance żywego organizmu zwierzęcego i... zaczekajmy co będzie.

A jeśli ktoś pokusił się o obejrzenie wyżej wspomnianego filmu dokumentalnego o tym, JAK przygotowywane są szczepionki, to sam sobie wyrobi na to wszystko pogląd. Ja tylko, jak zawsze, informuję.

Mało tego... jeśli wystąpią u dziecka skutki uboczne, jak np. paraliż, ślepota czy nawet zgon, to krótko mówiąc, rodzice dziecka mogą sobie pisać „na Berdyczów", bo ani firma farmaceutyczna, ani lekarz, który szczepionkę zarekomendował i podał, nie biorą żadnej odpowiedzialności. Jeszcze raz powtarzam, ja nikogo nie straszę, zaledwie informuję o faktach, których nam się nie przekazuje.

Każdy podejmuje decyzję sam, ale dobrze jest przynajmniej coś na ten temat wiedzieć, żeby taką czy inną decyzję podjąć.

Jeśli rodzice zapoznają się ze wszystkimi „za i przeciw" i zdecydują swoją nastoletnią córkę zaszczepić, to jest to ich wybór, do którego ma prawo. Natomiast **nieprzekazanie WSZYSTKICH informacji rodzicom dziecka, ZANIM taką decyzję podejmą, powinno być karalne**, a nie jest.

I to jest problem, ponieważ pozwala to łatwo manipulować lekarzami, jak i pacjentami.

Idąc dalej... gołym okiem widać, że twórcom Strategii zależy tylko i wyłącznie na stosowaniu środków chemioterapeutycznych i radioterapii, a to przecież nie usuwa PRZYCZYNY nowotworów. To właśnie skutki uboczne stosowanego „leczenia" często zabijają pacjenta, a nie nowotwór, na który choruje. To „wpychanie" środków chemioterapeutycznych przybiera rozmiary gigantyczne, a czasami wręcz kuriozalne.

Przychodzi do mnie mężczyzna z zaledwie PODEJRZENIEM raka prostaty. Mówi, że był u onkologa, który zalecił mu chemioterapię PROFILAKTYCZNIE! Nie mogłem w to uwierzyć. Chemioterapia profilaktycznie? Dokument zaproponowanej Strategii wskazuje na działania profilaktyczne, jakim jest np. zdrowe odżywianie się.

Czy w takim razie, po spożyciu zdrowego śniadania, mamy sobie podać wlew chemioterapeutyczny? Tak… profilaktycznie?

Mężczyzna ten widział, że nie za bardzo chce mi się w jego słowa wierzyć. Pokazał mi więc formalne skierowanie z podpisem tego lekarza. Rzeczywiście… wlewy chemioterapeutyczne jako PROFILAKTYKA! Tak, na dokumencie był podpis tego lekarza. No i jak to ocenicie drodzy Czytelnicy?

Każdy mężczyzna po skończeniu 55–60 lat jest zagrożony powstaniem raka prostaty. Z tego co wiedziałem, ten (z odpowiednim tytułem) lekarz też mieścił się w tej kategorii wiekowej. Czy sam brał chemioterapię ot… tak tylko… profilaktycznie, bo przecież jest jej wielkim orędownikiem? Pewnie nie brał, ale… innym mężczyznom zalecał! Chemię podawać na lewo i prawo! Czy ktoś może nabrał podejrzeń, dlaczego pan doktor tak bezmyślnie (a może wcale nie-bezmyślnie?) szafuje ludzkim zdrowiem, zalecając chemioterapię jako profilaktykę?

Czy ktoś z Czytelników zgodziłby się, żeby taki ktoś decydował, jak leczyć raka? Nie? A może jest on jednym z twórców Strategii, która ma polskie społeczeństwo chronić przed rakiem?

Niestety czarny scenariusz się spełnia. Wygląda na to, że Rząd RP przyjmie „Strategię Walki z rakiem w Polsce w latach 2015–2024”. Oznacza to, że **w Polsce, nie podejmie się najlepszych z możliwych działań profilaktycznych, które mogłyby zapobiec wzrostowi zachorowalności na nowotwory.**

Nie będziemy mieli Strategii rządowej, która w najlepszy z możliwych sposobów mogłaby ustrzec nas, nasze dzieci i wnuki przed zwiększonym ryzykiem zachorowania na nowotwór.

Skomentowałem to w Niezależnej Telewizji, która jest prowadzona przez red. Janusza Zagórskiego:

http://tinyurl.com/nowotwory

Proponowana Strategia, oznacza, że NIC SIĘ NIE ZMIENI, co w świetle tego, że nowotworów jest coraz więcej, a będzie jeszcze więcej, dla wielu z nas oznaczać może w przyszłości prawdziwą katastrofę.

Zaproponowana naszemu Rządowi Strategia walki z rakiem jest MERYTORYCZNYM BUBLEM, ponieważ nie uwzględnia wielu, naukowo potwierdzonych faktów, szczególnie dotyczących ZAPOBIEGANIU tej chorobie.

Ostatnio opublikowane badania socjologiczne wskazują, że Polacy najwyżej cenią sobie... ZDROWIE. Mam co do tego pewne wątpliwości, jeśli by tak było, to petycję naszą podpisać powinno co najmniej 1 000 000 Polaków! Czyżby tylko 3 000 osób było zainteresowanych tym, żeby nie zachorować na raka? Trudno w to uwierzyć. Czy może sami jesteśmy takimi hipokrytami? Przecież w tym przypadku, chodzi o chorobę w zbyt wielu przypadkach bezlitosną, śmiertelną.

Petycję uwolnienia jednej z kobiet w Afryce podpisało ponad 310 000 Polaków, petycję dotyczącą ochrony Polaków przed nowotworami podpisało nieco ponad 3 000 Polaków, z Afryki nie wpisał się nikt, żeby nam, Polakom w tym pomóc, wesprzeć nas, ale to już temat dla socjologów.

Czy naprawdę bardziej dbamy o uwolnienie jednej kobiety w Afryce (co było aktem niezwykle humanitarnym i niezwykle dobrze świadczącym o naszej nacji) niż o zdrowie nasze, naszych dzieci i wnuków. Czy nie pomieszały się nam priorytety?

Czy naprawdę nam, jako społeczeństwu, nie zależy jednak na zdrowiu? Czy naprawdę jesteśmy tak leniwi, żeby coś dla siebie zrobić w tym względzie?

Owszem, sprawa uwolnienia Afrykanki była bardzo nagłaśniana przez media, a nasza petycja? Wysłałem zawiadomienia do wszystkich partii politycznych w Polsce, organizacji pozarządowych, stowarzyszeń typu „Amazonki", do gabinetów Prezydenta, Premiera i Ministra Zdrowia, do Komisji Zdrowia w naszym Parlamencie, do Polonii na całym świecie, organizacji społecznych, osób prywatnych, itd. Zawiadomienia do swoich kontaktów wysyłało jeszcze kilka współpracujących osób.

Oczywiście zawiadomienie o naszej petycji i Komentarzach wysłałem też do polskich mediów: stacji radiowych, stacji telewizyjnych, gazet i magazynów. ZERO ODPOWIEDZI. Głowy w piasek, tematu nie ma! Dlaczego?

Media w wielu przypadkach dużą część swoich dochodów, otrzymują z firm farmaceutycznych za reklamy ich leków.

Redaktor naczelny stacji radiowej, telewizyjnej, wydawca publikacji elektronicznej czy nieelektronicznej, publikując artykuł krytykujący przemysł farmaceutyczny i jego czasami skandaliczne poczynania, musi się liczyć z reperkusjami. Takie są niby „wolne media".

Stąd właśnie w tego typu mediach trudno jest doczytać się prawdy, bo uzależnienie od przemysłu farmaceutycznego powoduje, że publikowanie prawdy w tych tematach się nie opłaci.

Dowód? Proszę bardzo:

Skontaktowałem się z jednym z wydawców w sprawie dystrybucji mojej książki (wydawcą książki jestem sam) i dostałem taką oto odpowiedź (zachowuję pisownię oryginalną):

> „…Niestety nie mam dobrych wiadomosci jesli chodzi o ksiazke. Dalam ja do oceny dwoch niezaleznych redaktorow dzialow zdrowotnych.

> Opinia jest taka, ze ksiazka zawiera wprawdzie wiele ciekawych i opartych na badaniach medycznych informacji, ale wyprowadzone z nich wnioski sa w paru istotnych miejscach niezgodne z wytycznymi sluzby zdrowia (zreszta mozna sie tego spodziewac po samym tytule) i moga byc niebezpieczne dla zdrowia pacjentow (sugestie rezygnacji z leczenia farmakologicznego).

> Jeden z lekarzy recenzujacych ksiazke sam jest kontrowersyjna postacia, jako ze zaleca metody uznawane za szkodliwe.

> To nie jest tak, ze ta ksiazka moze powodowac procesy prawne – ale **z uwagi na nasza troske o wiarygodnosc i niena-**

**ganne relacje z autorytetami medycznymi oraz reklamo-
dawcami, nie mozemy sobie pozwolic na jej promowanie**
[pogrubienie – JZ].

Czego bardzo zaluje, bo komercyjnie niewatpliwie moglby
to byc sukces – juz chocby z uwagi na sensacyjny charakter
pierwszej czesci.

Byc moze uda sie nam nawiazac wspolprace przy innej pozycji wydawniczej...".

A więc... jak na widelcu... najważniejsze, żeby nie popsuć sobie relacji z reklamodawcami. Firma ta zajmuje się również wydawaniem różnych pism,
między innymi, dla kobiet, gdzie jak wiadomo pisze się też na tematy zdrowia itd ..., ale... jak widać nie ma co liczyć na to, że w pismach tych jest napisana prawda.

Prawda, którą należałoby rozpowszechniać, bo przecież chodzi o zdrowie
dorosłych i dzieci, nie może być napisana, bo wydawnictwo bardziej niż
o ich zdrowie dba o: **„nienaganne relacje z autorytetami medycznymi
oraz reklamodawcami"**.

Często więc pisuję do miesięcznika o wdzięcznej nazwie „Szaman" – jego
właścicielka i Redaktor Naczelna Pani Nina Grella jest zagorzałą propaga-
torką zdrowego życia i prawdy o medycynie. Nie znalazła się ona w oko-
wach przemysłu farmaceutycznego, tam mogę pisać prawdę i... piszę.

A jeśli ktoś mi zarzuci, że jest to reklama tego miesięcznika, to odpowiem: TAK,
bo wspieram odważnych, prawdomównych redaktorów, którzy mają silny kręgosłup moralny. Jednym z nich jest też, wcześniej wspomniany, Janusz Za-
górski, właściciel portalu niezaleznatelewizja.pl, gdzie również przedstawiane
są informacje dla wielu „niewygodne", moje wystąpienia też tam są, np.:

http://tinyurl.com/ukryte1

Nasze Komentarze zawierały 31 rekomendacji (nie chcę ich wszystkich tutaj opisywać, ale tak jak wspomniałem, można je sobie przeczytać na ww. stronach internetowych). Nie uwzględniono nawet jednej z nich. Jedną z rekomendacji była propozycja wprowadzenia sugerowanych przez nas korekt do Strategii w JEDNYM tylko województwie, tam, gdzie statystycznie jest najwięcej zachorowań.

No więc… czego się bać? Chyba jest czego, bo co by było, gdyby się okazało, że mieliśmy rację? A uważny Czytelnik tej książki już wie, że tak by było. Komu by to nadepnęło na przysłowiowy odcisk. Ktoś by stracił, ale… ludzie, Polacy, byliby zdrowsi. Przecież nikomu by to nie przeszkadzało.

Strategia rządowa nie może powielać tego, co od dawna wiadomo, że nie przynosi wymaganego obniżenia zachorowalności na choroby nowotworowe w żadnym kraju, który ją zastosował.

Treść dokumentu Strategii sprawia wrażenie, że osoby odpowiedzialne za wprowadzanie skutecznych metod walki z rakiem zamknęły się w „kokonie" i nie widzą świata poza nim, i z maniakalną upartością chcą stosować znane od lat metody, które się zupełnie nie sprawdziły, oczekując, że: „teraz to się zmieni", a przecież Albert Einstein powiedział:

„Szaleństwem jest wciąż robić to samo i oczekiwać różnych rezultatów".

Trudno się z tym nie zgodzić, bo jest to oczywista oczywistość.

Przed polską medycyną pojawia się w tej chwili niezwykła okazja.

Zamiast bezmyślnie kopiować rozwiązania, które się nie sprawdziły, przy okazji tworzenia Strategii walki z nowotworem można byłoby stworzyć coś, co byłoby rozwiązaniem unikatowym w skali świata. Wystarczyłoby tylko połączyć osiągnięcia medycyny akademickiej z medycyną naturalną. Tylko czy tę okazję wykorzystamy?

Często słyszy się głosy, że lecząc pacjenta, należy podchodzić do niego „holistycznie", czyli całościowo, trzeba uwzględniać jego cały organizm, psychikę, a nie tylko jego poszczególne organy, jako oddzielne elementy. Wielka to prawda. Ostatnio jednak jeden z publicznie występujących on-

kologów dokonał niezwykle karkołomnego zabiegu nad znaczeniem słowa – holistycznie.

Stwierdził on bowiem, że od tej pory onkologia będzie podchodzić do pacjenta z nowotworem **holistycznie**, to znaczy, że będzie się mu stosować leczenie chemioterapeutyczne, radioterapeutyczne i chirurgiczne
RAZEM! Czy teraz drodzy Czytelnicy płaczecie, śmiejecie się, czy po-
zostajecie w zadumie nad głupotą tego „tfurcy" nowego znaczenia słowa „holistycznie"?

Jest takie przysłowie: „jak trwoga, to do Boga". W przypadku nowotworu,
Bóg może pomóc tylko tym, którzy tego chcą, ale... zazwyczaj chcą tego
za późno.

Dlatego nie ustaję w moich wysiłkach propagowania wiedzy o prostych metodach zapobiegania chorobie nowotworowej i jej leczeniu, ale także w mó-
wieniu prawdy na temat choroby nowotworowej, chorób przewlekłych, tych
niby nieuleczalnych, uświadamianiu społeczeństwu, że wspólnie możemy
wywrzeć presję, której efektem byłaby korekta zaproponowanej naszemu
Rządowi Strategii.

Po zastosowaniu zaproponowanej korekty opisanej jako „Komentarze do
Strategii" Polacy byliby zdrowsi, zmniejszy się zachorowalność nie tylko
na raka, ale też na inne choroby przewlekłe. Czy jest w tym coś złego?

Problem jest w tym, że dopóki nas coś porządnie nie zaboli, jesteśmy na
ogół zbyt leniwi, żeby cokolwiek zrobić.

Oprócz dopisania się do petycji, powinniśmy skorzystać z wybrańców naszego narodu, jakim są posłowie do Parlamentu. Oni właśnie są po to, żeby
reprezentować interesy każdego z nas, po to ich wybraliśmy!

Kto z Czytelników zada(ł) sobie trud, żeby do ich biur poselskich, za które płacimy, pójść i w sposób ZDECYDOWANY żądać przedstawienia tej
sprawy, wyjaśnień, reakcji? No kto? Wiem, trzeba poświęcić trochę czasu, a my na ogół jesteśmy zbyt leniwi... Jednakże, kiedy postawi się nam
diagnozę – rak, jesteśmy przygotowani zrobić wszystko, poświęcić mają-

tek, żeby się ratować, żeby żyć, a w przypadku takiej diagnozy dotyczącej dziecka, rodzice czasami poświęciliby sami siebie!

No więc, myślmy o tym z wyprzedzeniem, ZRÓBMY COŚ dla siebie i potomnych. Ja sam nie dam rady.

NOTATKI

NOTATKI

NOTATKI

NOTATKI

NOTATKI

NOTATKI

NOTATKI

NOTATKI